Funktionale Programmierung in Java und Kotlin

Herbert Prähofer ist Professor für Informatik an der Johannes Kepler Universität Linz, Österreich. Seine Forschungsschwerpunkte liegen im Bereich der Methoden der Softwareentwicklung und des Software Engineerings, mit aktuellen Schwerpunkten im Bereich statischer und dynamischer Programmanalyse. Er ist Autor und Ko-Autor von über 100 Publikationen in wissenschaftlichen Zeitschriften, Konferenzbänden und Büchern. Seit 2007 ist er im Studium Informatik für die Ausbildung in funktionaler Programmierung zuständig und hält dort und an der Fachhochschule Hagenberg Lehrveranstaltungen zur funktionalen Programmierung in Java, Kotlin und Scala.

Herbert Prähofer

Funktionale Programmierung in Java und Kotlin

Eine umfassende Einführung

2., überarbeitete und erweiterte Auflage

dpunkt.verlag

Wir hoffen, dass Sie Freude an diesem Buch haben und sich Ihre Erwartungen erfüllen. Falls Sie Anregungen, Wünsche und Kommentare haben, lassen Sie es uns wissen: **service@rheinwerk-verlag.de**.

Informationen zu unserem Verlag und Kontaktmöglichkeiten finden Sie auf unserer Verlagswebsite **www.dpunkt.de**. Dort können Sie sich auch umfassend über unser aktuelles Programm informieren und unsere Bücher und E-Books bestellen.

Autor: Herbert Prähofer
Lektorat: Sandra Bollenbacher
Buchmanagement: Julia Griebel
Copy-Editing: Petra Heubach-Erdmann, Düsseldorf
Satz: inpunkt[w]o, Wilnsdorf, *www.inpunktwo.de*
Herstellung: Stefanie Weidner
Covergestaltung: Paula Leschinski, Eva Hepper, Silke Braun
Druck: mediaprint solutions GmbH, 33100 Paderborn

PEFC-zertifiziert
Dieses Buch stammt aus nachhaltig bewirtschafteten Wäldern und kontrollierten Quellen
PEFC
PEFC/04-31-0810
www.pefc.de

Dieses Buch wurde mit mineralölfreien Farben auf PEFC-zertifiziertem Papier aus nachhaltiger Waldwirtschaft gedruckt. Der Umwelt zuliebe verzichten wir zusätzlich auf die Einschweißfolie. Hergestellt in Deutschland.

Bibliografische Information der Deutschen Nationalbibliothek:
Die Deutsche Nationalbibliothek verzeichnet diese Publikation in der Deutschen Nationalbibliografie; detaillierte bibliografische Daten sind im Internet über *http://dnb.dnb.de* abrufbar.

ISBN Print: 978-3-98889-039-9
ISBN PDF: 978-3-98890-259-7
ISBN ePub: 978-3-98890-260-3

2., überarbeitete und erweiterte Auflage 2025

dpunkt.verlag ist eine Marke des Rheinwerk Verlags.

Rheinwerk Verlag GmbH • Rheinwerkallee 4 • 53227 Bonn
service@rheinwerk-verlag.de

Inhalt

Vorwort

Dieses Buch stellt eine überarbeitete und erweiterte Ausgabe meines Buches »Funktionale Programmierung in Java« aus dem Jahr 2020 dar. Seit dem Erscheinen der ersten Auflage wurde Java um wichtige neue Sprachelemente erweitert. So wurden z. B. Mittel für die Definition von algebraischen Datentypen sowie Pattern Matching eingeführt, zentrale Konzepte der funktionalen Programmierung. Auch die Programmiersprache Kotlin, die die funktionale Programmierung wesentlich besser unterstützt, hat als Sprache für die Java-Plattform stark an Popularität gewonnen.

Dies war Anlass, eine neue Auflage des Buches zu verfassen. Die Neuauflage wurde um zusätzliche Inhalte, die die neuen Möglichkeiten von Java behandeln, erweitert. Ferner wurden einige Kapitel neu strukturiert und grundlegend überarbeitet. Schließlich wurde ein neuer Teil hinzugefügt, der die funktionale Programmierung mit Kotlin behandelt. Der Buchtitel wurde dementsprechend auf »Funktionale Programmierung in Java und Kotlin« erweitert.

Funktionale Programmierung unterscheidet sich grundsätzlich von der gewohnten Welt der imperativen und objektorientierten Programmierung. Schon die Ursprünge sind gänzlich unterschiedlich. Während die imperative Programmierung als Abstraktion von Maschinencode entstanden ist und die objektorientierte Programmierung das Ziel verfolgt, Dinge der Realität abzubilden, hat sich die funktionale Programmierung auf Basis einer mathematischen Theorie, des Lambda-Kalküls, entwickelt. Mehr erfahren Sie dazu in Kapitel 1 dieses Buches.

Für die funktionale Programmierung muss man sich daher auf andere Denkweisen, Prinzipien und Programmiermuster einlassen. Ziel dieses Buches ist es, diese Denkweisen, Prinzipien und Programmiermuster mit ihren Ausprägungen in Java und Kotlin sowie die darauf aufbauenden Techniken und Systeme zu vermitteln. Dabei orientiert es sich stark an den vielfältigen Ideen, Konzepten und Anwendungen, die die Forschung zur funktionalen Programmierung in mehr als 60 Jahren hervorgebracht hat. In diesem Sinne kann das Buch auch als ein Versuch betrachtet werden, dieses vielfältige Wissen auf die Programmierung in Java und Kotlin zu übertragen. Das Buch verfolgt daher ganz explizit das Ziel, nicht nur die Sprachkonzepte und die neuen Systeme und Bibliotheken zu beschreiben, sondern auch die grundlegenden Ideen und Prinzipien zu vermitteln und damit ein tieferes Verständnis für die funktionale Programmierung zu schaffen.

Das Buch hat seinen Ursprung in Lehrveranstaltungen zur funktionalen Programmierung, die ich seit vielen Jahren an der Johannes Kepler Universität Linz und an der Fachhochschule Hagenberg halte. Dabei handelt es sich um Lehrveranstaltungen zur funktionalen Programmierung, in denen ich abwechselnd die Sprachen Java, Kotlin und Scala einsetze, und um die Lehrveranstaltung »Principles of Programming Languages«, in der neben anderen Sprachen auch die rein-funktionale Sprache Haskell behandelt wird.

Zielgruppe

Das Buch richtet sich an Softwareentwickler bzw. Studierende der Informatik, die bereits Erfahrung mit der objektorientierten Programmierung in Java (und evtl. Kotlin) haben und sich in das neue Paradigma der funktionalen Programmierung einarbeiten wollen. Die umfassende Behandlung des Themas sollte es ermöglichen, fundierte Kenntnisse der funktionalen Programmierung zu erwerben. Das Buch kann aber auch genutzt werden, um sich gezielt Kenntnisse über spezielle Techniken anzueignen.

Während Erfahrung in der Programmierung in Java vorausgesetzt wird, sind Kenntnisse der Programmiersprache Kotlin nicht erforderlich. Teil IV beginnt mit einer Einführung in die wichtigsten Sprachelemente von Kotlin, bevor auf die funktionale Programmierung in Kotlin eingegangen wird. Mit dem Wissen über Kotlin sollte es dann auch möglich sein, die mit Java vorgestellten funktionalen Prinzipien auf Kotlin zu übertragen.

Das Buch eignet sich auch als begleitendes Lehrbuch zu Vorlesungen zum Thema funktionale Programmierung. Ich würde das Buch auch als ergänzendes Lehrbuch zu einem Kurs über fortgeschrittene Programmiertechniken in Java und Kotlin oder zu einer sprachunabhängigen Einführung in die funktionale Programmierung empfehlen.

Aufbau des Buches

In der Neuauflage des Buches wurde der Inhalt in mehrere Teile gegliedert. Nach einer allgemeinen Einführung in die grundlegenden Konzepte der funktionalen Programmierung in Kapitel 1 folgen vier Teile mit folgenden Inhalten:

- Teil I mit den Kapiteln 2 bis 4 führt in die Grundlagen der funktionalen Programmierung in Java ein.
- Teil II mit den Kapiteln 5 bis 8 vermittelt wichtige Prinzipien und Entwurfsmuster der funktionalen Programmierung.
- Teil III mit den Kapiteln 9 bis 13 beschreibt wichtige Techniken, Systeme und Bibliotheken von Java.
- Teil IV mit den Kapiteln 14 bis 20 führt umfassend in die funktionale Programmierung mit Kotlin ein.

Pfade durch das Buch

Je nach Interesse und Vorkenntnissen bieten sich verschiedene Varianten für die Reihenfolge der Teile und Kapitel dieses Buches an. Auch die Lektüre einzelner Themen ist möglich. In den einzelnen Kapiteln wird immer wieder auf Inhalte und Beispiele früherer Kapitel verwiesen, die dann gezielt nachgelesen werden können. Im Folgenden sind einige mögliche Lesefolgen angeführt.

Vollständiger Pfad

Es wird natürlich empfohlen, alle Kapitel nacheinander zu lesen. Die Lektüre der Teile I und II, in denen die Grundlagen und allgemeinen Prinzipien der funktionalen Programmierung vermittelt werden, schaffen auch ein tieferes Verständnis für die in Teil III vorgestellten Systeme. Darüber hinaus wird im Teil über Kotlin häufig auf die entsprechenden Konzepte in Java aus den Teilen I bis III verwiesen.

Java

Wenn man nur an der funktionalen Programmierung in Java interessiert ist, kann natürlich Teil IV über Kotlin ausgelassen werden.

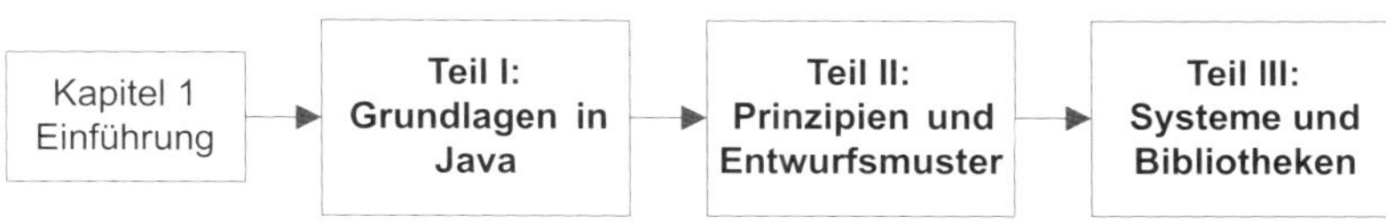

Kotlin

Falls man bereits Erfahrung in der funktionalen Programmierung mit Java oder einer anderen Sprache hat und sich mit der funktionalen Programmierung mit Kotlin vertraut machen möchte, kann man auch direkt mit Teil IV beginnen und eventuell gezielt Inhalte aus den Teilen I bis III nachlesen.

Wenn der Leser jedoch wenig Erfahrung mit funktionaler Programmierung hat, ist es ratsam, sich zuerst mit den Konzepten in Java vertraut zu machen. In diesem Fall kann Teil III übersprungen werden.

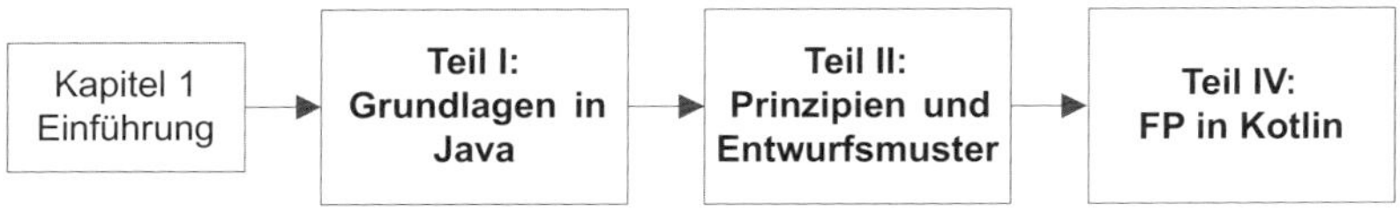

Systeme und Bibliotheken

Ein weiterer Pfad bietet sich an, wenn man in erster Linie an funktionalen Systemen und weniger an den allgemeinen Prinzipien der funktionalen Programmierung in Java interessiert ist. Hier besteht die Möglichkeit, mit den Kapiteln 1 und 2 zu beginnen und dann mit Teil III fortzufahren. Bei Verweisen auf Inhalte früherer Kapitel können diese gezielt nachgelesen werden.

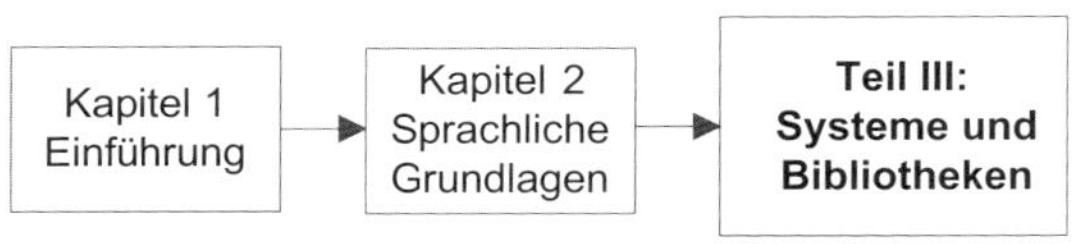

Einzelne Techniken

Das Buch bietet auch die Möglichkeit, sich einzelne Techniken zu erarbeiten. Es wird empfohlen, mit den Kapiteln 1 und 2 über die Grundlagen zu beginnen, und man kann dann:

- für Streams mit Kapitel 9 gefolgt von Kapitel 10 fortsetzen
- für reaktive Streams direkt zu Kapitel 13 gehen, wobei hier entweder Vorkenntnisse über Streams vorausgesetzt oder die Lektüre von Kapitel 9 empfohlen wird
- für asynchrone Ausführungsmodelle die Kapitel 11 und 13 lesen.

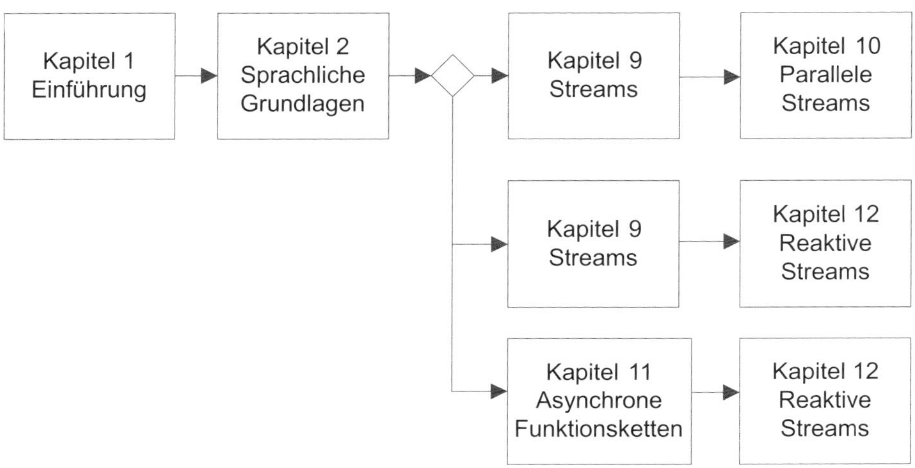

Konventionen

In diesem Buch gelten die folgenden Konventionen für Schriftarten, Schreibweisen und Stile.

Codebeispiele

Größere Programmbeispiele, besonders Code von Klassen, werden mit Unterschrift versehen und mit der Kategorie Listing nummeriert. Kürzere Anweisungsfolgen werden ohne Nummerierung direkt in den Fließtext eingefügt.

Programmierstil

Der Programmierstil in diesem Buch weicht von den üblichen Konventionen für imperative und objektorientierte Java-Programme ab. Dafür gibt es zwei Gründe:

1) In einem Buch müssen Programme kompakter formatiert werden, als es in Sourcecodedateien üblich ist. So werden oft kompakte Namen verwendet, zusätzliche Zeilenumbrüche eingefügt und auf Leerzeilen verzichtet.

2) Funktionale Programme unterscheiden sich auch im Programmierstil von imperativen Programmen. Funktionale Programme sind in der Regel wesentlich kompakter und dichter als imperative Programme. So gibt es in rein-funktionalen Programmen keine Anweisungsfolgen, sondern nur (geschachtelte) Ausdrücke und Funktionsanwendungen. In den Codebeispielen wird daher sehr oft mit einzelnen Anweisungen und Ausdrücken gearbeitet und dann in der Regel auf Blockklammern verzichtet.

Fixpunkt-Font

Für alle Programmbeispiele wird Fixpunkt-Font verwendet. Ebenso werden Bezeichner von Programmelementen innerhalb des Fließtextes in Fixpunkt-Font gesetzt. Wird der Begriff jedoch allgemein verwendet, so wird er in normaler Schriftart geschrieben. Zum Beispiel wird der Begriff String für Zeichenketten in normaler Schriftart geschrieben, aber wenn die Klasse `String` explizit genannt wird, wird für den Klassennamen der Fixpunkt-Font verwendet.

Hervorhebungen

Besondere Begriffe werden bei ihrer Einführung kursiv geschrieben.

Fachbegriffe und englische Bezeichner

Wo immer möglich und sinnvoll, werden im Buch deutsche Begriffe verwendet. Bei einigen Begriffen wird jedoch auf englische Bezeichner zurückgegriffen. So wird zum Beispiel Map und nicht Abbildung für Programmkomponenten verwendet, die eine Abbildung von Schlüssel auf Werte realisieren. Englische Bezeichner werden dann großgeschrieben, z. B. Streams. Zusammensetzungen aus englischen und deutschen Wörtern werden mit Bindestrich verbunden, z. B. Stream-Operation. Bezeichner, die aus mehreren englischen Wörtern bestehen, werden hingegen getrennt geschrieben, z. B. Pattern Matching. Programmteile werden wie in Java mit Groß- und Kleinschreibung geschrieben, z. B. StringBuilder.

Anmerkungen und Hinweise

Das Buch enthält an einigen Stellen zusätzliche Informationen, Anmerkungen und Hinweise, die das unmittelbare Thema der funktionalen Programmierung in Java und Kotlin ergänzen. Diese sind durch graue Blöcke besonders gekennzeichnet.

Sourcecode zu den Programmbeispielen

Der Sourcecode zu allen Programmbeispielen kann von der Webseite zu diesem Buch

www.dpunkt.de/fpjavakotlin

heruntergeladen werden. Es finden sich hier mehrere Projekte. Der Code ist in Packages analog zu den Abschnitten des Buches organisiert.

Danksagung

An der Entstehung dieses Buches haben viele Menschen mitgewirkt, denen ich an dieser Stelle ausdrücklich danken möchte.

Zunächst möchte ich mich bei meinen Lektorinnen vom dpunkt.verlag – Frau Melanie Andrisek für die erste Auflage und Frau Sandra Bollenbacher für die Neuauflage – für die Unterstützung meiner Arbeit bedanken. Ebenso danke ich den anonymen Gutachtern für ihr wertvolles Feedback.

Mein besonderer Dank gilt dem Leiter des Instituts für Systemsoftware, Professor Hanspeter Mössenböck, der mir an seinem Institut die Möglichkeit und das Umfeld geboten hat, mich intensiv mit dem Thema der funktionalen Programmierung zu beschäftigen. Ihm danke ich auch für die Herstellung des Kontakts zum Verlag. Mein Dank gilt auch meinen Kolleginnen und Kollegen am Institut für die stets angenehme und anregende Arbeitsatmosphäre. Meinem Kollegen Professor Paul Grünbacher danke ich für die langjährige freundschaftliche Zusammenarbeit. Bedanken möchte ich mich auch bei meinen Kollegen aus dem Oracle-Team, Dr. Roland Schatz und Dr. Lukas Stadler, die mir in allen Fragen rund um die Sprache Java und deren Implementierung immer äußerst kompetent weiterhelfen konnten.

Mein besonderer Dank gilt meinem ehemaligen Kollegen und meinem Freund Dr. Alexander Fried für die Durchsicht der Kapitel über Kotlin und für seinen Beitrag zur Konzeption und Mitarbeit an unserer gemeinsamen Lehrveranstaltung »Functional Programming in Java«.

Schließlich möchte ich einer Reihe von Studierenden danken, die durch ihre hervorragenden Studienarbeiten wertvolle Beiträge zu diesem Buch geleistet haben. Namentlich erwähnen möchte ich (in alphabetischer Reihenfolge) Clemens Bartl, Christoph Burghuber, Christoph Gerstberger, Simon Grünbacher, Marcel Homolka, Valentin Jochinger, Gregor Lang, Florian Latifi, Peter Pfeiffer, Daniel Schneider und Florian Schrögendorfer.

Herbert Prähofer
Linz, März 2025

1 Einleitung

Wie in den meisten Programmiersprachen wurde auch in Java eine Reihe von Programmelementen eingeführt, die einen funktionalen Programmierstil unterstützen. Hervorzuheben sind hier sicherlich die Lambda-Ausdrücke, die bereits in der Version 8 eingeführt wurden. Aber auch die erst kürzlich eingeführten Record-Klassen zur Implementierung algebraischer Datentypen sowie Pattern-Matching-Ausdrücke sind durch die funktionale Programmierung motiviert. Des Weiteren wurde mit Kotlin eine neue Sprache für die Java-Umgebung geschaffen, die sich stark an den klassischen funktionalen Sprachen orientiert. Was aber sind die Gründe dafür, dass funktionale Programmieransätze gerade in jüngster Zeit an Bedeutung gewinnen?

Funktionale Programmierung verspricht eine deklarative Programmierung auf hohem Abstraktionsniveau, die knapp, präzise und für eine parallele Ausführung geeignet ist. Funktionale Programmierung unterscheidet sich grundlegend von der imperativen Programmierung, steht aber nicht im Gegensatz zur objektorientierten Programmierung. Wie es Brian Goetz in seinem Vorwort zu [64] ausdrückt, arbeitet die Objektorientierung mit einer Abstraktion entlang der Daten, während die funktionale Programmierung eine Abstraktion von Verhaltensstrukturen erlaubt. Damit ergänzen sich beide Paradigmen zu einer neuen Qualität der Programmierung.

Obwohl funktionale Programmierung erst in jüngster Zeit breite Aufmerksamkeit erlangt hat, ist sie eigentlich ein sehr altes Paradigma. Tatsächlich ist die erste funktionale Programmiersprache Lisp fast so alt wie die erste imperative Programmiersprache Fortran. Die Entwicklung der theoretischen Grundlagen der funktionalen Programmierung, des Lambda-Kalküls [19], geht sogar bis in die 1930er-Jahre zurück.

Mehrere Entwicklungen dürften dafür verantwortlich sein, dass die funktionale Programmierung, die viele Jahre lang ein mehr oder weniger akademisches Nischendasein gefristet hat, nun vom Mainstream der Programmierwelt aufgegriffen wurde:

- Mit dem Aufkommen von Mehrkernprozessoren werden Konzepte und Modelle für die parallele Ausführung erforderlich.
- Mit zunehmender Vernetzung, mit Systemen, die ständig online sind, mit Serverarchitekturen, die Zehntausende Clients gleichzeitig bedienen müssen, und

mit Anwendungen im Internet der Dinge, die ständig auf Veränderungen in der Umwelt reagieren müssen, versagen die bisherigen Paradigmen der Programmierung.
- Die steigenden Anforderungen an die Zuverlässigkeit komplexer Softwaresysteme erfordern generell neue Programmierkonzepte und Entwicklungsmethoden.

Und gerade die funktionale Programmierung wird als ein Weg gesehen, diesen Herausforderungen zu begegnen.

Eigenschaften funktionaler Programme

Die funktionale Programmierung beruht auf mathematischen Funktionen. In der Mathematik ist eine Funktion eine Abbildung einer Menge von Elementen des Definitionsbereichs D in eine Menge von Elementen des Wertebereichs Z:

$$f : D \rightarrow Z, x \mapsto y$$

Jedem Element des Definitionsbereichs wird ein *eindeutiger* Wert des Wertebereichs zugeordnet. Praktisch heißt das, dass eine Funktion bei gleichem Argumentwert immer den gleichen Ergebniswert liefern muss. Eine Funktion kann damit weder ein Gedächtnis haben noch Seiteneffekte verursachen. Der einzige Mechanismus, der durch eine Funktion zur Verfügung gestellt wird, ist die Anwendung der Funktion auf Argumente, für die die Funktion ein eindeutiges Resultat liefert. Man spricht dann von *rein-funktionaler* Programmierung.

Eine rein-funktionale Programmierung beruht daher ausschließlich auf Funktionsdefinition und Funktionsanwendung. Die vertrauten Konzepte der veränderlichen Variablen und Wertzuweisungen existieren nicht; tatsächlich gibt es überhaupt keine veränderlichen Daten. Funktionale Programmierung unterscheidet sich damit grundsätzlich von imperativer Programmierung, die immer mit Zuweisungen von Werten an Variablen und Verändern eines Programmzustands arbeitet.

Funktionale Programme haben im Vergleich zu Programmen mit Seiteneffekten eine Reihe von günstigen Eigenschaften. Eine Funktion ist in sich abgeschlossen, weil sie nur von den Argumenten abhängt. Sie kann daher als eine Einheit angewendet, verstanden, getestet und verifiziert werden. Eine Funktionsanwendung steht ausschließlich für den Wert, den sie berechnet, und sie kann folglich zu jedem Zeitpunkt durch seinen Wert ersetzt werden. Das macht funktionale Programme unabhängig vom Kontrollfluss und Funktionsanwendungen können in beliebiger Reihenfolge, parallel oder nach Bedarf, erfolgen.

Aber ist dieses Modell, ausschließlich mit Funktionen mit Rückgabewerten und mit Funktionsanwendungen zu arbeiten, nicht viel zu restriktiv? Ist funktionale Programmierung damit im Vergleich zur imperativen Programmierung weniger leistungsstark und weniger flexibel? Wie im wegweisenden Artikel von John Hughes mit dem Titel »Why functional programming matters« [37] eindrucksvoll argumentiert wird, liegt die Mächtigkeit der funktionalen Programmierung in der besseren Modularität und Kombinierbarkeit von Funktionen. Dadurch, dass Funktionen in sich abgeschlossen und nicht von einer Umgebung abhängig sind, können sie frei kombiniert werden.

Besonders bemerkenswert ist auch, dass gerade John Backus, der mit der Entwicklung von Fortran [8] und mit seiner Mitarbeit bei der Definition von Algol 60 [7] ganz wesentlich zur Entwicklung der imperativen Programmiersprachen beigetragen hat, schon sehr früh grundlegende Einsichten in die Schwächen der imperativen Programmierung und in die Stärken der funktionalen Programmierung gegeben hat. In seiner Ansprache zur Verleihung des Turing Awards hat er sich mit sehr drastischen Worten gegen die imperative Programmierung gewandt und eine funktionale Programmierung propagiert. Aus der begleitenden Publikation mit dem vielsagenden Titel »Can Programming Be Liberated From the von Neumann Style? A Functional Style and Its Algebra of Programs« [9] ist dazu folgende Aussage entnommen:

> *Conventional programming languages are growing ever more enormous, but not stronger. Inherent defects at the most basic level cause them to be both fat and weak: their primitive word-at-a-time style of programming inherited from their common ancestor–the von Neumann computer, their close coupling of semantics to state transitions, their division of programming into a world of expressions and a world of statements, their inability to effectively use powerful combining forms for building new programs from existing ones, and their lack of useful mathematical properties for reasoning about programs.*

Backus sieht also die Schwäche der imperativen Programmierung in der engen Anlehnung an das Verarbeitungsmodell des Von-Neumann-Rechners. Und er vermisst mächtige Kombinationsoperatoren zur Gestaltung von Programmen auf höherer Ebene. Der Artikel propagiert dann einen funktionalen Programmierstil mit Operatoren zur Kombination von funktionalen Bausteinen. Er schreibt dazu:

> *An alternative functional style of programming is founded on the use of combining forms for creating programs. [...] Associated with the functional style of programming is an algebra of programs whose variables range over programs and whose operations are combining forms.*

Damit hat Backus schon früh den Weg für die Entwicklung funktionaler Sprachen vorgezeichnet. Sehr anschaulich ist auch das Beispiel im Artikel, mit dem imperative und funktionale Programmierung verglichen werden. Eine imperative Lösung des Skalarprodukts von Vektoren, gegeben als Listen `a` und `b` der Länge `n`, stellt sich in einem imperativen Programmierstil folgendermaßen dar:

```
int c = 0;
for (int i = 0; i < n; i++) {
  c = c + a.get(i) * b.get(i);
}
```

Die Lösung baut auf der Wertzuweisung auf. Das Ergebnis wird in der Variablen c akkumuliert. In jedem Schleifendurchlauf wird in einer Wertzuweisung ein nächster Wert für c berechnet und gespeichert. Die Berechnung ist, wie Backus es kritisiert, im »*word-at-a-time style*«.

Die im Artikel dann vorgeschlagene Lösung, übersetzt auf die heute übliche Form funktionaler Sprachen, sieht im Gegensatz dazu folgendermaßen aus:

```
map2((x, y) -> x * y).andThen(reduce((r, x) -> r + x))
```

Die Operationen beziehen sich nicht auf einzelne Elemente, sondern auf die Vektoren als Ganzes. Sie sind mit Verknüpfungsoperationen in der Form von Lambda-Ausdrücken parametrisiert. Mit `map2` werden die Elemente zweier Vektoren paarweise mit der angegebenen Verknüpfungsoperation verknüpft. Die Operation `reduce` verknüpft die Elemente eines Vektors zu einem einzelnen Wert. Mit `andThen` werden Funktionen in Serie geschaltet. Somit werden in obiger Definition zuerst die Elemente von zwei Vektoren paarweise multipliziert und dann die Elemente des Ergebnisvektors addiert. Das entspricht exakt der mathematischen Definition des Skalarprodukts. Im Gegensatz zur obigen imperativen Lösung ist diese Definition deklarativ und auf hoher Ebene. Die Operationen beziehen sich nicht auf einzelne Elemente, sondern auf die Datenobjekte selbst. Die Operationen haben keine Seiteneffekte und sind rein-funktional.

In diesem Beispiel sehen wir auch bereits die wesentlichen Konzepte, die funktionale Programmierung kennzeichnen:

- *Aggregatsfunktionen*: Funktionen, die auf komplexen Datenobjekten als Ganzes operieren und diese ohne versteckte Seiteneffekte in neue Strukturen abbilden.
- *Höhere Funktionen*: Funktionen, die durch Funktionen parametrisiert sind.
- *Kombination von Funktionen*: Operatoren, die eine Verknüpfung von funktionalen Bausteinen zu größeren funktionalen Einheiten erlauben.

Zur Entwicklung funktionaler Programmiersprachen

Die erste funktionale Sprache Lisp wurde von John McCarthy als Implementierung des Lambda-Kalküls entwickelt und schon 1960 publiziert [60]. Wenn man bedenkt, dass Fortran als erste imperative höhere Sprache von John Backus 1957 eingeführt wurde, ist funktionale Programmierung also nur rund drei Jahre jünger. Bemerkenswert ist auch, dass diese erste Version von Lisp bereits Lambda-Ausdrücke, höhere Funktionen und Listenverarbeitung enthielt, Dinge, die 60 Jahre später wieder sehr aktuell sind.

Seit diesen Anfängen hat sich die funktionale Programmierung ständig weiterentwickelt. Lisp hat sich in zahlreichen Versionen und Varianten in den 80er- und frühen 90er-Jahren als Sprache der künstlichen Intelligenz etabliert. Die Sprachvarianten CommonLisp [94] und Scheme [96] werden auch heute noch verwendet, und mit der Sprache Clojure [50] gibt es einen populären Nachfolger, der auf der Java VM läuft.

Lisp-Sprachen sind dynamisch typisiert, das heißt, Werte tragen ihren Typ, und die Typprüfung wird zur Laufzeit durchgeführt. Robin Milner hat mit der Einführung der Sprache ML den Grundstein für statisch typisierte funktionale Sprachen gelegt [62]. In dynamisch typisierten Sprachen können Funktionen mit beliebigen Datentypen arbeiten. Milner erkannte, dass bei statischer Typisierung eine vergleichbare Flexibilität mit Typparametern erreicht werden kann. Gleichzeitig wurde ein Typinferenz-Algorithmus zur statischen Typprüfung eingeführt [62]. In Standard ML, einer Weiterentwicklung von ML, wurden dann basierend auf der Sprache HOPE [13] polymorphe algebraische Datentypen verwendet, die auch heute noch die Grundlage der Typsysteme funktionaler Sprachen bilden.

Ein weiterer wichtiger Schritt bei der Entwicklung funktionaler Programmiersprachen war beginnend mit den frühen 1980er-Jahren die Erforschung von Sprachen mit nicht-strikten Auswertungsverfahren [98], [99]. Bei strikten Auswertungsverfahren, wie wir sie von Java und anderen Programmiersprachen kennen, werden die Ausdrücke für die Parameter vor einem Prozeduraufruf evaluiert und die Werte übergeben. Bei einer nicht-strikten Auswertung [77] werden die Ausdrücke vorerst nicht-evaluiert übergeben, um schließlich im Kontext der aufgerufenen Funktion evaluiert zu werden. Dies führte zur Einführung von nicht-strikten funktionalen Programmiersprachen, wie zum Beispiel Miranda [100], und zur Entwicklung effizienter Ausführungskonzepte [52], [74].

Wie in [36] nachzulesen ist, gab es um 1987 eine Vielzahl von Sprachentwicklungen mit nicht-strikten Auswertungsverfahren, die sehr ähnliche Ziele verfolgten. Eine Gruppe von Forschern beschloss daher, einen gemeinsamen Sprachentwurf als Grundlage für Forschung und Entwicklung funktionaler Programmierkonzepte zu schaffen. Damit war die Sprache Haskell geboren und der Sprachentwurf Haskell 1.0 wurde 1990 vom Haskell Committee veröffentlicht [35]. Haskell ist heute der State of the Art in der funktionalen Programmierung. Die funktionalen Programmierkonzepte, die wir in Java und Kotlin heute sehen, haben im Wesentlichen ihr Vorbild in Haskell. Um einen geeigneten Hintergrund für dieses Buch zu schaffen, werden daher im folgenden Abschnitt die elementaren Konzepte und die wichtigsten Begriffe der funktionalen Programmierung, wie sie sich in Haskell darstellen, eingeführt.

1.1 Elementare Konzepte und Begriffe

Die wichtigsten Konzepte der funktionalen Programmierung sind: reine Funktionen, Lambda-Ausdrücke und Funktionsobjekte, polymorphe algebraische Datentypen mit Typinferenz, Pattern Matching sowie nicht-strikte Bedarfsauswertung. Diese Konzepte werden im Folgenden anhand der Sprache Haskell kurz vorgestellt. Im weiteren Verlauf des Buches beschäftigen wir uns dann intensiv mit ihrer Umsetzung in Java und Kotlin.

Ausdrücke und Funktionsanwendungen

Die rein-funktionale Programmierung kennt im Gegensatz zur imperativen Programmierung keine Anweisungen, sondern nur Ausdrücke. Funktionale Programme bestehen zuerst einmal aus Funktionsanwendungen mit Berechnung von Ergebnissen, wie z. B. die Anwendung der Funktion `max` auf zwei Werte `6` und `7` mit dem Ergebnis gleich der größeren Zahl 7[1]:

```
max 6 7
```

Aber auch Kontrollstrukturen, insbesondere Verzweigungen, sind in funktionalen Sprachen Ausdrücke, die einen Wert zurückliefern. Beispielsweise liefert der If-Ausdruck in folgender Definition der Funktion `max` den größeren der beiden Argumente `x` und `y`:

```
max x y = if x > y then x else y
```

In einer funktionalen Sprache sollte grundsätzlich jeder Ausdruck und jede Anweisung einen Rückgabewert haben. In Java trifft das leider nicht zu, jedoch ist dies in Kotlin bereits durchgängig der Fall.

Lambda-Ausdrücke und höhere Funktionen

Lambda-Ausdrücke repräsentieren anonyme Funktionen mit formalen Argumenten und einem definierenden Ausdruck. Die beiden Seiten sind üblicherweise mit einem Pfeilsymbol[2] getrennt. Der definierende Ausdruck legt den Funktionswert fest und hat keine Seiteneffekte. Folgendes Beispiel zeigt einen Lambda-Ausdruck mit Argument `x` und definierendem Ausdruck `x + 1`:

```
x -> x + 1
```

Lambda-Ausdrücke sind Literale zur Erzeugung von *Funktionsobjekten*. Funktionsobjekte können wie andere Werte an Variablen zugewiesen, als Parameter übergeben und Ergebnis von Funktionen sein. Im Sprachgebrauch der funktionalen Programmierung sagt man, Funktionsobjekte sind *first class*. Dieses einfache Prinzip erlaubt es, Funktionen mit Funktionen als Parameter zu bilden, sogenannte *Funktionen höherer Ordnung oder einfach höhere Funktionen*[3]. Ebenso können Funktionen gebildet werden, die aus einfacheren Funktionen komplexere Funktionen erzeugen. Zum Beispiel kann man eine Funktion `andThen` definieren, die aus zwei Funktionen `f` und `g` eine Funktion erzeugt, die zuerst die Funktion `f` auf das Argument `x` und dann die Funktion `g` auf das Ergebnis anwendet:

```
andThen f g = x -> g (f x)
```

1. Haskell verwendet Präfix-Notation bei Funktionsanwendungen. In der üblichen Schreibweise entspricht das der Funktionsanwendung `max(6, 7)`.
2. Im Lambda-Kalkül ist einem Lambda-Ausdruck der griechische Buchstabe λ vorangestellt und statt des Pfeils wird üblicherweise ein Punkt verwendet. Daher würde man den obigen Lambda-Ausdruck im Lambda-Kalkül als $\lambda\, x\, .\, x + 1$ schreiben.
3. Wir werden meist den Begriff *höhere Funktionen* verwenden.

Bei den Variablen, die im definierenden Ausdruck eines Lambda-Ausdrucks vorkommen, unterscheidet man zwischen *gebundenen* und *freien* Variablen. Gebundene Variablen sind Argumente des Lambda-Ausdrucks, freie Variablen sind nicht Argument des Lambda-Ausdrucks und müssen damit im Kontext des Lambda-Ausdrucks gebunden sein. Im folgenden Lambda-Ausdruck ist `x` gebunden und `y` frei:

```
x -> x + y
```

Freie Variablen sind beim Erzeugen von Funktionsobjekten kritisch und wir werden das Thema in Abschnitt 2.3 ausführlich behandeln.

Algebraische Datentypen

Das Typsystem statisch typisierter funktionaler Sprachen basiert auf *algebraischen Datentypen*. Algebraische Datentypen orientieren sich an Konzepten der Mengenlehre und erscheinen in einer abstrakteren Form als die Datentypen imperativer und objektorientierter Sprachen. Sie basieren auf Mengendefinitionen durch Enumeration und dem kartesischen Produkt. Durch Kombination von Enumeration und Produkttypen ergeben sich sogenannte *Variantentypen* (engl. *variant types* oder *union types*). Das folgende Beispiel eines Datentyps `Expr` zur Repräsentation von arithmetischen Ausdrücken zeigt das Prinzip. Der Typ `Expr` definiert die Varianten `Val`, `Vbl`, `Add`, `Mult`, `Minus` und `Recip` (die Varianten sind durch Oder-Zeichen getrennt). Jede Variante ist ein Produkttyp und besteht aus dem Namen der Variante, dem sogenannten *Daten-Tag*, und den Typen für die Felder:

```
data Expr =
                Val Double
              | Vbl String
              | Add Expr Expr
              | Mult Expr Expr
              | Minus Expr
              | Recip Expr
```

Listing 1.1 *Algebraischer Datentyp Expr in Haskell*

Die obige Datendefinition ist zudem rekursiv, da die Varianten `Add`, `Mult`, `Minus` und `Recip` Felder vom Typ `Expr` haben. Auf diese Weise können hierarchische Strukturen gebildet werden.

Wir werden dieses Beispiel zur Repräsentation von arithmetischen Ausdrücken mehrmals in den Fallbeispielen zur funktionalen Programmierung aufgreifen und mit der obigen Definition eines algebraischen Datentyps vergleichen.

Parametrischer Polymorphismus

Typparameter dienen der Definition von Funktionen und Datentypen, bei denen bestimmte Typen unbestimmt sind. Man spricht in der funktionalen Programmierwelt, aus der das Konzept ursprünglich stammt [62], [14], von einem *para-*

metrischen Polymorphismus. In Java und anderen Sprachen ist das Konzept unter dem Begriff *Generizität* bekannt. Generizität ist für die funktionale Programmierung von besonderer Bedeutung und wir werden daher Generizität von Java und Kotlin in den Abschnitten 2.1 und 14.7 ausführlich behandeln.

Typinferenz

Funktionale Programmiersprachen arbeiten mit *Typinferenz*. Das bedeutet, dass der Typ eines Ausdrucks, einer Variablen oder die Signatur einer Funktion automatisch abgeleitet wird und nicht vom Programmierer angegeben werden muss. Bei Lambda-Ausdrücken werden die Typen der Argumente und des Rückgabewerts üblicherweise nicht angegeben, sondern durch Typinferenz abgeleitet. Zum Beispiel sind für unseren einfachen Lambda-Ausdruck

```
x -> x + y
```

keine Typen für den Parameter `x`, die freie Variable `y` oder den Rückgabewert angegeben. Zudem ist der Operator `+` überladen, sodass die Typen der Operanden nicht eindeutig sind. In Java könnten die Typen für Argument und Ergebnis beliebige Zahlen oder Zeichenketten sein.

In imperativen Sprachen wird der Typ in der Regel nur für Ausdrücke automatisch durch den Compiler bestimmt, nicht aber für Variablen, Parameter und Rückgabewerte von Funktionsdefinitionen. Bei funktionalen Sprachen ist dies jedoch auch für Variablen und Funktionsdefinitionen möglich. Der sogenannte Hindley-Milner-Algorithmus [62], [32] ist in der Lage, für beliebige Ausdrücke und Funktionsdefinitionen den allgemeinsten Typ herzuleiten, der alle gegebenen Einschränkungen erfüllt.

In nicht rein-funktionalen Sprachen wie Java und auch Kotlin ist eine vollständige Typinferenz prinzipiell nicht möglich. Mit der Einführung funktionaler Konzepte wurde die automatische Typinferenz in Java jedoch merklich erweitert. Und Kotlin wurde von Anfang an so konzipiert, dass bei den meisten Deklarationen auf explizite Typangaben verzichtet werden kann.

Funktionale Datenstrukturen

Eine wesentliche Eigenschaft algebraischer Datentypen ist ihre grundsätzliche Unveränderlichkeit. Auch Datenstrukturen wie Listen, Mengen oder Maps sind unveränderlich. Man spricht von *funktionalen* oder *persistenten Datenstrukturen*[4].

Die bekannteste funktionale Datenstruktur ist die funktionale Liste. In Haskell ist sie als algebraischer Datentyp wie folgt definiert:

```
data [a] = []  |  a : [a]
```

4. Wir werden die Bezeichnungen unveränderliche, persistente und funktionale Datenstruktur synonym verwenden.

Der Typbezeichner ist [a] mit dem Typparameter a. Die Variante [] bezeichnet die leere Liste. Die Variante : ist eine Liste mit dem ersten Element vom Typ a und dem Rest der Liste vom Typ [a] (das Daten-Tag : wird hier in Infix-Notation angegeben). Listen sind also rekursive Strukturen mit einem Element und einer Restliste, an deren Ende immer die leere Liste steht. Man kann also neue Listen erzeugen, indem man Elemente aus bestehenden Listen voranstellt, aber man kann bestehende Listen nicht verändern. Für weitere persistente Datenstrukturen gibt es sehr effiziente Verfahren, die z. B. auch einen direkten Zugriff erlauben. Eine umfassende Behandlung dieses Themas findet sich in [70].

Pattern Matching

Eng verwandt mit den algebraischen Datentypen ist *Pattern Matching*. Dabei handelt es sich um eine Kontrollstruktur zur Unterscheidung von Varianten eines Datentyps anhand von Mustern. Wenn ein gegebener Wert mit einem Muster übereinstimmt, ist das Ergebnis der entsprechende Ausdruck. Patterns werden analog zu den Konstruktoren der Varianten gebildet. Die Unterscheidung der Varianten erfolgt zunächst anhand der Daten-Tags. Für die Felder können Werte oder Variablen angegeben werden. Bei Werten wird ein Vergleich auf Gleichheit durchgeführt, bei Variablen wird der Feldwert an die Variable gebunden.

Betrachten wir dazu wieder unseren algebraischen Datentyp Expr von oben. Die folgende Haskell-Funktion eval verwendet Pattern Matching, um den Wert eines Ausdrucks zu berechnen. Sie hat zwei Parameter: expr für den auszuwertenden Ausdruck und bds für Variablenbindungen, d. h. Zuordnungen von Variablennamen zu Werten:

```
eval expr bds =
  case (expr) of
     Val x                     ->  x
     Vbl name | elem bds name  ->  get bds name
     Vbl _                     ->  error
     Add left right            ->  (eval left bds) + (eval right bds)
     Mult left right           ->  (eval left bds) + (eval right bds)
     Minus sub                 ->  - (eval sub bds)
     Recip sub                 ->  1.0 / (eval sub bds)
```

Mit einem case-Ausdruck werden die möglichen Varianten für den Expr-Wert unterschieden. Es ist zu erkennen, dass die Muster in den Fallunterscheidungen genau den Varianten des Datentyps entsprechen. Außerdem entsprechen die rekursiven Aufrufe der rekursiven Definition des Datentyps. Ein großer Vorteil beim Pattern Matching ist, dass mit dem Mustervergleich nicht nur die Varianten unterschieden, sondern auch die Feldwerte den Pattern-Variablen zugewiesen werden. Das Datenelement wird sozusagen in seine Bestandteile zerlegt. So werden z. B. bei den Varianten Add und Mult die beiden Unterausdrücke an die Pattern-Variablen left und right gebunden.

Der Wert des Ausdrucks ergibt sich entsprechend den Varianten des Datentyps wie folgt:

- Bei einem `Val` wird der enthaltene Wert zurückgegeben.
- Für die Variante `Vbl` gibt es zwei Fälle: Im ersten wird mit einem sogenannten *Guard* geprüft, ob ein Eintrag in `bds` existiert (`| elem bds name`) und in diesem Fall der enthaltene Wert zurückgegeben. Ist dies nicht der Fall, wird im zweiten Fall mit einem Fehler abgebrochen.
- Bei `Add`, `Mult`, `Minus` und `Recip` werden mit rekursiven Aufrufen zuerst die Unterausdrücke ausgewertet und dann die Ergebnisse verknüpft.

Nicht-strikte Evaluierung

Aus der imperativen und objektorientierten Programmierung ist nur die *strikte* Evaluierung bekannt. Dabei werden zunächst die Ausdrücke für die Argumente von Funktionsaufrufen von links nach rechts vollständig evaluiert und dann die Funktion mit den konkreten Werten aufgerufen. Eine strikte Evaluierung ist auch bei Programmen mit Seiteneffekten unumgänglich, da hier die Reihenfolge der Ausführung von Ausdrücken und Anweisungen Einfluss auf das Ergebnis haben kann.

Arbeitet man jedoch mit reinen Funktionen, so hat die Reihenfolge der Funktionsanwendungen keinen Einfluss auf das Ergebnis. In der funktionalen Programmierung können daher auch *nicht-strikte* Auswertungsstrategien verwendet werden. Haskell verwendet grundsätzlich eine nicht-strikte Evaluierungsstrategie, die sogenannte *Bedarfsauswertung* (engl. *lazy evaluation*, *call-by-need*) [77]. Bei der Bedarfsauswertung wird ein Ausdruck erst und nur dann evaluiert, wenn das Ergebnis benötigt wird.

Die Bedarfsauswertung bietet beispielsweise bei der Bearbeitung von unendlichen oder sehr großen Strukturen Vorteile. Das folgende Beispiel zeigt das Arbeiten mit unendlichen Listen. In Haskell definiert der Ausdruck `[1000..]` die unendliche Liste der Ganzzahlen ab dem Wert 1000. Mit dem Ausdruck

```
head (filter isPrime [1000..])
```

wird die erste Primzahl aus der Liste ermittelt. Dazu werden aber von der unendlichen Liste nur die Zahlen 1000 bis zur ersten Primzahl 1009 benötigt und somit auch nur diese erzeugt.

Java und auch Kotlin verwenden, wie bereits erwähnt, ausschließlich die strikte Evaluierung. Wie wir in Abschnitt 5.6 zeigen werden, kann eine nicht-strikte Auswertung mithilfe von Funktionsparametern realisiert und damit kann auch mit unendlichen Strukturen gearbeitet werden. Auch die funktionalen Streams in Java, die wir in Kapitel 9 behandeln, arbeiten nach dem Prinzip der nicht-strikten Bedarfsauswertung.

1.2 Funktionale Programmierung in Java

Die Erweiterungen von Java zur funktionalen Programmierung basieren auf den elementaren Konzepten, wie wir diese im letzten Abschnitt beschrieben haben. Andererseits stehen die Konzepte der funktionalen Programmierung nicht isoliert, sondern sind nahtlos in die objektorientierte Welt integriert. Funktionen werden durch Java-Objekte repräsentiert und können daher mit den Mitteln der objektorientierten Programmierung behandelt werden. So können Funktionen auf herkömmliche Weise mit objektorientierten Methoden erzeugt, konstruiert, transformiert und kombiniert werden.

Allerdings muss an dieser Stelle angemerkt werden, dass Java natürlich keine rein-funktionale Sprache und damit eine Programmierung völlig ohne Seiteneffekte nicht sinnvoll ist. Eine rein-funktionale Programmierung, bei der nur rekursive Funktionen und ausschließlich unveränderliche Datenstrukturen möglich wären, wird in diesem Buch auch nicht verfolgt. Vielmehr wird man bei der internen Implementierung funktionaler Operatoren und Strukturen auf imperative Techniken zurückgreifen, aber möglichst die funktionalen Eigenschaften nach außen bewahren. Auch die wichtigen Java-Bibliotheken, allen voran die Streams, arbeiten gezielt mit Seiteneffekten und veränderlichen Datenstrukturen. Allerdings sind die Seiteneffekte hier so begrenzt, dass sich Eigenschaften wie bei rein-funktionalen Programmen ergeben und damit z. B. auch eine parallele Ausführung möglich ist.

1.3 Kotlin als Sprache für eine funktionale Programmierung

Kotlin [53], [2] ist eine Programmiersprache, die von der Firma JetBrains als neue Sprache für die Java VM entwickelt wurde[5]. Dabei wurde Kotlin schon von Anfang an mit einer starken Unterstützung einer funktionalen Programmierung konzipiert. Da diese Entwicklung bereits vor der Einführung der Lambda-Ausdrücke in Java erfolgte, kann man sagen, dass Kotlin die funktionale Programmierung auf der Java VM vorweggenommen hat. Auch wird die funktionale Programmierung durch Kotlin besser unterstützt als in Java.

Kotlin wurde mit der Sprache Scala [67], [89] als Vorbild entwickelt. Scala ist eine Sprache, die objektorientierte und funktionale Konzepte beispielhaft kombiniert [69]. Tatsächlich implementiert Scala die Programmierkonzepte von Haskell auf einer rein objektorientierten Basis. Nach Aussage des Chefentwicklers von Kotlin, Dmitry Jemerow, war Scala die einzige Sprache auf der JVM, die seinen Vorstellungen von einer Sprache neuer Qualität entsprach. Allerdings war der Compiler damals sehr langsam. So wurde ab 2010 mit Kotlin eine neue Sprache geschaffen, die viele Eigenschaften von Scala übernommen, aber auch bewusst auf einige Konzepte verzichtet hat. Dadurch ist Kotlin einfacher als Scala, bietet aber

5. Mittlerweile unterstützt Kotlin auch andere Plattformen.

im Vergleich zu Java eine bessere Unterstützung funktionaler Programmierkonzepte. Das Buch von Vermeulen, Bjarnason und Chiusano [102] zeigt auch, dass man mit Kotlin rein-funktional programmieren kann.

Kotlin etabliert sich immer mehr als echte Alternative zu Java für die Programmierung auf der Java VM. Wir werden uns daher in Teil IV mit den spezifischen und besonders interessanten Möglichkeiten von Kotlin für die funktionale Programmierung befassen.

Teil I

Grundlagen der funktionalen Programmierung in Java

Nach der allgemeinen Einführung in die funktionale Programmierung in Kapitel 1 werden im ersten Teil des Buches die Grundlagen der funktionalen Programmierung in Java behandelt:

- Kapitel 2 behandelt die sprachlichen Grundlagen von Java. Dazu gehören Generics, die neuen Interfaces mit Default-Methoden, Lambda-Ausdrücke, Record-Klassen und die neuen Switch-Ausdrücke.
- Kapitel 3 erläutert, wie man in Java funktionale Programmierung ohne Seiteneffekte realisiert.
- Kapitel 4 behandelt die Implementierung funktionaler Datenstrukturen in Java. Zunächst wird gezeigt, wie algebraische Datentypen und Pattern Matching in Java unterstützt werden. Des Weiteren wird auf die Realisierung und die Verwendung von funktionalen Collections eingegangen.

2 Sprachliche Grundlagen von Java

Bevor wir uns den Prinzipien der funktionalen Programmierung mit Java zuwenden, wollen wir uns zunächst mit den sprachlichen Grundlagen von Java beschäftigen. Die wichtigste Neuerung zur funktionalen Programmierung sind die in Version 8 eingeführten Lambda-Ausdrücke. Für die Lambda-Ausdrücke ist aber auch ein tieferes Verständnis der Generics und der Default-Methoden in Interfaces wichtig. Daher werden wir uns zunächst mit diesen beiden Konzepten beschäftigen, bevor wir uns den Lambda-Ausdrücken zuwenden. Für die funktionale Programmierung in Java sind auch die neuen Record-Klassen und die neuen Switch-Ausdrücke von Bedeutung. Diese werden am Ende des Kapitels behandelt.

2.1 Generics

2.1.1 Typparameter

Die Generics wurden in Java bereits mit der Version 5 auf Basis eines Forschungsprototyps, genannt *GJ* (*Generic Java*, [68]), eingeführt. Vorbild für diese Arbeit war der parametrische Polymorphismus der funktionalen Sprachen. Mit Vererbung und Typhierarchie, die es in den klassischen funktionalen Sprachen nicht gibt, kommt jedoch in Java der Aspekt der Ko- und Kontravarianz ins Spiel.

Generics erlauben die Definition von Klassen, Interfaces und Methoden mit Typparametern, die als Platzhalter für Typen fungieren. So führt die folgende Definition eine generische Klasse `List` ein:

```
public class List<E> {
  public void add(E elem) { ... }
  public E get(int i) { ... }
  ...
}
```

Der Typparameter `E` wird direkt nach der Klassendefinition deklariert und repräsentiert den Typ der Elemente der Liste. Er bestimmt den Typ des Parameters der Methode `add` und den Typ des Rückgabewerts der Methode `get`.

Wir können nun die Klasse List mit verschiedenen konkreten Typen verwenden, z. B. mit String oder mit einer Klasse Person:

```
List<String> strings = new List<String>();
List<Person> persons = new List<Person>();
```

Der Compiler prüft somit, dass in strings nur String-Werte und in persons nur Person-Werte eingefügt werden, und garantiert, dass der von der Methode get gelieferte Wert vom Typ String bzw. Person ist. Die Zugriffe sind damit typsicher und unsichere Typumwandlungen können vermieden werden.

Ebenso können Methoden generisch deklariert werden. In diesem Fall werden die Typparameter in spitzen Klammern vor dem Rückgabetyp eingeführt. Die folgende Methode find ist generisch mit einem Typparameter T:

```
public static <T> T find(List<T> list, T item) { ... }
```

Der Typparameter T bestimmt den Typ der Listenelemente im ersten Parameter, den Typ des gesuchten Elements im zweiten Parameter und den Typ des Rückgabewerts. In der Anwendung bestimmen die aktuellen Argumente im Methodenaufruf, welcher Typ konkret verwendet wird, zum Beispiel String in

```
String found = find(strings, "lambda");
```

und Person in

```
Person found = find(persons, somePerson);
```

Auch hier prüft der Compiler, ob die Typen der beiden Parameter und der Typ des Rückgabewerts konsistent sind.

2.1.2 Typconstraints

Ein Typparameter steht für einen beliebigen Typ. Es ist jedoch möglich, die zulässigen Typen einzuschränken. Das heißt, es kann gefordert werden, dass ein durch einen Typparameter bestimmter generischer Typ ein Subtyp oder ein Supertyp eines Typs sein muss. Dies geschieht in Java mit den Schlüsselwörtern extends bzw. super. Mit einer Einschränkung S extends B wird verlangt, dass der Typ S spezieller oder gleich dem Typ B ist. Die Einschränkung schließt also auch immer den Typ B selbst ein. Im folgenden Beispiel wird für eine SortedList verlangt, dass der Typ E das Interface Comparable<E> implementiert. Damit ist sichergestellt, dass in der Methode add die Methode compareTo für die Elemente verwendet werden kann:

```
public class SortedList<E extends Comparable<E>> {
  public void add(E elem) {
    ...
    int i = 0;
    while (i < size && elem.compareTo(elems[i]) > 0) i++;
    ...
  }
}
```

Neben der Einschränkung mit `extends` gibt es auch die gegenteilige Beziehung mit `super`. Allerdings wird diese nur im Zusammenhang mit Wildcards verwendet, die wir im nächsten Abschnitt behandeln werden.

2.1.3 Ko- und Kontravarianz

Die wichtigsten Konzepte der objektorientierten Programmierung sind Typhierarchien mit Vererbung und dynamischer Bindung. Wir wissen, dass wir in Java Unterklassen von Oberklassen ableiten können und dass zwischen den beiden eine Subtyp-Beziehung besteht. Ebenso können Interfaces andere Interfaces erweitern und Klassen können Interfaces implementieren. Dadurch sind polymorphe Zuweisungen von Objekten eines Subtyps an Variablen des Supertyps möglich. Dies zeigt das folgende Beispiel, in dem ein Objekt der Subklasse `Student` einer Variablen der Superklasse `Person` zugewiesen wird:

```
Person person = new Student(...);
```

Welche Bedingungen muss nun aber ein Subtyp erfüllen, um mit dem Supertyp kompatibel zu sein? Hier gibt uns das *Substitutionsprinzip*, das auf Liskov und Wing [58] zurückgeht, eine elementare Antwort. In der Originalliteratur wird das Substitutionsprinzip über beweisbare Eigenschaften formuliert, eine äquivalente und für die Programmierpraxis verständlichere Definition ist jedoch die folgende:

> *An jeder Stelle in einem Programm, an dem ein Objekt eines Typs T verwendet werden kann, muss auch ein Objekt eines Subtyps S von T verwendet werden können.*

Dies entspricht genau unseren Erwartungen. Betrachtet man nun dynamisch gebundene Methoden, so führt das Substitutionsprinzip zu sehr konkreten und oft nicht sofort erkennbaren Bedingungen an die Ein- und Ausgabeparameter und Rückgabewerte von Methoden, nämlich zu *Kovarianz* und *Kontravarianz* [43]. Da nach dem Substitutionsprinzip ein Objekt eines Subtyps anstelle eines Supertyps verwendet werden kann, dürfen Methoden von Subtypen nur Werte liefern, die mit denen des Supertyps kompatibel sind. Damit kann der Typ von Rückgabewerten oder Ausgaben im Subtyp spezieller sein. Man spricht von *kovarianten* Parametern. Genau gegenteilig erhält es sich bei Eingabeparametern. Die Methode des Subtyps muss alle Eingaben akzeptieren, die auch beim Supertyp zulässig sind. Die Eingangsparameter können somit im Subtyp allgemeiner werden, also *kontravariant* sein. Wir betrachten nun Ko- und Kontravarianz im Zusammenhang mit generischen Typen und Typparametern.

Ko- und Kontravarianz beziehen sich bei generischen Typen auf das Verhältnis der Typen, die für Typparameter verwendet werden. Betrachten wir dazu wieder die generische Klasse `List<E>` von oben. Wir können nun von `List<E>` mit zwei konkreten Typen zwei konkrete Ausprägungen bilden, zum Beispiel mit `Person` eine `List<Person>` und mit `Student` eine `List<Student>`. Wenn `Student` ein Subtyp von Person ist, stellt sich die Frage, ob List<Student> damit auch ein Subtyp von List<Person> ist, oder umgekehrt. Also ob List<Person> und List<Student> in einer kovarianten oder kontravarianten Beziehung stehen.

Kovarianz wäre gegeben, wenn eine List<Student> eine Subklasse von List<Person> und somit folgende Zuweisung gültig wäre:

```
List<Student> students = new List<Student>();
List<Person> persons = students;          // Syntaxfehler!
```

Diese Zuweisung erscheint uns zwar natürlich, eine Liste von Studenten kann auch als Liste von Personen betrachtet werden. Sie verletzt jedoch das Substitutionsprinzip und ist in der Programmierung nicht typsicher. Das Problem liegt in der schreibenden Methode add, die nicht typsicher ist, während die lesende Methode get kein Problem darstellen würde. Betrachten wir daher diese beiden Methoden genauer.

Die Methode get greift auf die Elemente der Klasse List<E> zu und hat daher einen Rückgabewert vom Typ E. Diese Methode ist aufgrund der kovarianten Beziehung typsicher. Bei einem Zugriff

```
Person p = persons.get(0);
```

garantiert der statische Typ List<Person> von persons einen Rückgabewert vom Typ Person. Tatsächlich ist das konkret in persons gespeicherte Objekt vom Typ List<Student>. Die Methode get dieses konkreten Listenobjekts wird daher ein Student-Objekt liefern, was mit Person auf jeden Fall kompatibel ist.

Das Problem ist, dass die Methode add einen Eingangsparameter vom polymorphen Typ E hat. Damit wäre ein Aufruf wie

```
persons.add(new Person(...));
```

erlaubt, der in die Liste ein Person-Objekt einfügen würde. Nun kann aber weiterhin über die Variable students auf die Elemente zugegriffen werden. Die Methode get garantiert jedoch bei Aufruf mit students den Typ Student als Rückgabewert und folgende Anweisung wäre erlaubt, würde aber mit dem Einfügen des Person-Objekts zu einem Typfehler zur Laufzeit führen:

```
Student s = students.get(0));  // ClassCastException
```

Aus diesem Grund sind kovariante Zuweisungen wie oben bei generischen Typen grundsätzlich nicht erlaubt. Abhilfe schaffen sogenannte *Wildcards*, die mit einem Fragezeichen (?) eingeführt werden. Bei der Variablendeklaration geben wir den Typparameter nicht direkt als Person an, sondern als ? extends Person, was übersetzt »irgendein Typ, der Person erweitert« bedeutet. Damit wird explizit definiert, dass der Typparameter des zugewiesenen Objekts in einer Subtyp-Beziehung zu Person stehen muss. Mit dieser Deklaration ist die kovariante Zuweisung nun möglich:

```
List<? extends Person> persons = students;
```

Damit kann man typsicher mit get wie oben auf die Elemente zugreifen. Was der Compiler aber nicht mehr akzeptiert, ist ein Aufruf der unsicheren Methode add:

```
persons.add(new Person(...));          // Syntaxfehler!
```

Tatsächlich verhindert die Verwendung einer Wildcard mit einer extends-Beziehung Aufrufe von Methoden, die einen Parameter mit dem kovarianten Typparameter haben.

Genau entgegengesetzt verhält es sich bei Kontravarianz. Eine kontravariante Zuweisung wie im folgenden Beispiel ist verboten:

```
List<Person> persons = new List<Person>();
List<Student> students = persons;      // Syntaxfehler!
```

Der Grund dafür ist, dass die Methode get mit dem Rückgabewert bei der kontravarianten Beziehung nicht typsicher ist. Man könnte mit get auf die Variable students zugreifen und zur Laufzeit einen Typfehler erzeugen:

```
Student s = students.get(0);           // ClassCastException
```

Deklarieren wir die Variable students erneut mit einer Wildcard, diesmal mit einer Supertyp-Beziehung für den Typparameter, ist die Zuweisung erlaubt:

```
List<? super Student> students = persons;
```

Hier ist der Typparameter nun kontravariant und der Effekt ist genau gegenteilig zur kovarianten Zuweisung. Ein Aufruf von add beim Objekt students ist erlaubt:

```
students.add(new Student());
```

Als Parameter verlangt ja students ein Objekt vom Typ Student. Dies ist aber mit den Elementen der konkreten Liste persons kompatibel. Allerdings werden lesende Zugriffe, wie der Zugriff mit get, die beim kontravarianten Typparameter nicht typsicher sind, vom Compiler nicht mehr akzeptiert.

Ein anschauliches Beispiel für die Bedeutung von Ko- und Kontravarianz ist eine Methode copy, die Elemente aus einer Liste from in eine Liste to kopiert. Die Methode iteriert über die Positionen der Liste from, greift mit get lesend auf die Elemente zu und schreibt sie mit add in die Liste to:

```
<T> void copy(List<? extends T> from, List<T> to) {
    for (int i = 0; i < from.size(); i++) {
      to.add(from.get(i));
    }
  }
```

Der Typparameter der Liste from ist hier mit einer kovarianten Wildcard definiert. Damit wird sichergestellt, dass die Elemente von from spezieller sein können als die Elemente von to.

Alternativ kann der Typparameter für die Liste to auch kontravariant definiert werden.

```
<T> void copy(List<T> from, List<? super T> to) {
    for (int i = 0; i < from.size(); i++) {
      to.add(from.get(i));
    }
  }
```

Damit können z. B. die Elemente einer Liste mit Elementen vom Typ Student in eine Liste mit Elementen vom Typ Person eingefügt werden:

```
List<Student> students = new List<Student>();
List<Person> persons = new List<Person>();
copy(students, persons);
```

Es ist zu beachten, dass ohne die ko- bzw. kontravariante Definition der Typparameter ein Aufruf mit Listen unterschiedlichen Elementtyps nicht zulässig wäre und copy nur mit Listen gleichen Typs verwendet werden könnte.

Warum sind aber generische Typen und Ko- und Kontravarianz für die funktionale Programmierung in Java so wichtig, dass wir dieses Thema hier so ausführlich behandeln? Wie wir sehen werden, sind die Typen, die durch Lambda-Ausdrücke implementiert werden, sehr oft generische Interfaces. Außerdem kommen bei Methoden, die Lambda-Ausdrücke als Parameter haben, in der Regel ko- und kontravariante Beziehungen vor.

Dies soll an einem Beispiel verdeutlicht werden. Dabei wollen wir Lambda-Ausdrücke nicht vorwegnehmen, sondern arbeiten stattdessen mit anonymen Klassen. Gegeben sei ein generisches Interface Function mit zwei Typparametern T und R:

```
public interface Function<T, R> {
  R apply(T t);
}
```

Die einzige Methode des Interface ist die Methode apply. Diese hat einen Eingangsparameter vom generischen Typ T und einen Rückgabewert vom generischen Typ R (ein solches Interface wurde tatsächlich als Teil der funktionalen Programmierung in Java eingeführt, siehe Abschnitt 2.3.1).

Die folgende generische Methode applyFunction hat einen Parameter vom Typ Function und einen zweiten Parameter obj. Im Rumpf wird die Methode apply des Function-Objekts mit dem Objekt obj aufgerufen und der erhaltene Wert zurückgegeben:

```
public static <A, B> B applyFunction(
     Function<? super A, ? extends B> fn, A obj) {
  return fn.apply(obj);
}
```

Die Methode applyFunction definiert zwei Typparameter: A für den Typ des zweiten Parameters obj und B für den Typ des Rückgabewerts. Entscheidend ist die Deklaration der Typparameter des Typs Function. Die Typparameter sind kontra- und kovariant definiert. Der Typparameter T von Function kann also ein Supertyp von A sein und der Typ R für den Rückgabewert von apply ein Subtyp von B.

Damit ist garantiert, dass die Methode `apply` auf einen Wert vom Typ `A` anwendbar und der Rückgabewert von `apply` mit dem verlangten Rückgabetyp `B` von `applyFunction` kompatibel ist.

Im Folgenden ist die Anwendung von `applyFunction` gezeigt. Angenommen, wir haben bereits ein `Function`-Objekt als anonyme Klasse implementiert, bei dem `T` gleich `Object` und `R` gleich `String` ist und in der `apply`-Methode `toString` für den Parameter `o` aufgerufen wird:

```
Function<Object, String> toStringFn =
  new Function<Object, String>() {
    public String apply(Object o) { return o.toString(); }
  };
```

Folgende Anwendung von `applyFunction` verwendet nun dieses `Function`-Objekt, wobei der zweite Parameter vom Typ `Person` ist und der Rückgabewert vom Typ `Object` sein soll:

```
Object someInfo = applyFunction(toStringFn, new Person(...));
```

Tatsächlich ist dieser Aufruf nur mit den kontra- und kovarianten Typparametern bei `Function` möglich. Denn `Person` ist ein Subtyp von `Object` und daher als konkretes Argument der `apply`-Methode verwendbar. Außerdem hat die Methode `apply` einen `String` als Rückgabewert und dieser kann der Variablen `someInfo` vom Typ `Object` zugewiesen werden.

Diese Art der kontra- und kovarianten Deklaration von Typparametern wird bei höheren Funktionen praktisch immer verwendet. Im weiteren Verlauf des Buches werden wir uns noch intensiv mit höheren Funktionen befassen und immer wieder mit dieser Form von Typparametern konfrontiert sein.

2.1.4 Typinferenz bei Generics

Der konkrete Typ eines Typparameters wird beim Erzeugen eines Objekts oder beim Aufruf einer Methode festgelegt. Dafür ist die Typinferenz zuständig. In Java wurde die Typinferenz mit der Einführung der Konzepte zur funktionalen Programmierung wesentlich erweitert. So wurde in Version 10 Typinferenz für lokale Variablen eingeführt. Man kann nun die Deklaration einer lokalen Variablen mit dem Schlüsselwort `var` beginnen und dann auf die Typangabe verzichten. Allerdings muss der Variablen bei der Deklaration ein Wert zugewiesen werden und der Typ des Werts bestimmt dann den Typ der Variablen. Im folgenden Beispiel ist somit der Typ der Variablen `persons` gleich `List<Person>`:

```
var persons = new List<Person>();
```

Bei generischen Methoden werden die Typparameter beim Aufruf durch die konkreten Parameterwerte bestimmt. Ruft man beispielsweise die generische Methode `find` aus Abschnitt 2.1.1 mit einer `List<Person>` auf, so wird für den Typparameter

T der Typ Person abgeleitet. Damit sind auch der zweite Parameter und der Rückgabewert vom Typ Person:

```
var found = find(persons, hans);
```

Bei einigen Methoden enthalten die aktuellen Argumente jedoch nicht genügend Informationen, um die Typparameter zu bestimmen. Ein Beispiel ist die statische Methode emptyList der Klasse Collections aus der Java-Bibliothek, die keinen Parameter hat und eine leere Liste zurückgibt. Wenn beim Aufruf der Methode keine Information über den Typ der Elemente angegeben wird, wird der allgemeinste Typ Object angenommen. Sollen die Elemente einen speziellen Typ haben, kann man dies durch eine entsprechende Variablendeklaration

```
List<Person> persons = Collections.emptyList();
```

oder durch die explizite Angabe des Typs unmittelbar vor dem Methodennamen

```
var persons = Collections.<Person>emptyList();
```

erreichen.

Manchmal muss die Typinferenz auch durch Typecasts unterstützt werden. So ist es sinnvoll, nicht mehr benötigte Wildcards, die nicht im Programm weitergeführt werden sollen, durch Typecasts zu eliminieren.

Betrachten wir dazu die Klasse Optional aus der Klassenbibliothek, mit der eine funktionale Ausnahmebehandlung realisiert werden kann (mehr dazu in Abschnitt 3.2). Optional ist ein Container für einen Wert, der auch leer sein kann (siehe Listing 2.1). Mit empty kann man auf das leere Optional zugreifen. Die statischen Methoden of bzw. ofNullable erzeugen Optional-Objekte, wobei ofNullable bei einem Wert null das leere Optional liefert. Mit der Methode get kann auf den enthaltenen Wert zugegriffen werden. Es gibt jedoch keine schreibenden Zugriffe, Optional ist unveränderlich.

```
public final class Optional<T> {
  public static<T> Optional<T> empty() {...}
  public static <T> Optional<T> of(T value) {...}
  public static <T> Optional<T> ofNullable(T value) {...}
  public boolean isEmpty() {...}
  public T get() {...}
  ...
}
```

Listing 2.1 *Auszug aus der Klasse Optional*

In folgender Methode either soll nun einer von zwei Optionals ausgewählt und zurückgegeben werden. Ist der erste Optional-Wert leer, wird der zweite zurückgegeben, sonst immer der erste:

```
static <A> Optional<A> either(
    Optional<? extends A> first, Optional<? extends A> second) {
  if (first.isEmpty()) return (Optional<A>)second;
  else return (Optional<A>)first;
}
```

Bei der Methode ist es notwendig, die beiden Parameter mit kovarianten Wildcards zu definieren. Seien zum Beispiel `Student` und `Professor` Subklassen einer Klasse `Person` und es gebe jeweils ein Optional mit dem Elementtyp `Student` und `Professor`. Mit `either` soll nun ein Optional von beiden ausgewählt werden, das heißt, die Methode `either` wird mit zwei Werten mit dem Typ `Optional<Student>` und dem Typ `Optional<Professor>` aufgerufen:

```
Optional<Student> optStdt = Optional.ofNullable(someStdt);
Optional<Professor> optProf = Optional.ofNullable(someProf);
Optional<Person> person = either(optStdt, optProf);
```

Durch die kovarianten Wildcards bei den Parametertypen sind sowohl der Typ `Optional<Student>` als auch `Optional<Professor>` als konkrete Parameterwerte zulässig. Man beachte, dass dieser Aufruf ohne Wildcards nicht möglich wäre.

Die Typinferenz leitet nun für den Typparameter `A` die Basisklasse von `Student` und `Professor`, also `Person`, ab. Damit aber der Typ des Rückgabewerts ein `Optional<Person>` sein kann und nicht mit Wildcards `Optional<? extends Person>` geschrieben werden muss, sind die Typecasts `(Optional<A>)` beim `return` eingefügt.

Diese Typecasts sind in diesem Fall auch sicher. Einerseits ist durch die kovarianten Wildcards garantiert, dass die Typen der tatsächlichen Werte Subtypen zum Typ im Typecast sind. Auch ist wichtig, dass Optionals unveränderlich sind und keine schreibenden Zugriffe haben, weil ja mit dem Eliminieren der Wildcard wieder die unsicheren schreibenden Zugriffe möglich wären.

2.1.5 Schwachstellen der Generics in Java

Abschließend zu den Ausführungen zu den Java Generics soll hier noch auf zwei Schwachpunkte hingewiesen werden. Beide resultieren daraus, wie generische Klassen und Methoden in Java umgesetzt wurden (vgl. [63]).

Wenn der Java-Compiler generische Typen übersetzt, werden die Informationen darüber gelöscht und stehen bei der Ausführung nicht mehr zur Verfügung (man spricht von *Type erasure*). Zur Laufzeit gibt es von den generischen Klassen eine Implementierung, bei der alle generischen Typen durch den allgemeinsten Typ ersetzt werden. Dies ist entweder der Typ `Object` oder, wenn ein Typconstraint verwendet wurde, der darin verlangte Typ. Diese Klasse, den sogenannten *Rohtyp*, kann man in Java auch verwenden. Sie hat den gleichen Namen wie die generische Klasse, hat aber keine Typparameter. Zu einer Klasse `List<E>` gibt es also den Rohtyp `List`.

Dies führt jedoch zu zwei Problemen: Erstens können Basisdatentypen wie `int`, `double` oder `boolean` nicht für Typparameter verwendet werden, weil diese nicht mit dem Typ `Object` des Rohtyps kompatibel sind[1]. Man muss also stattdessen mit den entsprechenden Referenztypen wie `Integer` oder `Double` arbeiten. Das hat aber gravierende Nachteile hinsichtlich der Ausführungszeit. Wie wir in Kapitel 9 sehen werden, wurden daher bei den Streams neben dem generischen Stream `Stream<T>` auch jeweils `IntStream`, `DoubleStream` und `LongStream` für die Basisdatentypen `int`, `double` und `long` eingeführt.

Das zweite Problem ergibt sich dadurch, dass Rohtypen direkt verwendet werden können. Ein Rohtyp ist jedoch mit allen generischen Typen kompatibel und somit ist eine kovariante Zuweisung wie folgt möglich:

```
List objects = students;
```

Nun hat man aber genau das Problem, das mit den Wildcards vermieden wurde: Man kann die unsicheren Methoden mit Eingangsparametern verwenden, zum Beispiel die Methode `add` bei `List`:

```
objects.add(new Object());
```

Mit dieser Anweisung produziert man genau den Typfehler, der mit einer Wildcard verhindert wird:

```
Student student = students.get(0);      // ClassCastException
```

Der Compiler zeigt zwar eine Warnung bei der Verwendung des Rohtyps an, aber verhindert wird diese nicht.

2.2 Default-Methoden

Vor der Version 8 von Java konnten Interfaces nur abstrakte Methoden haben. Mit Version 8 wurden bei Interfaces nun auch sogenannte *Default-Methoden* eingeführt, die mit dem Schlüsselwort `default` gekennzeichnet werden und konkrete Implementierungen haben. Default-Methoden werden an die implementierenden Klassen vererbt und können wie andere geerbte Methoden verwendet oder auch überschrieben werden.

Als Beispiel eines Interface mit Default-Methoden wird im Folgenden ein Interface `Ordered` definiert, das `Comparable` erweitert und die Vergleichsoperatoren `less`, `greater` etc. in der Form von Default-Methoden implementiert (siehe Listing 2.2). `Ordered` erbt von `Comparable` die abstrakte Methode `compareTo`. Die Vergleichsoperatoren werden nun unter Verwendung der abstrakten Methode `compareTo` implementiert[2].

1. Es gibt mittlerweile einen Vorschlag, Java dahin gehend zu erweitern (siehe *https://openjdk.org/jeps/218*).
2. Man hätte mit der Einführung der Default-Methoden auch das Interface `Comparable` aus der Bibliothek in dieser Weise erweitern können. Aus nicht klar ersichtlichen Gründen wurde aber vom Oracle-Entwicklungsteam darauf verzichtet.

```
public interface Ordered<T> extends Comparable<T> {
  // erbt compareTo(T o);
  public default boolean less(T o) {
    return this.compareTo(o) < 0;
  }
  public default boolean greater(T o) {
    return this.compareTo(o) > 0;
  }
  public default boolean lessEqual(T o) {
    return this.compareTo(o) <= 0;
  }
  public default boolean greaterEqual(T o) {
    return this.compareTo(o) >= 0;
  }
}
```

Listing 2.2 *Interface Ordered<T>*

Wenn dann zum Beispiel eine Klasse `Person` dieses Interface `Ordered` implementiert, muss `Person` nur die Methode `compareTo` implementieren. Die Default-Methoden werden geerbt und stehen zusätzlich zur Verfügung. Wir können damit `Person`-Objekte auch mit den relationalen Operatoren vergleichen.

```
public class Person implements Ordered<Person> {
  private final String name;
  ...
  @Override
  public int compareTo(Person other) {
    return this.name.compareTo(other.name);
  }
}

Person a = new Person(...), b = new Person(...);
if (a.less(b)) { ... }
```

Das Konzept der Default-Methoden ist eigentlich sehr klar und einfach. Die einzige Schwierigkeit ergibt sich, wenn eine Klasse mehrere Interfaces implementiert und diese Default-Methoden mit gleicher Signatur haben. Bei diesem Konflikt durch die Mehrfachvererbung muss entschieden werden, welche der Implementierungen nun von der Klasse tatsächlich verwendet werden soll. In Java ist das so gelöst, dass der Compiler den Konflikt erkennt und einen Fehler meldet. Der Programmierer muss den Konflikt dann explizit lösen, indem die Klasse die Methode selbst implementiert und eventuell eine der geerbten Default-Methoden aufruft.

Default-Methoden wurden eingeführt, um die funktionale Programmierung besser zu unterstützen. Dafür gibt es zwei Gründe: Erstens sind Interfaces, die nur eine abstrakte Methode haben, für die funktionale Programmierung in Java entscheidend, weil diese durch Lambda-Ausdrücke implementiert werden können. Mit den Default-Methoden kann man aber nun Interfaces schaffen, die zwar mehrere Methoden haben, von denen aber nur eine abstrakt ist.

Der zweite Grund ist, dass ein Mechanismus benötigt wurde, um bestehende Interfaces mit zusätzlichen Methoden zu erweitern, ohne die bestehenden Implementierungen des Interface anpassen zu müssen. Das Interface `Collection` ist hierfür ein gutes Beispiel. Für die Unterstützung von Streams musste eine Möglichkeit geschaffen werden, für eine Collection einen Stream zu erzeugen (siehe Kap. 9). Dazu wurden im Interface `Collection` zwei Default-Methoden `stream` und `parallelStream` eingeführt, die für die Collection einen Stream für sequenzielle bzw. parallele Ausführung erzeugen:

```
public interface Collection<E> extends Iterable<E> {
  ...
  default Stream<E> stream() { ... }
  default Stream<E> parallelStream() { ... }
}
```

Diese Methoden haben Implementierungen, die für alle Collections funktionieren. Alle Collections können daher auf diese Default-Methoden zurückgreifen. Ohne Default-Methoden hätte man alle Implementierungen von `Collection` um diese Methoden erweitern müssen.

Neben Default-Implementierungen können Interfaces auch statische und private Methoden und Konstanten haben, die im Wesentlichen analog zu denen von Klassen sind. Wir wollen hier nicht weiter auf diese eingehen, werden sie aber in den folgenden Kapiteln in mehreren Beispielen verwenden.

2.3 Lambda-Ausdrücke

Wir kommen nun zu den Lambda-Ausdrücken in Java. Wie wir in der Einleitung gelesen haben, repräsentiert ein Lambda-Ausdruck eine unbenannte Funktion mit den formalen Argumenten und einem Funktionsrumpf für die Bestimmung des Funktionswerts. Lambda-Ausdrücke in Java folgen ebenso diesem Prinzip. Der in der Einleitung beispielhaft angegebene Lambda-Ausdruck kann in Java analog definiert werden:

```
x -> x + y
```

Was bewirkt ein solcher Lambda-Ausdruck in Java? In der objektorientierten Sprache Java erzeugt ein Lambda-Ausdruck ein Objekt eines *funktionalen Interface*. Funktionale Interfaces sind Interfaces, die *genau eine* abstrakte Methode deklarieren.[3] Ein Lambda-Ausdruck steht damit für die Implementierung dieser einen abstrakten Methode und dem Erzeugen eines Objekts des funktionalen Interface. Das funktionale Interface bestimmt also den Typ des Funktionsobjekts. Die Schnittstelle

---

3. Solche Interfaces werden aufgrund dieser Eigenschaft auch als Single Abstract Method (SAM) Typen bezeichnet. Wir werden aber hier den Begriff *funktionales Interface* verwenden.

der einen abstrakten Methode bestimmt den sogenannten *Funktionstyp*, also die Abbildung der Argumente auf den Funktionswert.

Eine abstrakte Methode bei funktionalen Interfaces

Die Aussage, dass ein funktionales Interface nur eine abstrakte Methode haben kann, ist nicht ganz korrekt. Erstens sind alle öffentlichen Methoden von `Object` ausgenommen, die von jedem Interface implizit abstrakt deklariert werden, aber auch von einem Interface explizit deklariert werden können. Zum Beispiel ist ein Interface, das nur die Methode `equals` abstrakt deklariert, kein funktionales Interface:

```
interface NotAFunctionalInterface {
   boolean equals(Object o);
}
```

Ebenso kann ein Interface neben einer abstrakten Methode auch noch die Methoden von `Object` abstrakt deklarieren und ist trotzdem ein funktionales Interface. Dies ist zum Beispiel beim Interface `Comparator` der Fall:

```
public interface Comparator<T> {
   int compare(T o1, T o2);
   boolean equals(Object o);
}
```

Eine weitere Sondersituation ergibt sich, wenn ein Interface mehrere Interfaces erweitert und diese Interfaces abstrakte Methoden mit gleichen oder zumindest vom Compiler als äquivalent erkannten Signaturen deklarieren. Der Compiler behandelt dann diese Methoden als identisch. Die Situationen, die zu Compiler-äquivalenten Methoden führen, können aber bei der Verwendung von generischen Interfaces recht komplex sein. Details dazu findet man in der Java-Sprachspezifikation in [30], Abschnitt 9.8.

Betrachten wir zur Verwendung von Lambda-Ausdrücken ein Beispiel. Das bekannte Interface `ActionListener` definiert eine abstrakte Methode `actionPerformed`:

```
public interface ActionListener {
  public void actionPerformed(ActionEvent evt);
}
```

`ActionListener` ist also ein funktionales Interface und kann durch einen Lambda-Ausdruck implementiert werden:

```
ActionListener listener =
    evt -> System.out.println("Action performed");
```

Wie wir in der Zuweisung erkennen, muss der Lambda-Ausdruck ein Objekt vom Typ `ActionListener` erzeugen. Tatsächlich ist ein Lambda-Ausdruck ähnlich einer anonymen Klassendefinition. Obige Anweisung ist also ähnlich zu folgender:

```
ActionListener listener =
  new ActionListener() {
    public void actionPerformed(ActionEvent evt) {
      System.out.println("Action performed");
    }
  };
```

Das Argument evt im Lambda-Ausdruck stellt somit das Argument und der Rumpf im Lambda-Ausdruck den Rumpf der Methode actionPerformed dar. Die Methode actionPerformed kann nun für das erzeugte Objekt wie gewohnt aufgerufen werden:

```
listener.actionPerformed(new ActionEvent(...));
```

Ein Lambda-Ausdruck ist damit vordergründig nur eine kompakte Schreibweise für eine anonyme Klassendefinition, beschränkt auf funktionale Interfaces. Es gibt aber auch wesentliche Unterschiede, denen wir uns als Java-Programmierer auch bewusst sein sollten:

- Ein Lambda-Ausdruck führt keinen neuen Gültigkeitsbereich für Variablen ein, sondern verhält sich wie ein Block. Dies führt im Unterschied zu anonymen Klassen dazu, dass sich this und super nicht auf das vom Lambda-Ausdruck erzeugte Objekt beziehen, sondern auf das Objekt, in dessen Kontext die Lambda-Funktion erzeugt wurde. Außerdem ist es wie bei geschachtelten Blöcken in Lambda-Ausdrücken nicht zulässig, eine Variable mit einem Namen anzulegen, wenn bereits eine lokale Variable mit dem gleichen Namen existiert.
- Die Sprachspezifikation erlaubt, dass ein Compiler aus Effizienzgründen für gleiche Lambda-Ausdrücke ein einziges Objekt erzeugt.
- Lambda-Ausdrücke können keine Objektfelder haben. Benötigt man Objektfelder bei der Implementierung eines funktionalen Interface, muss man auf innere Klassen zurückgreifen.
- Für Lambda-Ausdrücke wird kein explizites class-File erzeugt und der Aufruf erfolgt mit einer effizienten invokedynamic-Anweisung.

Aus der Sicht des Java-Programmierers können wir zusammenfassend folgende wesentliche Eigenschaften von Lambda-Ausdrücken festhalten:

- Lambda-Ausdrücke sind kompakte Implementierungen von funktionalen Interfaces.
- Lambda-Ausdrücke führen zu kompaktem und gut lesbarem Code.
- Lambda-Ausdrücke sind nahtlos in die objektorientierte Welt von Java integriert. Sie erzeugen Java-Objekte, die in gleicher Weise wie andere Objekte verwendet werden können.

Formen von Lambda-Ausdrücken

In Java gibt es unterschiedliche Formen, um Argumente und Funktionsrumpf von Lambda-Ausdrücken anzugeben. Man unterscheidet bei den Argumenten zwischen:

- Explizit typisierte Argumente: Die Typen der Argumente sind explizit angegeben.
- Implizit typisierte Argumente: Die Typen der Argumente sind nicht angegeben, sondern werden aus dem Kontext durch Typinferenz abgeleitet.

Beim Funktionsrumpf unterscheidet man:

- Ausdrucksrumpf: Der Rumpf besteht aus einem einzigen Ausdruck, der den Rückgabewert bestimmt.
- Anweisungsrumpf: Der Rumpf ist ein Block mit einer beliebigen Anweisungsfolge. Der Rückgabewert muss durch eine `return`-Anweisung bestimmt werden.

Zur Veranschaulichung sind im Folgenden unterschiedliche Formen von Lambda-Ausdrücken mit zwei Argumenten und der Berechnung ihrer Summe angegeben:

- Explizit typisiert, Anweisungsrumpf: `(int x, int y) -> {return x + y;}`
- Implizit typisiert, Anweisungsrumpf: `(x, y) -> {return x + y;}`
- Implizit typisiert, Ausdrucksrumpf: `(x, y) -> x + y`

Die kompakteste Schreibweise von Lambda-Ausdrücken ist somit die mit implizit typisierten Argumenten und Ausdrucksrumpf. Wenn möglich, sollte diese Form verwendet werden. Bei einem einzigen Argument kann man auch die Klammern weglassen, wie beim Beispiel mit dem Interface `ActionListener`. Bei mehreren Anweisungen muss man klarerweise die Form »Anweisungsrumpf« verwenden. Explizit typisierte Argumente benötigt man nur, wenn der Anwendungskontext nicht genügend Information enthält, um die Typen der Argumente automatisch abzuleiten. Dazu mehr im nächsten Abschnitt.

Typ eines Lambda-Ausdrucks

Wenn wir einen Lambda-Ausdruck wie den Ausdruck `x -> x + y` aus der Einleitung betrachten, stellt sich die Frage nach seinem Typ. Wir wissen, dass der Lambda-Ausdruck ein funktionales Interface implementiert. Es ist aber durch den Lambda-Ausdruck alleine noch nicht bestimmt, welches Interface implementiert wird. Tatsächlich wird der Typ eines Lambda-Ausdrucks ausschließlich durch sein Ziel bestimmt, also durch den Typ der Variablen, des Parameters oder der Cast-Anweisung, für die er verwendet wird. Man spricht in diesem Zusammenhang von *Target typing* [30].

Um diesen Prozess zu verstehen, insbesondere bei Verwendung von generischen Typen, greifen wir noch mal auf das Beispiel mit dem generischen Interface `Function` und der Methode `applyFunction` aus Abschnitt 2.3.1 zurück. Da `Function` ein funktionales Interface ist, können wir beim Aufruf der Methode `applyFunction` auch einen Lambda-Ausdruck verwenden:

```
applyFunction(s -> s.toString(), new Student(...));
```

Das Ziel des Lambda-Ausdrucks ist hier der erste Parameter von `applyFunction`, der den Typ `Function<? super A, ? extends B>` hat. Damit ist festgelegt, dass `Function<T, R>` mit der abstrakten Methode `R apply(T t)` das funktionale Interface darstellt, das durch den Lambda-Ausdruck implementiert wird.

Damit das Funktionsobjekt auch wirklich erzeugt werden kann, müssen noch für die generischen Typparameter die konkreten Typen bestimmt werden. Der Typ `Student` für den Typparameter `T` ergibt sich aus dem Typ des zweiten Parameters der Methode `applyFunction`. Und der Typ `String` für `R` ergibt sich aus dem Ausdruck `s.toString()` für den Rumpf des Lambda-Ausdrucks. Somit ergibt sich als konkreter Typ des Funktionsobjekts `Function<Student, String>`.

Erst jetzt kann für den Lambda-Ausdruck ein entsprechendes Objekt erzeugt werden. Man beachte, dass alleine der Anwendungskontext den Typ bestimmt. Würde man obigen Lambda-Ausdruck in einem anderen Kontext mit einem anderen funktionalen Interface einsetzen, würde ein ganz anderes Objekt entstehen.

Ausnahmen bei Lambda-Ausdrücken

Natürlich können auch in Lambda-Ausdrücken Ausnahmen auftreten. Wie diese behandelt werden müssen, ist analog zu den Methoden und damit abhängig, ob es sich um eine Systemausnahme (*Runtime Exception*) oder eine Benutzerausnahme (*Checked Exception*) handelt.

Systemausnahmen müssen wie bei Methoden auch in Lambda-Ausdrücken nicht behandelt werden. Wenn sie auftreten und nicht in einem Try-Catch-Block innerhalb des Lambda-Ausdrucks oder im Anwendungskontext gefangen werden, führen sie schließlich zu einem Programmabsturz. Auch bei den Benutzerausnahmen ist die Situation analog zu den Methoden: Entweder sie werden intern gefangen oder sie werden zum Rufer weitergeworfen, wobei das Werfen der Exception durch eine `throws`-Klausel bei der Methodensignatur angezeigt werden muss. Da die abstrakte Methode des Interface den Funktionstyp des Lambda-Ausdrucks bestimmt, muss diese eine entsprechende `throws`-Klausel definieren.

Nehmen wir dazu als Beispiel an, in einem Lambda-Ausdruck soll mit der Operation `Files.readAllLines` eine Textdatei gelesen werden:

```
path -> Files.readAllLines(path)
```

Die Operation `Files.readAllLines` kann eine `IOException` auslösen. Damit ist das Interface `Function` kein gültiger Typ für diesen Lambda-Ausdruck und man kann diesen zum Beispiel bei der Methode `applyFunction` nicht verwenden.

Man benötigt also ein funktionales Interface, bei der die abstrakte Methode das Werfen der Exception anzeigt. Eine generische Variante könnte dazu einen eigenen Typparameter `X` mit einer Typeinschränkung `extends Exception` verwenden und wie folgt aussehen:

```
interface FunctionWithExcpt<T, R, X extends Exception> {
  R apply(T t) throws X;
}
```

Eine adaptierte Methode `applyFunctionWithExcpt` würde man dann folgendermaßen definieren:

```
<T, R, X extends Exception> R applyFunctionWithExcpt(
      FunctionWithExcpt<? super T, ? extends R, X> fn, T obj) throws X {
  return fn.apply(obj);
}
```

Hier wird ein Aufruf wie oben funktionieren:

```
List<String> lines = applyFunctionWithExcpt(
      path -> Files.readAllLines(path), Paths.get("text.txt"));
```

In den meisten Fällen wird man aber ein Werfen von Exceptions durch Lambda-Ausdrücke vermeiden. Eine sauberere und funktionale Lösung ist, die Exception im Lambda-Ausdruck zu behandeln und die Ausnahmesituation über den Rückgabewert anzuzeigen. Dazu eignet sich ein Rückgabewert vom Typ `Optional`:

```
Optional<List<String>> optionalLines =
  applyFunction(
    path -> {
      try {
        return Optional.of(Files.readAllLines(path));
      } catch (IOException e) {
        return Optional.empty();
      }
    },
    Paths.get("text.txt")
  );
```

Der Typ `Optional`, den wir in Abschnitt 2.1.4 schon kurz gesehen haben, wurde eigens für eine funktionale Fehlerbehandlung eingeführt. Wir werden Fehlerbehandlung mit Optionals in Abschnitt 3.2 detailliert behandeln.

Closures

Ein Problem, das auch bei anonymen Klassen auftritt, ist der Zugriff auf lokale Variablen des Anwendungskontextes durch Lambda-Ausdrücke. Erinnern wir uns an die Diskussion von Lambda-Ausdrücken aus der Einleitung: Die Variablen, die nicht durch die Argumente gebunden sind, aber im Lambda-Ausdruck verwendet werden, sind freie Variablen. Bei rein-funktionalen Sprachen machen freie Variablen auch keine Schwierigkeiten. Sind aber Seiteneffekte erlaubt, braucht man eine besondere Lösung. Diese Lösung heißt *Funktionsabschluss* oder in Englisch *Closure* [57].

Schauen wir uns das Problem zuerst genauer an und besprechen dann die Lösungsmöglichkeiten und die Lösung in Java. Gegeben sei eine Methode `shift`, die ein `Function`-Objekt von `Double` nach `Double` und einen Wert `delta` erhält und wieder ein `Function`-Objekt zurückgibt:

```
public static Function<Double, Double> shift(
          Function<Double, Double> func, double delta) {
  return x -> func.apply(x - delta);
}
```

Die Methode erzeugt und retourniert ein Funktionsobjekt, bei dem die Funktionswerte im Vergleich zur ursprünglichen Funktion um `delta` in der x-Achse verschoben sind. Man beachte, dass im Lambda-Ausdruck für den Rückgabewert die lokale Variable `delta` verwendet wird. Diese stellt also eine freie Variable im Lambda-Ausdruck dar.

Das Problem entsteht durch die dynamische Lebensdauer von lokalen Variablen. Wenden wir nämlich die Methode `shift` wie folgt an

```
Function<Double, Double> sqrShifted = shift(x -> x * x , 1.0);
```

erhalten wir ein `Function`-Objekt, das die Variable `delta` verwendet. Da aber `delta` ein lokaler Parameter von `shift` ist, wird `delta` nach dem Aufruf von `shift` vom Stack abgebaut. Bei einer Verwendung des erzeugten `Function`-Objekts wie

```
double sqr3 = sqrShifted.apply(3.0);
```

existiert die Variable `delta` somit nicht mehr. Es gibt grundsätzlich zwei Lösungsmöglichkeiten für dieses Problem:

- Variante 1: Die freien lokalen Variablen in Lambda-Ausdrücken werden nicht nach dem Prinzip der dynamischen Lebensdauer behandelt, sondern bleiben über den Aufruf hinweg erhalten. Diese Variablen werden also gemeinsam mit dem Funktionsobjekt verwaltet. Hier erklärt sich auch der Begriff Funktionsabschluss, der zum Ausdruck bringt, dass die Funktion gemeinsam mit ihren freien Variablen *abgeschlossen* wird. Diese Lösung wird zum Beispiel durch C#, Scala oder Kotlin (siehe Abschnitt 16.3) implementiert.
- Variante 2: Die freien Variablen werden im Lambda-Ausdruck durch ihre aktuellen Werte ersetzt. Das heißt, das erzeugte Funktionsobjekt besitzt keine freien Variablen mehr, sondern verwendet nur die bei der Erzeugung vorhandenen Werte der Variablen.

In Java wurde Variante 2 implementiert.[4] Dies hat aber zur Folge, dass man lokale Variablen, die in Lambda-Ausdrücken verwendet werden, nur einmal setzen und nicht wieder verändern darf. Schließlich müssen solche Variablen *final* sein. Allerdings kann man, im Gegensatz zur bisherigen Anforderung bei anonymen Klassen, dass man solche Variablen als `final` deklarieren muss, nun auf die Deklaration `final` verzichten. Die Variablen darf man aber nur einmal setzen und man sagt, sie müssen *effectively final* sein.

4. Wobei die Werte in finalen Variablen innerhalb des Funktionsobjekts gespeichert werden.

Ein Beispiel dafür ergibt sich beim Verwenden der neuen Default-Methode `forEach` beim Interface `Iterable`, mit der man über die Elemente iterieren und für jedes Element eine Lambda-Funktion aufrufen kann. Mit `forEach` könnte man zum Beispiel die Summe über eine Liste von Zahlen bilden:

```
int sum = 0;
intList.forEach(x -> sum = sum + x);    // Compilerfehler
```

Dieses Programm akzeptiert der Compiler aber nicht, weil `sum` eine lokale Variable ist und diese im Lambda-Ausdruck gesetzt wird.

Eine Lösungsmöglichkeit ist, statt des primitiven Typs `int` ein Objekt zu verwenden, das eine veränderliche Variable kapselt. Man legt ein solches Objekt an und speichert die Referenz zu diesem Objekt in einer lokalen Variablen. Man verändert damit nicht mehr die lokale Variable, sondern das veränderliche Feld im Objekt. Dieses Vorgehen wird im Folgenden für die Summenbildung angewendet. Dabei wird ein `int`-Array der Länge 1 verwendet. Die Variable `sum` enthält die Referenz auf das Array und ist unveränderlich. Die Stelle im Array ist jedoch veränderlich und wird für die Summenbildung verwendet:

```
int[] sum = new int[1];
intList.forEach(x ->  sum[0] = sum[0] + x);
```

Diese Umsetzung von Closures mit der Einschränkung auf unveränderliche lokale Variablen wird oft als Nachteil der Lambda-Ausdrücke von Java genannt. Allerdings sollte man bedenken, dass man bei der funktionalen Programmierung ein Arbeiten ohne Seiteneffekte anstrebt. So ist obige Form der Summenbildung auch keine funktionale Lösung, sondern eine imperative Lösung, die eben einen Lambda-Ausdruck verwendet. In Abschnitt 6.1 werden wir sehen, wie eine funktionale Lösung einer Summenbildung aussieht, bei der dieses Problem von vornherein nicht auftritt.

2.3.1 Funktionale Interfaces

Im vorherigen Abschnitt haben wir erfahren, dass jedes Interface mit nur einer abstrakten Methode mit einem Lambda-Ausdruck implementiert werden kann. Diese Eigenschaft eines Interface kann man auch durch die Annotation `@FunctionalInterface` festschreiben. Zum Beispiel wird man bei der Deklaration des Interface `Function` die Annotation voranstellen:

```
@FunctionalInterface
public interface Function<T, R> { ... }
```

Die Annotation ist zwar nicht zwingend vorgeschrieben, der Compiler garantiert aber dann, dass das Interface wirklich nur eine abstrakte Methode hat.

Funktionale Interfaces vs. echte Funktionstypen

Im Gegensatz zu den funktionalen Sprachen und zu funktionalen Erweiterungen in anderen Sprachen wurden in Java keine echten Funktionstypen eingeführt. In der funktionalen Programmiersprache Haskell gibt es einen einzigen Typ für Funktionen `a -> b`. Es handelt sich dabei um einen generischen Typ für Abbildungen von Werten vom Typ a in Werte vom Typ b. Die Typparameter a und b stehen für beliebige Typen und es lassen sich damit auch alle einstelligen Funktionen typisieren. Für mehrstellige Funktionen wird die sogenannte Curry-Form verwendet, bei der ein Argument wieder auf eine Funktion mit einem nächsten Argument abgebildet wird `a -> (b -> c)`.

Bei Sprachen wie Scala oder Kotlin (vgl. Kap. 16) werden jeweils Funktionstypen für die Funktionen mit unterschiedlicher Stelligkeit verwendet, zum Beispiel `Function1` für eine Funktion mit einem Argument, `Function2` für eine mit zwei Argumenten etc.

Echte Funktionstypen haben den Vorteil, dass damit sehr allgemeine höhere Funktionen realisiert werden können, die wieder auf Funktionen operieren. Beim Ansatz von Java lassen sich solche Funktionen nur jeweils für ein spezifisches funktionales Interface definieren. So gibt es zum Beispiel in Haskell einen Kompositionsoperator `(.)`, der für alle Funktionen in gleicher Weise funktioniert. In Java hingegen bietet das Interface `Function` eine äquivalente Default-Methode `compose`, die dann eben nur bei `Function` eingesetzt werden kann.

Dass man in Java den Ansatz mit funktionalen Interfaces gewählt hat, liegt primär in der Einbettung in die bestehende Klassenbibliothek. Es lassen sich nämlich Lambda-Ausdrücke auch mit bestehenden Interfaces verwenden, wie zum Beispiel für `ActionListener`, wie wir zu Beginn dieses Abschnitts gesehen haben.

Im Package `java.util.function` werden nun eine Reihe von funktionalen Interfaces definiert, die den herkömmlichen Verwendungsmustern von Lambda-Ausdrücken entsprechen. Diese werden dann durchgehend in der Java-Bibliothek verwendet. So werden wir sehen, dass diese bei den Streams, aber auch bei anderen verwandten Strukturen zum Einsatz kommen.

Es gibt im Package sowohl generische Interfaces als auch eine Vielzahl von Interfaces für die Basisdatentypen. Tabelle 2.1 gibt einen Überblick über die generischen funktionalen Interfaces zusammen mit ihren abstrakten Methoden. Es werden die elementaren Interfaces mit einem oder keinem Parameter, die binären Funktionen mit zwei Parametern und die Operatoren unterschieden. Die Gestaltung dieser Interfaces sieht man am besten, wenn man die elementaren Interfaces betrachtet:

- `Function<T, R>`: Dieses Interface entspricht der Abbildung eines Werts vom Typ `T` auf einen Wert von Typ `R`, definiert eine Methode `apply` und ist somit analog zu dem Interface `Function`, das wir oben verwendet haben.
- `Predicate<T>`: Ist eine Testfunktion, die für einen Wert eine Eigenschaft testet. Die abstrakte Methode `test` hat einen Parameter vom Typ `T` und gibt einen Boole'schen Wert zurück.
- `Consumer<T>`: Verarbeitet ein Element. Die Methode `accept` hat einen Parameter vom Typ `T` und gibt nichts zurück.
- `Supplier<T>`: Dient dazu, Elemente zu erzeugen. Die Methode `get` hat keinen Parameter und liefert ein Element vom Typ `T`.

Von diesen Interfaces, ausgenommen `Supplier`, gibt es dann noch die Varianten mit zwei Parametern. Des Weiteren gibt es Operatoren mit einem und zwei Parametern, bei denen die Parameter und auch der Rückgabewert vom gleichen Typ `T` sind. Sie sind als Ableitung von `Function` bzw. `BiFunction` definiert, wobei der Typ `T` sowohl für die Parameter als auch für den Rückgabewert verwendet wird.

	Interface	Abstrakte Methode
Elementare generische Interfaces	Function<T, R>	R apply(T t)
	Predicate<T>	boolean test(T t)
	Consumer<T>	void accept(T t)
	Supplier<T>	T get()
Generische Interfaces mit zwei Parametern	BiFunction<T, U, R>	R apply(T t, U u)
	BiPredicate<T,U>	boolean test(T t, U u)
	BiConsumer<T,U>	void accept(T t, U u)
Generische Operatoren	UnaryOperator<T>	T apply(T t)
	BinaryOperator<T>	T apply(T t1, T t2)

Tab. 2.1 *Generische funktionale Interfaces aus dem Package java.util.function*

Dieser Satz von generischen Interfaces ist recht überschaubar. Erinnern wir uns aber, dass man die generischen Typen nicht für die Basisdatentypen verwenden kann. Natürlich kann man auch immer auf die Wrapper-Typen `Integer`, `Double` etc. zurückgreifen, aber diese sind weniger effizient. Aus diesem Grund gibt es im Package `java.util.function` eine Vielzahl von funktionalen Interfaces für das Arbeiten mit `int`, `long` und `double`. Das Resultat ist eine beträchtliche Menge von Interfaces, die leider auch etwas unübersichtlich ist.

In Tabelle 2.2 ist der Satz von funktionalen Interfaces für den Typ `int` angegeben. Wie zu sehen ist, gibt es viele Varianten von Funktionen für Abbildungen mit `int` als Typ für Parameter und/oder `int` als Typ des Rückgabewerts. Entsprechende Interfaces gibt es dann auch für `long` und `double`. Hilfreich ist, dass die Namen für die Interfaces und ihre abstrakte Methoden einem einheitlichen Schema folgen. Zum Beispiel ergeben sich die Namen für die entsprechenden Interfaces und abstrakten Methoden für `double`, indem man `Int` durch `Double` ersetzt bzw. beide tauscht. Zum Beispiel gibt es zum Interface `IntToDoubleFunction` auch ein Interface `DoubleToIntFunction`.

Für `char`, `float`, `short` oder `byte` gibt es aber keine entsprechenden Interfaces. Es ist hier angedacht, dass man auf die Interfaces für `int` und `double` zurückgreift. Für den Basisdatentyp `boolean` hingegen gibt es ein einziges Interface `BooleanSupplier` mit einer abstrakten Methode `getAsBoolean`:

```
@FunctionalInterface
public interface BooleanSupplier {
  boolean getAsBoolean();
}
```

Bei allen anderen Interfaces muss man auf die generischen Interfaces und den Wrapper-Typ `Boolean` zurückgreifen.

	Interface	**Abstrakte Methode**
Function mit int für Parameter	IntUnaryOperator	int applyAsInt(int operand)
	IntBinaryOperator	int applyAsInt(int left, int right)
	IntToDoubleFunction	double applyAsDouble(int value)
	IntToLongFunction	long applyAsLong(int value)
	IntFunction<R>	R apply(int value)
Function mit int für Rückgabewert	DoubleToIntFunction	int applyAsInt(double value)
	LongToIntFunction	int applyAsInt(long value)
	ToIntFunction<T>	int applyAsInt(T value)
	ToIntBiFunction<T,U>	int applyAsInt(T t, U u)
Predicate	IntPredicate	boolean test(int value)
Consumer	IntConsumer	void accept(int value)
	ObjIntConsumer<T>	void accept(T t, int value)
Supplier	IntSupplier	int getAsInt()

Tab. 2.2 *Funktionale Interfaces aus dem Package java.util.function für den Basisdatentyp int*

2.3.2 Methodenreferenzen

Sehr häufig benötigt man Lambda-Ausdrücke, die nur eine Methode aufrufen. Für diese Art von Lambda-Ausdrücken wurde eine verkürzte Schreibweise eingeführt, die sogenannten *Methodenreferenzen*. Man gibt dabei nur die Methode an und der Lambda-Ausdruck wird daraus entsprechend erzeugt. Die Angabe erfolgt mit Klasse oder Objekt, einem zweifachen Doppelpunkt und dem Methodennamen. Zum Beispiel stellt

```
Object::toString
```

eine Methodenreferenz für die Methode `toString` der Klasse `Object` dar.

Dabei ist es aber von der Art der Methode, von der Signatur und vom Anwendungskontext abhängig, wie der Lambda-Ausdruck tatsächlich gebildet wird. Tabelle 2.3 veranschaulicht schematisch die Bildungsgesetze. Im Folgenden werden wir diese Bildungsgesetze anhand von Beispielen näher erläutern.

	Methodenreferenz	Lambda-Ausdruck
Statische Methode	`C::m`	`(a, b, …) -> C.m(a, b, …)`
Objektmethode	`C::m`	`(self, a, b, …) -> self.m(a, b, …)`
Methode für ein Objekt `obj`	`obj::m`	`(a, b, …) -> obj.m(a, b, …)`
Konstruktor	`C::new`	`(a, b, …) -> new C(a, b, …)`

Tab. 2.3 *Bildung von Lambda-Ausdrücken aus Methodenreferenzen. Angenommen ist eine Methode R m(A a, B b …) mit Parametern a, b … sowie Konstruktor mit Parametern a, b … in einer Klasse C.*

Statische Methoden: Bei einer statischen Methode werden ihre Parameter zu Argumenten im Lambda-Ausdruck. Im Rumpf wird die Methode mit diesen Argumenten aufgerufen. So wird aus `Math::abs` folgender Lambda-Ausdruck gebildet: `x -> Math.abs(x)`

Objektmethoden: Bei Objektmethoden muss zusätzlich das aufgerufene Objekt bestimmt werden. Daher wird im Lambda-Ausdruck neben den Parametern der Methode ein zusätzlicher Parameter für das Objekt eingeführt, hier `self` genannt. Für dieses Objekt wird dann die Methode aufgerufen. So ergibt sich zum Beispiel aus `Object::toString` ein Lambda-Ausdruck mit einem Argument `self`: `(self) -> self.toString()`

Methoden für ein konkretes Objekt: Es ist auch möglich, in einer Methodenreferenz das aufgerufene Objekt konkret anzugeben. Die Methodenreferenz wird dann nicht mit dem Klassennamen angegeben, sondern direkt mit dem konkreten Objekt. So entspricht eine Methodenreferenz `"lambda"::equals` einem Lambda-Ausdruck: `(Object other) -> "lambda".equals(other)`

Konstruktoren: Schließlich kann man für Konstruktoren Methodenreferenzen einsetzen. Dabei wird das Schlüsselwort `new` verwendet. Damit wird zum Beispiel aus einer Methodenreferenz `ArrayList<String>::new` ein Lambda-Ausdruck mit dem Aufruf des Konstruktors: `() -> new ArrayList<String>()`

Überladene Methoden

Bei der Verwendung von Methodenreferenzen für überladene Methoden stellt sich die Frage, welche der überladenen Methoden verwendet werden soll. Wie bei der Typisierung ist wieder das Ziel des Lambda-Ausdrucks entscheidend. Wir wollen das anhand von überladenen Konstruktoren diskutieren. Nehmen wir als Beispiel eine Klasse `Person` mit zwei Konstruktoren an, einen ohne Parameter und einen mit einem Parameter vom Typ `String`:

```
public class Person {
  private final String name;
  public Person() { this("NN"); }
  public Person(String name) { this.name = name; }
  ...
}
```

Bei einer Zuweisung an eine Variable vom Typ `Supplier` mit

```
Supplier<Person> s = Person::new
```

passt der einfache Konstruktor ohne Parameter, und der Lambda-Ausdruck ergibt sich wie folgt zu:

```
() -> new Person()
```

Bei einer Verwendung des Konstruktors in einem Kontext, bei dem ein Parameter vom Typ `String` verlangt wird, zum Beispiel bei einer Zuweisung an eine Variable vom Typ `Function<String, Person>` mit

```
Function<String, Person> persConstr =  Person::new
```

wird die Typinferenz aber den überladenen Konstruktor bestimmen und damit folgender Lambda-Ausdruck gebildet:

```
(String name) -> new Person(name)
```

2.4 Record-Klassen

Die Implementierung von Objekten, die nur aus einer Reihe von Werten bestehen, ist mit normalen Java-Klassen sehr mühsam. Nehmen wir an, wir benötigen eine einfache Klasse für Personen. Personen sollen einen Namen und ein Alter haben. Die Objekte sollen unveränderlich sein und wir wollen von der Klasse keine Unterklassen zulassen.

Listing 2.3 zeigt einen Ausschnitt aus der Implementierung mit einer normalen Java-Klasse. Neben den privaten Feldern muss man einen Konstruktor, Zugriffsmethoden auf die privaten Felder und die Methoden `equals`, `hashCode` und `toString` implementieren. Das ist viel Code für eine Klasse mit nur zwei Feldern.

```
public final class Person {
  private final String name;
  private final int age;

  public Person(String name, int age) {
    this.name = name;
    this.age = age;
  }

  public String name() {     return name; }
  public int age() { return age; }

  @Override
  public boolean equals(Object o) {
    if (this == o) return true;
    if (o == null || getClass() != o.getClass()) return false;
    Person person = (Person) o;
    return Objects.equals(name, person.name) && age == person.age;
  }
```

```
    @Override
    public int hashCode() {
      return Objects.hash(name, age);
    }

    @Override
    public String toString() {
      return String.format("Person[name=%s, age=%d]", name, age);
    }
  }
```

Listing 2.3 *Person als normale Java-Klasse*

Record-Klassen wurden eingeführt, um genau solche einfachen Datenobjekte kompakt und prägnant zu implementieren. Obige Klassendefinition kann man mit einer Record-Klasse wie in Listing 2.4 gezeigt mit einer einzigen Zeile schreiben. Die Klassendefinition wird mit dem Schlüsselwort `record` eingeführt. Nach dem Klassennamen folgen in runden Klammern Parameterdefinitionen, die die sogenannten *Komponenten* des Records bilden. Auf Basis der Komponenten wird dann automatisch eine Klasse mit privaten unveränderlichen Feldern, dem sogenannten kanonischen Konstruktor mit Parametern identisch zu den Komponenten, Zugriffsmethoden für die Felder sowie Methoden `equals`, `hashCode` und `toString` abgeleitet. Die Klasse ist final, das heißt, von ihr können keine weiteren Subklassen gebildet werden. Die Record-Klasse entspricht damit weitgehend der Klassendefinition aus Listing 2.3.

```
public record Person(String name, int age) { }
```

Listing 2.4 *Record-Klasse Person*

Mit Record-Klassen sind aber folgende Einschränkungen verbunden:

- Die Komponenten definieren die Felder der Klasse. Die Felder sind privat und final. Es können keine weiteren Objektfelder definiert werden. Die Objekte von Record-Klassen sind daher immer unveränderlich.
- Eine Record-Klasse kann weder von einer Klasse ableiten noch können von ihr Klassen abgeleitet werden.

Was man aber bei Record-Klassen sehr wohl kann, ist (i) Interfaces implementieren, (ii) den kanonischen Konstruktor explizit definieren, (iii) überladene Konstruktoren einführen, (iv) Methoden überschreiben und (v) neue Methoden definieren. Auch gibt es keine Einschränkungen bezüglich statischer Elemente.

Schauen wir uns diese Möglichkeiten bei einer Record-Klasse `Fract` für Bruchzahlen beispielhaft an. Die Klasse `Fract` aus Listing 2.5 definiert Komponenten für Zähler (`num`) und Nenner (`denom`) und sie implementiert das Interface `Comparable<Fract>`. Der kanonische Konstruktor wird explizit implementiert. Es wird der Nenner auf null geprüft und Zähler und Nenner gekürzt. Zusätzlich wird ein überladener Konstruktor eingeführt. Es wird die Methode `toString` überschrieben und die Methode `compareTo` von `Comparable` sowie Methoden für die arithmetischen Operationen implementiert.

```
public record Fract(int num, int denom) implements Comparable<Fract> {

  public Fract(int num, int denom) {
    if (denom == 0)
      throw new IllegalArgumentException("Denominator is zero");
    int gcd = gcd(num, denom);
    this.num = num / gcd;
    this.denom = denom / gcd;
  }

  public Fract(int n) { this(n, 1); }

  @Override
  public String toString() { return String.format("%d/%d", num, denom); }

  @Override
  public int compareTo(Fract other) {...}

  public Fract mult(Fract that) {
    return new Fract (this.num * that.num, this.denom * that.denom);
  }

  public Fract add(Fract that) {...}
  ...
}
```

Listing 2.5 *Auszug aus Record-Klasse Fract für Bruchzahlen*

Warum sind nun Record-Klassen für die funktionale Programmierung wichtig? Erstens arbeitet funktionale Programmierung mit unveränderlichen Daten und Record-Klassen ermöglichen eine einfache Definition von unveränderlichen Datenobjekten. Zweitens entsprechen Record-Klassen den Produkttypen der algebraischen Datentypen. In Abschnitt 4.1 werden wir sehen, wie in Java mit Interfaces und Record-Klassen algebraische Datentypen implementiert werden können.

2.5 Switch-Ausdrücke

In Java wurden jüngst auch Switch-Ausdrücke eingeführt. Im Gegensatz zu Switch-Anweisungen, die es schon immer gab, haben Switch-Ausdrücke Rückgabewerte. Switch-Ausdrücke sind dann Basis für das Pattern Matching, mit dem wir uns in Abschnitt 4.2 intensiv beschäftigen werden.

Listing 2.6 zeigt ein einfaches Beispiel. Für die Enumerationsklasse `Month` mit Werten für die 12 Monate gibt es eine statische Methode `numberDays`, die die Anzahl der Tage für den Monat ermittelt. Die Methode verwendet einen Switch-Ausdruck, der die Monate unterscheidet und so den Wert bestimmt. Zur bisherigen Switch-Anweisung gibt es einige Unterschiede und Verbesserungen: Bei den Fallunterscheidungen können nach dem Schlüsselwort `case` die gültigen Werte mit Kommas getrennt geschrieben werden. Nach den Werten für den Fall steht ein Abbildungssymbol -> und danach ein Ausdruck. Dieser bestimmt den Wert für diesen Fall. Da der Switch-Ausdruck einen Wert berechnet, muss auch für alle möglichen Fälle ein Rückgabewert bestimmt werden. In diesem Beispiel ist das gegeben, weil alle Enumerationswerte abgedeckt sind. Ansonsten müsste man mit `default` einen Default-Fall vorsehen.

```
public enum Month {
  JAN, FEB, MAR, APR, MAY, JUN, JUL, AUG, SEP, OCT, NOV, DEC;

  public static int numberDays(Month month) {
    return
        switch (month) {
          case JAN, MAR, MAY, JUL, AUG, OCT, DEC -> 31;
          case APR, JUN, SEP, NOV -> 30;
          case FEB -> 28;
        };
  }
}
```

Listing 2.6 *Klasse Month mit Beispiel zum Switch-Ausdruck*

Im Zusammenhang mit dem Switch-Ausdruck wurde das neue Schlüsselwort `yield` eingeführt. Es kann verwendet werden, um den Rückgabewert des Switch-Ausdrucks zu bestimmen. Tatsächlich ist obige Form nur eine alternative und kompaktere Schreibweise für die Variante mit `yield`. Statt des Pfeilsymbols -> würde man einen Doppelpunkt setzen und danach mit `yield` den Wert bestimmen. Also für den ersten Fall würde das folgendermaßen aussehen:

```
case JAN, MAR, MAY, JUL, AUG, OCT, DEC: yield 31;
```

Meist wird man die erste kompaktere Variante mit dem Abbildungssymbol bevorzugen. Das Schlüsselwort `yield` ist aber erforderlich, wenn der Rückgabewert eines Switch-Ausdrucks durch eine Anweisung oder einen Anweisungsblock bestimmt wird. Wir wissen, dass der Februar bei Schaltjahren 29 statt 28 Tage hat. Folgende überladene Methode `numberDays` berücksichtigt auch das Jahr. Im Fall des Februars wird in einer If-Anweisung auf Schaltjahr geprüft und dann entweder 28 oder 29 Tage zurückgegeben. Der Rückgabewert für den Switch-Ausdruck wird dabei mit `yield` bestimmt.

```
public static int numberDays(Month month, int year) {
  return
    switch (month) {
      case JAN, MAR, MAY, JUL, AUG, OCT, DEC -> 31;
      case APR, JUN, SEP, NOV -> 30;
      case FEB -> {
        if (isLeapYear(year)) yield 29;
        else yield 28;
      }
  };
}
```

2.6 Zusammenfassung

In diesem Kapitel haben wir die grundlegenden Sprachkonzepte für eine funktionale Programmierung in Java beschrieben. Dazu gehören insbesondere die Lambda-Ausdrücke. In Java sind Lambda-Ausdrücke kompakte Literale zur Implementierung funktionaler Interfaces, das heißt, Interfaces, die nur eine abstrakte Methode haben. Damit können aber die durch Lambda-Ausdrücke erzeugten Objekte in gleicher Weise wie alle anderen Objekte verwendet werden. Insbesondere können sie Parameter und Rückgabewerte von Methoden sein. In den folgenden Kapiteln werden wir uns intensiv mit diesen wichtigen Themen befassen.

Die Generics stellen eine wichtige Basis für die funktionale Programmierung dar. Wir haben daher in diesem Kapitel Generics in Java ausführlich behandelt. Die wesentlichen funktionalen Interfaces sind generische Interfaces, bei denen für die Parameter und Rückgabewerte Typparameter verwendet werden. Ko- und Kontravarianz der Typparameter sind dabei entscheidend, da erst dadurch die Deklaration von allgemeinen funktionalen Schnittstellen ermöglicht wird. In Java wird Ko- und Kontravarianz mit Wildcards bei der Verwendung der generischen Typen bei Variablen- oder Parameterdeklarationen angegeben. Diese Form der Deklaration der Varianz nennt man »use-site variance«. In Java wird ausschließlich diese Form unterstützt. Daneben gibt es aber auch die sogenannte »declaration-site variance«, bei der Ko- und Kontravarianz der Typparameter bereits in der Klassendefinition angegeben wird. Declaration-site variance wird in Sprachen wie Scala, C# und auch Kotlin unterstützt und wir werden diese im Abschnitt 14.7 zu den Generics in Kotlin besprechen.

Default-Methoden sind konkrete Methoden von Interfaces, die an implementierende Klassen vererbt werden. Sie sind für die funktionale Programmierung relevant, da funktionale Interfaces nur eine abstrakte Methode, aber zusätzlich konkrete Default-Methoden haben können. Darüber hinaus wurden Default-Methoden verwendet, um die bestehenden Interfaces der Collection-Bibliothek um Methoden zur Erzeugung von funktionalen Streams zu erweitern.

Mit Record-Klassen können einfache Datenobjekte definiert werden. Auf Basis der Deklaration von Komponenten werden unveränderliche Felder, Zugriffsmethoden für die Felder, ein Konstruktor sowie die Methoden `equals`, `hashCode` und `toString` automatisch generiert. Vererbung ist bei Record-Klassen nicht erlaubt, Record-Klassen können aber Interfaces implementieren. In Kapitel 4 werden wir sehen, dass in Java algebraische Datentypen mit Interfaces und Record-Klassen implementiert werden können.

Schließlich haben wir in diesem Kapitel Switch-Ausdrücke beschrieben, die Verzweigungen bereitstellen, die Rückgabewerte haben. Switch-Ausdrücke unterstützen, wie wir sehen werden, Pattern Matching.

3 Programmieren ohne Seiteneffekte

In diesem Kapitel soll gezeigt werden, wie Java eine rein-funktionale Programmierung ohne Seiteneffekte ermöglicht. Wir werden jedoch bald sehen, dass eine rein-funktionale Programmierung in Java weder notwendig noch sinnvoll ist. Dennoch sind funktionale Eigenschaften, das heißt, die Vermeidung oder die gezielte Einschränkung von Seiteneffekten, in vielen Anwendungen vorteilhaft. Außerdem wird gezeigt, wie Ausnahmen funktional behandelt werden können.

3.1 Reine Funktionen

Wie wir in der Einleitung erfahren haben, berechnet eine reine Funktion einen Ergebniswert nur auf der Basis der Eingangsargumente. Eine reine Funktion hat also keine Seiteneffekte und kann somit Folgendes nicht bewirken:

- die Veränderung eines Eingangsparameters oder eines Datenwerts aus der Umgebung,
- das Schreiben eines Werts in eine Datei oder auf ein Ausgabemedium,
- das Werfen einer Exception.

Ein- und Ausgabe bei rein-funktionalen Programmiersprachen

Ein- und Ausgabe sind grundsätzlich mit Seiteneffekten verbunden. Programme, die Ein- oder Ausgaben enthalten, können daher nicht rein-funktional sein. Programme, die nichts einlesen und nichts ausgeben, sind aber nicht sinnvoll. In Haskell wird dieses Dilemma gelöst, indem Ein- und Ausgabe nicht mit Funktionen, sondern mit der IO-Monade realisiert werden. Wie wir in Kapitel 7 sehen werden, sind Monaden generische Container für Werte. Damit wird eine Eingabe als ein monader Container mit dem eingegebenen Wert betrachtet. Das Typsystem verhindert zudem, dass nicht-funktionale Ein- und Ausgabeoperationen in rein-funktionalen Programmteilen verwendet werden.

Eine reine Funktion liefert damit für gleiche Argumentwerte immer gleiche Ergebniswerte. Betrachten wir dazu ein einfaches Beispiel. Nehmen wir an, eine Funktion soll von einer Zeichenkette ein erstes Wort abspalten und zurückgeben. Bei einer nicht-funktionalen Lösung würde man vielleicht einen StringBuilder übergeben, von diesem das erste Wort extrahieren, abspalten und das Wort zurückgeben:

```
static String getWordImpure(StringBuilder text) {
  int i = text.indexOf(" ");
  String word = text.substring(0, i);
  text.delete(0, i + 1);     // Seiteneffekt
  return word;
}
```

In der Methode wird der Inhalt des StringBuilders verändert, was einen Seiteneffekt darstellt. Zwei identische Aufrufe der Methode führen damit zu zwei unterschiedlichen Ergebnissen:

```
StringBuilder text = new StringBuilder("first second third ");
String w1 = getWordImpure(text); // liefert Wort "first"
String w2 = getWordImpure(text); // liefert Wort "second"
```

Damit ist `getWordImpure` keine Funktion im Sinne der funktionalen Programmierung. Eine funktionale Lösung muss ausschließlich mit Rückgabewerten arbeiten. Damit muss man auch das Abspalten des Wortes aus der Eingabe im Rückgabewert codieren. Als Rückgabewert verwenden wir daher ein Objekt, das einerseits das erste Wort und andererseits den Rest des Eingabetextes enthält, und führen dazu in Listing 3.1 eine Record-Klasse `Pair` ein, die zwei Werte `fst` und `snd` mit generischen Typen `A` und `B` enthält.

```
public record Pair<A, B>(A fst, B snd) {
  @Override
  public String toString() {
    return "(" + fst + ", " + snd + ")";
  }
}
```

Listing 3.1 *Record-Klasse Pair*

Da wir keine Seiteneffekte verursachen wollen, verwenden wir unveränderliche `String`-Objekte statt des veränderlichen StringBuilders:

```
static Pair<String, String> getWordPure(String text) {
  int i = text.indexOf(" ");
  String word = text.substring(0, i);
  String rest = text.substring(i + 1);
  return new Pair(word, rest);
}
```

In der funktionalen Variante führen gleiche Aufrufe auch immer zu gleichen Ergebnissen:

```
String text = "first second third ";
Pair<String, String> wordRest1 = getWordPure(text);
Pair<String, String> wordRest2 = getWordPure(text);
```

Wollen wir die beiden ersten Worte ermitteln, müssen wir beim zweiten Aufruf die Methode mit dem Rest des Eingabetextes aus der ersten Anwendung aufrufen:

```
Pair<String, String> wordRest1 = getWordPure(text);
Pair<String, String> wordRest2 = getWordPure(wordRest1.snd());
```

Betrachten wir dazu noch ein zweites Beispiel: die Generierung von Zufallszahlen. In `java.util` gibt es die Klasse `Random`, mit der man Zufallszahlen generieren kann. Erzeugt man ein `Random`-Objekt und ruft dann `nextInt` mehrfach auf, werden unterschiedliche Zufallszahlen generiert. `Random` hat nämlich einen internen Zustand und dieser wird durch die Aufrufe von `nextInt` verändert, was einen Seiteneffekt darstellt:

```
Random random = new Random(977);
int rn1 = random.nextInt();   // rn1 = -1223585132
int rn2 = random.nextInt();   // rn2 = 1933351633
```

Bei einer rein-funktionalen Lösung müssen wir den Zustand, von dem die Zufallszahl abhängen soll, über einen Parameter übergeben. In folgender Methode `rand` wird dazu der Parameter `seed` verwendet. Auf Basis von `seed` werden eine Zufallszahl und ein neuer Wert für `seed` berechnet. Beide werden in einem `Pair` zurückgegeben:

```
public static Pair<Integer, Long> rand(Long seed) {
  int i = (int) (seed >>> 16);
  long newSeed = (seed * 0x5DEECE66DL + 0xBL) & 0xFFFFFFFFFFFFL;
  return new Pair(i, newSeed);
}
```

Wenden wir die Methode mit gleichen Werten für `seed` an, bekommen wir gleiche Resultate. Die Methode hat keinen Zustand und ist rein-funktional:

```
Pair<Integer, Long> r1 = rand(1231234197L);
                         // r1 = (18787, 169420377846140)
Pair<Integer, Long> r2 = rand(1231234197L);
                         // r2 = (18787, 169420377846140)
```

Um eine Folge von Zufallswerten zu erzeugen, nimmt man den Wert von `seed` aus der letzten Anwendung und führt damit den nächsten Aufruf durch. Das heißt, wir schalten die Anwendungen in Serie:

```
long seed = 1231234197L;
for (int i = 0; i < 100; i++) {
  Pair<Integer, Long> r = rand(seed);
  System.out.println(r.fst());
  seed = r.snd();
}
```

Diese Vorgehensweise erscheint auf den ersten Blick kompliziert, während das Arbeiten mit Seiteneffekten wesentlich einfacher erscheint. Wir werden aber später sehen, dass es sehr elegante funktionale Lösungen für solche Verkettungen von Funktionsanwendungen gibt, und dabei wird das Beispiel mit den Zufallszahlen wieder aufgegriffen.

3.1.1 Iteration vs. Rekursion

Bei der rein-funktionalen Programmierung, wie sie zum Beispiel Haskell realisiert, gibt es keine veränderlichen Variablen und keine veränderlichen Datenstrukturen. Java, wie die meisten anderen imperativen und objektorientierten Sprachen, basiert hauptsächlich auf veränderlichen Variablen und Datenstrukturen. Vor allem müssen Schleifen immer mit veränderlichen Variablen und Seiteneffekten arbeiten. Zum Beispiel kann man die Fakultätsfunktion mit einer Schleife folgendermaßen implementieren:

```
static int factor(int n) {
  int result = 1;
  for (int i = 1; i <= n; i++) {
    result = result * i;
  }
  return result;
}
```

In dieser Lösung sind `result` und `i` veränderliche Variablen, deren Werte mehrmals zugewiesen werden. Die rein-funktionale Lösung verwendet Rekursion. Für jeden rekursiven Aufruf wird dabei eine neue Variable `n` erzeugt, die nicht verändert wird:

```
static int facRec(int n) {
  if (n == 1) return n;
  else return n * facRec(n - 1);
}
```

Die rekursive Variante ist zwar rein-funktional, dennoch wird in Java meist die iterative Variante bevorzugt. Der Seiteneffekt ist bei der iterativen Variante auf den Funktionsrumpf beschränkt und hat keine externen Auswirkungen. Damit erscheint auch die iterative Variante von außen als reine Funktion. Die rekursive Variante hat im Vergleich zur iterativen Lösung Nachteile: Es wird bei jedem rekursiven Aufruf ein neuer Aktivierungsrekord auf dem Stack gelegt, was einen signifikanten Mehraufwand darstellt. Auch ist die Größe des Stacks in der Java VM begrenzt, was im Extremfall zu einem Stack-Overflow führen kann.

3.1.2 Referenzielle Transparenz und Ersetzungsprinzip

Es ist also in Java nicht erstrebenswert, Seiteneffekte um jeden Preis zu vermeiden und ausschließlich unveränderliche Variablen zu verwenden. Die Eigenschaft, die wir anstreben sollen, ist die *referenzielle Transparenz* von Ausdrücken. Es gibt zwar keine formale Definition des Begriffs, die Verwendung bei der Programmierung geht aber auf den grundsätzlichen Artikel von Christopher Strachey über

Konzepte von Programmiersprachen [95] zurück. Hier wird referenzielle Transparenz als Eigenschaft von Ausdrücken und deren Unterausdrücken definiert[1]:

> *Um den Wert eines Ausdrucks zu bestimmen, der aus Unterausdrücken besteht, müssen ausschließlich die Werte der Unterausdrücke bekannt sein.*

Aus dieser Definition folgt, dass alle anderen Eigenschaften des Ausdrucks, wie die interne Struktur der Unterausdrücke und vor allem, wann und in welcher Reihenfolge die Auswertung der Unterausdrücke erfolgt, keinen Einfluss auf das Ergebnis haben darf. Damit kann ein Ausdruck zu jedem Zeitpunkt durch seinen Wert ersetzt werden – dies wird als *Ersetzungsprinzip* bezeichnet[2].

Gelten referenzielle Transparenz und das Ersetzungsprinzip, ergeben sich damit günstige Eigenschaften für die Ausführung:

Parallele Ausführung: Unterausdrücke können in beliebiger Reihenfolge und damit auch parallel ausgeführt werden (vgl. Kap. 10).

Auswertung nach Bedarf: Die Auswertung der Ausdrücke kann unmittelbar vor der Verwendung der Werte erfolgen (vgl. Abschnitt 5.6 und Kap. 9).

Testbarkeit: Da Funktionen in sich abgeschlossen und Werte von Ausdrücken nicht von einer veränderlichen Umgebung abhängig sind, ist der Code einfacher zu testen (vgl. Kap. 13).

Kombinierbarkeit: Funktionen ohne Seiteneffekte weisen eine bessere Modularität auf und lassen sich einfacher kombinieren [37] (vgl. Kap. 7 und 8).

Funktionen mit Gedächtnis: Wurde ein Ausdruck einmal ausgewertet, kann der berechnete Wert gespeichert werden. Bei einer neuerlichen Anwendung mit gleichen Argumentwerten kann dieser Wert abgerufen und eine erneute aufwendige Berechnung vermieden werden [38].

In obiger Aufzählung sind jeweils die Kapitel und Abschnitte angegeben, in denen wir besonders auf die einzelnen Eigenschaften eingehen werden. Betrachten wir aber einmal ein Beispiel für eine Funktion mit Gedächtnis. Die folgende Funktion `isPrime` stellt für eine Zahl `n` fest, ob sie eine Primzahl ist:

```
static boolean isPrime(long n) {
  for (int i = 2; i * i <= n; i++) {
    if (n % i == 0) return false;
  }
  return true;
}
```

1. Wobei hier *Ausdruck* für eine Funktionsanwendung und *Unterausdrücke* für die aktuellen Argumente der Funktionsanwendung verwendet wird.
2. Das hier diskutierte Ersetzungsprinzip von Ausdrücken hat keinen Bezug zu dem in Abschnitt 2.1.3 im Zusammenhang mit Ko- und Kontravarianz diskutierten Livkov'schen Substitutionsprinzip.

Diese Funktion liefert bei gleichen Eingabewerten gleiche Ergebniswerte und ist damit referenziell transparent. Sie verwendet intern eine Schleife, solange das Quadrat von `i` kleiner `n` ist, und hat damit eine algorithmische Komplexität von $O(\sqrt{n})$. Man kann die Laufzeit der Funktion verbessern, indem man die einmal berechneten Ergebnisse speichert und diese bei einem erneuten Aufruf mit gleichen Parameterwerten wieder abruft. In der folgenden Implementierung wird dafür eine Hashmap verwendet:

```
static Map<Long, Boolean> primeCache =
                                        new HashMap<Long, Boolean>();
public static boolean isPrimeWithCache(long n) {
    Boolean isPrimeN = primeCache.get(n);
    if (isPrimeN != null) return isPrimeN;
    isPrimeN = isPrime(n);
    primeCache.put(n, isPrimeN);
    return isPrimeN;
  }
```

Diese Lösung mit dem globalen Speicher ist jedoch problematisch, arbeitet sie doch mit einem nicht-lokalen Seiteneffekt. Wir entwickeln daher eine bessere Lösung und greifen dabei auf die Möglichkeiten von Lambda-Ausdrücken und Closures zurück, wie wir sie in Abschnitt 2.3 kennengelernt haben.

In Listing 3.2 ist eine Funktion `memoize` implementiert, die eine Funktion erhält und eine Funktion erzeugt. Die Schnittstellen der übergebenen und der erzeugten Funktion sind dabei gleich. Die Methode `memoize` legt eine lokale Variable mit der Hashmap zum Speichern der bereits berechneten Werte an. Die erzeugte Funktion prüft zuerst, ob der Wert bereits in der Hashmap enthalten ist. Ist dies der Fall, wird der Wert aus der Hashmap abgerufen. Sonst wird die übergebene Funktion aufgerufen, der Wert neu berechnet und in der Hashmap gespeichert:

```
static <T, R> Function<T, R> memoize(Function<T, R> fn) {
  final Map<T, R> cache = new HashMap<T, R>();
  return t -> {
    R r = cache.get(t);
    if (r == null) {
      r = fn.apply(t);
      cache.put(t, r);
    }
    return r;
  };
}
```

Listing 3.2 *Funktion memoize*

Methode `computeIfAbsent` bei Map

Da das Speichern und Abrufen von bereits einmal berechneten Werten häufig gebraucht wird, gibt es seit der Version 8 bei `Map` eine Default-Methode `default V computeIfAbsent(K key, Function<? super K, ? extends V> fn)`. Diese macht etwa das, was wir im Rumpf der Methode `memoize` explizit ausprogrammiert haben.

Mit der Methode `memoize` haben wir somit ein Mittel, um aus einer Funktion eine Funktion mit Gedächtnis zu erzeugen. Zum Beispiel können wir aus der Methode `isPrime` eine Funktion mit Gedächtnis `isPrimeWithMemo` erzeugen:

```
Function<Long, Boolean> isPrimeWithMemo = memoize(n -> isPrime(n));
```

In der Implementierung von `memoize` haben wir schon wesentliche Prinzipien der Programmierung mit Funktionsobjekten angewendet. Die Methode `memoize` hat einen Parameter für das Funktionsobjekt und gibt auch ein solches zurück. Die Variable `cache` ist im erzeugten Funktionsobjekt eine freie Variable und muss in ein Closure verpackt werden (vgl. Abschnitt 2.3). Die Map ist somit lokal im Funktionsobjekt gekapselt und von außen nicht mehr zugänglich. Die Funktion arbeitet zwar intern mit einer veränderlichen Map, erscheint aber von außen als reine Funktion.

Damit haben wir eine elegante Lösung für Funktionen mit Gedächtnis entwickelt. Die Lösung ist aber eingeschränkt und funktioniert leider nicht für rekursive Funktionen. Betrachten wir dazu eine rekursive Lösung für die Fibonacci-Zahlen. Die Fibonacci-Zahl einer Zahl `n` kann durch folgende rekursive Methode berechnet werden:

```
static long fib(long n) {
  if (n == 0 || n == 1) return 1;
  else return fib(n - 1) + fib(n - 2);
}
```

Die Methode verwendet zwei rekursive Aufrufe mit Argumenten `n - 1` und `n - 2`. Durch die doppelte Rekursion kommt es zu mehrfachen Berechnungen für gleiche Argumentwerte. Zum Beispiel wird bei einer Berechnung der Fibonacci-Zahl für die Zahl 5 die Fibonacci-Zahl für 3 zweimal und die für 2 dreimal berechnet. Diese mehrfachen Berechnungen führen zu einer exponentiellen Laufzeitkomplexität.

Leider funktioniert unsere Methode `memoize` hier nicht. Es würden nämlich nur das Endergebnis und nicht die Zwischenergebnisse der rekursiven Aufrufe im Cache gespeichert. Wir müssen daher das Speichern der bereits berechneten Ergebnisse in die rekursive Funktion selbst einbauen. In Listing 3.3 wird mittels einer anonymen Klassendefinition ein Objekt vom Typ `IntToLongFunction` erzeugt. Die anonyme Klassendefinition müssen wir statt eines Lambda-Ausdrucks verwenden, um ein Feld für die Hashmap zum Speichern der bereits berechneten Werte anzulegen. In der Implementierung der Methode `applyAsLong` erfolgt wieder zuerst der Zugriff auf den Cache. Nur wenn der Wert noch nicht gespeichert ist, werden die rekursiven Aufrufe ausgeführt:

```
IntToLongFunction fibFn = new IntToLongFunction() {
  Map<Integer, Long> cache = new HashMap<Integer, Long>();

  @Override
  public long applyAsLong(int n) {
    if (n == 0 || n == 1) return 1;
    Long fibN = cache.get(n);
    if (fibN == null) {
      fibN = this.applyAsLong(n-1) + this.applyAsLong(n-2);
      cache.put(n, fibN);
    }
    return fibN;
  }
};
```

Listing 3.3 *Funktionsobjekt für Fibonacci-Zahlen mit Gedächtnis*

Mit dieser Lösung steigt die Anzahl der rekursiven Aufrufe nur noch linear mit der Zahl `n`.

3.2 Funktionale Ausnahmebehandlung mit Optional

Exceptions sind nicht funktional. Wirft eine Methode eine Exception, kehrt sie nicht mit einem definierten Wert zurück, sondern verlässt die Methode und springt zu einer Programmstelle außerhalb der Methode. Die Exception kann dann zu einem beliebigen Seiteneffekt führen, im schlimmsten Fall zum Absturz des Programms.

Im Gegensatz zum Werfen von Exceptions werden in der funktionalen Programmierung Ausnahmen, Fehlerfälle und besondere Umstände durch spezielle Rückgabewerte codiert. Der wichtigste Typ hierfür ist in Java die Klasse `Optional` (siehe Listing 3.4), die wir bereits in Abschnitt 2.1.4 kurz beschrieben haben. Zur Erinnerung: `Optional` zeigt das Vorhandensein oder Nichtvorhandensein eines Werts an.

```
public final class Optional<T> {
  public static <T> Optional<T> empty() {...}
  public static <T> Optional<T> of(T value) {...}
  public static <T> Optional<T> ofNullable(T value) {...}
  public boolean isPresent() {...}
  public T get() {...}
  public T orElse(T other) {...}
  public T orElseGet(Supplier<? extends T> supplier) {...}
  ...
}
```

Listing 3.4 *Auszug aus der Klasse Optional*

Optionals werden vor allem für Rückgabewerte von Methoden verwendet, bei denen der Zugriff oder die Berechnung fehlschlagen kann. Vor der Einführung von Optional musste man entweder eine Exception werfen oder sich mit einem Rückgabewert null behelfen. Ein Beispiel dazu ist ein Zugriff auf eine Map mit der Methode get:

```
Object value = map.get(someKey);
```

Dieser Zugriff liefert `null`, wenn für den Key kein Wert existiert. Vergisst man, das Ergebnis auf `null` zu prüfen, kann man leicht eine `NullPointerException` produzieren. Ein zweiter Nachteil ist, dass man den Wert `null` nicht weiterverarbeiten kann und eventuelle Reaktionen aufwendig in Abfragen implementieren muss.

Die Klasse `Optional` stellt hier eine wesentlich bessere Lösung bereit. Ein leerer Container wird durch `Optional.empty()` repräsentiert. Um einen Wert in ein Optional zu verpacken, werden die beiden statischen Methoden `of` und `ofNullable` verwendet, wobei `ofNullable` bei einem Wert `null` den Wert `Optional.empty()` liefert.

Wir können somit eine Methode `lookup` schreiben, die den Zugriff auf Maps sicher macht:

```
static <A, B> Optional<B> lookup(Map<A, B> map, A key) {
  return Optional.ofNullable(map.get(key));
}
```

Die Methode verpackt den Wert in ein `Optional`-Objekt. Existiert für den Key kein Wert, ist das Ergebnis `Optional.empty()`. Mit der Methode `isPresent` kann man das Vorhandensein eines Werts prüfen und dann mit `get` sicher auf den Wert zugreifen:

```
Optional<Person> optionalHans =
                        lookup(nameToPersonMap, "Hans");
if (optionalHans.isPresent()) {
  Person person = optionalPerson.get();
}
```

Versucht man, bei einem leeren Optional mit `get` auf den Wert zuzugreifen, wird auch hier eine Exception ausgelöst. Aber das Optional zeigt explizit an, dass eventuell kein Wert vorhanden ist. Des Weiteren bietet Optional eine Reihe von Methoden zur Weiterverarbeitung der Ergebnisse, die auch leere Optionals berücksichtigen. Zum Beispiel gibt es eine Methode `orElse` für die Angabe eines alternativen Werts, wenn kein Wert vorhanden ist. Ähnlich funktioniert auch die Methode `orElseGet`, die eine `Supplier`-Funktion zum Generieren eines Default-Werts verwendet:

```
Person person = optionalPerson.orElseGet(() -> new Person("NN"));
```

Zwei weitere Methoden von `Optional` zur Weiterverarbeitung sind `ifPresent` und `ifPresentOrElse`. Diese verwenden Lambda-Ausdrücke als Parameter. Die Methode `ifPresent` wendet das übergebene `Consumer`-Objekt auf den Wert nur dann an, wenn das Optional nicht leer ist:

```
optionalHans.ifPresent(p -> {
  System.out.println(p);
});
```

Die Methode `ifPresentOrElse` hat zwei Lambda-Ausdrücke als Parameter: Der erste ist wie bei `isPresent` eine `Consumer`-Funktion für die Behandlung eines vorhandenen Werts, der zweite wird ausgeführt, wenn das Optional leer ist:

```
optionalHans.ifPresentOrElse(p -> {
  System.out.println(p);
}, () -> {
  System.out.println("Failed lookup for 'Hans'");
});
```

3.3 Zusammenfassung

In diesem Kapitel haben wir uns mit den Möglichkeiten und Grenzen der Programmierung ohne Seiteneffekte beschäftigt. Wir haben gesehen, dass Funktionen ohne Seiteneffekte viele Vorteile für die Programmierung bieten. Für solche Funktionen gilt die Eigenschaft der referenziellen Transparenz, die bedeutet, dass die Ergebnisse von Funktionsaufrufen nur von den Argumentwerten und nicht von der Reihenfolge und dem Zeitpunkt des Aufrufs abhängen. Solche Funktionen können dann in beliebiger Reihenfolge, parallel oder nach Bedarf ausgeführt werden.

Wir haben aber auch gesehen, dass eine rein-funktionale Programmierung ohne veränderliche Variablen und ausschließlich mit unveränderlichen Strukturen in Java weder immer sinnvoll noch notwendig ist. Werden Seiteneffekte begrenzt, kann eine Funktion dennoch referenziell transparent sein. Oft sind solche Implementierungen in Java sinnvoll, weil sie effizienter sind oder zu gewohnten Programmstrukturen führen. In den Kapiteln 9 und 10 werden wir sehen, dass Seiteneffekte gezielt eingesetzt werden können, ohne die Möglichkeit einer parallelen Ausführung einzuschränken.

In diesem Kapitel haben wir auch erstmals mit der Klasse `Optional` für eine funktionale Ausnahmebehandlung gearbeitet. Die Klasse `Optional` ist eine der wichtigsten Klassen zur funktionalen Programmierung in Java. Wir werden diese Klasse im Laufe des Buches immer wieder aufgreifen und weitere Möglichkeiten kennenlernen.

4 Funktionale Datenstrukturen

In der Einleitung haben wir festgehalten, dass die rein funktionale Programmierung ausschließlich mit unveränderlichen Datenstrukturen arbeitet. Sprachen wie Haskell und Scala haben gezeigt, dass dies prinzipiell möglich ist und auch Vorteile bietet. In diesem Kapitel wollen wir untersuchen, wie funktionale Datenstrukturen in Java implementiert und verwendet werden können.

Zunächst wird ein Ansatz zur Implementierung algebraischer Datentypen vorgestellt. Dann sehen wir, wie Pattern Matching in Java unterstützt wird. Anschließend werden wir uns mit der Implementierung von grundlegenden funktionalen Datenstrukturen beschäftigen und schließlich die Implementierung von persistenten Collections diskutieren.

4.1 Algebraische Datentypen

In Kapitel 1 wurden algebraische Datentypen als zentrales Konzept der funktionalen Programmierung vorgestellt. In Listing 1.1 haben wir dazu beispielhaft einen algebraischen Datentyp `Expr` für arithmetische Ausdrücke in Haskell eingeführt. Der algebraische Datentyp `Expr` hat mehrere Varianten, wobei jede Variante durch ein Produkt definiert ist. Ein Produkt besteht aus einem Daten-Tag und den Typen der Felder. Beispielsweise wird die Additionsoperation mit dem Daten-Tag `Add` eingeleitet und definiert zwei Felder, die wiederum vom Typ `Expr` sind.

Die wesentlichen Eigenschaften eines algebraischen Datentyps werden im Folgenden noch einmal angeführt:

- Die Daten sind unveränderlich.
- Datenkapselung wird nicht unterstützt, das heißt, alle Felder sind öffentlich und können direkt gelesen werden.
- Es gibt nur die Varianten des Datentyps, die in der Definition angegeben sind. Man sagt, der Datentyp ist geschlossen.

Java bietet mit den Record-Klassen in Kombination mit der Implementierung eines Interface eine Möglichkeit, einen Datentyp mit diesen Eigenschaften zu implementieren. Dabei entsprechen die Record-Klassen den Produkten, während das Interface den Datentyp mit seinen Varianten repräsentiert. Varianten werden in Java also durch die Ableitung von einem Interface gebildet.

Listing 4.1 zeigt eine erste Implementierung des algebraischen Datentyps `Expr`. Das Interface `Expr` definiert den Datentyp. Die das Interface implementierenden Record-Klassen bilden die Varianten von `Expr`.

```
public interface Expr { }
record Val(double value) implements Expr { }
record Vbl(String name) implements Expr { }
record Add(Expr left, Expr right) implements Expr { }
record Mult(Expr left, Expr right) implements Expr { }
record Minus(Expr sub) implements Expr { }
record Recip(Expr sub) implements Expr { }
```

Listing 4.1 *ADT Expr in Java: Version 1*

Die Definition entspricht bereits weitgehend dem algebraischen Datentyp aus Listing 1.1. **Record-Klassen** definieren unveränderliche Datenobjekte mit Feldern, auf die mit öffentlichen Methoden zugegriffen werden kann.

Allerdings ist es in dieser Version weiterhin möglich, zusätzliche Klassen von `Expr` abzuleiten. Das bedeutet, dass der Datentyp `Expr` noch nicht geschlossen ist. Um die Klassen einzuschränken, wurden in Java die Schlüsselwörter `sealed` und `permits` neu eingeführt:

- Mit `sealed` wird eine Klasse oder ein Interface gekennzeichnet, sodass ihre Unterklassen eingeschränkt werden können.
- Mit `permits` müssen dann die erlaubten Unterklassen einer Klasse oder eines Interface, das als `sealed` deklariert wurde, explizit angegeben werden.

Dies wird in Listing 4.2 für das Interface `Expr` gezeigt. Das Interface `Expr` ist mit `sealed` markiert und `permits` listet alle erlaubten implementierenden Klassen auf. Dadurch sind keine weiteren Implementierungen des Interface `Expr` erlaubt.

Die Definition aus Listing 4.2 löst auch noch ein zweites Problem aus der Definition aus Listing 4.1. In der ersten Version sind die Record-Klassen nicht `public`, da Java verlangt, dass jede öffentliche Klasse in einer eigenen Datei definiert wird. In Listing 4.2 werden die Record-Klassen als innere Klassen des Interface `Expr` definiert. Dies ermöglicht eine kompakte Definition, bei der alle Klassen automatisch `public` sind. Die Konsequenz ist jedoch, dass auf die inneren Klassen mit dem Präfix `Expr.` zugegriffen werden muss.

Bei inneren Klassen könnte man auch auf die `permits`-Klausel verzichten. Wenn ein Interface oder eine Klasse mit `sealed` markiert ist und keine `permits`-Klausel angegeben ist, sind nur die in derselben Datei definierten Unterklassen erlaubt.

```
public sealed interface Expr
    permits Expr.Val, Expr.Vbl, Expr.Add, Expr.Mult, Expr.Minus, Expr.Recip {
  record Val(double value) implements Expr {}
  record Vbl(String name) implements Expr { }
  record Add(Expr left, Expr right) implements Expr { }
  record Mult(Expr left, Expr right) implements Expr { }
  record Minus(Expr sub) implements Expr { }
  record Recip(Expr sub) implements Expr { }
}
```

Listing 4.2 *ADT Expr in Java: Version 2*

Damit haben wir nun eine elegante Möglichkeit, algebraische Datentypen in Java zu implementieren. Mit `sealed` und `permits` können wir zudem die Varianten eines algebraischen Datentyps einschränken. Doch warum ist das überhaupt wünschenswert? Beim Pattern Matching ist es von Vorteil, wenn die Varianten eines Datentyps bekannt sind. Dies wird im nächsten Abschnitt genauer gezeigt.

4.2 Pattern Matching

In Abschnitt 1.1 haben wir auch Pattern Matching für algebraische Datentypen beschrieben. Pattern Matching ermöglicht die Unterscheidung der Varianten eines algebraischen Datentyps. Zudem können in Patterns Variablen verwendet werden, an die die Feldwerte beim Matchen gebunden werden. Als Beispiel haben wir in Haskell eine Funktion `eval` für den algebraischen Datentyp `Expr` definiert.

Nach dem Vorbild von Haskell und Scala [23], [24] wurde Pattern Matching in Java eingeführt. In mehreren Releases von Java wurden mehrere Versionen von Pattern Matching implementiert [44]. Bereits in Version 16 wurde ein sogenanntes »Pattern Matching mit instanceof« eingeführt. Später folgte Pattern Matching mit Switch-Anweisungen und Switch-Ausdrücken und schließlich Record Patterns. Im Folgenden werden diese drei Varianten anhand von Implementierungen der Methode `eval` für `Expr` vorgestellt:

```
static double eval(Expr expr, Map<String, Double> bds)
```

Die Methode evaluiert einen Ausdruck `expr` unter Verwendung einer Map `bds`, die Bindungen von Variablennamen zu ihren Werten speichert. Die Methode ist damit vergleichbar zur Haskell-Funktion `eval` aus Abschnitt 1.1.

Pattern Matching mit instanceof

Der Java-Operator `instanceof` prüft, ob ein Wert von einem bestimmten Typ ist. Beispielsweise können wir mit `instanceof` testen, ob der Wert einer Variablen `expr`, die mit dem Typ `Expr` deklariert wurde, vom Typ `Expr.Var` ist. Sehr oft wird man dann eine neue Variable einführen, einen Typecast durchführen und dann auf die spezifischen Eigenschaften des Werts zugreifen, wie hier mit der Variablen vbl gezeigt:

```
Expr expr = ...;
if (expr instanceof Expr.Vbl) {
    Expr.Vbl vbl = (Expr.Vbl) expr;
    String name = vbl.name();
    ...
}
```

Für die Kombination von Typtest und Typecast gibt es nun eine neue Variante, die als »instanceof mit Pattern Matching« bezeichnet wird: Nach dem Typ für die Prüfung folgt eine »Pattern-Variable«. Wenn der Test erfolgreich war, wird der Wert dieser Variablen zugewiesen und man kann dann in Folge mit dieser spezifischen Variablen arbeiten:

```
if (expr instanceof Expr.Vbl vbl) {
    String name = vbl.name();
    ...
}
```

So ist es möglich, diese Prüfung mit anderen Prüfungen zu kombinieren und dabei die Pattern-Variable bereits zu verwenden. Beispielsweise kann nach der Typprüfung wie oben eine Prüfung, ob für den Variablennamen ein Eintrag in der Map bds existiert, angeschlossen werden. Das bedeutet, die Variable ist gültig, sobald die Prüfung mit instanceof erfolgreich war:

```
if (expr instanceof Expr.Vbl vbl && bds.containsKey(vbl.name())) {...}
```

Mit dem instanceof mit Pattern Matching können wir die Methode eval für Expr-Werte wie in Listing 4.3 gezeigt implementieren. Dabei wird davon ausgegangen, dass die inneren Klassen von Expr durch einen statischen Import importiert wurden und daher eine Qualifizierung mit dem Präfix Expr nicht mehr notwendig ist:

```
import static at.jku.ssw.fp.sect04_1.Expr.*;
```

In einer If-Kaskade werden die verschiedenen Fälle unterschieden und die Werte berechnet. Der zweite Fall behandelt Vbl-Werte, für die eine Bindung in der Map existiert. Der dritte Fall betrifft Vbl-Werte ohne eine solche Bindung. In diesem Fall kann kein Wert berechnet werden und es wird eine Exception geworfen[1]. Auch in der If-Kaskade benötigen wir einen Else-Zweig, da sonst der Compiler einen Fehler meldet, dass nicht alle Fälle abgedeckt sind und nicht immer ein Wert zurückgegeben wird.

1. Eine rein-funktionale Variante ohne Exceptions, aber mit einem Optional als Rückgabewert werden wir später sehen.

```
static double eval(Expr expr, Map<String, Double> bds) {
    if (expr instanceof Val val) {
      return val.value();
    } else if (expr instanceof Vbl vbl && bds.containsKey(vbl.name())) {
      return bds.get(vbl.name());
    } else if (expr instanceof Vbl vbl) {
      throw new NoSuchElementException(vbl.name());
    } else if (expr instanceof Add add) {
      return eval(add.left(), bds) + eval(add.right(), bds);
    } else if (expr instanceof Mult mult) {
      return eval(mult.left(), bds) * eval(mult.right(), bds);
    } else if (expr instanceof Minus minus) {
      return -eval(minus.sub(), bds);
    } else if (expr instanceof Recip recip) {
      double subVal = eval(recip.sub(), bds);
      if (subVal == 0.0) throw new ArithmeticException("/ by zero");
      return 1.0 / subVal;
    } else {
      throw new IllegalStateException("Matching error");
    }
}
```

Listing 4.3 *Methode eval mit Pattern Matching mit instanceof*

Switch mit Type Patterns

Typprüfungen können nun auch mit Switch-Anweisungen und Switch-Ausdrücken durchgeführt werden. Ein Fall wird dabei durch Angabe des Typs und einer Pattern-Variablen angegeben. Man spricht von einem *Type Pattern.*

Im folgenden Switch-Ausdruck wird geprüft, ob der Wert von `expr` vom Typ `Val` bzw. `Vbl` ist. Es ist auch möglich, mit einem neuen Schlüsselwort `when` eine zusätzliche Bedingung anzugeben. Dies wird im zweiten Fall deutlich, wenn geprüft wird, ob für den Variablennamen ein Eintrag in `bds` existiert.

```
switch (expr) {
    case Val val -> val.value();
    case Vbl vbl when bds.containsKey(vbl.name()) -> bds.get(vbl.name());
    case Vbl vbl -> throw new NoSuchElementException(vbl.name());
    ...
}
```

Listing 4.4 zeigt die vollständige Implementierung von `eval` mit einem Switch-Ausdruck. Der Code ist nun wesentlich übersichtlicher als die Implementierung mit `instanceof`. Auch muss hier kein Default-Fall angegeben werden. Durch die Deklaration von `Expr` als `sealed` kann der Compiler überprüfen, dass alle Fälle im Switch abgedeckt sind und somit kein Default-Fall benötigt wird.

```
double eval(Expr expr, Map<String, Double> bds) {
    return switch (expr) {
      case Val val -> val.value();
      case Vbl vbl
         when bds.containsKey(vbl.name()) -> bds.get(vbl.name());
      case Vbl vbl ->
         throw new NoSuchElementException(vbl.name());
      case Add add -> eval(add.left(), bds) + eval(add.right(), bds);
      case Mult mult -> eval(mult.left(), bds) * eval(mult.right(), bds);
      case Minus minus -> -eval(minus.sub(), bds);
      case Recip recip -> {
        double sResult = eval(recip.sub(), bds);
        if (sResult == 0.0) throw new ArithmeticException("/ by zero");
        yield 1.0 / sResult;
      }
    };
}
```

Listing 4.4 *Methode eval mit Switch mit Type Patterns*

Der kritische Leser könnte bei diesem Beispiel vielleicht anmerken, dass man die Methode `eval` viel besser mit einer dynamisch gebundenen Methode in den `Expr`-Klassen implementieren kann. Man definiert also eine abstrakte Methode `eval` im Interface und implementiert sie entsprechend in den einzelnen Klassen. Über den dynamischen Dispatch wird dann die richtige Methode vom System aufgerufen.

In vielen Fällen ist dies wohl auch der bevorzugte Ansatz in Java. Allerdings muss die dynamisch gebundene Methode im Klassensystem selbst vorgesehen sein. Wenn wir das Klassensystem nicht erweitern können oder wollen, müssen wir die Methode außerhalb des Klassensystems implementieren. Bisher gab es in Java keine einfache Möglichkeit der Typunterscheidung. Eine häufig verwendete Variante war das Visitor-Pattern [27], eine elegante, aber auch teure und komplizierte Lösung. Mit Switch und Type Patterns gibt es nun eine einfache und übersichtliche Möglichkeit, um die Varianten eines Typs zu unterscheiden und entsprechend zu reagieren.

Pattern Matching mit Record Patterns

Die Variante, die dem Pattern Matching in Haskell am nächsten kommt, verwendet *Record Patterns*, die nur für Record-Klassen verwendet werden können. Sie werden analog zu Record-Klassen gebildet und bestehen im einfachsten Fall aus dem Namen der Klasse und Pattern-Variablen für die Komponenten. Die folgenden Beispiele zeigen Record Patterns für die Klassen `Vbl` und `Add`:

```
Vbl(String n)
Add(Expr l, Expr r)
```

Matching erfolgt, indem die Klasse verglichen wird und die Werte der Komponenten an die Pattern-Variablen gebunden werden. Dazu werden die Getter-Methoden für die Komponenten verwendet. Das heißt, nach der Typprüfung wird auf die Werte der Komponenten zugegriffen und den Pattern-Variablen zugewiesen.

Listing 4.5 zeigt die Implementierung von `eval` mit Record Patterns. Diese erscheint nun nochmals kompakter und übersichtlicher als die Implementierung in Listing 4.4.

```
public static double eval(Expr expr, Map<String, Double> bds) {
  return switch (expr) {
    case Val(double value) -> value;
    case Vbl(String n) when bds.containsKey(n) -> bds.get(n);
    case Vbl(String n) -> throw new NoSuchElementException(n);
    case Add(Expr l, Expr r) -> eval(l, bds) + eval(r, bds);
    case Mult(var l, var r) -> eval(l, bds) * eval(r, bds);
    case Minus(var s) -> -eval(s, bds);
    case Recip(var s) -> {
      double sResult = eval(s, bds);
      if (sResult == 0.0) throw new ArithmeticException("/ by zero");
      yield 1.0 / sResult;
    }
  };
}
```

Listing 4.5 *Methode eval mit Switch mit Record Patterns*

Record Patterns erlauben auch rekursive Patterns. Das bedeutet, dass ein Pattern erneut auf eine Komponente angewendet werden kann. Zum Beispiel entspricht das folgende Pattern einem Objekt vom Typ `Add`, bei der der rechte Unterausdruck ein `Val`-Wert ist:

```
Add(Expr l, Val(double v))
```

Durch rekursive Patterns und When-Klauseln lassen sich komplexe Matches formulieren. Im Folgenden wird als Beispiel eine Methode `simplify` implementiert, die einen Ausdruck anhand folgender Regeln vereinfacht:

- `expr + 0.0 = expr` und `0.0 + expr = expr`: Eine Addition mit 0.0 ergibt den anderen Ausdruck.
- `expr * 0.0 = 0.0` und `0.0 * expr = 0.0`: Eine Multiplikation mit 0.0 ist immer 0.0.
- `expr * 1.0 = expr` und `1.0 * expr = expr`: Eine Multiplikation mit 1.0 ergibt den anderen Ausdruck.
- `- (- expr) = expr`: Ein Ausdruck zweimal negiert ist der Ausdruck selbst.
- `1.0 / (1.0 / expr) = expr`: Ein Ausdruck zweimal reziprok genommen ist der Ausdruck selbst.

Zusätzlich sollen Ausdrücke mit konkreten Werten ausgewertet werden.

Listing 4.6 zeigt die Implementierung von `simplify` mit rekursiven Patterns. Die Vereinfachungen für `Add` und `Minus` sind dargestellt, die Implementierungen für `Mult` und `Recip` sind analog. Betrachten wir die Fälle:

- `Val` und `Vbl` lassen sich nicht vereinfachen. Wir verwenden ein Type Pattern und geben die Ausdrücke unverändert zurück.
- Bei einem `Add`-Ausdruck werden zunächst die Unterausdrücke rekursiv vereinfacht und mit ihnen ein `Add` mit den vereinfachten Unterausdrücken gebildet (`addSimpl`). Dann werden die Fälle des vereinfachten Adds unterschieden:
  - Sind beide Unterausdrücke `Val`-Werte, wird ein `Val` mit der Summe zurückgegeben. Man beachte das rekursive Pattern für das `Add` mit den Patterns für die beiden `Val`-Werte.
  - Wenn der zweite Unterausdruck ein `Val` und ihr Wert gleich `0.0` ist, ist das Ergebnis der linke vereinfachte Unterausdruck (`lS`).
  - Der nächste Fall deckt die Variante ab, bei der der linke Unterausdruck ein `Val` mit einem Wert `0.0` ist.
  - Im Standardfall wird die Addition mit den beiden vereinfachten Unterausdrücken zurückgegeben.
- Die Vereinfachung für `Minus` ist ähnlich. Zuerst wird ein `Minus` mit dem bereits vereinfachten Unterausdruck gebildet. Für diesen werden dann die Fälle für die Vereinfachungen unterschieden:
  - Ist der Unterausdruck ein `Val`, so wird ein `Val` mit dem negierten Wert zurückgegeben.
  - Wenn der Unterausdruck wieder ein `Minus` ist, wird der Unterausdruck des inneren `Minus` zurückgegeben.
  - Andernfalls ist das Ergebnis ein `Minus` mit dem vereinfachten Unterausdruck.

```
public static Expr simplify(Expr expr) {
  return switch (expr) {
    case Val val -> val;
    case Vbl vbl -> vbl;
    case Add(Expr l, Expr r) -> {
      Add addSimpl = new Add(simplify(l), simplify(r));
      yield switch (addSimpl) {
        case Add(Val(double lV), Val(double rV)) -> new Val(lV + rV);
        case Add(Expr lS, Val(double rV)) when rV == 0.0 -> lS;
        case Add(Val(double lV), Expr rS) when lV == 0.0 -> rS;
        default -> addSimpl;
      };
    }
    case Minus(Expr s) -> {
      Minus minusSimpl = new Minus(simplify(s));
      yield switch (minusSimpl) {
        case Minus(Val(double v)) -> new Val(-v);
        case Minus(Minus(Expr e)) -> e;
        default -> minusSimpl;
      };
    }
    // ... Mult und Recip analog
  }
```

Listing 4.6 *Impementierung der Methode simplify für Expr*

Man beachte, dass die Fälle weitgehend den oben beschriebenen Vereinfachungsregeln entsprechen. Pattern Matching ermöglicht somit eine deklarative Programmierung, die sich eng an der Problemstellung anlehnt.

4.3 Paare und Tupel

Paare oder Tupel sind grundlegende Datenstrukturen in der funktionalen Programmierung. Wie in Abschnitt 3.1 beschrieben, werden sie beispielsweise für Funktionen mit mehreren Rückgabewerten verwendet. In funktionalen Sprachen sind Paare und Tupel daher als grundlegende Datenstrukturen direkt in die Sprache integriert. Leider wurden diese Datenstrukturen nicht zusammen mit den funktionalen Konzepten in Java eingeführt. Paare und Tupel sind jedoch einfache Datenstrukturen, und in diesem Abschnitt werden Implementierungen dieser Strukturen vorgestellt.

Die generische Record-Klasse `Pair` in Listing 4.7 implementiert eine Struktur mit den beiden Komponenten `fst` und `snd`. Die Typen der Werte werden durch die generischen Typparameter `A` und `B` festgelegt. Zusätzlich wird eine statische Methode `of` zur Erzeugung von `Pair`-Werten bereitgestellt und `toString` überschrieben. Es ist sinnvoll, die Klasse als `Serializable` zu deklarieren.

Wie sich die Klasse `Pair` für Rückgabewerte nutzen lässt, haben wir bereits im Beispiel in Abschnitt 3.1 gesehen.

```
public record Pair<A, B>(A fst, B snd) implements Serializable {

  public static <A, B> Pair<A, B> of(A fst, B snd) {
    return new Pair<>(fst, snd);
  }

  @Override
  public String toString() {
    return "(" + fst + ", " + snd + ")";
  }
}
```

Listing 4.7 *Record-Klasse Pair*

In der gleichen Weise lassen sich Klassen definieren, die mehrere Werte zusammenfassen. Die Record-Klasse `Tuple3` in Listing 4.8 enthält drei Werte. Die Komponenten der Werte werden mit `v1`, `v2` usw. bezeichnet. Ansonsten ist die Klasse analog zur Klasse `Pair`. Nach demselben Muster können die Klassen `Tuple4` und `Tuple5` für vier bzw. fünf Werte definiert werden[2].

---

2. Wir wollen in unserer kleinen Bibliothek zu diesem Buch keine `Tuple`-Klassen mit mehr als fünf Elementen einführen. In anderen Bibliotheken zur funktionalen Programmierung gibt es aber `Tuple`-Klassen mit viel mehr Elementen, zum Beispiel gibt es in der Scala-Bibliothek `Tuple`-Klassen mit bis zu 22 Elementen.

```
public record Tuple3<A, B, C>(A v1, B v2, C v3) implements Serializable {

  public static <A, B, C> Tuple3<A, B, C> of(A v1, B v2, C v3) {
    return new Tuple3<>(v1, v2, v3);
  }

  @Override
  public String toString() {
    return "(" + v1 + ", " + v2 + ", " + v3 + ")";
  }
}
```

Listing 4.8 *Klasse Tuple3*

4.4 Funktionale Listen

In einer rein-funktionalen Programmierung können auch Datenstrukturen wie Listen und Mengen keine Seiteneffekte haben. Bei funktionalen Datenstrukturen werden bei Änderungen immer neue Objekte erzeugt, die diese Änderungen repräsentieren. Bestehende Objekte bleiben unverändert. Funktionale Datenstrukturen werden daher auch persistente Datenstrukturen genannt.

Dass bei jeder Änderung ein neues Objekt erzeugt wird, erscheint zunächst ineffizient. Dieses Vorgehen hat aber auch entscheidende Vorteile: Erstens können die neuen Objekte auf den bestehenden Strukturen aufbauen, da diese ja unverändert erhalten bleiben. Zum anderen können unveränderliche Objekte problemlos weitergegeben und geteilt werden – ein Vorteil, der insbesondere bei nebenläufiger und paralleler Verarbeitung von Bedeutung ist. Zudem hat die Forschung sehr effiziente Verfahren zur Implementierung persistenter Datenstrukturen hervorgebracht [70]. So gibt es bei Scala eine umfangreiche Bibliothek mit persistenten Collections [67] und mit vavr.io [101] gibt es eine Portierung dieser Bibliothek in Java. Persistente Collections werden wir im nächsten Abschnitt beschreiben.

Im Folgenden soll eine funktionale Liste in Java implementiert werden. Wie bereits in Abschnitt 1.1 erwähnt, sind funktionale Listen eine grundlegende Datenstruktur der funktionalen Programmierung. Die hier beschriebene Implementierung greift diese Ideen auf, berücksichtigt aber auch die spezifischen Anforderungen der Programmierung in Java. So werden für die Iteration und den Aufbau von Listen imperative Programmstrukturen verwendet, ohne jedoch die funktionalen Eigenschaften der Liste aufzugeben. In den folgenden Kapiteln wird diese Implementierung immer wieder verwendet bzw. als Grundlage für die Einführung weiterer Konzepte der funktionalen Programmierung genutzt.

Funktionale Listen sind rekursive Strukturen mit zwei Varianten: erstens die leere Liste und zweitens eine Zelle mit einem Wert und einer Referenz auf die Restliste. In Listing 4.9 wird die abstrakte Klasse `FList` eingeführt. Von dieser Klasse gibt es zwei Unterklassen, `Nil` und `Cons`, die als statische innere Klassen implementiert sind. Die Klasse `Nil` stellt die leere Liste dar. Von dieser wird in `FList` ein einzelnes Objekt `NIL` erzeugt, auf das mit der statischen Methode `empty` zugegriffen wird. Die Klasse `Cons` hat ein Feld `head` vom Elementtyp `E`, ein Feld `tail` für die Referenz auf die Restliste und ein Feld `size` für die Anzahl der Elemente.

Die konkrete Methode `add` der Basisklasse `FList` erzeugt ein Objekt vom Typ `Cons` mit dem übergebenen Element als `head` und der aktuellen Liste als `tail`. Damit wird eine neue Liste mit dem neuen Element als erstem Element und dieser Liste als Restliste erzeugt. Die Größe der neuen Liste ergibt sich aus der Größe der erweiterten Liste plus 1.

Listen in Lisp

Rekursive Listen wurden bereits in der Sprache Lisp [1] als elementare Datenstruktur eingeführt. Tatsächlich leitet sich der Name »Lisp« von »List Processing« ab. Listen dienen in Lisp sowohl zur Darstellung von Daten als auch von Programmen. Sie sind aus Paaren aufgebaut, wobei das erste Element des Paares auf den Wert und das zweite Element auf die Restliste zeigt.

Paare werden nach der sie erzeugenden Funktion `cons` auch `Cons`-Zellen genannt. Die leere Liste ist ein besonderes Element und wird `Nil` genannt. Die Namensgebung in der Implementierung von `FList` folgt daher der Namensgebung in Lisp. Die Funktionen, die auf das erste Element und den Rest der Liste zugreifen, heißen in Lisp car und cdr (sprich: kudar). Diese Namen stammen aus der ersten Implementierung von Lisp, wirken fremd, sind aber in der Lisp-Welt allgegenwärtig. In der Implementierung von `FList` werden wir aber die sprechenden und außerhalb der Lisp-Welt gebräuchlichen Namen `head` und `tail` verwenden.

```
public abstract class FList<E> ... {
  private static FList NIL = new Nil();
  public static <E> FList<E> empty() {
    return (FList<E>)NIL;
  }

  public FList<E> add(E value) {
    return new Cons<E>(value, this);
  }
  public abstract boolean isEmpty();
  public abstract int size();
  public abstract E head();
  public abstract FList<E> tail();
  public abstract boolean contains(Object o);
  ...
  public static final class Nil<E> extends FList<E> {
    @Override
    public boolean isEmpty() { return true;  }
    @Override
    public int size() { return 0; }
    @Override
    public E head() {
      throw new NoSuchElementException("...");
    }
    @Override
    public FList<E> tail() {
      throw new NoSuchElementException("...");
    }
```

```
    @Override
    public boolean contains(Object o) { return false; }
    ...
  }

  public static final class Cons<E> extends FList<E> {
    private final E head;
    private final FList<E> tail;
    private final int size;

    private Cons(E head, FList<E> tail) {
      this.head = head;
      this.tail = tail;
      this.size = tail.size() + 1;
    }
    @Override
    public boolean isEmpty() { return false; }
    @Override
    public int size() { return size; }
    @Override
    public E head() { return head; }
    @Override
    public FList<E> tail() { return tail; }
    @Override
    public boolean contains(Object o) {
      return this.head.equals(o) || this.tail.contains(o);
    }
    ...
  }
}
```

Listing 4.9 *Funktionale Liste FList*

Die Basisklasse `FList` definiert darüber hinaus eine Reihe abstrakter Methoden: Die Methode `isEmpty` prüft, ob die Liste leer ist, `size` liefert die Größe der Liste, `head` das erste Element, `tail` die Restliste und `contains` prüft, ob ein Element enthalten ist. Diese abstrakten Methoden sind in den konkreten Klassen `Nil` und `Cons` entsprechend implementiert. Beispielsweise liefert `empty` in `Nil` immer `true` und in `Cons` immer `false`. Der Wert von `size` ist bei `Nil` gleich 0 und bei `Cons` gleich dem Feld `size`. Die Methoden `head` und `tail` greifen bei der Klasse `Cons` auf die beiden Felder zu, bei der Klasse `Nil` werfen sie eine `NoSuchElementException`. Schließlich liefert `contains` bei `Nil` immer `false`, bei `Cons` wird das Element mit `head` verglichen und bei Ungleichheit erfolgt ein rekursiver Aufruf mit der Restliste.

Exceptions beim Zugriff auf head und tail

Da `head` und `tail` bei einem Zugriff Exceptions werfen, sind diese Methoden keine reinen Funktionen. Allerdings orientieren wir uns bei diesen beiden Methoden an der Implementierung in Haskell, bei der Zugriffe auf die leere Liste zu einem Programmabbruch führen.

Rekursive Listen kann man mit rekursiven Methoden verarbeiten. Zum Beispiel könnte man das Drucken der Listenelemente durch das folgende rekursive Programm implementieren:

```
static <E> void print(FList<E> list) {
  if (! list.isEmpty()) {
    System.out.println(list.head().toString());
    print(list.tail());
  }
}
```

Bei dieser rekursiven Methode wird bei einer nicht-leeren Liste das erste Element ausgegeben und mit der Restliste die Methode rekursiv aufgerufen.

Rekursive Methoden sind in Java jedoch weniger effizient als iterative Lösungen (vgl. Abschnitt 3.1.1). Daher implementieren wir für `FList` das Interface `Iterable` (siehe Listing 4.10). Das von der Methode `iterator` zurückgegebene `Iterator`-Objekt verwendet eine veränderliche Variable `current`. Diese wird mit der Liste initialisiert. Die Methode `hasNext` liefert `true`, wenn `current` nicht gleich der leeren Liste ist. Die Methode `next` liefert das Element `head` der Liste `current` und schaltet dann `current` auf die Restliste weiter.

```
public abstract class FList<E> implements Iterable<E> {
  ...
  public boolean contains(Object o) {
    for (E e : this) {
      if (e.equals(o)) return true;
    }
    return false;
  }

  public Iterator<E> iterator() {
    return new Iterator<E>() {
      FList<E> current = FList.this;

      @Override
      public boolean hasNext() {
        return ! current.isEmpty();
      }

      @Override
      public E next() {
        E next = current.head();
        current = current.tail();
        return next;
      }
    };
  }
}
```

Listing 4.10 *Implementierung von Iterable für FList*

Damit können wir Schleifen verwenden und zum Beispiel die obige Methode print wie gewohnt mit einer For-Schleife implementieren:

```
static <E> void print(FList<E> list) {
  for (E e : list) {
    System.out.println(e.toString());
  }
}
```

Auch die Methode contains, die wir zuvor in der Klasse Cons rekursiv gelöst haben, können wir nun einfacher iterativ lösen (siehe Methode contains in Listing 4.10). Man beachte, dass durch diese iterativen Implementierungen die funktionalen Eigenschaften von FList selbst nicht verletzt wurden.

Mit einer Methode of soll man aus einer Reihe von Elementen ein FList-Objekt erzeugen können. Dies ist aber mit einem rekursiven Verfahren schwierig. Wir wollen uns daher auch hier die Vorteile einer imperativen Implementierung zunutze machen, aber wieder ohne die funktionalen Eigenschaften von FList selbst zu verletzen. Wir führen dazu eine Klasse Builder für den Aufbau von FList-Objekten ein. Builder ist eine statische innere Klasse von FList (Listing 4.11). Sie verwendet eine veränderliche LinkedList und stellt die Methoden add und build zur Verfügung. Mit add werden die Elemente vorne in der LinkedList eingefügt. Bei mehreren Aufrufen von add steht also das zuletzt eingefügte Element an erster Stelle. Die Methode build startet von einer Startliste (start), die im einfachsten Fall mit der leeren Liste initialisiert wird, iteriert über die Elemente der LinkedList und erstellt mit add jeweils eine neue Liste, bei der das Element vorangestellt ist. Sie gibt schließlich die so erstellte Liste zurück.

```
public abstract class FList<E> implements Iterable<E> {
  ...
  public static <E> FList<E> of(E...elems) {
    Builder<E> b = new Builder<E>();
    for (E e : elems) b.add(e);
    return b.build();
  }

  public static class Builder<E> {
    private final LinkedList<E> list;
    private final FList<E> start;

    private Builder(FList<E> start) {
      list = new LinkedList<E>();
      this.start = start;
    }

    private Builder() {
      this(FList.empty());
    }
```

```
      public void add(E e) {
        list.addFirst(e);
      }

      public FList<E> build() {
        FList<E> fList = start;
        for (E e: list) fList = fList.add(e);
        return fList;
      }
    }
  }
```

Listing 4.11 *Innere Klasse Builder zum Aufbau von FList-Objekten*

Die Methode `of` kann nun einfach mit einem `Builder` implementiert werden (siehe Methode `of` in Listing 4.11). Wir werden dieses Verfahren zum Aufbau von `FList`-Objekten in den folgenden Kapiteln noch mehrfach einsetzen.

Für `FList` sind zahlreiche weitere Methoden sinnvoll und oft notwendig, etwa `equals` und `hashCode`, `remove`, `concat` und `sublist`. Als Beispiel soll in Listing 4.12 die Implementierung von `remove` gezeigt werden, die alle Vorkommen eines Elements löscht.

Die Methode verwendet eine private rekursive Methode `removeRec` mit der Liste und dem zu entfernenden Element als Parameter. Diese Methode arbeitet mit einer Kombination von iterativem Code und rekursiven Aufrufen. In einer Schleife wird so lange über die Liste iteriert, bis das Element gefunden wurde oder das Ende der Liste erreicht ist. Wurde das Ende erreicht, war das Element nicht enthalten und die Liste muss daher nicht verändert werden. Damit wird die Liste unverändert zurückgegeben. Wird das zu löschende Element gefunden, wird es übersprungen, und die restliche Liste wird mit einem rekursiven Aufruf behandelt. An die vom rekursiven Aufruf zurückgegebene Liste werden nun die zuvor gesicherten Elemente angefügt und daraus die Ergebnisliste erzeugt. Damit wird immer das letzte Stück, in dem das zu löschende Element nicht mehr enthalten ist, wiederverwendet.

```
public abstract class FList<E> implements Iterable<E> {
  ...
  public FList<E> remove(Object obj) {
    return removeRec(this, obj);
  }

  private FList<E> removeRec(FList<E> fList, Object obj) {
    LinkedList<E> ll = new LinkedList<E>();
    FList<E> fL = fList;
    while (! fL.isEmpty() && ! fL.head().equals(obj)) {
      ll.addFirst(fL.head());
      fL = fL.tail();
    }
```

```
        if (fL.isEmpty()) return fList;
        fL = removeRec(fL.tail(), obj);
        for (E e: ll) fL = fL.add(e);
        return fL;
    }
}
```

Listing 4.12 *Methode remove bei FList*

Beispielanwendung

Das Arbeiten mit der funktionalen Liste `FList` soll nun an einem Beispiel demonstriert und der Unterschied zu einer herkömmlichen Lösung aufgezeigt werden. Wir implementieren das bekannte N-Damen-Problem mit einem rekursiven Backtracking-Verfahren in zwei Varianten, einmal mit veränderlichen Strukturen und einmal mit unserer unveränderlichen Liste `FList`.

Bei der imperativen Lösung wird der Spielzustand durch ein veränderliches zweidimensionales Boole'sches Array repräsentiert. Im Backtracking-Algorithmus wird eine Position gesetzt und das Verfahren rekursiv mit dem geänderten Spielzustand aufgerufen. Ist der Versuch nicht erfolgreich, wird der Zug rückgängig gemacht (Backtracking) und ein neuer Versuch mit der nächsten Spalte gestartet.

```
// imperative Lösung!
boolean solveNQueens(boolean[][] board, int col) {
  if (col >= board.length) {
    return true;
  } else {
    for (int i = 0; i < board.length; i++) {
      if (isSafe(board, i, col)) {
        board[i][col] = true;
        if (solveNQueens(board, col + 1))
          return true;
        board[i][col] = false;  // Backtracking
      }
    }
    return false;
  }
}
```

In der funktionalen Lösung wird der Spielzustand durch eine funktionale Liste der besetzten Positionen codiert. Zudem wird ein Optional als Rückgabewert verwendet. `Optional.empty()` zeigt dabei an, dass keine Lösung gefunden werden konnte. Beim rekursiven Verfahren wird die Liste, die die aktuell besetzten Positionen enthält, um eine nächste mögliche Position erweitert und damit die Methode rekursiv aufgerufen. Beim Backtracking-Schritt ist kein Zurücknehmen des Zuges notwendig, da die aktuelle Liste nicht verändert wurde.

```
static final int N = 8; // Größe des Feldes
Optional<FList<Pos>> solveNQueens(FList<Pos> board, int col) {
  if (col >= N) {
    return Optional.of(board);
  } else {
    for (int i = 0; i < N; i++) {
      if (isSafe(board, i, col)) {
         Optional<FList<Pos>> optSol =
           solveNQueens(board.add(Pos.of(i, col)), col+1);
         if (optSol.isPresent()) return optSol;
      }
    }
    return Optional.empty();
  }
}
```

Der Unterschied zur imperativen Lösung ist also, dass beim Backtracking der Zug nicht zurückgenommen werden muss. In diesem kleinen Beispiel wird der Vorteil der persistenten Datenstruktur noch nicht deutlich. Wenn die Strukturen jedoch komplexer sind und mit vielen und komplexen Änderungen gearbeitet werden muss, kann das Rückgängigmachen von Änderungen schnell schwierig und fehleranfällig werden. Der Vorteil der persistenten Datenstruktur wird noch deutlicher, wenn das Verfahren parallelisiert werden soll. Bei einer veränderlichen Datenstruktur muss diese für parallele Aufrufe kopiert werden. Dies ist bei der funktionalen Lösung nicht notwendig. Man kann einfach die Liste mit den aktuellen Positionen um die nächsten Positionen erweitern und mit diesen jeweils die Methode parallel aufrufen. In Kapitel 10 werden wir uns intensiv mit parallelen Streams beschäftigen und noch genauer auf die Vermeidung von Seiteneffekten eingehen.

4.5 Persistente Collections

Neben funktionalen Listen können auch Mengen, Maps und andere Collections funktional implementiert werden. Die Arbeit von [70] hat hier wesentliche Vorarbeit geleistet und gezeigt, wie persistente Collections effizient implementiert werden können. Das Prinzip ist das gleiche wie bei den funktionalen Listen: Bestehende Strukturen werden nicht verändert, jede Änderung wird durch eine neue Struktur repräsentiert, aber bestehende Strukturen werden so weit wie möglich wiederverwendet (siehe dazu auch [34]).

Abbildung 4.1 zeigt, wie dies für binäre Suchbäume funktioniert. Angenommen, es existiert eine sortierte Menge `set1`, die, wie im linken Teil von Abbildung 4.1 dargestellt, als binärer Suchbaum gespeichert ist. Nun soll das Element 7 hinzugefügt und damit eine neue Menge `set2` erzeugt werden. Ausgehend von der Wurzel des Baums werden die Knoten kopiert, die sich durch das Einfügen von 7 ändern. Dies ist im rechten Teil von Abbildung 4.1 dargestellt. Wie man sieht, werden die unveränderten Teile wiederverwendet.

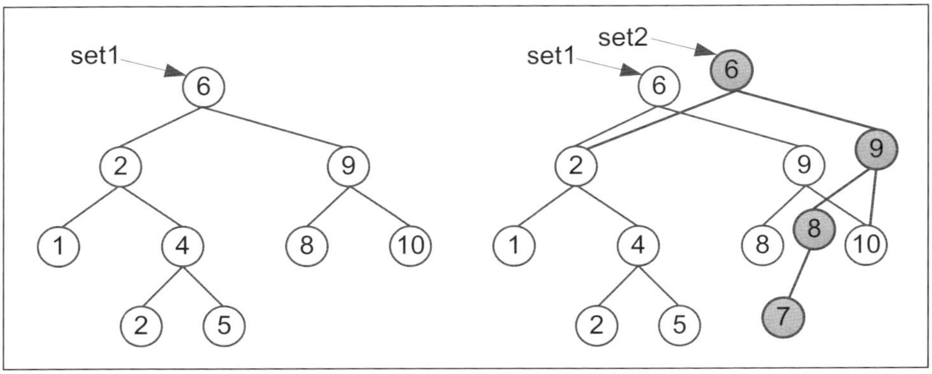

Abb. 4.1 *Anfügen eines Elements 7 bei einem unveränderlichen binären Baum*

In der Standardbibliothek von Java gibt es nur veränderliche Collections. Die Collection-Bibliothek von Scala [90] bietet leistungsstarke Implementierungen persistenter Collections, und auch in Java gibt es mittlerweile proprietäre Implementierungen. So bietet z. B. die Bibliothek vavr [101] eine Portierung der Collections von Scala. Abbildung 4.2 zeigt dazu die Klassenhierarchie. Im Folgenden soll diese Klassenbibliothek verwendet werden, um das Arbeiten mit persistenten Collections anhand eines Beispiels zu demonstrieren.

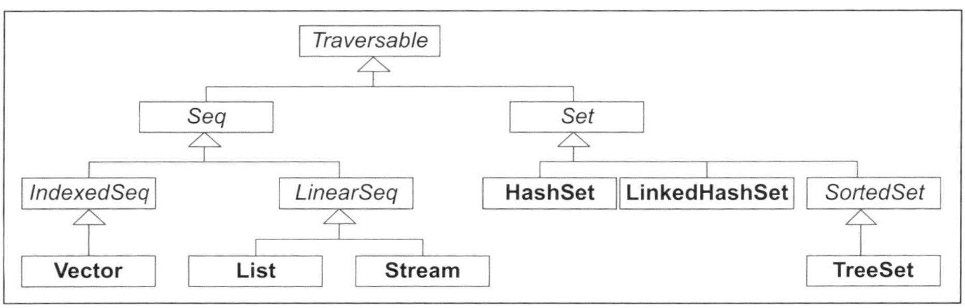

Abb. 4.2 *Auszug aus der Typhierarchie der funktionalen Collections (abstrakte Typen kursiv, konkrete Collection-Klassen fett)*

Zur Demonstration des Arbeitens mit persistenten Collections implementieren wir im Folgenden Algorithmen zur Berechnung von Distanzen und Pfaden zwischen Knoten in einem Graphen. Basis des Verfahrens ist eine Klasse `Graph` mit Knoten vom generischen Typ `N` (siehe Listing 4.13). Die Klasse `Graph` definiert eine Menge `nodes` für die Knoten und eine Menge von `Pair`-Objekten für die Kanten. Die Methode `successors` liefert für einen Knoten `node` die Menge der Folgeknoten. Sie verwendet höhere Funktionen. Diese sind hier noch nicht angegeben, wir werden sie erst im nächsten Kapitel beschreiben.

```
public class Graph<N> {
  private final Set<N> nodes;
  private final Set<Pair<N, N>> edges;
```

```
    public Graph(Set<N> nodes, Set<Pair<N, N>> edges) {
      this.nodes = nodes;
      this.edges = edges;
    }

    public Set<N> successors(N node) {
        return ...; // Soll die Menge der Folgeknoten zu node retournieren
      }
      ...
  }
```

Listing 4.13 *Klasse für Graphen mit Knoten N*

Für Graphen soll nun eine Methode `distances` implementiert werden, die für einen Startknoten `start` die Distanzen zu allen Knoten liefert, wobei die Distanz die Anzahl der Kanten von Start zum Knoten sei. Das Ergebnis ist eine `Map<N, Integer>` mit den Distanzen für jeden Knoten.

Die Methode in Listing 4.14 verwendet eine rekursive Hilfsmethode `distsRec`. Diese verwendet die persistenten Collections `Queue` und `HashMap`. In `queue` befinden sich die noch nicht behandelten Knoten, in der Map `result` das aktuelle Resultat mit den Distanzen der Knoten. In jedem Aufruf wird der erste Knoten aus der Queue entnommen und behandelt (`node`), die noch nicht behandelten Nachfolger bestimmt (`succs`) und in der Map für alle Nachfolger als Distanz die Distanz des aktuellen Knotens plus eins eingetragen. Die Methode wird dann rekursiv aufgerufen, wobei aus der Queue der aktuelle Knoten gelöscht wird und die Nachfolger hinten angefügt werden. Das Ergebnis ist berechnet, wenn die Queue leer ist.

```
public class Graph<N> {
  ...
  public Map<N, Integer> distances(N start) {
    return distsRec(Queue.of(start), HashMap.of(start, 0));
  }

  private Map<N, Integer> distsRec(Queue<N> queue, Map<N, Integer> result) {
    if (queue.isEmpty()) return result;
    else {
      N node = queue.head();
      var succs = successors(node).removeAll(queue)
                                  .removeAll(result.keySet());
      var updtdResult = result;
      for (N succ : succs) {
        updtdResult = updtdResult.put(succ, result.get(node).get() + 1);
      }
      return distsRec(queue.tail().appendAll(succs), updtdResult);
    }
  }
}
```

Listing 4.14 *Methode distances für die Berechnung der Distanzen der Knoten zu einem Startknoten*

Die Methode distances verwendet persistente Collections, aber der Unterschied zu einer Lösung mit variablen Collections ist noch gering. Der wirkliche Vorteil zeigt sich, wenn statt der Distanzen die minimalen Pfade der Knoten zum Startknoten berechnet werden. Die Methode paths in Listing 4.15 berechnet die Pfade zum Startknoten in Form von Listen von Knoten. Der einzige Unterschied zur Methode distances ist, dass statt einer um eins erhöhten Distanz eine Liste mit einem neuen Knoten in der Map gespeichert wird. Entscheidend ist, dass ein solches Verfahren nur mit persistenten Listen funktioniert. Würde man veränderliche Listen verwenden, so würde nicht nur eine erweiterte Liste für den Nachfolgeknoten erzeugt, sondern auch die Liste des aktuellen Knotens verändert werden. Bei veränderlichen Listen müsste also die Liste des aktuellen Knotens kopiert und dann der neue Knoten eingefügt werden. Ein erheblicher Aufwand, der bei persistenten Listen entfällt.

```
public class Graph<N> {
  ...
  public Map<N, FList<N>> paths(N start) {
    return pathsRec(Queue.of(start), HashMap.of(start, FList.of(start)));
  }

  Map<N, FList<N>> pathsRec(Queue<N> queue, Map<N, FList<N>>result) {
    if (queue.isEmpty()) return result;
    else {
      N node = queue.head();
      var succs = successors(node).removeAll(queue)
                                  .removeAll(result.keySet());
      var updtdResult = result;
      for (N succ : succs) {
        updtdResult =
          updtdResult.put(succ, result.get(node).get().add(succ));
      }
      return pathsRec(queue.tail().appendAll(succs), updtdResult);
    }
  }
}
```

Listing 4.15 *Methode paths für die Berechnung der Pfade der Knoten zu einem Startknoten*

4.6 Zusammenfassung

In diesem Kapitel wurde ein Überblick über die in der funktionalen Programmierung verwendeten Datenstrukturen gegeben. Da es sich bei der funktionalen Programmierung um eine Programmierung ohne Seiteneffekte handelt, sind funktionale Datenstrukturen grundsätzlich unveränderlich.

Das Datentypkonzept klassischer funktionaler Sprachen wie Haskell basiert auf sogenannten algebraischen Datentypen. Algebraische Datentypen bestehen aus Produkten, die Records mit Feldern ähnlich sind, und Varianten von Produkten. In Java können algebraische Datentypen mit Record-Klassen und der Implementierung eines Interface implementiert werden. Die Record-Klassen entsprechen den Produkten, das Interface mit seinen implementierenden Record-Klassen entspricht dem Variantentyp.

Algebraische Datentypen erlauben Pattern Matching. In Java wird Pattern Matching durch den `instanceof`-Operator und durch Switch-Anweisungen und Switch-Ausdrücke unterstützt. Mit Type Patterns können Objekte nach ihrem Typ unterschieden werden. Record Patterns erlauben Muster analog zu Record-Klassen und kommen dem Pattern Matching der funktionalen Sprachen sehr nahe.

Schließlich wurden persistente Collections betrachtet, also Collections, die beim Hinzufügen oder Löschen von Elementen nicht verändert werden. Bei Veränderungen werden immer neue Strukturen erzeugt, dabei jedoch bestehende Strukturen wiederverwendet. Wie wir an Beispielen gezeigt haben, kann ein solches Vorgehen durchaus Vorteile haben. Häufig ist ein schrittweises Entwickeln einer Lösung auf der Grundlage früherer Ergebnisse erforderlich, wobei bereits berechnete Werte weiterhin benötigt werden. Bei veränderlichen Collections müsste man die bestehende Lösungsstruktur kopieren und erst dann die Erweiterung vornehmen. Bei persistenten Strukturen ist dies nicht erforderlich, da bestehende Strukturen unverändert erhalten bleiben.

Teil II

Gestaltungsprinzipien und Entwurfsmuster

Für die Gestaltung funktionaler Programme existiert eine Reihe allgemeiner Entwurfsprinzipien und Entwurfsmuster, die breite Anwendung finden. Der zweite Teil dieses Buches beschäftigt sich mit diesen Prinzipien und Mustern und ihrer Umsetzung in Java:

- Kapitel 5 behandelt ausführlich die Verwendung von Lambda-Ausdrücken als Parameter von Funktionen.
- Kapitel 6 behandelt das Prinzip der funktionalen Reduktion, bei der aus einer Menge von Werten ein Ergebniswert berechnet wird.
- Kapitel 7 führt Monaden ein – eine mathematische Struktur, die die Verkettung von Funktionen ermöglicht.
- Kapitel 8 behandelt die Komposition von Funktionen. Anhand mehrerer Fallbeispiele wird gezeigt, wie mithilfe von Kompositionsoperatoren aus einfachen Funktionen komplexe Funktionen gebildet werden können.

5 Programmieren mit Funktionsparametern

In Abschnitt 2.3 haben wir gesehen, dass Lambda-Ausdrücke Instanzen eines funktionalen Interface erzeugen. Die durch Lambda-Ausdrücke erzeugten Objekte sind Java-Objekte und können wie alle anderen Objekte verwendet werden. Sie können also in Variablen oder Datenstrukturen gespeichert, als Parameter einer Methode übergeben oder von einer Methode erzeugt und zurückgegeben werden.

In diesem Kapitel werden wir uns mit den Möglichkeiten von Funktionsparametern, also Funktionsobjekten als Parameter von Methoden, beschäftigen. Wir werden dabei sehen, dass durch die Verwendung von Funktionsparametern Programme wesentlich allgemeiner gestaltet werden können und damit eine höhere Wiederverwendbarkeit erreicht wird.

Worin liegt nun die neue Qualität der Programmierung mit Funktionsparametern? Normale Parameter ermöglichen es, die zu verarbeitenden Daten einer Methode zu variieren. Beispielsweise kann eine Methode `printEach` einen Parameter für die Liste verwenden und alle Elemente dieser Liste ausgeben. Die Liste ist durch den Parameter variabel, die Verarbeitung ist fix:

```
static <E> void printEach(List<E> list) {
  for (E elem: list) {
    System.out.println(elem.toString());
  }
}
```

Mit Funktionsparametern kann man aber auch einen Teil des auszuführenden Codes variieren. Dadurch wird eine bessere Wiederverwendbarkeit erreicht (vgl. dazu [39]). Zum Beispiel hat die folgende Methode `forEach` zusätzlich einen Funktionsparameter `action` vom Typ `Consumer`:

```
static <E> void forEach(List<E> list, Consumer<E> action) {
  for (E elem: list)  {
    action.accept(elem);
  }
}
```

Hier ist nun nicht nur die zu verarbeitende Liste variabel, sondern auch die Art der Verarbeitung. Nur der Teil mit der Iteration über die Elemente ist fix. Mit der Methode `forEach` lässt sich nun die obige Methode zum Ausgeben der Elemente realisieren

```
forEach(list, elem -> System.out.println(elem));
```

aber auch viele weitere Methoden, die mit einer Iteration über die Elemente der Liste arbeiten.

Methoden mit Funktionsparametern, also höhere Funktionen (vgl. auch Abschnitt 1.1), stehen im Mittelpunkt der funktionalen Programmierung. Damit lassen sich übergebene Funktionen im Rumpf der aufgerufenen Methode anwenden, in einen Kontext einbetten oder selektiv und abhängig von einer Bedingung ausführen.

Dieses Kapitel zeigt die Möglichkeiten von Funktionsparametern anhand einer Reihe von typischen Anwendungen. Die folgenden Anwendungen von Funktionsparametern werden diskutiert:

- Wie Methoden mit Funktionsparametern ein flexibles Arbeiten mit Collections ermöglichen
- Wie man Funktionsparameter gezielt einsetzen kann, um Programmschnittstellen flexibler und mächtiger zu gestalten
- Wie Algorithmen in sehr allgemeiner Weise als generische höhere Funktionen mit Funktionsparametern implementiert werden können
- Wie bestimmte Problemstellungen, für die bisher objektorientierte Entwurfsmuster eingesetzt wurden, nun einfacher mit Funktionsobjekten und Funktionsparametern gelöst werden können
- Wie man Code in eine bestehende Struktur einbetten und die Ausführung des Codes explizit steuern kann
- Wie mit Funktionsobjekten eine Auswertung nach Bedarf ermöglicht wird

5.1 Höhere Funktionen für Collections

Höhere Funktionen werden vor allem mit Datenstrukturen wie Listen und Mengen in Verbindung gebracht. In diesem Abschnitt werden wir die Prinzipien der Verarbeitung von Collections mit höheren Funktionen diskutieren.

Höhere Funktionen für FList

In Abschnitt 4.4 haben wir eine Implementierung einer funktionalen Liste `FList` beschrieben. Diese Implementierung soll nun um höhere Funktionen erweitert werden.

```
public abstract class FList<E> implements Iterable<E> {
  ...
  public <R> FList<R> map(
          Function<? super E, ? extends R> mapper) {
```

```
    Builder<R> builder = Builder.create();
    for (E e : this) builder.add(mapper.apply(e));
    return builder.build();
  }

  public FList<E> filter(Predicate<? super E> predicate) {
    Builder<E> builder = Builder.create();
    for (E e : this)
      if (predicate.test(e)) builder.add(e);
    return builder.build();
  }

  public void forEach(Consumer<? super E> action) {
    for (E e : this) action.accept(e);
  }

  public static <T> FList<T> generate(int n, Supplier<T> supplier) {
    Builder<T> builder = Builder.create();
    for (int i = 0; i < n; i++) builder.add(supplier.get());
    return builder.build();
  }
}
```

Listing 5.1 *Höhere Funktionen bei Klasse FList<E>*

Listing 5.1 zeigt die Implementierung der höheren Funktionen `map`, `filter`, `forEach` und `generate` in der Klasse `FList`. Die Methoden arbeiten wie folgt:

map

Die Methode `map` bildet alle Elemente der Liste mithilfe einer Abbildungsfunktion ab und gibt eine neue Liste mit den Ergebnissen zurück. Für den Typ der Ergebniselemente wird ein neuer Typparameter `R` eingeführt. Die Abbildungsfunktion wird durch den Parameter `mapper` definiert und ist vom Typ `Function`. Beachten Sie die kontravarianten und kovarianten Wildcards beim Parameter und beim Rückgabewert des Funktionsparameters (vgl. Abschnitt 2.1). Die Implementierung der Methode verwendet eine For-Schleife zur Iteration über die Elemente und den veränderlichen Builder, wie wir diesen bei `FList` eingeführt haben. Es wird die Abbildungsfunktion auf jedes Element angewendet und die Ergebnisse im Builder gesammelt. Aus den gesammelten Elementen wird mit `build` schließlich die Ergebnisliste erzeugt und zurückgegeben.

Im folgenden Beispiel wird die Methode `map` auf eine Liste von Strings angewendet. Ergebnis ist eine Liste von Integers mit den Längen der Strings.

```
FList<String> words =
    FList.of("Funktionale", "Programmierung", "in", "Java");
FList<Integer> lengths = words.map( w -> w.length() );
```

filter

Mit `filter` werden Elemente der Liste getestet und nur die Elemente in einer neuen Liste gesammelt, die den Test bestehen. Der Test wird durch einen Parameter vom Typ `Predicate` definiert. Die Methode durchläuft die Elemente und wendet die Testmethode an. Nur bei einem positiven Testergebnis wird das Element im Builder gesammelt. Die gesammelten Elemente werden in der Ergebnisliste zurückgegeben.

In folgender Anwendung werden in einer Ergebnisliste diejenigen Strings gesammelt, die länger als fünf Zeichen sind:

```
FList<String> longWords = words.filter( w -> w.length() > 5 );
```

forEach

Die Methode `forEach` führt für jedes Element eine Aktion aus. Parameter der Methode ist ein `Consumer`-Objekt und in der Schleife wird für jedes Element dessen `accept`-Methode aufgerufen.

Im folgenden Beispiel werden alle Elemente auf der Konsole ausgegeben:

```
words.forEach( w -> { System.out.println(w); } );
```

generate

Zur Demonstration des funktionalen Interface `Supplier` dient die statische Methode `generate`, die eine Liste erzeugt. Die Methode hat einen Parameter `n` für die Anzahl und einen Parameter vom Typ `Supplier` für das Erzeugen der Elemente. Die Methode ruft `n`-mal die Methode `get` des `Supplier`-Objekts auf und sammelt die Ergebnisse in einem `Builder`-Objekt. Aus diesem wird schließlich die Ergebnisliste abgerufen.

Im folgenden Beispiel wird eine Liste mit zehn Zufallszahlen erzeugt. Der Lambda-Ausdruck ohne Parameter definiert dabei das `Supplier`-Objekt:

```
Random rand = new Random();
FList<Integer> randInts =
    FList.generate(10, () -> rand.nextInt());
```

5.1.1 Höhere Funktionen bei persistenten Collections

Auch die Collections aus der Bibliothek vavr.io (siehe Abschnitt 4.5) bieten eine Vielzahl von höheren Funktionen. Beim Beispiel aus Abschnitt 4.5 mit der Pfadsuche in Graphen haben wir die Methode `successors` der Klasse `Graph` noch nicht angegeben. In Listing 5.2 wird diese als Beispiel für höhere Funktionen bei Sets nachgereicht.

Die Methode wird mit dem Knoten `node` aufgerufen, um dessen Nachfolger zu bestimmen. Das Ergebnis berechnet sich, indem zuerst aus der Menge der Kanten jene herausgefiltert werden, bei denen der erste Knoten `fst` gleich dem Knoten `node` ist. Die so gefilterten Kanten werden in Anschluss auf die zweiten Knoten `snd` abgebildet.

```
public class Graph<N> {
  private final Set<N> nodes;
  private final Set<Edge<N>> edges;
  ...
  public Set<N> successors(N node) {
    return edges
           .filter(edge -> edge.fst().equals(node))
           .map(edge -> edge.snd());
  }
```

Listing 5.2 *Methode successors bei Klasse Graph*

Diese Beispiele zeigen, dass Collections mit Methoden mit Funktionsparametern flexibel verarbeitet werden können. Mit diesen lassen sich Listen nach Belieben abbilden, filtern und Aktionen ausführen.

5.2 Flexible Programmschnittstellen

In diesem zweiten Anwendungsbeispiel entwerfen wir ein Programmsystem zur Verwaltung der Ergebnisse eines Programmierkurses. Das Programm soll erlauben, Kursteilnehmer mit einer Identitätsnummer und Namen anzufügen, die erreichten Punkte von Übungsaufgaben, insgesamt zehn, einzutragen und unterschiedliche Berechnungen und Abfragen durchzuführen.

Eine traditionelle Schnittstelle ohne Funktionsparameter könnte wie in Listing 5.3 gezeigt aussehen:

- Die Methode `addStudent` fügt einen neuen Studenten hinzu.
- Zum Setzen und Lesen für die bei den Übungen erreichten Punkte gibt es die Methoden `setScore` und `getScore` bzw. `setScores` und `getScores`.
- Die Methode `countSolved` berechnet die gelösten Aufgaben eines Teilnehmers. Eine Aufgabe gilt als gelöst, wenn vier von zehn Punkten erreicht wurden.
- Eine Methode `avrgScore` berechnet den Durchschnitt der erreichten Punkte. Es werden nur die als gelöst geltenden Aufgaben berücksichtigt.
- Mit der Methode `getGrade` kann man die Endnote ermitteln. Die Benotung erfolgt dabei nach einer relativ spezifischen Strategie, die uns hier aber nicht weiter interessieren soll.
- Mit den Methoden `countSolved` und `avrgScore` kann man die Anzahl der gültigen Abgaben und den Punktedurchschnitt für eine Aufgabe ermitteln.

Die Implementierung verwendet die Klasse `Results`, die die Daten für die einzelnen Teilnehmer enthält. Die Programmschnittstelle von `ResultsList` stellt die wesentlichen Funktionen zur Verwaltung der Punkte und Berechnung der Ergebnisse bereit. Sie ist aber nicht sehr flexibel. So sind die Strategien, welche Aufgaben als gelöst gewertet werden, wie der Durchschnitt der Punkte ermittelt wird und wie die Notengebung erfolgt, innerhalb der Methoden codiert. Will man die Strategie ändern, muss die Implementierung angepasst werden[1].

```
public enum Grade {
  EXCELLENT, GOOD, SATISFACTORY, SUFFICIENT, NOT_SUFFICIENT
}

public class ResultsList {
  public void addStudent(String id, String name) { ... }
  public void setScore(String id, int assignment, int score) {
     ...
  }
  public void setScores(String id, int... scores) { ... }
  public int getScore(String id, int assignment) { ... }
  public int[] getScores(String id) { ... }

  public int countSolved(String id) { ... }
  public double avrgScore(String id) { ... }
  public Grade getGrade(String id) { ... }

  public int countSolved(int assignment) { ... }
  public double avrgScores(int assignment) { ... }
}
```

Listing 5.3 *Herkömmliche Programmschnittstelle für die Ergebnisverwaltung ohne höhere Funktionen*

```
public class Results {
  public String getStdtId() { ... }
  public String getName() { ... }
  public int getScore(int assignment) { ... }
  public int[] getScores() { ... }
  public void setScore(int assignment, int score) { ... }
  ...
}
```

Listing 5.4 *Klasse Results für die Ergebnisse eines Studenten*

Listing 5.5 zeigt, wie man die Schnittstelle mit Funktionsparametern wesentlich flexibler gestalten kann. Die Methoden zum Hinzufügen von Teilnehmern sowie zur Definition und Abfrage der Punkte bleiben unverändert. Die Schnittstelle bietet aber nun eine Methode `setGradingFunction`, um das Benotungsschema zu definieren, das dann von `getGrade` verwendet wird. Der Parameter der Methode ist ein Funktionsobjekt zur Anpassung des Schemas zur Notenvergabe.

1. Bei einer guten objektorientierten Implementierung wird man für diese Berechnungen das Strategie-Muster einsetzen und so die Strategien leichter austauschbar machen. Siehe dazu auch Abschnitt 5.4.1.

```
public class ResultsList {

  //... addStudent, setScore, getScore, getScores wie oben ...

  public void setGradingFunction(
          Function< Results, Grade> gradingFn) { ... }
  public Grade getGrade(String id) { ... }

  public int countScores(String id, IntPredicate scorePred) {
    int n = 0;
    for (int score : getScores(id)) {
      if (scorePred.test(score)) n++;
    }
    return n;
  }
  public int count(Predicate<Results> pred) { ... }
  public <A, R> R compute(A start,
        BiFunction<? super A, Results, ? extends A> accumulator,
        Function<? super A, ? extends R> finalizer) { ... }
  public  <A, R> R compute(String id, A start,
        BiFunction<? super A, Integer, ? extends A> acc,
        Function<? super A, ? extends R> finalizer) { ... }
}
```

Listing 5.5 *Programmschnittstelle für die Ergebnisverwaltung mit Methoden mit Funktionsparametern*

Des Weiteren stellt die Programmschnittstelle statt der spezifischen Methoden zum Zählen der gelösten Aufgaben und der Durchschnittsberechnung nun die sehr allgemeinen Methoden `countScores`, `count` und `compute` zur Verfügung. Diese Methoden lassen sich mit Funktionsparametern anpassen. Mit den Methoden `countScores` und `count` lassen sich beliebige Zählfunktionen über die Ergebnisse eines Teilnehmers realisieren. Sie verwenden `Predicate`-Objekte zum Bestimmen der zu zählenden Einträge. Damit kann man beispielsweise ein Zählen der gelösten Aufgaben des Teilnehmers mit Nummer "1" durch folgende Anweisung implementieren:

```
int nSolved = resultsList.countScores("1", score -> score >= 4);
```

Das Zählen der Aufgaben, bei denen die maximale Punktzahl erreicht wurde, erfolgt mit einem anderen Lambda-Ausdruck:

```
int nMaxScore =
  resultsList.countScores("1", score -> score == 10);
```

Für das Ermitteln der Anzahl der Teilnehmer, die Aufgabe 3 gelöst haben, setzt man `count` mit einem entsprechenden Lambda-Ausdruck ein:

```
int nSolved3 =
  resultsList.count(results -> results.getScore(3) >= 4);
```

Die Implementierung der Methode countScores ist in Listing 5.5 exemplarisch angegeben. Es wird über die Punkte der Aufgaben iteriert und es werden nur diejenigen gezählt, die das Prädikat erfüllen.

Die beiden überladenen Methoden compute ermöglichen beliebige Berechnungen, für alle oder für einzelne Teilnehmer. Sie verwenden dazu drei Parameter: start repräsentiert den Startwert für die Berechnung, accumulator berechnet aus einem Teilergebnis und einem nächsten Element ein neues Ergebnis und finalizer kann verwendet werden, um aus dem akkumulierten Wert ein Endergebnis zu berechnen. Mit der ersten Methode compute kann man zum Beispiel eine Liste der Teilnehmer ermitteln, die mehr als acht Aufgaben gelöst haben:

```
List<String> sufficientSolved =
  resultsList.compute(
        new ArrayList<String>(),
        (list, stdResults) -> {
          if (stdResults.countScores(s -> s >= 4) >= 8)
            list.add(stdResults.getName());
          return list;
        },
        list -> list
  );
```

Eine Berechnung des Durchschnitts der Punkte eines Teilnehmers, wobei nur Aufgaben mit mehr als vier Punkten gezählt werden, wird mit der überladenen Methode compute gelöst. Es werden dazu Pair-Objekte (siehe Abschnitt 4.3) für die Zwischenergebnisse verwendet. Dabei enthält der erste Wert die Anzahl der gelösten Aufgaben und der zweite Wert die Summe der Punkte. Diese beiden Werte werden in der Akkumulator-Funktion nur bei einer Punktzahl größer als vier erhöht, wobei ein neues Paar zurückgegeben wird; andernfalls bleibt das ursprüngliche Paar unverändert. Hier benötigen wir nun für die Berechnung des Endergebnisses die Funktion finalizer. Diese berechnet den Durchschnitt der Punkte durch eine Division der Summe der Punkte und Anzahl der gelösten Aufgaben:

```
double avrgHans =
  resultsList.compute("1",
    Pair.of(0, 0.0),
    (numSum, score) ->  score >= 4 ?
          Pair.of(numSum.fst + 1, numSum.snd + score) :
          numSum,
    numSum -> numSum.snd / numSum.fst
  );
```

Zusammenfassend kann festgestellt werden: Die Flexibilität der Programmoberfläche wird durch die Verwendung von Funktionsparametern entscheidend erhöht.

5.3 Algorithmen

Die Informatik versteht unter Algorithmus ein schrittweises Verfahren für die Lösung eines Problems oder einer Klasse von Problemen [92]. Algorithmen sind unabhängig von der konkreten Umsetzung in einer Programmiersprache und unabhängig von der konkreten Ausprägung des Problems. So lassen sich beispielsweise die binäre Suche auf alle sortierten Sammlungen von Elementen und Sortieralgorithmen auf alle Sammlungen von Elementen mit definierter Ordnung anwenden. Um mit einem Algorithmus ein konkretes Problem zu lösen, müssen die verwendeten Datenelemente und Verfahrensschritte konkret ausgeprägt werden.

In diesem Abschnitt soll gezeigt werden, dass man mit generischen Datentypen und Funktionsparametern Algorithmen ihrer allgemeinen Natur entsprechend sehr allgemein und unabhängig von der konkreten Problemstellung implementieren kann. Konkrete Lösungen erhält man dann durch das Bestimmen konkreter Typen für die generischen Typparameter und konkreter Funktionen für die Funktionsparameter. Das wollen wir am Beispiel von Suchverfahren in Graphen zeigen.

Graphen sind Strukturen mit einer Menge von Knoten und einer Menge von Kanten. Bei der Suche in einem Graphen werden ausgehend von einem Startknoten über Kanten Nachbarknoten besucht, bis ein Zielknoten erreicht wird. Dabei dürfen Knoten nur einmal besucht werden.

Für die Besuchsreihenfolge der Knoten gibt es verschiedene Strategien:

- Bei der Tiefensuche wird unmittelbar nach dem Besuch eines Nachfolgers dessen nächster Nachfolger besucht usw.
- Bei der Breitensuche werden zuerst alle direkten Nachfolger des Startknotens besucht, dann alle direkten Nachfolger dieser Knoten usw.
- Bei der Prioritätssuche werden die Knoten nach einem Kriterium gereiht und in dieser Reihenfolge besucht.

In der nicht-rekursiven Variante werden für die Strategien unterschiedliche Datenstrukturen für die Verwaltung der noch nicht besuchten Knoten verwendet [92]: für die Tiefensuche ein Stapel, für die Breitensuche eine Warteschlange und für die Prioritätssuche eine Prioritätswarteschlange. Wir betrachten im Folgenden die Tiefensuche.

5.3.1 Tiefensuche

Der Algorithmus für die Tiefensuche arbeitet wie folgt:

Füge den Startknoten in den Stapel ein
Solange Ziel nicht erreicht, wiederhole:
  Nimm ersten Knoten vom Stapel, markiere diesen als besucht
  Prüfe Knoten, ob damit Ziel erreicht ist
    Wenn ja, gib diesen Knoten als Ergebnis zurück
    Sonst, füge noch nicht behandelte Nachfolger in den Stapel ein

Listing 5.6 zeigt eine generische Implementierung des Algorithmus. Die Methode `depthFirstSearch` verwendet den Typparameter `N` für den Knotentyp und besitzt drei Parameter:

- ein `Function`-Objekt, das für einen Knoten die Liste der Nachfolgerknoten liefert
- ein `Predicate`-Objekt, das für einen Knoten prüft, ob damit das Ziel erreicht ist
- den Startknoten

Das Ergebnis der Methode ist ein Optional mit dem gesuchten Knoten bzw. mit einem Wert `Optional.empty()`, wenn ein Zielknoten nicht gefunden werden konnte.

Die Implementierung der Tiefensuche verwendet zwei Datenstrukturen, einen Stapel (Interface `Deque`, Klasse `ArrayDeque`) für die Reihung der Knoten und ein HashSet für die Speicherung der bereits besuchten Knoten. Die eigentliche Implementierung des Verfahrens funktioniert wie die obige allgemeine Formulierung: Es wird der Startknoten in den Stapel eingefügt. Dann wird in einer Schleife der nächste Knoten entnommen und in die Menge der besuchten Knoten eingefügt. Es wird geprüft, ob mit dem Knoten das Ziel erreicht ist, und bei positivem Test der Knoten in einem Optional verpackt zurückgegeben. Andernfalls werden mit der Nachfolgefunktion die Nachfolger bestimmt, bereits besuchte entfernt und die restlichen vorne in den Stapel eingefügt. Dabei müssen Knoten, die sich bereits im Stapel befinden, vorher gelöscht werden. Wurden alle Knoten besucht und das Ziel nicht erreicht, wird mit `Optional.empty()` das Fehlschlagen der Suche angezeigt.

```
public static <N> Optional<N> depthFirstSearch(
        Function<N, List<N>> succFn,
        Predicate<N> goalFn, N start){
  Set<N> visited = new HashSet<N>();
  Deque<N> stack = new ArrayDeque<N>();
  stack.push(start);
  while (! stack.isEmpty()) {
    N node = stack.pop();
    visited.add(node);
    if (goalFn.test(node)) {
      return Optional.of(node);
    } else {
      List<N> succs = succFn.apply(node);
      succs.removeAll(visited);
      for (N n: succs) {
        if (stack.contains(n)) stack.remove(n);
        stack.push(n);
      }
    }
  }
  return Optional.empty();
}
```

Listing 5.6 *Implementierung der Tiefensuche*

Diese Methode kann man nun bei vielen Problemstellungen einsetzen. Zur Demonstration wollen wir eine Lösung eines Schiebepuzzles der Größe 3 x 3 realisieren. Bei diesem bekannten Spiel ist die Aufgabe, ausgehend von einer Ausgangsstellung die nummerierten acht Kacheln unter Verwendung des freien Feldes so zu verschieben, dass schließlich die Grundstellung erreicht wird (siehe Abb. 5.1).

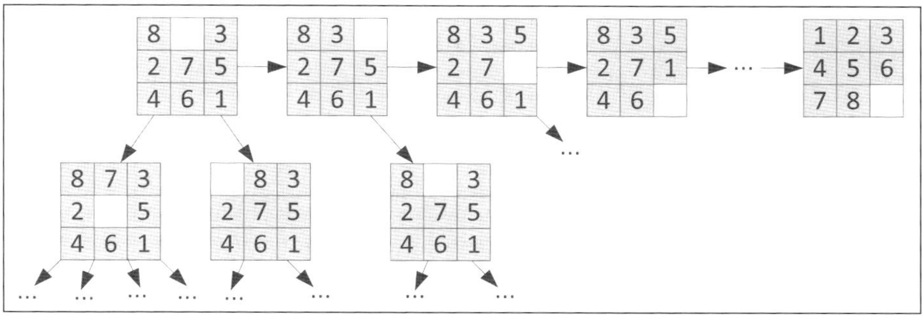

Abb. 5.1 *3 x 3-Schiebepuzzle mit Ausgangsstellung, Nachfolgern und Lösung*

Im Suchalgorithmus repräsentieren die Knoten die Spielzustände, also die Anordnung der Kacheln. Die Nachfolger eines Knotens sind die durch einzelne Züge erreichbaren Anordnungen. Die Klasse `Puzzle` in Listing 5.7 implementiert einen Zustand im Spiel. Sie bietet unter anderem eine Methode `isSolution`, mit der man auf den Zielzustand prüfen kann, und eine Methode `getNextStates`, die für diesen Zustand die Liste der möglichen Folgezustände liefert. Des Weiteren gibt es eine Methode `assess`, die den Zustand hinsichtlich des Ziels bewertet. Diese Methode werden wir erst später bei der Prioritätssuche einsetzen.

```
public final class Puzzle {
  ...
  public List<Puzzle> getNextStates() { ... }
  public boolean isSolution() { ... }
  public int assess() { ... }
}
```

Listing 5.7 *Klasse Puzzle für Repräsentation eines Spielzustands*

Die Klasse `Puzzle` sowie die Methoden `isSolution` und `getNextStates` ermöglichen die Lösung des Schiebepuzzles mit folgendem Aufruf von `depthFirstSearch`:

```
Puzzle start = ...;
Optional<Puzzle> optionalSolution =
      depthFirstSearch(
        p -> p.getNextStates(),
        p -> p.isSolution(),
        start
      );
```

5.3.2 Verallgemeinerung der Suche

Als nächsten Schritt wollen wir versuchen, auch von der Art der Suche zu abstrahieren. Wie bereits erwähnt, unterscheiden sich die Varianten Tiefensuche, Breitensuche und Prioritätssuche nur durch die Art der Collection zur Verwaltung der zu untersuchenden Knoten. Wir gehen daher von der Implementierung der Tiefensuche aus Listing 5.6 aus und verallgemeinern die Teile, die abhängig vom Typ der verwendeten Collection sind. Das sind das Erzeugen der Collection, der Zugriff auf den nächsten Knoten und das Anfügen der noch nicht besuchten Folgeknoten. Diese drei Teile werden durch Funktionsobjekte abstrahiert.

Dazu führen wir in Listing 5.8 das Interface `Controller` ein, das die drei Teile zusammenführt. Es verwendet einen Typparameter `N` für die Knoten und einen Typparameter `C` für die im Suchverfahren verwendete Collection. Der Typ `C` muss daher ein Subtyp von `Collection<N>` sein. Das Interface definiert Methoden für den Zugriff auf die drei Funktionsobjekte:

- `createFn`: Liefert einen `Supplier<C>` für das Erzeugen der Collection.
- `nextNodeFn`: Liefert ein Funktionsobjekt vom Typ `Function<C, N>` für den Zugriff auf den nächsten zu behandelnden Knoten.
- `updateFn`: Liefert ein Funktionsobjekt vom Typ `BiConsumer<List<N>, C>` zum Anfügen der Nachfolgeknoten bei der Collection.

```
public interface Controller<N, C extends Collection<N>> {
  public Supplier<C> createFn();
  public Function<C, N> nextNodeFn();
  public BiConsumer<List<N>, C> updateFn();
}
```

Listing 5.8 *Interface Controller*

Die in Listing 5.9 gezeigte verallgemeinerte Suche hat einen Parameter für das `Controller`-Objekt. Der Rumpf ist ganz analog zur Implementierung der Tiefensuche aus Listing 5.6, mit dem Unterschied, dass das Erzeugen, der Zugriff auf den nächsten Knoten und das Anfügen der Nachfolgeknoten mittels der Funktionsobjekte aus dem `Controller`-Objekt erfolgen.

```
public static <N, C extends Collection<N>> Optional<N> search(
                Controller<N, C> controller,
                Function<N, List<N>> successorFn,
                Predicate<N> goalFn,
                N start) {
  Set<N> visited = new HashSet<>();
  C coll = controller.createFn().get();
  coll.add(start);
  while (!coll.isEmpty()) {
    N node = controller.nextNodeFn().apply(coll);
    visited.add(node);
    if (goalFn.test(node)) {
```

```
          return Optional.of(node);
        } else {
          List<N> succs = successorFn.apply(node);
          succs.removeAll(visited);
          controller.updateFn().accept(succs, coll);
        }
      }
      return Optional.empty();
    }
```

Listing 5.9 *Verallgemeinerte Suche in Graphen*

Eine Breitensuche, Tiefensuche oder Prioritätssuche kann nun mit einem passenden Controller-Objekt umgesetzt werden. In Listing 5.10 ist die Prioritätssuche als Ableitung aus der verallgemeinerten Suche angegeben. Die Prioritätssuche hat einen zusätzlichen Funktionsparameter `weightingFn` für die Bewertung der Knoten. Die Implementierung ruft die verallgemeinerte Suchmethode `search` mit einem entsprechenden `Controller`-Objekt auf: `createFn` liefert einen `Supplier`, der eine `PriorityQueue` mit `weightingFn` als Sortierkriterium erzeugt, `nextNodeFn` liefert ein `Function`-Objekt, das mit `remove` auf den ersten Knoten zugreift und ihn löscht, und `updateFn` liefert ein Funktionsobjekt, bei dem die noch nicht enthaltenen Nachfolgeknoten in die Prioritätswarteschlange eingefügt werden.

```
public static <N> Optional<N> bestFirstSearch(
       Function<N, List<N>> succFn,
       ToIntFunction<N> weightingFn,
       Predicate<N> goalFn,
       N start) {
  return search(
    new Controller<N, PriorityQueue<N>>() {
      @Override
      public Supplier<PriorityQueue<N>> createFn() {
        return () -> {
          PriorityQueue<N> queue = new PriorityQueue<N>(
              Comparator.comparingInt(n ->
                  weightingFn.applyAsInt(n)));
          return queue;
        };
      }

      @Override
      public Function<PriorityQueue<N>, N> nextNodeFn() {
        return queue -> queue.remove();
      }

      @Override
      public BiConsumer<List<N>, PriorityQueue<N>> updateFn() {
        return (succs, priorityQueue) -> {
          for (N node : succs) {
            if (!priorityQueue.contains(node))
```

```
                    priorityQueue.add(node);
                }
            };
        }
    },
    succFn,
    goalFn,
    start
  );
}
```

Listing 5.10 *Prioritätssuche realisiert mittels verallgemeinerter Suche*

Nachfolgend ist noch die Anwendung der Methode beim Schiebepuzzle gezeigt:

```
Optional<Puzzle> optionalSolution =
      bestFirstSearch(
        p -> p.getNextStates(),
        p -> p.assess(),
        p -> p.isSolution(),
        start
      );
```

Die Realisierung der Tiefensuche und Breitensuche kann in analoger Weise erfolgen. Dabei kommt für die Tiefensuche wie in Listing 5.6 ein Stapel und für die Breitensuche eine Queue (Klasse `ArrayDeque`) zum Einsatz. An dieser Stelle soll jedoch noch erwähnt werden, dass für das Schiebepuzzle die Breitensuche die effizienteste Methode ist.

5.4 Entwurfsmuster

Entwurfsmuster sind bewährte wiederverwendbare Verfahren zur Lösung von definierten Problemstellungen. Objektorientierte Entwurfsmuster [27] basieren dabei auf Vererbung und dynamischer Methodenbindung. Für viele Entwurfsmuster gibt es nun einfachere und kompaktere Lösungen mit Funktionsobjekten und Funktionsparametern. In diesem Abschnitt soll daher anhand von zwei Entwurfsmustern gezeigt werden, wie alternative Lösungen mit Funktionsobjekten realisiert werden können. Dabei sind die diskutierten Entwurfsmuster nur Beispiele und für viele weitere Entwurfsmuster existieren entsprechende Lösungen. Siehe dazu z. B. [10].

5.4.1 Strategie

Das Strategiemuster (engl. *Strategy Pattern*) [27] erlaubt den Austausch eines Algorithmus oder einer Berechnungsvorschrift. Abbildung 5.2 zeigt ein UML-Diagramm zur Veranschaulichung: `StrategyA` und `StrategyB` implementieren jeweils die abstrakte Schnittstelle `Strategy`. Abhängig davon, welches `Strategy`-Objekt gerade gesetzt ist, wird die Berechnung nach Strategie A oder B durchgeführt.

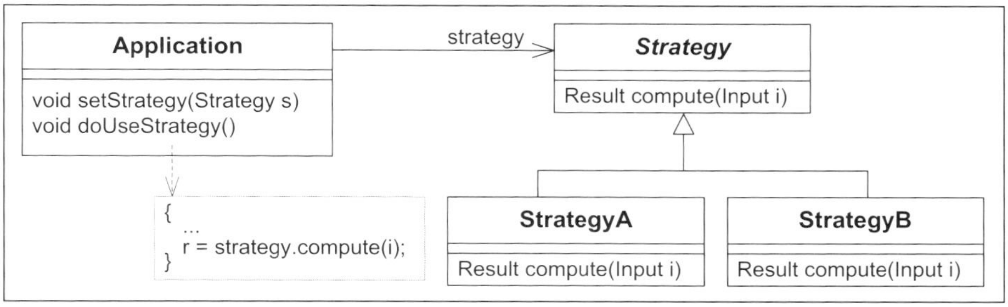

Abb. 5.2 *UML-Diagramm des Strategie-Musters*

```
public class Application {
  private Function<? super Input, ? extends Result> strategy;
  public void setStrategy(
      Function<? super Input, ? extends Result> strategy) {
    this.strategy = strategy;
  }
  void doUseStrategy() {
    ...
    Result r = strategy.apply(input);
  }
}
```

Listing 5.11 *Strategie-Muster, funktionale Lösung*

Bei einer Lösung mit Funktionsparametern wird statt des Interface `Strategy` ein funktionales Interface gewählt, zum Beispiel zum Muster in Abbildung 5.2 ein `Function`-Interface (Listing 5.11). Die Strategie kann dann durch einen entsprechenden Lambda-Ausdruck festgelegt werden:

```
Application application = new Application();
application.setStrategy(input -> {...strategy implementation...});
```

Wenn wir uns an das Beispiel aus Abschnitt 5.2 erinnern, sind wir genau so vorgegangen, um die Noten aus den erreichten Punkten zu ermitteln. Die Methode `setGradingFunction` wurde verwendet, um die Bewertungsstrategie zu definieren, die dann in der Methode `getGrade` verwendet wurde.

5.4.2 Kommando

Das Strategiemuster lässt sich einfach durch eine Lösung mit Funktionsobjekten ersetzen, da das Interface `Strategy` nur eine abstrakte Methode enthält. Betrachten wir aber z. B. das Kommando-Muster (engl. *Command Pattern*) [27], so haben die zentralen Objekte, die Kommandos, zwei Methoden: eine Methode `doCmd` zum Ausführen und eine Methode `undoCmd` zum Zurücknehmen des Kommandos. Zudem müssen die Kommando-Objekte Kontextdaten speichern, die für das spätere Rückgängigmachen des Kommandos benötigt werden.

Betrachten wir dazu eine einfache Implementierung eines Kommando-Musters. Ein Interface Command definiert die beiden Methoden doCmd und undoCmd. Ein CmdHandler verwaltet Command-Objekte und ermöglicht mit der Methode doCmd das Ausführen und mit undoCmd das Rückgängigmachen eines Kommandos. Der CmdHandler ist ein Singleton, auf das mit der statischen Methode getInstance zugegriffen wird.

```
public interface Command {
  public void doCmd();
  public void undoCmd();
}

public class CmdHandler {
  public static CmdHandler getInstance() { ... }
  private final Deque<Command> undoStack = new ArrayDeque<>();

  public void doCmd(Command cmd) {
    cmd.doCmd();
    undoStack.addFirst(cmd);
  }

  public void undoCommand() {
    if (undoStack.isEmpty())  return;
    undoStack.pop().undoCmd();
  }
}
```

Listing 5.12 *Kommando-Implementierung*

Im folgenden Beispiel wird diese Implementierung für Editieroperationen in einem Texteditor verwendet. Es wird das Anfügen und das Löschen von Text mit Command-Objekten durchgeführt. Die Methoden addText und deleteText in der Klasse TextEditor erzeugen jeweils Command-Objekte vom Typ AddTextCommand bzw. DeleteTextCommand und übergeben sie zur Ausführung an den CmdHandler:

```
public class TextEditor {
  private final StringBuilder text = new StringBuilder();

  public void addText(int pos, String textToAdd) {
    CmdHandler.getInstance().doCmd(
      new AddTextCommand(text, pos, textToAdd));
  }

  public void deleteText(int pos, int length) {
    CmdHandler.getInstance().doCmd(
      new DeleteTextCommand(text, pos, length));
  }
}
```

In einer herkömmlichen objektorientierten Lösung werden die Kommandos durch Klassen abgebildet, die das Interface `Command` implementieren. In Listing 5.13 ist die Klasse `DeleteTextCommand` beispielhaft angegeben. Man beachte, dass die konkreten `Command`-Objekte den Zustand der Anwendung so weit speichern, dass diese wieder rückgängig gemacht werden können.

```
public class DeleteTextCommand implements Command {
  private final StringBuilder text;
  private final int pos;
  private final int length;
  private final String textDeleted;

  public DeleteTextCommand(StringBuilder text, int pos, int length) {
    this.text = text;
    this.pos = pos;
    this.length = length;
    this.textDeleted = text.substring(pos, length);
  }
  @Override
  public void doCmd() {
    text.delete(pos, pos + length);
  }
  @Override
  public void undoCmd() {
    text.insert(pos, textDeleted);
  }
}
```

Listing 5.13 *Klasse DeleteTextCommand*

Für eine funktionale Lösung werden Lambda-Ausdrücke eingesetzt. Das Interface `Command` kann aber nicht direkt mit einem Lambda-Ausdruck implementiert werden, da es aufgrund der beiden abstrakten Methoden kein funktionales Interface ist. Für eine Lösung mit Funktionsobjekten können wir aber statt eines Interface eine Klasse `Command` schreiben, die zwei Funktionsobjekte für die `do`- und `undo`-Operation speichert (Listing 5.14). Die beiden Funktionsobjekte sind vom Typ `Runnable` und besitzen damit weder Parameter noch einen Rückgabewert. Im `CmdHandler` wird nun beim Ausführen und Zurücknehmen auf die beiden Funktionsobjekte zugegriffen und ihre `run`-Methoden ausgeführt.

```
public class Command {
  public final Runnable doAction;
  public final Runnable undoAction;

  public Command(Runnable doCmd, Runnable undoCmd) {
    this.doAction = doCmd;
    this.undoAction = undoCmd;
  }
}
```

```
public class CmdHandler {
  ...
  public void doCmd(Command cmd) {
    cmd.doAction.run();
    undoStack.addFirst(cmd);
  }

  public void undoCmd() {
    if (undoStack.isEmpty()) return;
    undoStack.pop().undoAction.run();
  }
}
```

Listing 5.14 *Kommando-Implementierung mit Funktionsobjekten*

Bei der Anwendung werden nun solche `Command`-Objekte mit den entsprechenden Funktionsobjekten erzeugt. Die Funktionsobjekte greifen direkt auf die benötigten Kontextdaten zu. Durch die Funktionsweise von Closures (siehe dazu Abschnitt 2.3) werden diese benötigten Werte automatisch in die Funktionsobjekte aufgenommen.

```
...
public void addText(int pos, String textToAdd) {
  CmdHandler.getInstance().doCmd(
     new Command(
        () -> text.insert(pos, textToAdd),
        () -> text.delete(pos, pos + textToAdd.length())
     )
  );
}

public void deleteText(int pos, int length) {
  final String textDeleted = text.substring(pos, length);
  CmdHandler.getInstance().doCmd(
    new Command(
      () -> text.delete(pos, pos + length),
      () -> text.insert(pos, textDeleted)
    )
  );
}
```

Man beachte, dass in der Methode `deleteText` der zu löschende Textabschnitt, der für das Undo benötigt wird, vor dem Erzeugen des Lambda-Ausdrucks bestimmt wird. Das ist deshalb notwendig, weil der Zeitpunkt des Erzeugens und der Zeitpunkt des Ausführens des Lambda-Ausdrucks für das Undo unterschiedlich sind. Der Textausschnitt wird beim Aufruf von `deleteText` und nicht erst beim späteren Undo-Vorgang benötigt, da er zu diesem Zeitpunkt ja bereits gelöscht wäre.

5.5 Eingebettete und bedingte Ausführung

Wie bereits zu Beginn dieses Kapitels erwähnt, können Funktionsparameter verwendet werden, um einen Codeabschnitt einer Methode variabel zu machen. Es kann Code in einen Kontext eingebettet und bedingt ausgeführt werden. Auf diese Weise lassen sich Methoden gestalten, die wie Kontrollstrukturen wirken. Das wollen wir uns in diesem Abschnitt anschauen.

5.5.1 Eingebetteter Code

Java hat eine `synchronized`-Anweisung, mit der ein Anweisungsblock unter wechselseitigem Ausschluss ausgeführt werden kann. Die Synchronisation erfolgt auf ein beliebiges Objekt und basiert auf der Monitor-Implementierung in `Object`:

```
synchronized (someObject) {
  // Code mit wechselseitigem Ausschluss
}
```

Mit der Version 5 von Java wurden spezielle `Lock`-Objekte eingeführt, die flexibler und effizienter sind. Bei diesen Objekten erfolgt der Zugriff mit der Methode `lock` und die Freigabe mit der Methode `unlock`. Gute Praxis ist, zuerst den Lock anzufordern, dann den unter wechselseitigen Ausschluss auszuführenden Codeteil in einem Try-Catch-Block einzubetten und im Finally-Block den Lock wieder freizugeben:

```
lock.lock();
try {
  // Code mit wechselseitigem Ausschluss
} finally {
  lock.unlock();
}
```

Dieses Schema kann man in einer Methode `withLock` realisieren, wobei der unter wechselseitigen Ausschluss auszuführende Codeteil über einen Funktionsparameter übergeben wird:

```
public static void withLock(Lock lock, Runnable block) {
  lock.lock();
  try {
    block.run();
  } finally {
    lock.unlock();
  }
}
```

Die Methode hat das `Lock`-Objekt und eine Funktion vom Typ `Runnable` als Parameter. Wie man sieht, wird das übergebene `Runnable`-Objekt im Try-Block zwischen Akquirierung und Freigabe des Locks eingebettet. Die Anwendung gestaltet sich ähnlich wie die `synchronized`-Anweisung, ist aber ein Methodenaufruf:

```
Lock lock = new ReentrantLock();
withLock(lock,
  () -> {
    // Code mit wechselseitigem Ausschluss
  });
}
```

Für die Einbettung von Code in einer definierten Umgebung gibt es viele gute Anwendungen. Ein weiteres Beispiel ergibt sich bei der Behandlung von Ausnahmen. Die folgende Methode `optional` führt ein übergebenes Funktionsobjekt vom Typ `Callable` in einem Try-Catch-Block aus. Im Normalfall wird das Ergebnis in einem Optional verpackt zurückgegeben. Tritt aber eine Exception auf, wird `Optional.empty()` zurückgegeben:

```
public static <R> Optional<R> optional(Callable<R> callable) {
  try {
    return Optional.of(callable.call());
  } catch (Exception e) {
    return Optional.empty();
  }
}
```

Mit dieser Methode ist nun ein einfacher Übergang von der imperativen Ausnahmebehandlung mit Exceptions zu den funktionalen `Optional`-Werten möglich (vgl. Abschnitt 3.2):

```
Optional<Integer> optValue =
    optional(() -> Integer.parseInt(someText));
```

5.5.2 Bedingte Ausführung

Mit Funktionsparametern lassen sich Codeteile unter bestimmten Bedingungen ausführen. Betrachten wir dazu eine Methode `runIf`:

```
public static void runIf(boolean condition, Runnable code) {
  if (condition) code.run();
}
```

Die Methode verwendet einen Boole'sche Parameter `condition` und einen Funktionsparameter vom Typ `Runnable`. Die Ausführung des Runnables ist vom Wert von `condition` abhängig. In folgender Anwendung von `runIf` wird das Runnable nur ausgeführt, wenn der Wert nicht null ist. Damit wird eine Division durch null verhindert:

```
int x = ..., y = ...;
runIf(x != 0, () -> System.out.println(y / x));
```

Mit bedingter Ausführung kann man auch unnötige Berechnungen vermeiden. Dazu ist die Klasse `Logger` aus dem Package `java.util.logging` ein gutes Beispiel. Mit `Logger` lassen sich Log-Messages abhängig von einem Log-Level steuern. Je nach eingestelltem Log-Level wird eine Message ausgegeben oder unterdrückt. Nehmen wir an, in einer Anwendung steht unter der Konstanten `LOGGER` eine Logger-Instanz zur Verfügung und die Message wird durch eine Methode `getMessage` generiert. Mit folgender Anweisung erfolgt eine Log-Ausgabe nur ab Log-Level `INFO`:

```
LOGGER.log(Level.INFO, getMessage());
```

Die Methode `log` aus der Klasse `Logger` ist wie folgt definiert:

```
public void log(Level level, String msg) {
  if (!isLoggable(level)) {
        return;
  }
  LogRecord lr = new LogRecord(level, msg);
  doLog(lr);
}
```

Ist der Log-Level nicht gesetzt, wird die Methode beendet und es erfolgt keine Ausgabe.

Ungünstig ist diese Verwendung von `log`, wenn die Methode `getMessage` aufwendig ist. Das Problem entsteht durch die strikte Evaluierung der Argumente (siehe Abschnitt 1.1). Bei der Parameterübergabe wird der Ausdruck für das aktuelle Argument vor dem Methodenaufruf evaluiert, sodass `getMessage()` im obigen Beispiel immer ausgeführt wird. Wenn aufgrund des Log-Levels aber keine Ausgabe erfolgt, war die Generierung der Message ein unnötiger Zusatzaufwand.

Mit der Version 8 von Java hat man daher eine Variante der Methode `log` eingeführt, die mit einem Funktionsparameter vom Typ `Supplier<String>` arbeitet. Statt des Strings wird nun die `Supplier`-Funktion zum Erzeugen des Strings übergeben:

```
LOGGER.log(Level.INFO, () -> getMessage());
```

In dieser Variante von `log` wird nun die Message durch Aufruf von `get` beim `Supplier`-Objekt nur dann generiert, wenn diese auch wirklich benötigt wird:

```
public void log(Level level, Supplier<String> msgSupplier) {
  if (!isLoggable(level)) {
    return;
  }
  LogRecord lr = new LogRecord(level, msgSupplier.get());
  doLog(lr);
}
```

Ein weiteres anschauliches Beispiel für eine bedingte Ausführung bietet die Klasse `Optional`. Die Klasse hat eine Methode `orElse`, mit der für ein leeres Optional ein alternativer Wert angegeben werden kann. Im Folgenden wird die Verwendung von `orElse` gezeigt. Es wird die Methode `optional` aus dem letzten Unterabschnitt verwendet, um den Aufruf von `Integer.parseInt` abzusichern. Bei `optional` wird im Fehlerfall ein leeres Optional zurückgegeben. Mit `orElse` kann in diesem Fall ein optionaler Wert angegeben werden, hier -1:

```
int x = optional(() -> Integer.parseInt(someText)).orElse(-1);
```

Die Verwendung der Methode `orElse` hat aber ein gravierendes Problem, wenn der Wert im Fehlerfall durch eine komplexe Berechnung oder ein anderes Verfahren bestimmt werden soll. Nehmen wir an, dass bei Fehlschlagen des Parsens der Wert von der Konsole eingelesen werden soll:

```
int x = optional(() ->
      Integer.parseInt(someText)).orElse(askUserForNumber()
);
```

Auch hier entsteht das Problem durch die strikte Evaluierung der aktuellen Argumente. Bevor die Methode `orElse` zur Ausführung kommt, wird der Ausdruck für den aktuellen Parameter evaluiert und somit immer eine Benutzereingabe verlangt.

Die Lösung liegt wieder in der Verwendung eines Funktionsparameters und dessen bedingter, verzögerter Evaluierung. Bei der Klasse `Optional` gibt es eine alternative Methode `orElseGet`, die statt eines Werts eine `Supplier`-Funktion als Parameter hat:

```
public T orElseGet(Supplier<? extends T> other) {
  return value != null ? value : other.get();
}
```

Damit wird nicht der Wert, sondern ein Funktionsobjekt zum Bestimmen eines Werts übergeben. In der Methode `orElseGet` wird das Funktionsobjekt nur dann ausgeführt, wenn das Optional leer ist. Damit wird die Benutzereingabe auch nur dann verlangt, wenn das Parsen des Werts fehlschlägt:

```
int x = optional(() ->
      Integer.parseInt(someText))
          .orElseGet(() -> askUserForNumber());
```

Man beachte, dass bei einer strikten Evaluierung und ohne Funktionsparameter ein solches Verhalten nicht realisiert werden kann.

Auch die Methoden `ifPresent` und `ifPresentOrElse` von `Optional` sind gute Beispiele für bedingte Ausführung. Listing 5.15 zeigt die Implementierungen in der Klasse `Optional`. Bei `ifPresent` wird die `Consumer`-Funktion nur ausgeführt, wenn `value` nicht `null` ist. Bei `ifPresentOrElse` entweder die `Consumer`-Funktion für den vorhandenen Wert oder alternativ das `Runnable`-Objekt, wenn das Optional leer ist.

```
public final class Optional<T> {
  ...
  public void ifPresent(Consumer<? super T> action) {
    if (value != null) {
      action.accept(value);
    }
  }
```

```
  public void ifPresentOrElse(Consumer<? super T> action,
                              Runnable emptyAction) {
    if (value != null) {
      action.accept(value);
    } else {
      emptyAction.run();
    }
  }
}
```

Listing 5.15 *ifPresent und ifPresentOrElse der Klasse Optional*

5.6 Auswertung nach Bedarf

Durch Funktionsparameter und Funktionsobjekte haben wir Kontrolle über die Ausführung von Code. In diesem Abschnitt werden wir diese Möglichkeiten verwenden, um eine Bedarfsauswertung (engl. *lazy evaluation*) zu realisieren. Die hier demonstrierten Ideen zur Bedarfsauswertung finden wir dann wieder bei den Streams in Kapitel 9.

5.6.1 Faule Iteratoren

Als Beispiel für die Bedarfsauswertung wollen wir Iteratoren implementieren, die die Werte erst liefern, wenn sie benötigt werden. Diese können zwar auch für eine Iteration über Collections verwendet werden, sie sind jedoch erst wirklich sinnvoll, wenn Werte bei Bedarf generiert werden.

Basis der Implementierung ist die Klasse `Lazy` mit einer inneren Klasse `LazyIterator<T>` aus Listing 5.16. Die Klasse `LazyIterator<T>` implementiert das Interface `Iterator<T>` mit den beiden Methoden `hasNext` zur Prüfung, ob ein nächster Wert vorhanden ist, und `next` für den Zugriff auf den nächsten Wert.

Die Klasse `LazyIterator` arbeitet mit einem Funktionsobjekt vom Typ `Supplier<Optional<T>>`. Die Funktionsweise ist wie folgt: Das `Supplier`-Objekt wird verwendet, um den nächsten Wert zu erzeugen. Liefert es ein nicht-leeres `Optional`, ist der darin verpackte Wert der nächste Wert. Liefert es aber `Optional.empty()`, so gibt es keinen weiteren Wert und `hasNext()` liefert `false`.

Dies führt zu einer Implementierung, wie sie in Listing 5.16 gezeigt wird. Ein `LazyIterator` wird mit dem `Supplier`-Objekt erzeugt. In der Variablen `optNext` wird der durch das `Supplier`-Objekt generierte Wert gespeichert. Der Wert der Variablen `optNext` wird wie folgt interpretiert:

- Ist der Wert `null`, ist aktuell kein Wert vorhanden und es muss zunächst mit dem `Supplier`-Objekt ein Wert generiert werden.
- Ist der Wert gleich `Optional.empty()`, gibt es keinen weiteren Wert und `hasNext` liefert `false`.
- Ist der Wert ein nicht-leeres Optional, ist ein nächster Wert vorhanden und `hasNext` liefert `true`.

Die Methode hasNext prüft das Feld optNext auf null, generiert daraufhin einen Wert und liefert abhängig vom Optional-Wert true oder false. Die Methode next liefert den im generierten Optional enthaltenen Wert. Dabei wird aber zuerst mit einem Aufruf von hasNext das Vorhandensein eines Werts geprüft und dabei eventuell ein nächster Wert generiert.

Die Klasse LazyIterator ist als private innere Klasse der Klasse Lazy implementiert und damit verborgen. In der Klasse Lazy werden eine statische Methode iterator für das Erzeugen eines LazyIterator-Objekts und eine statische Methode iterable für das Erzeugen eines Iterable-Objekts bereitgestellt.

```
public class Lazy {

  public static <T> Iterator<T> iterator(
                        Supplier<Optional<T>> supplier) {
    return new LazyIterator<T>(supplier);
  }
  public static <T> Iterable<T> iterable(
                        Supplier<Optional<T>> supplier) {
    return new Iterable<T>() {
      @Override
      public Iterator<T> iterator() {
        return new LazyIterator<T>(supplier);
      }
    };
  }
  private static class LazyIterator<T> implements Iterator<T> {
    private final Supplier<Optional<T>> supplier;
    private Optional<T> optNext = null;
    private LazyIterator(Supplier<Optional<T>> supplier) {
      this.supplier = supplier;
    }
    @Override
    public boolean hasNext() {
      if (optNext == null)  optNext = supplier.get();
      return optNext.isPresent();
    }
    @Override
    public T next() {
      if (! hasNext())
        throw new NoSuchElementException("No more");
      T result = optNext.get();
      optNext = null;
      return result;
    }
  }
}
```

Listing 5.16 *Klasse Lazy mit der inneren Klasse LazyIterator*

5.6.2 Unendliche Folgen

Entscheidend bei unserer Implementierung von `LazyIterator` ist, dass der `Supplier` die Werte immer erst beim nächsten Zugriff generiert. Damit können wir Iteratoren für unendliche Folgen von Werten erzeugen. In Abschnitt 1.1 wurde die Bedarfsauswertung unendlicher Folgen diskutiert. Im Folgenden werden wir zeigen, wie unendliche Folgen mit faulen Iteratoren gebildet werden können.

Die Methode `iterate` erzeugt ein Iterable mit einem LazyIterator. Sie verwendet die Parameter `start` für den Startwert und `nextFn` für die Funktion zur Berechnung eines nächsten Werts aus dem aktuellen Wert. Es verwendet ein Array `next`, das in seinem einzigen Feld den nächsten Wert speichert (das Array ist notwendig, weil wir `next` im Lambda-Ausdruck für das `Supplier`-Objekt verwenden; vgl. Abschnitt 2.3). Das Feld wird mit dem Wert `start` initialisiert. Mit der Methode `Lazy.iterable` wird das Ergebnis-Iterable erzeugt. Entscheidend ist das der Methode übergebene `Supplier`-Objekt. Zuerst wird der aktuelle Wert in `next` in der Variablen `value` gespeichert. Dann wird mit der Funktion `nextFn` ein nächster Wert generiert und in `next` gespeichert. Schließlich wird der Wert `value` in einem Optional zurückgegeben.

```
public static <T> Iterable<T> iterate(T start, UnaryOperator<T> nextFn) {
    T[] next = (T[]) new Object[] { start };
    return Lazy.iterable(() -> {
      T value = next[0];
      next[0] = nextFn.apply(value);
      return Optional.of(value);
    });
}
```

Die Methode kann man z. B. in einer Methode `intsFrom` zum Erzeugen eines Iterables für eine unendliche Folge von Integer-Zahlen ab einem Startwert verwenden:

```
static Iterable<Integer> intsFrom(int n) {
    return iterate(n, i -> i + 1);
}
```

In einer solchen Folge könnten wir dann die erste Primzahl suchen (vgl. Beispiel zur Bedarfsauswertung aus Abschnitt 1.1). Dazu schreiben wir eine Methode `find`. Sie iteriert über die Werte eines Iterables, bis ein gegebenes Prädikat erfüllt ist. Der gefundene Wert wird in einem Optional zurückgegeben:

```
static <T> Optional<T> find(Iterable<T> iterable,
                            Predicate<T> pred) {
  for (T t : iterable) {
    if (pred.test(t)) return Optional.of(t);
  }
  return Optional.empty();
}
```

Mit folgender Anweisung lässt sich die erste Primzahl größer als 1000 ermitteln:

```
Optional<Integer> prime = find(intsFrom(1000),  x -> isPrime(x));
```

5.6.3 Faule Iteration über die Knoten eines Graphen

Zum Abschluss des Themas Bedarfsauswertung wollen wir die Graphensuche aus Abschnitt 5.3 mit faulen Iteratoren realisieren. Dabei werden die Generierung der Folge der zu untersuchenden Knoten und die Kontrolle des Abbruchs getrennt formuliert.

Die folgende Methode `breadthFirstIterable` erzeugt ausgehend von einem Anfangsknoten und einer Nachfolgerfunktion ein faules Iterable zur Iteration über alle Knoten eines Graphen. Die Lösung ist ähnlich der Graphensuche aus Abschnitt 5.3, hier aber als Breitensuche ausgeführt. Damit wird eine Queue als Kontrolldatenstruktur verwendet. Das `Supplier`-Objekt für den Iterator liefert immer den nächsten Wert aus der Queue, generiert dessen Nachfolger und fügt die noch nicht besuchten Nachfolger in die Queue ein. Man beachte, dass bei leerer Queue vom Supplier der Wert `Optional.empty()` geliefert und damit das Ende der Folge angezeigt wird.

```
public static <N> Iterable<N> breadthFirstIterable(N start,
              Function<N, List<N>> successorFn) {
  final Set<N> visited = new HashSet<>();
  final Queue<N> queue = new ArrayDeque<N>();
  queue.add(start);
  return iterable(() ->  {
    if (queue.isEmpty()) return Optional.empty();
    else {
      N node = queue.remove();
      visited.add(node);
      List<N> succs = successorFn.apply(node);
      succs.removeAll(visited);
      for (N n : succs) {
        if (! queue.contains(n)) queue.add(n);
      }
      return Optional.of(node);
    }
  });
}
```

Die eigentliche Suche kann mit der Methode `find` erfolgen, die den faulen Iterator und ein Prädikat mit Test auf den Zielzustand verwendet. Im Folgenden ist die Suche nach einer Lösung des Schiebepuzzles angegeben:

```
Optional<Puzzle> optSolution =
  find(breadthFirstIterable(start,
              p -> p.getNextStates()),
              p -> p.isSolution());
```

Dieses Beispiel verdeutlicht die Modularität der funktionalen Lösung. Bei den Lösungen aus Abschnitt 5.3 waren die Generierung der Werte und die Ablaufkontrolle in einer Schleife verwoben. Bei der funktionalen Lösung sind das Generieren der Folge und die Kontrolle des Abrufs der Werte in zwei unabhängigen Funktionen implementiert, die dann zur Gesamtlösung kombiniert werden (siehe dazu auch [37]).

5.7 Zusammenfassung

Lambda-Ausdrücke stellen Funktionen und damit ausführbaren Code dar. In diesem Kapitel haben wir anhand einer Reihe von Anwendungsszenarien und Fallbeispielen gezeigt, dass Methoden mit Funktionsparametern neue Möglichkeiten der Programmierung eröffnen. Mit Funktionsparametern lassen sich Methoden mit variablen Codeanteilen erstellen, Code in einen Kontext einbetten, Code selektiv oder bedingt ausführen und eine Auswertung nach Bedarf realisieren.

Im ersten Abschnitt dieses Kapitels haben wir höhere Funktionen für die funktionale Liste `FList` eingeführt. Außerdem haben wir in einem Beispiel die Verwendung der höheren Funktionen der funktionalen Collections aus der Bibliothek vavr.io gezeigt. Die höheren Funktionen sind ähnlich wie bei den Streams gestaltet, die wir in Kapitel 9 im Detail kennenlernen werden.

Anhand von praktischen Beispielen wurde gezeigt, wie vielseitig Funktionsparameter eingesetzt werden können. So lassen sich mit Funktionsparametern Algorithmen allgemein formulieren und bekannte Entwurfsmuster kompakt implementieren. An einigen Beispielen haben wir gezeigt, dass mit Funktionsparametern Strukturen erzeugt werden können, in denen Code eingebettet, bedingt oder verzögert ausgeführt wird.

6 Reduktion mit Monoiden

Die Reduktion ist eine grundlegende Methode für funktionale Berechnungen. Bei der Reduktion wird aus einer Reihe von Elementen, z. B. Elementen einer Collection, ein Ergebniswert berechnet. Dabei bilden Monoide, eine algebraische Struktur mit einer binären Operation, die theoretische Basis für Reduktionsoperationen.

Dieses Kapitel vermittelt die Prinzipien der Reduktion mit Monoiden. Wir beginnen mit der Einführung der algebraischen Struktur des Monoids, zeigen, wie die Reduktion mit Monoiden funktioniert, stellen eine allgemeine Struktur für reduzierbare Datenstrukturen vor und erläutern schließlich, wie die Reduktion parallel ausgeführt werden kann.

6.1 Monoide

Unter einem *Monoid* [51] versteht man in der Mathematik eine algebraische Struktur $(M, \oplus, e)$ bestehend aus einer Menge M von Elementen, einer inneren zweistelligen Operation $\oplus$: $M \times M \rightarrow M$ sowie einem neutralen Element $e \in M$. Ein Monoid muss folgende Axiome erfüllen:

e ist neutrales Element bezüglich der Operation $\oplus$
Das heißt, für alle a aus M gilt: $a \oplus e = a$ und $e \oplus a = a$
Assoziativität der Operation $\oplus$
Das heißt, für alle a, b, c aus M gilt: $(a \oplus b) \oplus c = a \oplus (b \oplus c)$

Es gibt viele bekannte Beispiele für diese algebraische Struktur. So bilden die ganzen und die reellen Zahlen mit der Addition und dem neutralen Element 0 Monoide:

$(\mathbb{Z}, +, 0)$
$(\mathbb{R}, +, 0)$

Ebenso bilden die ganzen und die reellen Zahlen mit der Multiplikation und dem neutralen Element 1 Monoide:

$(\mathbb{Z}, *, 1)$
$(\mathbb{R}, *, 1)$

Ein weiteres Beispiel sind die Teilmengen einer beliebigen Grundmenge A mit der Mengenvereinigung als Operation und der leeren Menge als neutralem Element:

$(2^A, \cup, \{\})$

Auch Zeichenketten mit der Konkatenationsoperation und der leeren Zeichenkette als neutralem Element bilden ein Monoid:

(*Strings*, +, " ")

Und auch Listen mit der Konkatenationsoperation und der leeren Liste als neutralem Element bilden ein Monoid.

Die Verknüpfungsoperation eines Monoids kann zusätzlich kommutativ sein. Eine Operation ist kommutativ, wenn für beliebige Elemente a, b aus M gilt:

$a \oplus b = b \oplus a$

Ein Monoid, bei dem die Operation kommutativ ist, wird *kommutatives Monoid* genannt. Beispiele von kommutativen Operationen sind + und * für Zahlen oder auch die Vereinigung von Mengen. Die Konkatenation von Zeichenketten und Listen ist hingegen nicht kommutativ.

6.2 Reduktion

Mit Monoiden lässt sich eine Menge von Elementen zu einem Gesamtergebnis verknüpfen; dies wird als Reduktion (engl. *folding*) bezeichnet. Die Assoziativität der Operation ermöglicht es, die Verknüpfungen in beliebiger Reihenfolge durchzuführen. Ist das Monoid nicht kommutativ, muss die Reihenfolge der Elemente aber beibehalten werden.

Gegeben sei eine Folge von Elementen a, b, c, d eines Monoids $(M, \oplus, e)$. Diese Elemente sollen mit dem Operator $\oplus$ und ausgehend vom neutralen Element e verknüpft werden. Eine mögliche Variante ist, von vorne zu beginnen, d. h. ausgehend vom Startwert, das erste Element mit diesem zu verknüpfen, dann das zweite Element mit dem Ergebnis, das neue Ergebnis mit dem dritten usw.:

$((((e \oplus a) \oplus b) \oplus c) \oplus d)$

Diese Variante wird in der funktionalen Programmierung als *Reduktion von links* (engl. *fold left*) bezeichnet. Gehen wir den umgekehrten Weg und beginnen von hinten, das heißt, verknüpfen wir zuerst das letzte mit dem neutralen Element und verknüpfen dann die Teilergebnisse jeweils mit dem vorherigen Element, erfolgt eine *Reduktion von rechts* (engl. *fold right*):

$(a \oplus (b \oplus (c \oplus (d \oplus e))))$

Die Assoziativität der Operation garantiert, dass die Ergebnisse gleich sind.

Eine solche Reduktion kann beispielsweise für die funktionale Liste `FList` implementiert werden. Die Methode `reduce` aus Listing 6.1 hat einen Parameter `identity` für das neutrale Element und eine binäre Funktion `combiner` für die Verknüpfungsoperation. Diese Methode implementiert eine Reduktion von links.

Die Variable `result` wird mit dem neutralen Element initialisiert und dann jedes Element mit dem aktuellen Wert von `result` kombiniert. Damit `reduce` korrekt arbeitet, müssen die Elemente vom Typ `E` zusammen mit der Funktion `combiner` und dem neutralen Element `identity` ein Monoid bilden.

```
public abstract class FList<E> implements Iterable<E> {
  ...
  public E reduce(E identity, BinaryOperator<E> combiner) {
    E result = identity;
    for (E e : this) result = combiner.apply(result, e);
    return result;
  }
}
```

Listing 6.1 *Methode reduce für FList<E>*

Dank der Assoziativität können die Elemente nicht nur von vorne oder hinten verknüpft werden, sondern auch in Teilmengen aufgeteilt, separat berechnet und anschließend wieder verknüpft werden. Eine Möglichkeit für unsere vier Elemente a, b, c, d wäre, zwei Teile a, b und c, d zu bilden, die Elemente dieser Teile zu reduzieren und schließlich ihre Ergebnisse zu verknüpfen:

$$(e \oplus a \oplus b) \oplus (e \oplus c \oplus d)$$

Die Verknüpfung der beiden Teile kann offensichtlich parallel erfolgen. Monoide ermöglichen somit eine parallele Reduktion, indem Elemente in Teilmengen aufgeteilt, die Teilreduzierungen parallel durchführt und die Teilergebnisse schließlich kombiniert werden.

Ein Monoid ermöglicht die parallele Verarbeitung, wobei die Reihenfolge der Elemente beibehalten werden muss. Daher dürfen keine beliebigen nicht zusammenhängenden Teilmengen gebildet oder die Reihenfolge der Elemente und Teilergebnisse verändert werden. Die folgende Verknüpfung ist beispielsweise nicht gültig:

$$(e \oplus c \oplus b) \oplus (e \oplus d \oplus a)$$

Ist das Monoid aber kommutativ, kann die Teilung und Anordnung der Ergebnisse beliebig sein. Kommutativität erleichtert die parallele Ausführung, da die Reihenfolge der Verknüpfung von Teilergebnissen nicht berücksichtigt werden muss. Dadurch können Teilergebnisse sofort nach ihrer Berechnung mit dem bisherigen Gesamtergebnis verknüpft werden.

6.3 Monoide in Java

Monoide lassen sich in Java durch ein generisches Interface darstellen. Im Folgenden wird gezeigt, wie sich auf Basis einer allgemeinen Monoid-Implementierung konkrete Problemlösungen ableiten lassen.

Wir führen dazu in Listing 6.2 ein generisches Interface `Monoid` ein, das die drei Elemente eines Monoids $(M, \oplus, e)$ folgendermaßen darstellt:

- Die Menge der Elemente wird durch den generischen Typ `M` repräsentiert.
- Die abstrakte Methode `combine` definiert die Verknüpfungsoperation.
- Die abstrakte Methode `identity` liefert das neutrale Element.

```
public interface Monoid<M> {
  M identity();
  M combine(M a, M b);

  static <M> Monoid<M> of(M idty, BinaryOperator<M> combiner) {
    return new Monoid<M>() {
      @Override
      public M identity() { return idty;}
      @Override
      public M combine(M a, M b) {
        return combiner.apply(a, b); }
    };
  }
}
```

Listing 6.2 *Interface Monoid*

Zusätzlich stellt das Interface eine statische Methode `of` bereit, die ein Monoid aus einem neutralen Element und einer binären Operatorfunktion erzeugt. Damit kann man zum Beispiel ein Monoid für Integer-Zahlen und Addition durch folgende Objektdefinition erzeugen:

```
Monoid<Integer> intPlusMonoid = Monoid.of(0, (x, y) -> x + y);
```

Und ein Monoid für reelle Zahlen und Multiplikation analog:

```
Monoid<Double> doubleMultMonoid = Monoid.of(1.0, (x, y) -> x*y);
```

Ein Monoid für Strings mit der Konkatenation als Verknüpfungsoperation kann wie folgt erstellt werden:

```
Monoid<String> stringMonoid = Monoid.of("", (a, b) -> a + b);
```

Die generische Methode `setMonoid()` erzeugt ein Monoid für Teilmengen einer Grundmenge, wobei der Typparameter `A` die Grundmenge repräsentiert:

```
public static <A> Monoid<Set<A>> setMonoid() {
  return Monoid.of(Collections.emptySet(),
                   (Set<A> a, Set<A> b) -> {
                      Set<A> u = new HashSet<A>(a);
                      u.addAll(b);
                      return u;
                   });
}
```

Die Methode combine bildet ein neues Set, das alle Elemente aus a und b vereint. Die leere Menge Collections.emptySet() stellt das neutrale Element dar.

Diese Beispiele illustrieren einige grundlegende Monoide. Bevor konkrete Anwendungen von Monoiden betrachtet werden, wird zunächst auf allgemeine reduzierbare Strukturen eingegangen.

6.4 Reduzierbare Strukturen

In Java werden Strukturen, die eine Reduktion von Werten unterstützen, nach folgendem Muster implementiert:

```
class | interface Reducible<E> {
  E reduce(E identity, BinaryOperator<E> combine)
  Optional<E> reduce(BinaryOperator<E> combine);
  <R> R reduce(R identity, BiFunction<R, ? super E, R> acc)
  ...
}
```

Reduzierbare Strukturen sind generische Container für Elemente des Typs E. Sie definieren möglicherweise mehrere überladene reduce-Methoden. Bei der ersten Variante von reduce bilden der Wert identity und der Operator combine tatsächlich ein Monoid. Die Methode reduce bei FList in Listing 6.1 hatte exakt diese Struktur. Die beiden weiteren Methoden sind Varianten, bei denen die Operatoren ähnliche Eigenschaften erfüllen müssen. In der zweiten Methode ist kein neutrales Element definiert, sondern der Anfangswert wird durch ein enthaltenes Element bestimmt. Bei der dritten Methode erfolgt die Reduktion mit einer Akkumulator-Funktion. Sowohl die Teilergebnisse als auch das Endergebnis sind dabei vom Typ R, die Verknüpfungsfunktion ist vom Typ BiFunction<R, ? super E, R>.

Listing 6.3 zeigt eine Implementierung dieser Variante für FList. Im Rumpf wird eine veränderliche Variable result vom Typ R verwendet und mit dem Wert von identity initialisiert. Dann wird mit der Schleife über alle Elemente iteriert, mit den Elementen und dem aktuellen Wert von result jeweils die Akkumulator-Funktion angewendet und das Ergebnis als neuer aktueller Wert von result gespeichert. Am Ende wird der Wert von result zurückgegeben.

```
public abstract class FList<E> implements Iterable<E> {
  ...
  public <R> R reduce(R identity, BiFunction<R, ? super E, R> acc) {
    R result = identity;
    for (E e : this) result = acc.apply(result, e);
    return result;
  }
}
```

Listing 6.3 *Variante von reduce für FList<E>*

Tatsächlich passiert in dieser Variante auch eine Reduktion über ein Monoid. Allerdings erfolgt in der Akkumulator-Funktion zuerst eine Abbildung der Elemente auf Werte vom Typ `R` und dann eine Verknüpfung dieser über eine monoide Operation. Somit ist das Monoid über Werte vom Typ `R` definiert. Ein anschauliches Beispiel für die Anwendung von `reduce` ist die Berechnung der Gesamtlänge aller Strings. Hier werden zuerst mit `e.length()` die Strings auf die Längen abgebildet und dann mit einer Additionsoperation und dem neutralen Element 0 die Summe der Längen berechnet. In der Akkumulator-Funktion erfolgt also eine Abbildung der Strings auf ihre Längen und dann eine Reduktion der Längen mit dem Monoid für die Integer-Addition:

```
FList<String> words = ...;
int totalLength = words.reduce(0, (length, e) -> length + e.length());
```

6.4.1 Reducible

Um die Reduktion mit Monoiden besser demonstrieren zu können, wollen wir in diesem Abschnitt eine sehr allgemeine Implementierung von reduzierbaren Strukturen bauen. Vorbild hierfür ist die Typklasse `Foldable` aus der Haskell-Bibliothek [25].

Listing 6.4 führt ein Interface `Reducible` ein, das die Methoden `reduce` und `reduceMap` definiert. Die Methode `reduceMap` ist eine abstrakte Methode. Sie hat zwei Parameter: Der erste ist eine Funktion zum Abbilden des Elements `E` in den Ergebnistyp `R` und der zweite das Monoid für die Reduktion der Werte vom Typ `R`. Die Methode arbeitet also in zwei Schritten: Zuerst werden die Elemente abgebildet, anschließend erfolgt die Reduktion der resultierenden Werte. Mit der Kombination von Abbildung und Reduktion ist die Methode `reduceMap` sehr flexibel. Die Default-Methode `reduce` ist dann auch mit `reduceMap` implementiert, wobei für die Abbildungsfunktion die Identitätsfunktion verwendet wird.

```
public interface Reducible<E> {
  <R> R reduceMap(Function<? super E, ? extends R> mapper,
                  Monoid<R> monoid);
  default E reduce(Monoid<E> monoid) {
    return reduceMap(Function.identity(), monoid);
  }
  static <E> Reducible<E> from(Iterable<E> iterable) {
    return new Reducible<E>() {
      @Override
      public <R> R reduceMap(
            Function<? super E, ? extends R> mapper,
            Monoid<R> monoid) {
        R result = monoid.identity();
        for (E elem : iterable)
          result = monoid.combine(result, mapper.apply(elem));
        return result;
      }
```

```
        };
    }
    ...
}
```

Listing 6.4 *Interface Reducible*

Zusätzlich definiert das Interface `Reducible` eine statische Methode `from`, die ein `Reducible`-Objekt für ein beliebiges `Iterable` erzeugt. Die Methode `reduceMap` wird durch eine Iteration über die Elemente implementiert. Es werden alle Elemente mit der Abbildungsfunktion abgebildet und die Ergebnisse mit der Verknüpfungsfunktion kombiniert. Dadurch lassen sich die Methoden auf beliebige Objekte, die `Iterable` implementieren, anwenden.

Im folgenden Beispielprogramm wird für eine Liste von Strings ein `Reducible` erzeugt und damit zwei Reduktionen durchgeführt: In der ersten Reduktion werden die Elemente mit dem Monoid für die String-Konkatenation zu einem Gesamtstring vereint. In der zweiten Reduktion werden die Strings mit `reduceMap` zuerst auf ihre Längen abgebildet und dann wird mit dem Monoid für die Integer-Addition die Gesamtlänge der Strings berechnet:

```
List<String> list = List.of("Franz", "Fritz", "Berta", "Xaver");
Reducible<String> Reducible = Reducible.from(list);
String concatenated = Reducible.reduce(stringMonoid);
int totalLength = Reducible.reduceMap(n -> n.length(), intPlusMonoid);
```

`Reducible`-Objekte können auch für andere Datenstrukturen erzeugt werden. Angenommen, binäre Bäume werden durch die generische Klasse `Tree` aus Listing 6.5 implementiert. Die Klasse ist nach dem gleichen Schema wie die Klasse `FList` in Abschnitt 4.4 aufgebaut: Ein Baum kann entweder einen Wert `value` speichern oder ein leerer Knoten sein. Jeder innere Knoten hat einen rechten und einen linken Unterbaum, auf die mit den Methoden `left` und `right` zugegriffen werden kann. Die Methode `of` erzeugt innere Knoten und die Methode `empty` liefert den leeren Baum.

```
public abstract class Tree<E> implements Serializable {
  private static final Tree EMPTY = new Empty();
  public static <E> Tree<E> empty() { return (Tree<E>)EMPTY; }

  public static <E> Tree<E> of(E value, Tree<E> l, Tree<E> r) {
    return new Node<E>(value, l, r);
  }

  public abstract E value();
  public abstract Tree<E> left();
  public abstract Tree<E> right();
  public abstract boolean isEmpty();
  ...
```

```
    public static class Empty<E> extends Tree<E> { ... }
    public static class Node<E> extends Tree<E> { ... }
}
```

Listing 6.5 *Klasse Tree für binäre Bäume*

Listing 6.6 zeigt eine Methode `from` zum Erzeugen eines `Reducible`-Objekts aus einem `Tree`-Objekt. In der Implementierung der Methode `reduceMap` wird zuerst der Baum auf `empty` geprüft und in diesem Fall das neutrale Element des Monoids zurückgegeben. Sonst wird der Wert `value` im Knoten abgebildet und mit rekursiven Aufrufen die Reduktionen für den linken und rechten Unterbaum durchgeführt. Schließlich wird mit zwei verschachtelten Verknüpfungen aus den Resultaten der Unterbäume und dem abgebildeten Wert das Reduktionsergebnis für diesen Knoten ermittelt. Man beachte, dass die leeren Bäume auf das neutrale Element reduziert werden und diese deshalb auf das Ergebnis keinen Einfluss haben.

```
public interface Reducible<E> {
  ...
  static <E> Reducible<E> from(final Tree<E> tree) {
    return new Reducible<E>() {
      @Override
      public <R> R reduceMap(
           Function<? super E, ? extends R> mapper,
           Monoid<R> monoid) {
        if (tree.isEmpty()) {
          return monoid.identity();
        } else {
          R rValue = mapper.apply(tree.value());
          R rLeft  = Reducible.from(tree.left())
                       .reduceMap(mapper, monoid);
          R rRight = Reducible.from(tree.right())
                       .reduceMap(mapper, monoid);
          return monoid.combine(monoid.combine(rValue, rLeft),
                                rRight);
        }
      }
    };
  }
}
```

Listing 6.6 *Erzeugen eines Reducibles aus einem Tree*

Damit können wir die `reduce`-Methoden auch auf ein `Tree`-Objekt anwenden. Das folgende Beispiel zeigt einen Baum mit Strings und wendet darauf die gleichen Reduktionen wie für die Liste an:

```
Tree<String> tree =
    Tree.of("Franz",
      Tree.of ("Fritz",
        Tree.of("Berta", empty(), empty()),
        empty()),
      Tree.of("Xaver", empty(), empty()));
Reducible<String> Reducible = Reducible.from(tree);
String concatenated = Reducible.reduce(Monoids.stringMonoid);
int totalLength = Reducible.reduceMap(n -> n.length(),
                                      Monoids.intPlusMonoid);
```

6.4.2 Abgeleitete Operationen

Die reduce-Operationen sind sehr allgemein einsetzbar. Vor allem mit der Operation reduceMap können viele Problemstellungen gelöst werden. In Listing 6.7 sind einige von reduceMap abgeleitete Operationen als Default-Methoden im Interface Reducible implementiert:

- Eine Methode toSet erzeugt aus den Elementen ein Set. Es bildet zuerst jeden Wert auf ein Set mit dem Wert als einziges Element ab. Es folgt die Reduktion durch das mit der Methode setMonoid erzeugte Monoid. Analog kann eine Methode toList implementiert werden, um Listen zu erzeugen.
- Eine Methode count zum Zählen der Elemente wird implementiert, indem jedes Element auf 1 abgebildet und dann mit dem Monoid für die Integer-Addition die Summe gebildet wird.
- Eine Methode sum realisiert eine Summenbildung. Zuerst wird von jedem Element über die Abbildungsfunktion ein Integer-Wert ermittelt und diese Werte mit dem Monoid für die Integer-Addition aufsummiert.

```
public interface Reducible<E> {
  ...
  public default Set<E> toSet() {
     return reduceMap(e -> Set.of(e), setMonoid());
  }

  public default int count() {
     return reduceMap(e -> 1, intPlusMonoid);
  }

  public default int sum(ToIntFunction<? super E> toIntFn) {
    return reduceMap(e  -> toIntFn.applyAsInt(e), intPlusMonoid);
  }
  ...
}
```

Listing 6.7 *Interface Reducible mit Default-Methoden für abgeleitete Operationen*

Das folgende Beispiel zeigt die Anwendung von `toSet` auf ein `Tree`-Objekt:

```
Set<String> setOfNames = Reducible.from(tree).toSet();
```

Die Liste der abgeleiteten Methoden ließe sich noch weiter ergänzen. Wir setzen jedoch fort, indem wir einen besonderen Mechanismus der funktionalen Programmierung demonstrieren: Das Heben eines Konzepts auf eine höhere Ebene.

6.5 Heben von Monoiden auf Container-Strukturen

In den beiden folgenden Anwendungsbeispielen wird ausgehend von einem gegebenen Monoid ein Monoid auf einer »höheren Ebene« erzeugt. Ein Monoid wird dabei auf die Ebene einer Container-Struktur gehoben (im Englischen spricht man von *Lifting*). Im ersten Anwendungsbeispiel wird ein Monoid auf die Ebene von Optional gehoben, beim zweiten Anwendungsbeispiel auf die Ebene von Maps.

6.5.1 Reduktion von Optional-Werten

Als Anwendungsbeispiel nehmen wir an, dass die Ergebnisse von Anfragen an verschiedene Systeme in einer Liste gespeichert werden. Die Abfragen können auch fehlschlagen. Daher werden für die Ergebnisse `Optional`-Werte verwendet, wobei `Optional.empty()` für ein fehlgeschlagenes Ergebnis steht. Um die Ergebnisse auf einen Wert zu reduzieren und Werte `Optional.empty()` zu ignorieren, wird ein Monoid für Optional benötigt.

In Listing 6.8 ist eine Methode `optionalMonoid` für das Erzeugen eines Monoids für `Optional`-Werte angegeben. Dabei wird ein Monoid für die im Optional enthaltenen Werte als Parameter übergeben. Die Methode erzeugt dann aus dem übergebenen Monoid ein Monoid für `Optional`-Werte.

Das neutrale Element des erzeugten Monoids ist `Optional.empty()`. Die Verknüpfungsfunktion unterscheidet drei Fälle:

- Sind beide Argumente leere `Optional`-Werte, ist auch das Ergebnis ein leeres Optional.
- Ist einer der beiden Optional-Werte leer, wird das Ergebnis durch den anderen `Optional`-Wert definiert.
- Sind beide `Optional`-Werte nicht leer, werden ihre enthaltenen Werte mit dem gegebenen Monoid verknüpft und das Ergebnis in einem Optional zurückgegeben.

```
<E> Monoid<Optional<E>> optionalMonoid(Monoid<E> eMonoid) {
  return Monoid.of(Optional.empty(),
    (Optional<E> a, Optional<E> b) -> {
       if (a.isEmpty() && b.isEmpty()) return Optional.empty();
       else if (a.isPresent()) return a;
       else if (b.isPresent())  return b;
       else return Optional.of(eMonoid.combine(a.get(), b.get()));
    }
  );
}
```

Listing 6.8 *Monoid für Optional-Werte*

Angenommen, die Ergebnisse der Abfragen sind Integer-Werte und die Elemente der Ergebnisliste sind daher vom Typ Optional<Integer>. Um die Summe über die Werte zu bilden, wird mit der Methode optionalMonoid und dem Monoid intPlusMonoid als Parameter ein Monoid für Optional<Integer> erzeugt. Die reduce-Operation mit dem Monoid wird nun verwendet, um die Summe zu bilden:

```
List<Optional<Integer>> listOfOptInts =
  List.of(Optional.of(200), Optional.of(300), Optional.empty());
Optional<Integer> optSum =
  Reducible.from(listOfOptInts).reduce(optionalMonoid(intPlusMonoid));
```

6.5.2 Reduktion von Map-Einträgen

Ein weiteres hilfreiches Monoid lässt sich für Maps bilden. Dabei wird ein Monoid für die Werte auf ein Monoid für Maps gehoben. Listing 6.9 zeigt die Methode mapMonoid, die aus einem Monoid vMonoid für die Werte ein Monoid für die Verknüpfung von Maps bildet. Das neutrale Element ist dabei die mit Map.of() erzeugte leere Map. Die Verknüpfungsoperation für zwei Map-Objekte ist wie folgt definiert:

- Existiert für einen Key nur in einer Map ein Eintrag, wird dieser Eintrag in die Resultat-Map übernommen.
- Gibt es für einen Key in beiden Maps einen Eintrag, werden beide Werte mit dem Monoid für die Werte verknüpft und das Ergebnis in die Resultat-Map aufgenommen.

```
<K, V> Monoid<Map<K, V>> mapMonoid(Monoid<V> vMonoid) {
  return
    Monoid.of(Map.of(),
      (Map<K, V> a, Map<K, V> b) -> {
         Map<K, V> result = new HashMap<K, V>(a);
         for (Map.Entry<K, V> entry : b.entrySet()) {
           V aVal = result.get(entry.getKey());
           if (aVal == null)
             result.put(entry.getKey(), entry.getValue());
           else
             result.put(entry.getKey(),
                        vMonoid.combine(entry.getValue(), aVal));
         }
         return result;
      }
    );
}
```

Listing 6.9 *Monoid für Maps*

Monoide für `Map`-Objekte ermöglichen das Zusammenführen mehrerer Maps zu einer Gesamt-Map. Zum Beispiel könnte in einer Map gespeichert sein, welche Kurse Studenten in einem Semester belegt haben. Der Typ der Map ist also `Map<Student, Set<Course>>`. Für mehrere Semester liegen mehrere Maps vor, die in einer Liste zusammengefasst sind:

```
List<Map<Student, Set<Course>>> listOfCoursesInSemesters = ...;
```

Eine naheliegende Frage ist, welche Kurse die Studenten insgesamt besucht haben. Dies kann durch eine Reduktion mit einem Monoid für Maps gelöst werden. Wir bilden ein Monoid für `Map<Student, Set<Course>>`. Die Werte in den Maps, also die Menge der Kurse, sollen vereinigt werden und es wird das mit `setMonoid()` erzeugte Monoid für die Vereinigung von Mengen verwendet:

```
Monoid<Map<Student, Set<Course>>> courseMapMonoid =
    mapMonoid(setMonoid());
```

Mit der `reduce`-Operation lässt sich die Gesamtmenge der besuchten Kurse für die Studenten bestimmen:

```
Map<Student, Set<Course>> allCoursesTaken =
    Reducible.from(listOfCoursesTakenInSemesters)
             .reduce(courseMapMonoid);
```

6.6 Parallele Reduktion

Im Abschnitt 6.2 haben wir diskutiert, dass Reduktion auch parallel durchgeführt werden kann. In diesem Abschnitt wird eine Implementierung einer parallelen Reduktion in Java entwickelt.

Parallele Ausführung wird in Java durch das Fork/Join-Framework unterstützt. Dabei werden Aufgaben rekursiv in Teilaufgaben aufgespalten und diese in einem Thread-Pool parallel ausgeführt. Sind die Teilaufgaben klein genug, werden sie sequenziell gelöst und anschließend die Ergebnisse im rekursiven Aufstieg kombiniert.

Das Fork/Join-Framework stellt einen Thread-Pool für die parallele Ausführung von Tasks sowie Basisklassen zur Implementierung paralleler Tasks bereit. Die zentrale Klasse für Tasks ist die generische Klasse RecursiveTask<V> (siehe Listing 6.10). Diese erbt von der Klasse ForkJoinTask<V>, welche Methoden fork zum Ausführen eines Tasks im Thread-Pool und join zum Abrufen des Ergebnisses definieren.

```
public class RecursiveTask<V> extends ForkJoinTask<V> {
  // erbt Methode: ForkJoinTask<V> fork()
  // erbt Methode: V join() { ... }
  protected abstract V compute();
  ...
}
```

Listing 6.10 *Abstrakte Basisklasse RecursiveTask<V>*

Zur Implementierung eines Tasks wird von der Klasse RecursiveTask<V> abgeleitet und die Methode compute überschrieben. Der generische Parameter V steht für den Typ des Ergebnisses. Die Implementierung folgt dem Teile-und-Herrsche-Prinzip: Wenn die Aufgabe klein genug ist, wird sie sequenziell gelöst. Andernfalls wird die Aufgabe in kleinere Teilaufgaben zerlegt, für diese Subtasks erzeugt und mit fork() zur Ausführung gebracht. Mit join() lassen sich die Ergebnisse abrufen, sobald die Subtasks abgeschlossen sind. Es wird die Kombination der Ergebnisse der Teilaufgaben zurückgegeben.

Nach diesem Schema wird in Listing 6.11 das Interface ParReducible<E> für eine parallele Reduktion von Elementen vom Typ E implementiert. Es erweitert Reducible<E> und definiert abstrakte Methoden size und split. Die Methode size gibt die Anzahl der Elemente an, split gibt ein Paar von ParReducible-Objekten für zwei Teilaufgaben zurück. Die Default-Methode parallelReduceMap implementiert die parallele Reduktion. Das Reduktionsergebnis wird berechnet, indem ein ReduceTask für die gesamte Aufgabe erzeugt und im bereitgestellten Fork/Join-Pool parallel ausgeführt wird.

Entscheidend ist die Klasse ReduceTask, die als innere Klasse von ParReducible implementiert ist. Sie erweitert RecursiveTask<R> und implementiert die Methode compute() entsprechend dem obigen Schema. Erzeugt wird ein ReduceTask mit dem ParReducible-Objekt, der Mapping-Funktion und dem Monoid. In compute wird zuerst geprüft, ob die Größe size des ParReducible-Objekts kleiner als eine gegebene Schranke ist und dann das Ergebnis mit reduceMap sequenziell berechnet. Ansonsten werden mit split zwei ParReducible-Objekte für Teilaufgaben erzeugt, für diese wiederum ReduceTask-Objekte angelegt und mit fork dem Thread-Pool zur Ausführung übergeben. Anschließend werden die Ergebnisse der beiden Tasks mit der Verknüpfungsoperation des Monoids kombiniert und das Ergebnis zurückgegeben.

```
public interface ParReducible<E> extends Reducible<E> {
  int size();
  Pair<ParReducible<E>, ParReducible<E>> split();

  default <R> R parallelReduceMap(
         Function<? super E, ? extends R> mapper, Monoid<R> monoid) {
    return ForkJoinPool.commonPool().invoke(
         new ReduceTask<E, R>(this, mapper, monoid));
  }

  class ReduceTask<E, R> extends RecursiveTask<R> {
    private static int THRESHOLD = 7;
    private final ParReducible<E> parReducible;
    private final Function<? super E, ? extends R> mapper;
    private final Monoid<R> monoid;

    ReduceTask(ParReducible<E> parReducible,
               Function<? super E, ? extends R> mapper,
               Monoid<R> monoid) {
      this.parReducible = parReducible;
      this.mapper = mapper;
      this.monoid = monoid;
    }

    @Override
    protected R compute() {
      if (parReducible.size() <= THRESHOLD) {
        return parReducible.reduceMap(mapper, monoid);
      } else {
        Pair<ParReducible<E>, ParReducible<E>> split =
             parReducible.split();
        ReduceTask<E, R> task1 =
             new ReduceTask<>(split.fst(), mapper, monoid);
        ReduceTask<E, R> task2 =
             new ReduceTask<>(split.snd(), mapper, monoid);
        task1.fork();
        task2.fork();
        return monoid.combine(task1.join(), task2.join());
      }
    }
  }

  static <E> ParReducible<E> from(E[] array) {
    return new ArrayParReducible(array, 0, array.length);
  }
}
```

Listing 6.11 *Interface ParReducible für parallele Reduktion*

Um ein konkretes `ParReducible`-Objekt zu erzeugen, muss man also die abstrakten Methoden `size`, `split` und `reduceMap` implementieren. Das ist nachfolgend für ein Array gezeigt. Mit der statischen Methode `from` in `ParReducible` wird ein `ArrayParReducible` für ein gegebenes Array erzeugt. Die Record-Klasse `ArrayParReducible` ist in Listing 6.12 dargestellt. Sie hat Komponenten für das Array und den Bereich `from` bis `to` für den relevanten Indexbereich im Array. Die Methoden sind wie folgt implementiert:

`size`: Die Größe ergibt sich aus der Differenz von `to` und `from`.
`split`: Es wird der mittlere Index `m` berechnet. Dann werden zwei `ArrayParReducible` mit den Bereichen bis `m` und ab `m` erzeugt und in einem Paar zurückgegeben.
`reduceMap`: In einer Schleife erfolgt eine sequenzielle Reduktion der Elemente im Bereich `from` bis `to`.

```
record ArrayParReducible<E>(E[] array, int from, int to)
              implements ParReducible<E> {
  @Override
  public int size() {
    return to - from;
  }

  @Override
  public Pair<ParReducible<E>, ParReducible<E>> split() {
    int m = (from + to) / 2;
    return Pair.of(new ArrayParReducible(array, from, m),
                   new ArrayParReducible(array, m, to));
  }

  @Override
  public <R> R reduceMap(
        Function<? super E, ? extends R> mapper, Monoid<R> monoid) {
    R result = monoid.identity();
    for (int i = from; i < to; i++) {
      result = monoid.combine(result, mapper.apply(array[i]));
    }
    return result;
  }
}
```

Listing 6.12 *Klasse ArrayParReducible*

Auf diese Weise kann man zum Beispiel für ein Array von Strings die Summe der Längen parallel berechnen:

```
String[] words = ...;
int length = ParReducible.from(words)
                         .parReduceMap(w -> w.length(), intPlusMonoid);
```

Die entscheidende Frage ist, ob die parallele Ausführung tatsächlich einen Geschwindigkeitsvorteil bringt. Wie noch gezeigt wird, hängt dies von vielen Faktoren ab. In diesem Beispiel wird ein Speedup nur bei sehr großen Arrays erreichbar sein. Wir werden die Frage des durch Parallelisierung erreichbaren Speedups in Kapitel 10 bei den parallelen Streams detailliert untersuchen.

6.7 Zusammenfassung

Reduktion ist eine grundlegende und leistungsfähige Methode der funktionalen Verarbeitung. Dabei wird für eine Menge von Elementen mithilfe einer Verknüpfungsoperation ein Ergebnis berechnet. Die Reduktion muss auf Basis von Monoiden erfolgen. Nur so ist gewährleistet, dass die Reduktion unabhängig von der Reihenfolge bleibt und auch parallel ausgeführt werden kann.

Ein Monoid ist eine algebraische Struktur mit einer Menge von Elementen, einer binären Verknüpfungsoperation und einem neutralen Element. Die Verknüpfungsoperation muss assoziativ sein. Die Verknüpfung eines Werts mit dem neutralen Element ergibt stets denselben Wert, das heißt, das neutrale Element beeinflusst das Ergebnis nicht. Dank der Assoziativität der Verknüpfungsoperation kann die Reduktion in beliebiger Reihenfolge und parallel erfolgen. Das neutrale Element fungiert als Anfangswert der Reduktion.

In diesem Kapitel wurde eine grundlegende Implementierung für reduzierbare Strukturen in Form des Interface `Reducible` entwickelt. In späteren Kapiteln werden konkrete funktionale Strukturen analysiert, die die Reduktion in verschiedenen Formen unterstützen. Es ist jedoch zu beachten, dass jede Reduktion auf einem Monoid basieren muss.

7 Funktionsketten mit Monaden

Verkettung von Funktionen bedeutet, Daten mit einer Folge von Operationsschritten zu bearbeiten, wobei zusätzlich spezifische Verknüpfungsoperationen und Regeln automatisch mitberücksichtigt werden. Dieses Prinzip ist in der funktionalen Programmierung besonders wichtig, erlaubt es doch, Abläufe flexibel zu kombinieren.

Bemerkenswerterweise gibt es für die Verkettung von Funktionen auch eine mathematische Grundlage: die sogenannten *Funktoren* und *Monaden*. Diese Strukturen stammen aus der Kategorientheorie [11], [75], einem sehr abstrakten Zweig der Mathematik. Für die praktische Anwendung in der funktionalen Programmierung ist es jedoch nicht erforderlich, sich tiefgehend mit dieser Theorie zu befassen. Es genügt, die grundlegenden mathematischen Eigenschaften zu verstehen.

In diesem Kapitel werden daher Funktoren und Monaden behandelt. Die Darstellung dieser Strukturen orientiert sich an ihrer Implementierung in Haskell [3]. In Haskell existieren für diese Konzepte konkrete Implementierungen in Form von generischen Typklassen. Die Sprachmittel von Java reichen jedoch nicht aus, um diese Strukturen in ähnlich generischer Form abzubilden. Aus diesem Grund werden wir Muster beschreiben, anhand derer diese Konzepte erkennbar und nachvollziehbar sind.

Bevor wir uns jedoch dem eigentlichen Thema widmen, betrachten wir zunächst das Konzept der flüssigen Schnittstellen. Diese bilden eine nützliche Grundlage für das Verständnis der nachfolgenden Inhalte.

7.1 Flüssige Schnittstellen

Unter flüssigen Schnittstellen (engl. *fluent interfaces*) versteht man Programmschnittstellen, mit denen man Aufruffolgen bilden kann. Flüssige Schnittstellen entstehen, indem Methoden Objekte zurückgeben, die die Fortsetzung mit weiteren Methodenaufrufen erlauben. Auf diese Weise lassen sich Aufrufketten erstellen, die im Vergleich zu einzelnen, separaten Anweisungen kompakter, übersichtlicher und besser lesbar sind.

Ein bekanntes Beispiel für eine flüssige Schnittstelle ist die Klasse `StringBuilder`. Ihre Methoden verändern den internen Zustand des `StringBuilder`-Objekts und geben anschließend dasselbe Objekt zurück. Dadurch können mehrere Operationen direkt hintereinander verkettet werden. Im folgenden Beispiel wird mit einer solchen Aufrufkette ein StringBuilder schrittweise befüllt, um am Ende einen finalen String zu erzeugen:

```
String title =
    new StringBuilder()
         .append("Programmierung ")
         .insert(0, "Funktionale ")
         .append("in ")
         .append("Haskell ")
         .delete(30, 39)
         .append("Java")
         .toString();
```

Neben der Klasse `StringBuilder` sind auch die Klassen `LocalTime` und `LocalDate` aus dem neuen Package `java.time` gute Beispiele für flüssige Schnittstellen. Diese Klassen bieten Methoden zur Berechnung von Zeit- und Datumswerten, die sich miteinander verketten lassen. Durch die Rückgabe von neuen Objekten ermöglichen sie es, komplexe Zeitberechnungen in einer kompakten und lesbaren Form auszudrücken.

Angenommen, die genaue Endzeit eines Films soll berechnet werden, der zur aktuellen Uhrzeit beginnt und genau 2 Stunden, 32 Minuten und 47 Sekunden dauert. Mit einer flüssigen Schnittstelle lässt sich diese Berechnung elegant in einer einzigen Aufrufkette ausdrücken:

```
LocalTime end =
    LocalTime.now()
             .plusHours(2)
             .plusMinutes(32)
             .plusSeconds(47);
```

7.2 Funktoren

Ein *Funktor* ist allgemein eine generische Struktur *Functor*`<T>`[1] mit einer Operation `map`. In Java sind Funktoren also Klassen oder Interfaces mit folgender Struktur:

```
interface | class Functor<T> {
  public <R> Functor<R> map(Function<? super T, ? extends R> f)
}
```

Das heißt, *Functor* ist ein generischer Typ mit einem Typparameter `T` und einer Methode `map`. Die Methode `map` hat als Parameter eine Funktion von `T` nach `R` und einen Rückgabewert vom Typ *Functor*`<R>`.

1. Handelt es sich bei den folgenden Ausführungen nicht um einen konkreten Java-Typ, sondern wie bei `Functor` um einen Platzhalter für einen Typ, wird der Name kursiv geschrieben.

Functor als Typ

In Haskell und Scala gibt es sehr allgemeine Typdefinitionen für Funktor und Monade. Bei diesen Definitionen werden aber Typparameter höherer Ordnung (engl. *higher-kinded type parameter*) eingesetzt, die in Java und auch in Kotlin nicht unterstützt werden. So werden wir uns mit einer allgemeinen Vorgabe der Struktur von Funktoren und Monaden begnügen.

Obwohl noch sehr allgemein, lassen sich von dieser Definition schon wichtige Eigenschaften eines Funktors ableiten:

- Ein Funktor muss ein generischer Typ mit einem Typparameter sein. Damit ist ein Funktor eine Struktur, die Elemente von einem generischen Typ enthält. Wir sprechen von einem *Container* für Elemente vom Typ `T`.
- Die Methode `map` hat einen Funktionsparameter, der Werte vom Typ `T` auf Werte vom Typ `R` abbildet.
- Das Resultat von `map` ist wieder ein Funktor gleichen Typs, aber mit Elementen vom Typ `R`.

Abbildung 7.1 verdeutlicht das Prinzip. Ausgangspunkt ist eine Funktion `f`, die Werte von `T` nach `R` abbildet. Diese Funktion `f` wird auf die Ebene des Funktors gehoben:

- Werte vom Typ `T` werden in einen Container *Functor*<T> verpackt.
- Mit `map` werden die verpackten Werte mit der Funktion `f` abgebildet.
- Die abgebildeten Werte werden in einen Container *Functor*<R> gesammelt.

Dieses Prinzip, eine Abbildung auf eine weitere Ebene zu heben und auf dieser Ebene zu operieren, das als *Lifting* bezeichnet wird, haben wir bereits in Abschnitt 6.5 bei den Monoiden gesehen und es ist ein allgemein anwendbares funktionales Prinzip, das wir auch noch bei anderen Strukturen sehen werden.

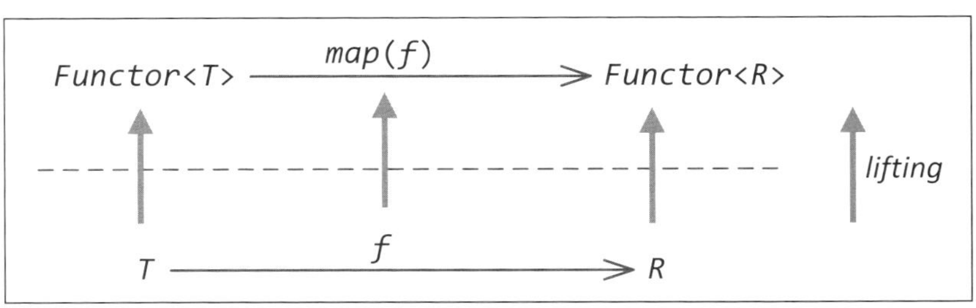

Abb. 7.1 *Heben einer Funktion* `f` *auf die Ebene eines Funktors F*

Bei den höheren Funktionen für `FList` aus Abschnitt 5.1 haben wir die Methode `map` implementiert, die exakt diesem Muster entspricht. Wir müssen nur für *Functor* jeweils `FList` einsetzen und erhalten die entsprechende Methodensignatur. Die Methode `map` hat die Elemente der Liste mit der Funktion `f` abgebildet und die Ergebnisse wieder in einer `FList` gesammelt.

7.2.1 Funktor Optional

Die Klasse `Optional` haben wir in Abschnitt 3.2 als Struktur für die funktionale Ausnahmebehandlung kennengelernt. Auch `Optional` definiert nun eine analoge Methode `map` und ist somit ein Funktor. Die Implementierung von `map` von `Optional` ist in Listing 7.1 gezeigt: Bei einem Wert `Optional.empty()` wird immer gleich `Optional.empty()` zurückgegeben. Wenn aber ein Wert vorhanden ist, wird der Wert abgebildet und wieder in einem `Optional` verpackt zurückgegeben. Damit erfolgt in der Methode `map` von `Optional` zusätzlich zur Abbildung des Werts die Behandlung von leeren Optionals.

```
public final class Optional<T> {
  ...
  public <U> Optional<U> map(
               Function<? super T, ? extends U> mapper){
    if (!isPresent()) return empty();
    else return Optional.ofNullable(mapper.apply(value));
  }
}
```

Listing 7.1 *Methode map bei Optional (vereinfacht)*

Mit `map` kann man `Optional`-Werte sicher abbilden und weiterverarbeiten. In Abschnitt 3.2 haben wir eine Methode `lookup` für den Zugriff auf eine Map definiert, die als Rückgabewert ein Optional verwendet. Die Methode haben wir dann verwendet, um mit Namen auf Personen zuzugreifen:

```
Optional<Person> optionalPerson =
  lookup(nameToPersonMap, "Hans");
```

Mit `map` kann man nun sicher das Geburtsdatum der Person ermitteln:

```
Optional<LocalDate> optionalBorn =
  optionalPerson.map(person -> person.born());
```

Wurde in der Map keine Person gefunden und ist somit der Wert von `optionalPerson` gleich `Optional.empty()`, liefert `map` auch für das Geburtsdatum `Optional.empty()`.

Damit haben wir sowohl bei `FList` als auch bei `Optional` zwar die gleiche Struktur von `map`, die Implementierungen sind aber gänzlich unterschiedlich. So erfolgt bei `FList` eine Iteration über die Elemente und ein Sammeln der Abbildungsergebnisse in einer Ergebnisliste, bei `Optional` aber eine Unterscheidung von leer oder nicht-leer und eine Abbildung nur bei einem enthaltenen Element. Die Methode `map` führt also neben der Abbildung der Elemente auch eine zusätzliche Verarbeitung auf der Ebene des Funktors durch.

7.2.2 Gesetze und Eigenschaften

Der Operator `map` muss zwei wichtige Gesetze erfüllen: das Gesetz der Identität und das Gesetz der Komposition.

Gesetz der Identität

Wird ein Funktor *functor* mit `map` und der Identitätsfunktion `id` abgebildet, muss das Ergebnis gleich zum ursprünglichen Funktor sein:

```
functor.map(id) == functor
```

Gesetz der Komposition

Das Gesetz der Komposition bei Funktoren bezieht sich auf die Komposition von Funktionen. Gegeben seien eine Funktion `f` vom Typ `Function<A, B>` und eine Funktion `g` vom Typ `Function<B, C>`. Die Komposition von `f` und `g` kann durch einen Lambda-Ausdruck realisiert werden, der auf den Parameter `a` zuerst die Funktion `f` und anschließend die Funktion `g` anwendet[2]:

```
Function<A, C> fThenG = a -> g.apply(f.apply(a))
```

Das Ergebnis ist eine Funktion vom Typ `Function<A, C>`.

Wird nun diese Komposition auf die Ebene eines Funktors gehoben, muss die Anwendung von `map` mit der kombinierten Abbildung `fThenG` das gleiche Ergebnis liefern wie die zweifache Anwendung der Methode `map` mit den Funktionen `f` und `g`:

```
functor.map(fThenG) == functor.map(f).map(g)
```

Dieses Gesetz lässt sich gut anhand eines Beispiels veranschaulichen. Gegeben sei eine Funktion `lengthFn` für die Länge eines Strings und eine Funktion `isZeroFn` für eine Prüfung eines Werts auf null:

```
Function<String, Integer> lengthFn = s -> s.length();
Function<Integer, Boolean> isZeroFn = x -> x == 0;
```

Mit der Komposition der beiden Funktionen erhalten wir eine Funktion `isEmptyStringFn`, die angibt, ob der String leer ist:

```
Function<String, Boolean> isEmptyStringFn =
    s -> isZeroFn.apply(lengthFn.apply(s));
```

Wir wenden nun diese zusammengesetzte Funktion auf eine Liste von Strings an und erhalten eine Liste von Boole'schen Werten:

```
FList<String> strings = FList.of("", "A", "AB");
FList<Boolean> areEmpty1 = strings.map(isEmptyStringFn);
```

---

2. Für diese Komposition gibt es beim Interface `Function` eine Default-Methode `andThen`, die wir in Abschnitt 8.1 auch beschreiben werden.

Genauso können wir die beiden Funktionen in zwei Aufrufen von `map` anwenden:

```
FList<Boolean> areEmpty2 = strings.map(lengthFn).map(isZeroFn);
```

Nach dem Gesetz der Komposition müssen diese beiden Ergebnislisten identisch sein, was in diesem Fall offensichtlich zutrifft.

Erhaltung der Struktur

Eine wesentliche Folgerung aus diesen beiden Gesetzen ist, dass `map` *strukturerhaltend* sein muss. Strukturerhaltend heißt, dass sowohl der Typ des Funktors als auch die innere Struktur der Elemente erhalten bleiben muss. Betrachten wir dazu unsere Beispiele:

- `FList`: Die Struktur von `FList` ist durch die Folge der Elemente gekennzeichnet. Dabei sind sowohl die Anzahl als auch die exakte Reihenfolge der Elemente entscheidend. Strukturerhaltend bedeutet, dass das Ergebnis von `map` eine Liste mit gleich vielen Elementen ist und die abgebildeten Elemente in der gleichen Reihenfolge erscheinen.
- `Optional`: Bei `Optional` erfolgt die Unterscheidung, ob ein Wert vorhanden oder nicht vorhanden ist. Die Methode `map` von Optional bildet ein `Optional.empty()` wieder auf ein `Optional.empty()` und ein `Optional` mit Wert auf ein `Optional` mit abgebildetem Wert ab.

Optional und null-Werte

Der aufmerksame Leser wird vielleicht bemerkt haben, dass bei `Optional` bei `null`-Werten ein Sonderfall vorliegt. Ergibt nämlich die Abbildung eines Werts mit der Abbildungsfunktion den Wert `null`, ergibt die Anwendung von `ofNullable` einen Wert `Optional.empty()` und es kommt damit zu einem Strukturwechsel von einem nicht leeren Optional zu einem leeren Optional. Der Grund liegt darin, dass Funktionen, die auf `null`-Werte abbilden, keine echten Funktionen sind. Eine Funktion $f: A \rightarrow B$ bildet Werte eines Definitionsbereichs A in Werte des Wertebereichs B ab. Bei einem Funktionstyp `Funktion<A, B>` ist `null` aber nicht Element des Wertebereichs. Um aber auch mit Abbildungen mit `null`-Werten sinnvoll arbeiten zu können, wurde diese Sonderbehandlung vorgesehen. Das richtige Vorgehen ist jedoch, Funktionen mit `null`-Werten als Ergebnis grundsätzlich zu vermeiden.

7.3 Monaden

Monaden sind wie Funktoren ein Konzept aus der Kategorientheorie [75]. Monaden wurden in die Sprache Haskell als ein Mittel eingeführt, um bestimmte Programmstrukturen der imperativen Programmierung in rein-funktionaler Weise nachzubilden [105]. Seitdem haben Monaden in der funktionalen Programmierung große Bedeutung erlangt. In diesem Abschnitt soll gezeigt werden, was unter einer Monade zu verstehen ist und wo ihre Bedeutung für die funktionale Programmierung liegt (vergleiche dazu auch [73]).

Im letzten Abschnitt haben wir Funktoren betrachtet und gesehen, dass ein Funktor ein Container für generische Werte ist, der eine Abbildungsfunktion map bereitstellt. Monaden sind Erweiterungen von Funktoren. Eine Monade ist also auch ein generischer Container *Monad*<T> mit Elementen vom Typ T. Wie in Abbildung 7.1 gezeigt, wird mit einem Funktor eine Abbildung von der Werteebene auf die Funktorebene gehoben. Auf der Funktorebene wird dann zusätzlich zur Abbildung ein Funktor-spezifisches Verhalten realisiert. Dieses Prinzip gilt nun auch für Monaden und ist für das Verständnis wesentlich.

In Java ist eine Monade eine Klasse oder ein Interface mit mindestens zwei Operationen of und flatMap:

```
interface | class Monad<T> {
  public static <T> Monad<T> of(T t)
  public <R> Monad<R> flatMap(
    Function<? super T, ? extends Monad<? extends R>> mapper)
}
```

Die Operation of verpackt einen Wert in einen monaden Container, wir sprechen dann von einem *monaden Wert*. Die Operation of kann mit einer statischen Methode realisiert werden. Die Operation flatMap bildet den monaden Wert in einen weiteren monaden Wert ab. Damit ist flatMap ähnlich zu map aufgebaut. Der Unterschied liegt in der Abbildungsfunktion. Bei flatMap bildet die Abbildungsfunktion jeden Wert wieder in einen monaden Wert ab. Der Monaden-Typ bleibt dabei gleich, jedoch kann sich der Typ der enthaltenen Werte ändern. Das Ergebnis von flatMap ist wieder ein monader Wert vom Typ *Monad*<R>.

Operationen *of* und *flatMap*

Für die Operationen of und flatMap werden in anderen Sprachen oft andere Namen verwendet. In Haskell beispielsweise heißen die Operationen return und bind, wobei für bind das Operatorsymbol >>= verwendet wird. In Java und auch Kotlin wird die Bezeichnung flatMap verwendet. Für den Operator zum Verpacken der Werte in eine Monade finden sich in Java jedoch unterschiedliche Bezeichner.

Außerdem gibt es neben der Kombination der beiden Operationen of und flatMap noch andere Operatoren, die die gleiche Ausdrucksstärke haben. So kann eine Monade auch durch die Operationen of, map und flatten definiert werden (vgl. Kotlin-Funktionen für Collections in Abschnitt 17.2). Die Operation flatten wird verwendet, um eine geschachtelte Container-Struktur abzuflachen:

```
flatten: Monad<Monad<R>> -> Monad<R>
```

Tatsächlich ist flatMap, wie der Name auch ausdrückt, eine Kombination von map mit einer Abbildungsfunktion T -> *Monad*<R>, die zu einer geschachtelten Container-Struktur führt und anschließendem Ausflachen der geschachtelten Container mit flatten.

Veranschaulichung mit FList

Um das Prinzip von Monaden zu veranschaulichen, wollen wir wieder unsere Klasse `FList` heranziehen. Führen wir nämlich in unserer Klasse `FList` noch eine Methode `flatMap` ein (`of` haben wir bereits in Abschnitt 4.4 definiert), ist `FList` nicht nur ein Funktor, sondern auch eine Monade (Listing 7.2). Entscheidend sind dabei die zwei verschachtelten Schleifen. Die äußere läuft über die Elemente der Liste und erzeugt mit der Abbildungsfunktion für jedes Element wieder eine Liste. Die innere Schleife läuft über diese Ergebnislisten und fügt jedes Ergebnis zum `Builder` hinzu. Aus dem `Builder` wird auf diese Weise eine flache Gesamtliste erzeugt.

```
public abstract class FList<E> implements Iterable<E> {
  public static <E> FList<E> of(E...elems) {...}
  ...
  public <R> FList<R> flatMap(
        Function<? super E, ? extends FList<? extends R>> mapper) {
    Builder<R> builder = Builder.create();
    for (E e : this)
      for (R r : mapper.apply(e))
        builder.add(r);
    return builder.build();
  }
}
```

Listing 7.2 *Monade Operation flatMap bei FList*

Als Beispiel zur Anwendung von `flatMap` nehmen wir an, wir laden eine Reihe von Freunden zu einem Fest ein und, da wir großzügige Freunde haben, bringt jeder mehrere Geschenke mit. Eine Klasse `Person` definiert dafür eine Methode `getPresents`, die eine Liste von `Present`-Objekten liefert:

```
public record Person(String name) {
  public FList<Present> getPresents() { ... }
  ...
}
```

Die Gäste liegen als eine Liste `guests` vor:

```
FList<Person> guests = FList.of(hans, fritz, ...);
```

Für uns ist natürlich die Gesamtliste der Geschenke interessant. Das können wir einfach mit `flatMap` ermitteln:

```
FList<Present> allPresents =
  guests.flatMap(person -> person.getPresents());
```

Ein erweitertes Beispielszenario soll die Verkettung zeigen. Wir nehmen an, dass wir zu unserem Fest nicht einzelne Personen, sondern ganze Familien einladen. Jede Familie besteht aus mehreren Personen und jede Person bringt nun mehrere Geschenke. Wir müssen also zuerst von den Familien die Liste der Personen und von den Personen die Listen der Geschenke ermitteln. Genau diese Kette von Zugriffen kann mit `flatMap` gebildet werden. Durch das Abbilden auf Listen und das Ausflachen erhalten wir schließlich die gewünschte flache Liste mit allen Geschenken:

```
FList<Family> families = FList.of(bergers, muellers, ...);
FList<Present> presents =
    families.flatMap(family -> family.getMembers())
            .flatMap(person -> person.getPresents());
```

Monade erweitert Funktor

Jede Monade ist auch ein Funktor, oder wir können sagen, Monade *spezialisiert* Funktor. Tatsächlich kann der Operator `map` mit `flatMap` und `of` definiert werden. Im Folgenden wird `map` mit `flatMap` und `of` definiert:

```
<R> Monad<R> map(Function<? super E, ? extends R> mapper) {
  return flatMap(e -> Monad.of(mapper.apply(e)));
}
```

Es wird `flatMap` mit einer Funktion aufgerufen, die den Wert zuerst mit der Abbildungsfunktion von `map` abbildet und anschließend mit `of` in einen monadischen Container verpackt.

Diese Definition von `map` ist für alle Monaden gleich. Aus Effizienzgründen wird zwar `map` in den meisten Fällen nicht auf diese Weise definiert sein, die Definition sollte aber als *kanonische* Definition angesehen werden, die die Semantik von `map` vorgibt.

7.3.1 Monade Optional

In Abschnitt 7.2 haben wir gesehen, dass `Optional` ein Funktor ist. `Optional` definiert auch eine Methode `flatMap` und bildet damit zusammen mit der Methode `of` eine Monade (siehe Listing 7.3). Die Methode `flatMap` prüft zuerst, ob der `Optional`-Wert bereits leer ist, gibt in diesem Fall `Optional.empty()` zurück und bricht somit die Berechnung ab. Sonst wendet `flatMap` die Abbildungsfunktion auf den gekapselten Wert an und gibt das Abbildungsergebnis vom Typ `Optional<U>` zurück.

```
public final class Optional<T> {
  ...
  public static <T> Optional<T> of(T value) {...}

  public <U> Optional<U> flatMap(
         Function<? super T, ? extends Optional<? extends U>> mapper) {
    if (! isPresent()) return empty();
    else return (Optional<U>) mapper.apply(value);
  }
}
```

Listing 7.3 *flatMap bei Klasse Optional (vereinfacht)*

Der Operator `flatMap` wird bei Optional für die Bildung von Funktionsketten verwendet, bei denen jede Funktionsanwendung fehlschlagen kann. Das wollen wir anhand eines Beispiels zeigen. Im folgenden Beispiel soll mit einer Reihe von Maps ausgehend von der Sozialversicherungsnummer auf Personendaten, zu Kursanmeldungen schließlich auf einen Seminarraum zugegriffen werden:

```
Map<Long, Person> ssn2Person = ...
Map<Person, Long> pers2Id = ...
Map<Long, Course> id2Course= ...
Map<Course, Room> course2Room = ...
```

Jeder dieser Zugriffe kann fehlschlagen und muss daher auch eine Fehlerbehandlung mitbringen. Wird diese Zugriffskette mit normaler imperativer Programmierung gelöst, führt dies zu einer Kaskade von Abfragen:

```
String roomName = "UNKOWN";
Person p = ssn2Person.get(123424122000L);
if (p != null) {
  Long id = pers2Id.get(p);
  if (id != null) {
    Course course = id2Course.get(id);
    if (course != null) {
      Room room = course2Room.get(course);
      if (room != null) {
        roomName = room.getName();
      }
    }
  }
}
```

Mit `flatMap` lässt sich eine Funktionskette erstellen, die automatisch mit `Optional.empty()` abbricht, sobald der erste Zugriff fehlschlägt:

```
String roomName =
    lookup(ssn2Person, 123424122000L)
        .flatMap(p -> lookup(pers2Id, p))
        .flatMap(id -> lookup(id2Course, id))
        .flatMap(course -> lookup(course2Room, course))
        .map(room -> room.getName())
        .orElse("UNKNOWN");
```

7.3.2 Gesetze

Für die Operationen einer Monade müssen die Gesetze der Identität und der Assoziativität gelten.

Gesetz der Identität

Die Operation `of` bildet einen Identitätsoperator. Damit muss gelten:

```
of(x).flatMap(f) == f.apply(x)
```

Das heißt, ein Wert `x` wird mit `of` in einen monaden Wert verpackt und dann wird über `flatMap` die Funktion `f` angewendet. Das Ergebnis muss gleich sein, als wenn die Funktion `f` unmittelbar auf `x` angewendet wird. Ebenso muss gelten:

```
monad.flatMap(x -> of(x)) == monad
```

Dabei ist `monad` ein monader Container. Das heißt, wenn wir auf einen monaden Wert `flatMap` eine Abbildungsfunktion anwenden, die nur den im monaden Container enthaltenen Wert wieder mit `of` verpackt, ist das Ergebnis gleich dem ursprünglichen monaden Wert.

Gesetz der Assoziativität

Die Operation `flatMap` muss assoziativ sein:

```
monad.flatMap(f).flatMap(g) ==
        monad.flatMap(x -> f.apply(x).flatMap(g))
```

Diese Definition ist aufgrund der Struktur von `flatMap` etwas komplizierter. Wir betrachten die beiden Seiten der Gleichung:

- *Linke Seite*: Es wird auf den ursprünglichen monaden Wert `monad` zuerst `flatMap` mit einer Abbildungsfunktion `f` und auf das Ergebnis wieder `flatMap` mit einer Abbildungsfunktion `g` angewendet.
- *Rechte Seite*: Hier wird eine Abbildungsfunktion gebildet, indem auf das Argument `x` die Funktion `f` angewendet wird. Auf den daraus resultierenden monaden Wert wird `flatMap` mit der Abbildungsfunktion `g` angewendet. Diese Funktion wird nun im Aufruf von `flatMap` auf den ursprünglichen monaden Wert verwendet.

Assoziativität heißt, dass diese beiden Ausdrücke das gleiche Ergebnis liefern müssen.

7.3.3 Bedeutung von Monaden

Monaden stellen ein sehr allgemeines Prinzip zur Bildung von Funktionsketten dar. Dies haben wir bereits bei den Anwendungsbeispielen mit den Monaden `FList` und `Optional` gesehen. Abbildung 7.2 veranschaulicht das Prinzip nochmals:

- Mit dem Operator `of` kann man einen Wert in eine Monade verpacken.
- Mit der Methode `flatMap` werden die Werte aus dem monaden Container entnommen und darauf die Abbildungsfunktion angewendet.
- Die Abbildungsfunktionen liefern wieder monade Werte vom gleichen monaden Typ, aber unterschiedlichen Typ für die Werte.
- Die Ergebnisse werden in einem eigenen Kombinationsschritt zu einem Gesamtergebnis kombiniert und weitergereicht.
- Das Ergebnis ist wiederum eine monade Struktur vom gleichen monaden Typ und die Kette kann so fortgesetzt werden.

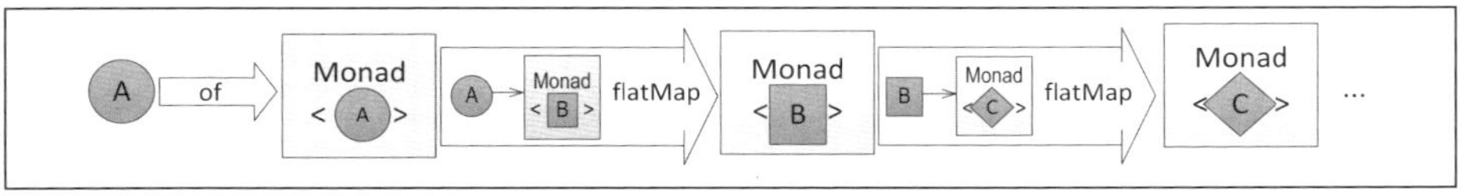

Abb. 7.2 *Kette von flatMap-Operationen*

Bei monaden Funktionsketten erfolgt daher die Berechnung auf zwei Ebenen:

- Erstens die Weitergabe der Werte aus dem monaden Container und die Abbildung der Werte über die übergebene Abbildungsfunktion
- Zweitens die Verknüpfung der einzelnen Ergebnisse im Kombinationsschritt durch `flatMap`

Wir zeigen im Folgenden das Prinzip von Monaden anhand einer Methode zur Evaluierung von arithmetischen Ausdrücken. In [106] erklärt Phil Wadler, der für die Einführung von Monaden in Haskell verantwortlich ist, mithilfe einer Implementierung eines Sprachinterpreters das Prinzip von Monaden. Er vergleicht Monaden mit imperativer Programmierung und zeigt, wie man durch Änderung der Monade die Berechnungen anpassen kann. Wir werden in unserem Beispiel zur Evaluierung von arithmetischen Ausdrücken dieser Argumentation folgen.

Dazu greifen wir wieder das Klassensystem für arithmetische Ausdrücke aus Abschnitt 4.1 und die Methode `eval` aus Abschnitt 4.2 auf. In Listing 4.5 haben wir `eval` mit Record Patterns implementiert. Von dieser Implementierung gehen wir nun aus und ändern sie, sodass die Ergebnisse monade Werte sind. Listing 7.4 zeigt die allgemeine Struktur der Methode `eval`, wenn man auf eine monade Berechnung übergeht. Dabei steht *`Monad`* für eine beliebige Monade. Mit Auswahl einer konkreten Monade kann die Berechnung angepasst werden.

Wadler argumentiert in [106], dass die monade Komposition eine analoge Struktur ähnlich einem sequenziellen Code hat, aber mit folgenden Änderungen:

- Statt direkt mit den Werten wird mit monaden Werten gearbeitet.
- Statt einer sequenziellen Anweisungsfolge erfolgt mit `flatMap` eine Verkettung von Funktionen.
- Statt der Zuweisungen an Variablen werden bei einem Aufruf von `flatMap` die Werte aus dem monaden Container den Abbildungsfunktionen als Argumente übergeben.

Betrachten wir dazu die Berechnung für `Add`:

- Es wird mit einem rekursiven Aufruf der linke Unterausdruck evaluiert und auf den resultierenden monaden Wert `flatMap` angewendet. Dabei wird der enthaltene Wert an das Argument `leftVal` gebunden.
- In der Abbildungsfunktion wird der rechte Unterausdruck evaluiert und dieser monade Wert wieder mit `flatMap` verarbeitet. Bei dieser zweiten Anwendung wird der enthaltene Wert an die Variable `rightVal` gebunden.
- Mit den beiden Argumentwerten `leftVal` und `rightVal` wird schließlich das Ergebnis mit dem Operator `of` in einen monaden Wert verpackt und zurückgegeben.

```
Monad<Double> eval(Expr expr, Map<String, Double> bds) {
    return switch (expr) {
        case Val(double value) -> Monad.of(value);
        case Vbl(String name) -> Monad.of(bds.get(name));
        case Add(Expr left, Expr right) ->
            eval(left, bds)
                .flatMap(leftVal -> eval(right, bds)
                  .flatMap(rightVal -> Monad.of(leftVal + rightVal)));
        case Mult(Expr left, Expr right) ->
            eval(left, bds)
                .flatMap(leftVal -> eval(right, bds)
                  .flatMap(rightVal -> Monad.of(leftVal * rightVal)));
        case Minus(Expr sub) ->
            eval(sub, bds)
                .flatMap(subVal -> Monad.of(- subVal));
        case Recip(Expr sub) ->
            eval(sub, bds)
                .flatMap(subVal -> Monad.of(1.0 / subVal));
    };
}
```

Listing 7.4 *Allgemeine Struktur einer monaden Variante von eval*

Do-Notation in Haskell

In Haskell wurde für die Verknüpfung von monaden Werten die do-Notation eingeführt, die analog zu einem imperativen Code gestaltet ist. Mit dem Schlüsselwort do wird eine monade Berechnung gestartet. Man kann darin den Operator <- verwenden, der eine Zuweisung nachbildet. Tatsächlich entnimmt der Operator den in einem monaden Container enthaltenen Wert und weist diesen einer Variablen zu. Sei `mx` ein monader Wert und x eine Variable, dann kann eine Verknüpfung (in Java-Schreibweise)

```
mx.flatMap(x -> ...)
```

mit der do-Notation wie folgt geschrieben werden:

```
do {
    x <- mx;
}
```

Der Operator `of` hat in Haskell den Namen `return`. Damit könnte man in Haskell die Berechnung für Add folgendermaßen schreiben:

```
do {
    leftVal  <- eval add.left bds;
    rightVal <- eval add.right bds;
    return leftVal + rightVal
}
```

Der Code wirkt wie eine sequenzielle Anweisungsfolge, es handelt sich aber um eine Verknüpfung mit dem monaden Operator. Was dann tatsächlich in der Verknüpfung passiert, ist abhängig vom Typ der Monade.

Der entscheidende Punkt ist nun, dass wir durch die Verwendung verschiedener Monaden die Art der Verarbeitung anpassen können. Im Folgenden werden wir in der Methode `eval` aus Listing 7.4 den Platzhalter *Monad* durch konkrete Monaden ersetzen und damit unterschiedliche Effekte erzielen.

Sequenzielle Ausführung mit Monade Id

Eine einfache sequenzielle Ausführung kann man durch die Identitäts-Monade nachbilden. Die Identitäts-Monade `Id` (siehe Listing 7.5) kapselt einen einzigen Wert. Die Methode `flatMap` wendet die Abbildungsfunktion an und verpackt den Ergebniswert wieder in einen monaden Container vom Typ `Id`. Setzen wir in Listing 7.4 für den generischen Platzhalter *Monad* die konkrete Monade `Id` ein, wird damit eine sequenzielle Ausführung wie in Listing 4.5 simuliert (die Ausnahmebehandlung bei nicht-vorhandenem Variablenbinding wollen wir hier einmal ignorieren).

```
public class Id<T> {
  public static <T> Id<T> of(T elem) {
    return new Id(elem);
  }

  public final T elem;

  private Id<T>(T elem) { this.elem = elem; }

  public <R> Id<R> flatMap(
       Function<? super T, ? extends Id<? extends R>> mapper) {
    return (Id<R>) mapper.apply(elem);
  }
}
```

Listing 7.5 *Monad Id*

Ausnahmebehandlung mit Monade Optional

In der Version von `eval` in Listing 7.6 wird die Monade `Optional` verwendet. Dadurch wird zusätzlich zur sequenziellen Ausführung eine Fehlerbehandlung durchgeführt. In der Map mit den Variablenbindungen ist eventuell für eine Variable kein Wert gespeichert. In diesem Fall liefert der Zugriff auf die Map den Wert `null` und durch `Optional.ofNullable` ist das Ergebnis `Optional.empty()`. Die gesamte Berechnung wird dann mit dem Wert `Optional.empty()` abgebrochen. Wir haben also lediglich durch das Ersetzen der Monade `Id` durch die Monade `Optional` eine Fehlerbehandlung eingebaut.

```
Optional<Double> eval(Expr expr, Map<String, Double> bds) {
    return switch (expr) {
      case Val(double value) -> Optional.of(value);
      case Vbl(String name) -> Optional.ofNullable(bds.get(name));
      case Add(Expr left, Expr right) ->
```

```
            eval(left, bds)
                .flatMap(leftVal -> eval(right, bds)
                    .flatMap(rightVal -> Optional.of(leftVal + rightVal)));
        ...
    };
}
```

Listing 7.6 *Funktion eval mit Monade Optional*

Nicht-deterministische Ausführung mit Monade FSet

Mit der Verwendung einer anderen Monade kann ein anderer Effekt erzielt werden. Wenn wir zum Beispiel `FList` als Monade verwenden, kann mit mehreren Werten und Ergebnissen gerechnet werden. Statt `FList` wollen wir aber nun mit einer Klasse `FSet` arbeiten, die eine funktionale Menge implementiert. Bei `FSet` kommen also Werte nur einmal vor. `FSet` ist wie `FList` gestaltet und implementiert die gleichen monaden Operatoren `of` und `flatMap`.

In Listing 7.7 ist die Methode `eval` mit der Monade `FSet` gegeben. In dieser Variante bildet die Map `bds` die Variablennamen auf Wertemengen ab. Entscheidend ist wieder, wie `flatMap` arbeitet. Betrachten wir erneut den Fall von `Add`: Die zweimalige Anwendung von `flatMap` mit `FSet` bildet das Kreuzprodukt über die Ergebnismengen der beiden Teilausdrücke. Damit werden schließlich alle Kombinationen im Kreuzprodukt verknüpft und wieder eine Ergebnismenge geliefert.

```
FSet<Double> eval(Expr expr, Map<String, FSet<Double>> bds) {
    return switch (expr) {
      case Val(double value) -> FSet.of(value);
      case Vbl(String name) -> bds.get(name);
      case Add(Expr left, Expr right) ->
          eval(left, bds)
              .flatMap(leftVal -> eval(right, bds)
                  .flatMap(rightVal -> FSet.of(leftVal + rightVal)));
      ...
    };
}
```

Listing 7.7 *Funktion eval mit Monade FSet*

Nehmen wir als Beispiel einen Ausdruck für die Addition `x + y` und eine Map mit den Mengen `{2.0, 3.0}` für die Variable `x` und `{5.0, 7.0}` für die Variable `y` an und rufen damit `eval` auf:

```
Expr expr = new Add(new Var("x"), new Var("y"));
Map<String, FSet<Double>> bds =
        Map.of("x", FSet.of(2.0, 3.0), "y", FSet.of(5.0, 7.0));

FSet<Double> result = eval(expr, bds);
```

Durch die Kombination der möglichen Werte für die Variablen `x` und `y` ergibt sich die Ergebnismenge `{7.0, 9.0, 8.0, 10.0}`. Im Fall aber, dass zum Beispiel die Menge einer Variablen leer ist, ist auch die Ergebnismenge des Ausdrucks leer. Wir haben damit durch Ändern der Monade auf FSet eine nicht-deterministische Ausführung realisiert.

Loggen der Ausführung mit Monade Logged

Nehmen wir als weiteres Beispiel an, dass zusammen mit der Berechnung ein Log-String erzeugt werden soll, der die Ausführung protokolliert. Wir führen dazu in Listing 7.8 eine Monade Logged ein. Die Klasse definiert Felder für den verpackten Wert und für eine Log-Message. Die Operation of kapselt den Wert zusammen mit einer Log-Message. In der Funktion flatMap erfolgt zuerst die Anwendung der Abbildungsfunktion und die Weitergabe des Werts und dann die Kombination der Log-Messages. Es wird die Log-Message dieses Logged-Objekts und die des neuen Logged-Objekts mit einem Semikolon als Trennzeichen verbunden. Ergebnis ist ein Logged-Objekt mit dem neuen Wert plus der Konkatenation der Log-Messages.

```
public class Logged<A> {

  public static <A> Logged<A> of(A a, String log) {
    return new Logged<A>(a, log);
  }

  public final A value;
  public final String log;

  private Logged(A a, String log) {
    this.value = a;
    this.log = log;
  }

  public <B> Logged<B> flatMap(Function<A, Logged<B>> mapper) {
    Logged<B> logged = mapper.apply(value);
    return Logged.of(logged.value, this.log + ";" + logged.log);
  }
}
```

Listing 7.8 *Monade Container-Klasse Logged*

In der Variante von eval in Listing 7.9 mit der Monade Logged werden die Logged-Objekte mit den String-Repräsentationen der entsprechenden Expr-Objekte erzeugt.

```
Logged<Double> eval(Expr expr, Map<String, Double> bds) {
  return switch (expr) {
    case Val(double value) -> Logged.of(value, expr.toString());
    case Vbl(String name) -> Logged.of(bds.get(name), expr.toString());
    case Add(Expr left, Expr right) ->
       eval(left, bds)
           .flatMap(leftVal -> eval(right, bds)
```

```
                .flatMap(rightVal ->
                        Logged.of(leftVal + rightVal, expr.toString())));
      ...
    };
  }
```

Listing 7.9 *Funktion eval mit Monade Logged*

Die zusammengesetzte Log-Message zeigt die Reihenfolge der Auswertungen der `Expr`-Objekte, zum Beispiel für den Ausdruck $x + y$:

```
Logged [value=6.0, log=x;y;(x + y)]
```

Ausführungskontext mit Monade Reader

Die Monade `Reader` erlaubt es, einen Ausführungskontext bereitzustellen, der bei allen Berechnungen gelesen werden kann. In unserem Beispiel `eval` sollen die Variablenbindungen einen Ausführungskontext darstellen. Statt diesen wie bisher über den Parameter durch die ganze Ausführung durchzuschleifen, kann man ihn mit einer `Reader`-Monade bereitstellen.

Die Implementierung der Monade `Reader` ist in Listing 7.10 gezeigt. Der wesentliche Unterschied zu den bisherigen Monaden ist, dass ein `Reader` keinen Wert kapselt, sondern eine Funktion zur Berechnung eines Werts ist. Die Klasse implementiert das Interface `Function<C, A>`, das heißt, ein `Reader` ist eine Funktion, die einen Kontext vom Typ `C` auf einen Wert vom Typ `A` abbildet. Die Klasse `Reader` ist abstrakt und mit `of` wird mit einer Funktion ein konkretes `Reader`-Objekt erzeugt. Die `apply`-Methode wendet dabei einfach das übergebene Funktionsobjekt an. In dem Sinne kapselt ein Reader das übergebene Funktionsobjekt.

Auch der monade Operator `flatMap` arbeitet damit nicht mit Werten, sondern bildet zusammengesetzte `Reader`-Objekte. In der Methode `flatMap` wird ein `Reader`-Objekt mit einer zusammengesetzten Funktion erzeugt. Die erstellte Funktion hat das Kontextobjekt als Parameter. In der Abbildung wird zuerst dieses `Reader`-Objekt mit dem Kontextobjekt und auf den erhaltenen Wert die Abbildungsfunktion `mapper` angewendet. Diese liefert wieder ein `Reader`-Objekt, auf das das gleiche Kontextobjekt angewendet wird. Damit wird das Kontextobjekt durch die Anwendungen durchgeschleust.

```
public abstract class Reader<C, A> implements Function<C, A> {

  public static <C, A> Reader<C, A> of(Function<C, A> fn) {
    return new Reader<>() {
      @Override
      public A apply(C ctxt) {
        return fn.apply(ctxt);
      }
    };
  }
```

```
    public <B> Reader<C, B> flatMap(
           Function<? super A, Reader<C, ? extends B>> mapper) {
      return Reader.of(context ->
      mapper.apply(this.apply(context)).apply(context));
    }
  }
```

Listing 7.10 *Monade Reader*

In Listing 7.11 ist die Methode `eval` unter Verwendung der Monade `Reader` gezeigt. Bei der Methode fehlt nun der Parameter für die Variablenbindungen. Es wird ein `Reader`-Objekt mit einer Funktion zurückgegeben, die die Variablenbindungen vom Typ `Map<String, Double>` auf einen Wert abbildet. Man beachte, dass bei Variablen der Wert aus dem Kontextobjekt ermittelt wird.

```
  Reader<Map<String, Double>, Double> eval(Expr expr,
                                            Map<String, Double> bds) {
    return switch (expr) {
      case Val(double value) -> Reader.of(ctx -> value);
      case Vbl(String name) -> Reader.of(ctx -> ctx.get(name));
      case Add(Expr left, Expr right) ->
          eval(left, bds)
              .flatMap(leftVal -> eval(right, bds)
                .flatMap(rightVal -> Reader.of(ctx -> leftVal + rightVal)));
        ...
    };
  }
```

Listing 7.11 *Funktion eval mit Monade Reader*

Die Anwendung von `eval` liefert hier keinen konkreten Wert, sondern ein Funktionsobjekt, auf das die Variablenbindungen angewendet werden:

```
Reader<Map<String, Boolean>, Boolean> reader = eval(expr);
boolean result = reader.apply(bds);
```

Mit diesen unterschiedlichen Varianten von `eval` wurde gezeigt, dass sich mit Monaden ganz unterschiedliche Effekte erzielen lassen, die Struktur der Berechnung aber weitgehend gleichbleibt. Dabei sind die betrachteten Monaden nur ein kleiner Auszug aus der Liste von bekannten Monaden. Weitere bekannte Beispiele von Monaden sind:

- Mit der Monade *Try* wird eine Ausnahmebehandlung ähnlich zu Optional realisiert, sie enthält aber auch eine Fehlerursache.
- Die Monade *Writer* ist eine Verallgemeinerung der Monade `Logged`. Dabei ist die Zusatzinformation generisch und ihre Verknüpfung erfolgt über ein Monoid.

Die Monade *State* ist eine Kombination von *Reader* und *Writer*. Mit *State* kann ein Zustand in der Verarbeitungskette weitergereicht, gelesen und verändert werden.

Die Monade IO dient in Haskell zur funktionalen Behandlung von Ein/Ausgabe.

7.3.4 MonadPlus: Monade mit monoider Kombination

Wenn das Ausfallen bei `flatMap` auf Basis eines Monoids erfolgt, spricht man in Haskell von einer *MonadPlus*. Für die Monade `FList` bildet die Listenkonkatenation mit der leeren Liste als neutralem Element ein Monoid. In `flatMap` erfolgt die Kombination der Ergebnislisten durch die Listenkonkatenation und somit ist `FList` eine MonadPlus. In einer MonadPlus hat dann auch die Operation `filter` eine kanonische Definition auf der Basis von `flatMap` und `of`:

```
public <R> Monad<R> filter(Predicate<? super T) {
  return flatMap(x -> pred(x) ? of(x) : identity());
}
```

Das heißt, immer wenn das Prädikat erfüllt ist, wird das Element `x` mit `of` in den monaden Container verpackt. Wenn das Prädikat aber nicht erfüllt ist, wird das neutrale Element `identity` geliefert. Bei der Kombination werden dann die verpackten Ergebnisse ausgeflacht. Dabei verschwinden die neutralen Elemente, die sich aus den das Prädikat nicht erfüllenden Elementen ergeben.

Bei vielen Monaden erfolgt die Kombination der Abbildungsergebnisse auf Basis eines Monoids. Dazu gehören z. B. Listen, Mengen, Optional (vgl. Abschnitt 6.5.1) und auch die Streams von Java (siehe Kap. 9).

7.4 Zusammenfassung

In diesem Kapitel haben wir Funktoren und Monaden kennengelernt, die für die Verkettung von Funktionen von zentraler Bedeutung sind.

Funktoren sind Strukturen, die Elemente eines generischen Typs enthalten und eine Operation `map` unterstützen. Die Operation `map` bildet die Elemente des Funktors mit einer Abbildungsfunktion ab und verpackt die Ergebniswerte wieder in einen Funktor. Die Operation `map` ist strukturerhaltend. Sowohl der Typ des resultierenden Funktors als auch die innere Struktur der Elemente bleiben erhalten.

Monaden sind eine Erweiterung von Funktoren mit den Operationen `of` und `flatMap`. Monaden wurden ursprünglich als Mittel zur Realisierung von Ein/Ausgabeoperationen in der rein-funktionalen Programmiersprache Haskell eingeführt [36]. Es hat sich jedoch gezeigt, dass mit Monaden in rein-funktionalen Programmen Effekte erzielt werden können, die sonst nur schwer realisierbar sind [106]. Monaden stellen ein sehr allgemeines Prinzip zur Bildung von Funktionsketten mit vielfältigen Anwendungsmöglichkeiten dar. Tatsächlich werden wir uns in den folgenden Kapiteln mit monaden Strukturen beschäftigen, auch wenn diese wesentlich komplexer erscheinen. So wurden Streams, asynchrone Funktionsketten und die reaktiven Streams, die wir in Kapitel 9, 10, 11 und 12 beschreiben werden, nach dem Prinzip der Monaden gestaltet. Aber auch bei der Funktionskomposition, die im nächsten Kapitel behandelt wird, finden wir Monaden.

Neben den bisher behandelten mathematischen Strukturen Funktoren und Monaden werden in der funktionalen Programmierung noch weitere Strukturen verwendet. Beispiele hierfür sind *Applicatives* und *Arrows*. Applicative [4] ist eine Struktur, die zwischen Funktor und Monade angesiedelt ist [59]. Arrows [5] sind eine Verallgemeinerung von Monaden mit einem breiten Anwendungsbereich [40]. Der interessierte Leser sei an dieser Stelle auf weiterführende Literatur verwiesen, z. B. in [59], [40] und [16].

8 Funktionskomposition

Im letzten Kapitel haben wir gesehen, wie Funktionen mit Monaden verkettet werden können. In diesem Kapitel wollen wir zeigen, wie aus einfachen Funktionen durch Komposition komplexe Funktionen erzeugt werden können. Wie bei der Funktionsverkettung bilden auch hier Monaden vielfach die Grundlage.

Zuerst werden wir einige einfache Beispiele für die Komposition von Funktionen aus der Klassenbibliothek zeigen. Danach werden wir uns zwei komplexeren Beispielen widmen: einem System zur Erzeugung von Zufallswerten und der Implementierung von funktionalen Parsern. Beides sind prominente Beispiele aus der Welt der funktionalen Programmierung und der Anwendung von Monaden.

8.1 Funktionskomposition bei funktionalen Interfaces

Mit Funktionsobjekten als Parameter und Rückgabewerten können aus Funktionen neue Funktionen gebildet werden. Tatsächlich definieren die funktionalen Schnittstellen, wie wir diese in Abschnitt 2.3.1 kennengelernt haben, eine Reihe von Default-Methoden für die Komposition von Funktionen. Diese werden in diesem Abschnitt exemplarisch anhand der funktionalen Schnittstellen `Function`, `Predicate` und `Comparator` diskutiert.

8.1.1 Funktionskomposition mit Function

Listing 8.1 zeigt das Interface `Function` aus dem Package `java.util.function`. Neben der abstrakten Methode `apply`, die wir bereits kennen, und der statischen Methode `identity` für die Identitätsfunktion stellt das Interface die zwei Default-Methoden `compose` und `andThen` zur Funktionskomposition zur Verfügung. Beide Methoden haben ein Funktionsobjekt vom Typ `Function` als Parameter und ein Funktionsobjekt vom Typ `Function` als Rückgabewert. Die Methoden kombinieren also dieses Funktionsobjekt mit dem als Parameter übergebenen Funktionsobjekt zu einem neuen Funktionsobjekt. Der Unterschied zwischen diesen beiden Methoden liegt ausschließlich in der Reihenfolge der Anwendung der Funktionsobjekte. Weil die Methode `andThen` intuitiver erscheint, werden wir im Folgenden nur diese Methode beschreiben.

```
@FunctionalInterface
public interface Function<T, R> {

  R apply(T t);

  default <V> Function<V, R> compose(
             Function<? super V, ? extends T> before) {
    return (V v) -> apply(before.apply(v));
  }

  default <V> Function<T, V> andThen(
             Function<? super R, ? extends V> after) {
    return (T t) -> after.apply(this.apply(t));
  }

  static <T> Function<T, T> identity() {
      return t -> t;
  }
}
```

Listing 8.1 *Interface java.util.function.Function (vereinfacht)*

Der Rückgabewert der Methode `andThen` wird durch einen Lambda-Ausdruck mit einem Argument `t` vom Typ `T` gebildet. Im Rumpf des Lambda-Ausdrucks wird zunächst die Methode `apply` dieses `Function`-Objekts auf den Parameter `t` angewendet und anschließend die Methode `apply` des `Function`-Objekts `after` auf das Ergebnis. Besonders interessant sind die Typbeschränkungen für die Typparameter der `Function`-Objekte des Parameters und des Rückgabewerts. In Abschnitt 2.1.3 haben wir über ko- und kontravariante Typparameter geschrieben. Da solche Typconstraints auch bei anderen Kompositionsmethoden auftreten, sollen sie hier noch einmal genauer analysiert werden.

Das Interface `Function` selbst definiert die Typparameter `T` für den Parameter und `R` für den Rückgabewert seiner Methode `apply`. Die Methode `andThen` definiert einen weiteren Typparameter `V` für den Typ des Rückgabewerts der kombinierten Funktion. Das Ergebnis von `andThen` ist somit eine Funktion vom Typ `Function<T, V>`. Die Hintereinanderausführung der beiden Funktionsobjekte bestimmt die notwendigen Typparameter und Typbeschränkungen für den Parameter `after`. Da das Funktionsobjekt `after` auf das Ergebnis dieses `Function`-Objekts angewendet wird, muss es als Parameter einen Typ `R` zulassen. Dies ist durch den kontravarianten Typconstraint `? super R` gegeben. Auch der Rückgabewert muss mit dem der zusammengesetzten Funktion kompatibel sein. Daher wird der Typ des Rückgabewerts mit `? extends V` kovariant zu `V` definiert.

Es folgt ein einfaches Beispiel für die Anwendung von `andThen`. Wir nehmen an, dass es bereits eine Funktion `wordsFn` gibt, die eine Zeichenkette in einzelne Wörter trennt, und eine Funktion `sortFn`, die ein Array von Zeichenketten sortiert:

```
Function<String, String[]> wordsFn = s -> s.split(" ");
Function<String[], String[]> sortFn =
      words -> {
          String[] clone = words.clone();
          Arrays.sort(clone);
          return clone;
        };
```

Dann können wir mit der Methode andThen die erste Funktion mit der zweiten Funktion kombinieren und eine Funktion zur Worttrennung und anschließender Sortierung erzeugen:

```
Function<String, String[]> sortWordsFn = wordsFn.andThen(sortFn);
```

Durch Anwendung der kombinierten Funktion auf einen Satz wird ein Array mit den sortierten Wörtern ermittelt:

```
String[] sortedWords =
      sortWordsFn.apply("this is a sentence with words");
```

8.1.2 Logische Verknüpfungen bei Predicate

Das funktionale Interface Predicate definiert Methoden zur logischen Verknüpfung von Prädikaten. Listing 8.2 zeigt die wesentlichen Methoden von Predicate. Die Default-Methoden and, or und negate implementieren die Boole'schen Operatoren für Predicate-Objekte. Die Methoden erzeugen Predicate-Objekte, die die Ergebnisse der Testmethoden dieses Prädikatsobjekts und des im Parameter angegebenen Prädikatsobjekts entsprechend logisch verknüpfen.

```
@FunctionalInterface
public interface Predicate<T> {

  boolean test(T t);

  default Predicate<T> and(Predicate<? super T> other) {
    return (t) -> test(t) && other.test(t);
  }

  default Predicate<T> or(Predicate<? super T> other) {
    return (t) -> test(t) || other.test(t);
  }

  default Predicate<T> negate() {
    return (t) -> ! test(t);
  }
  ...
}
```

Listing 8.2 *Interface java.util.function.Predicate (vereinfacht)*

Zur Demonstration der logischen Verknüpfung von Predicate-Objekten nehmen wir an, dass wir eine Swing-Applikation schreiben und mehrere Tests für das Prüfen von Zuständen von Swing-Komponenten benötigen. Unter Verwendung der Kompositionsoperatoren müssen diese Tests nicht alle in einzelnen Methoden ausprogrammiert, sondern können durch Verknüpfen von elementaren Prädikaten gebildet werden. Wir erzeugen dazu Predicate-Objekte für isVisible, hasFocus und isValid:

```
Predicate<Component> isVisible = Component::isVisible;
Predicate<Component> hasFocus = Component::hasFocus;
Predicate<Component> isValid = Component::isValid;
```

Um zum Beispiel ein Prädikat für (isVisible && ! hasFocus) || ! isValid zu implementieren, können die elementaren Prädikate mit den Kompositionsoperatoren kombiniert werden:

```
Predicate<Component> p =
      (isVisible.and(hasFocus.negate())).or(isValid.negate());
```

8.1.3 Bilden von Vergleichsketten mit Comparator

Auch das Interface Comparator<T> ist ein funktionales Interface. Es besitzt eine abstrakte Methode:

```
int compare(T o1, T o2)
```

Es kann somit durch einen Lambda-Ausdruck implementiert werden. So kann man zum Beispiel beim Erzeugen von sortierten Mengen (Klasse TreeSet) das Sortierkriterium mit einem Lambda-Ausdruck angeben. Im folgenden Beispiel wird ein TreeSet mit einem Lambda-Ausdruck für den Comparator erzeugt, mit dem Person-Objekte dem Namen nach verglichen werden:

```
SortedSet<Person> personSet = new TreeSet<>(
      (p1, p2) -> p1.getName().compareTo(p2.getName()));
```

Der große Vorteil des neuen Comparator-Interface liegt jedoch in den Kompositionsoperatoren. Wir wissen, wie mühsam die Implementierung eines Comparators sein kann, wenn mehrere Sortierkriterien nacheinander geprüft werden müssen. Diese Aufgabe wird nun sehr gut von Default- und statischen Methoden unterstützt.

```
@FunctionalInterface
public interface Comparator<T> {
  int compare(T o1, T o2);
  default Comparator<T> reversed() {...}
  default Comparator<T>
    thenComparing(Comparator<? super T> other) {...}
  default <U extends Comparable<? super U>> Comparator<T>
    thenComparing(Function<? super T, ? extends U> keyExtr) {...}
  static <T, U extends Comparable<? super U>> Comparator<T>
```

```
      comparing(Function<? super T, ? extends U> keyExtractor) {...}
    static <T> Comparator<T>
      comparingInt(ToIntFunction<? super T> keyExt) {...}
    static <T extends Comparable<? super T>> Comparator<T>
      naturalOrder() {...}
    ...
}
```

Listing 8.3 *Interface java.util.Comparator (Ausschnitt)*

Das Interface `Comparator` definiert insgesamt 16 Default- und statische Methoden zur Erzeugung von `Comparator`-Objekten. Listing 8.3 zeigt einen Auszug dieser Methoden, wobei ihre Implementierungen weggelassen werden. Im Folgenden werden einige wichtige Methoden beispielhaft beschrieben:

`naturalOrder`

Für Klassen, die das Interface `Comparable` implementieren, kann man mit der statischen Methode `naturalOrder` einen dazugehörigen Comparator erzeugen. Die `compare`-Methode des erzeugten Comparators verwendet dabei die Methode `compareTo` der entsprechenden Klasse. Zum Beispiel kann ein Comparator für `Person`-Objekte, die `Comparable` implementieren, wie folgt erzeugt werden:

```
Comparator<Person> personComparator = Comparator.naturalOrder();
```

`comparing`

Bei der statischen Methode `comparing` wird über einen Funktionsparameter `keyExtractor` das Vergleichskriterium bestimmt, das der erzeugte `Comparator` für den Vergleich heranziehen soll. Dabei garantiert der Typconstraint `U extends Comparable<? super U>`, dass der Ergebniswert der Funktion das Interface `Comparable` implementiert. Zum Beispiel kann man einen Comparator für den Vergleich von `Person`-Objekten nach dem Nachnamen wie folgt erzeugen:

```
Comparator<Person> nameComparator =
      Comparator.comparing(person -> person.lastName());
```

`comparingInt`

Für den Vergleich auf Basis von Eigenschaften mit dem Typ `int`, `long` oder `double` gibt es spezielle Methoden. So dient die Methode `comparingInt` zum Vergleich von Eigenschaften vom Typ `int`. Sie hat einen Funktionsparameter vom Typ `ToIntFunction`. Damit können wir zum Beispiel einen Vergleich von Personen nach dem Alter realisieren:

```
Comparator<Person> ageComparator =
      Comparator.comparingInt(Person::age);
```

Ebenso gibt es die statischen Methoden `comparingLong` und `comparingDouble`, die Vergleiche von `long`- und `double`-Werten unterstützen.

`thenComparing`

Die Methode `thenComparing`, von denen es mehrere überladene Varianten gibt, unterstützt die Verkettung von mehreren Vergleichskriterien. In Listing 8.3 sind zwei Varianten angeführt. Die erste Variante hat als Parameter einen zweiten Comparator und erlaubt somit, die beiden zu kombinieren. Erkennt der erste Comparator die beiden Objekte als gleich, wird der zweite Comparator angewendet. Zum Beispiel können wir die beiden Comparators für `Person`-Objekte von oben kombinieren, sodass zuerst die Namen und bei Namensgleichheit die Altersangaben verglichen werden:

```
Comparator<Person> personComparator =
      nameComparator.thenComparing(ageComparator);
```

Die zweite in Listing 8.3 angeführte Variante von `thenComparing` verwendet eine Zugriffsfunktion für das Vergleichskriterium. Es handelt sich um eine verkürzte Variante, die das Erzeugen eines entsprechenden Comparators mit `comparing` kapselt. Damit könnte man obigen Comparator auch wie folgt erzeugen:

```
Comparator<Person> personComparator =
     nameComparator.thenComparing(Person::getAge);
```

`reversed`

Mit der Methode `reversed` kann aus einem Comparator ein Comparator mit umgekehrter Reihenfolge erzeugt werden.

`nullsFirst` und `nullsLast`

Zudem existieren die statischen Methoden `nullsFirst` und `nullsLast` für die spezielle Behandlung von `null`-Werten.

Als abschließendes Beispiel soll nun ein Vergleichsoperator definiert werden, der eine Reihe von Kriterien nacheinander prüft. Wir nehmen an, dass bei einer Klasse `Person` zuerst der Nachname, dann der Vorname und dann das Alter verglichen werden sollen und anschließend die Reihenfolge umgekehrt werden soll. Ein entsprechender Comparator kann mit den oben beschriebenen Methoden wie folgt erzeugt werden:

```
Comparator<Person> personComparator =
    Comparator.comparing(Person::lastName)
              .thenComparing(Person::firstName)
              .thenComparing(Person::age)
              .reversed();
```

8.2 Generatoren für Zufallswerte

Ein sehr anschauliches Beispiel, das zeigt, was man mit der Komposition von Funktionen erreichen kann, sind Generatoren für Zufallswerte. Erinnern wir uns dazu an die Funktion für Zufallszahlen aus Abschnitt 3.1. Die rein-funktionale Lösung `rand` hatte einen Parameter `seed` und erzeugt daraus ein Paar mit Zufallszahl und nächstem Seed-Wert:

```
public static Pair<Integer, Long> rand(Long seed)
```

Um mehrere Zufallswerte zu generieren, wird immer der Seed der letzten Anwendung an die nächste Anwendung weitergegeben:

```
long seed = 1231234197L;
Pair<Integer, Long> r1 = rand(seed);
Pair<Integer, Long> r2 = rand(r1.snd());
```

Die Generatoren für Zufallswerte, die wir hier aufbauen, folgen dem gleichen Prinzip. Generatoren werden nun aber durch Funktionsobjekte vom Typ `Function<Long, Result<A>>` realisiert, die einen Seed-Wert vom Typ `Long` auf ein `Result` mit dem Zufallswert vom Typ `A` abbilden. Dabei ist `Result` ein Record, der den Zufallswert vom Typ `A` und den nächsten Seed-Wert beinhaltet:

```
public record Result<A>(A rand, Long seed) {...}
```

Zum Beispiel kann ein Funktionsobjekt zur Erzeugung von Int-Werten mit folgendem Lambda-Ausdruck definiert werden:

```
Function<Integer, Result<Integer>> intGen = seed -> {
  int i = (int) (seed >>> 16);
  long newSeed = (seed * 0x5DEECE66DL + 0xBL) & 0xFFFFFFFFFFFFL;
  return Result.of(i, newSeed);
};
```

Dieses Funktionsobjekt können wir auf einen `Long`-Wert anwenden und bekommen ein `Result` mit Zufallszahl und nächstem `Long`-Wert:

```
Result<Integer> result = intGen.apply(7L);
```

Wenn wir einige Zahlen generieren wollen, müssen wir jeweils den Seed aus der letzten Anwendung für die nächste Anwendung verwenden. Im Folgenden werden auf diese Weise in einer Schleife 10 Zufallszahlen generiert:

```
Result<Integer> result = intGen.apply(7L);
    for (int i = 0; i < 10; i++) {
      System.out.println(result.rand());
      result = intGen.apply(result.seed());
    }
```

8.2.1 Monade Gen<A>

Erinnern wir uns an die Monade Reader aus Abschnitt 7.3.3: Reader sind Funktionsobjekte und mit der monaden Verknüpfung mit flatMap werden Funktionsobjekte zusammengebaut, das heißt, das Ergebnis sind wieder Reader-Objekte, die schließlich auf einen Kontext angewendet wurden.

Bei den Generator-Funktionen geht man nun in gleicher Weise vor. Wir führen dazu in Listing 8.4 ein eigenes funktionales Interface Gen<A> ein, das von Function<Long, Result<A>> ableitet. Für Gen<A> implementieren wir dann die Operationen of und flatMap, um daraus eine Monade zu machen. Die Methode of wird mit einem Wert vom Typ A aufgerufen und gibt ein Funktionsobjekt zurück, das einen Seed-Wert seed auf ein Result mit Wert a und den gegebenen Seed-Wert abbildet. Es wird also nur der Wert a in ein Funktionsobjekt verpackt. Die Methode flatMap hat exakt die Signatur, wie sie für eine Monade erwartet wird (vgl. Abschnitt 7.3.3): Parameter ist eine Funktion mit Argument vom Typ A und Wert vom Typ Gen<B> (jeweils noch kontravariant und kovariant definiert). Der Rückgabewert von flatMap ist ein Funktionsobjekt vom Typ Gen<B>. Das erzeugte Funktionsobjekt arbeitet wie folgt:

- Es wendet dieses Gen-Objekt auf den Wert von seed an. Das Ergebnis ist ein Result mit Wert vom Typ A und neuem Seed-Wert. Der Wert wird in der Variablen thisResult gespeichert.
- Dann wird auf den Wert von thisResult der mapper angewendet, was einen Generator vom Typ Gen<B> liefert. Für diesen Generator wird nun apply mit dem Seed-Wert der ersten Anwendung aufgerufen, was einen Wert mit Typ Result<B> ergibt.
- Die erzeugte Funktion ist also vom Typ Function<Long, Result<B>> und dieses Objekt ist der Rückgabewert von flatMap.

```
@FunctionalInterface
public interface Gen<A> extends Function<Long, Result<A>> {
  // inherited: Result<A> apply(long seed);

  static <A> Gen<A> of(A a) {
    return seed -> Result.of(a, seed);
  }

  default <B> Gen<B> flatMap(
          Function<? super A, Gen<? extends B>> mapper) {
    return seed -> {
      Result<A> thisResult = this.apply(seed);
      return (Result<B>)mapper.apply(thisResult.rand())
                              .apply(thisResult.seed());
    };
  }

  default <B> Gen<Pair<A, B>> compose(Gen<B> other) {
    return this.flatMap(a -> other.flatMap(b -> of(Pair.of(a, b))));
  }
```

```
  default <B> Gen<B> map(Function<? super A, ? extends B> mapper) {
    return this.flatMap(a -> of(mapper.apply(a)));
  }
}
```

Listing 8.4 *Funktionales Interface Gen*

Was bewirkt nun diese doch etwas ungewöhnliche Implementierung von `flatMap`? Es ist nichts anderes als die Verkettung dieses Generators und des durch den `mapper` erzeugten Generators, wobei der zweite Generator mit dem Seed-Wert aus der ersten Anwendung aufgerufen wird.

Allerdings geht bei der Anwendung von `flatMap` der erste Zufallswert, der vom Typ `A` ist, verloren. Die Wirkung entfaltet `flatMap` erst bei der Implementierung von weiteren Methoden. Um das zu demonstrieren, ist in Listing 8.4 auch eine Methode `compose` angegeben, die einen Generator für Paare mit Werten vom Typ `A` und Typ `B` liefert. Es wird dabei dieser Generator mit dem durch die Abbildungsfunktion `mapper` erzeugten Generator verkettet. Den Abschluss in der Kette bildet der mit `of` erzeugte Generator für das Paar mit den Zufallswerten `a` und `b`.

In Listing 8.4 ist auch bereits die Implementierung von `map` mit `flatMap` gegeben. Es handelt sich dabei um die kanonische Implementierung von `map` bei Monaden, wie wir diese in Abschnitt 7.3 beschrieben haben: Es wird `flatMap` mit einer Abbildungsfunktion aufgerufen, in der zuerst die Funktion `mapper` angewendet und dann der Ergebniswert mit `of` in ein Gen<B>-Objekt verpackt wird.

8.2.2 Erzeugen von Generatoren mit map

Besonders die Methode `map` ist nun sehr nützlich. Wir können nämlich mit dieser aus einem Generator einen Generator für andere Werte ableiten. Zum Beispiel können wir aus dem Generator `intGen` für beliebige Integer-Werte einen Generator für positive `Integer`-Werte erzeugen:

```
Gen<Integer> posIntGen = intGen.map(i -> Math.abs(i));
```

Diesen kann man auf einen Generator für `Double`-Werte zwischen 0 und 1 abbilden:

```
Gen<Double> doubleGen = posIntGen.map(i -> 1.0 * i / Integer.MAX_VALUE);
```

In gleicher Weise kann man sehr einfach Generatoren für viele unterschiedliche Werte erzeugen. Listing 8.5 zeigt dazu einige Beispiele:

- `intFromToGen` gibt einen Generator für `Integer`-Zahlen zwischen `from` und `to` zurück.
- `doubleFromToGen` gibt einen Generator für `Double`-Zahlen zwischen `from` und `to` zurück.
- `boolGen` gibt einen Generator für Boole'sche Werte zurück, der mit der Wahrscheinlichkeit `prob` den Wert `true` und sonst `false` liefert.

- oneOfGen gibt einen Generator für Werte aus den gegebenen Alternativen zurück.

```
Gen<Integer> intFromToGen(int from, int to) {
   return posIntGen.map(i -> to - from > 0 ? i % (to - from) + from : from);
}

Gen<Double> doubleFromToGen(double from, double to) {
  return doubleGen.map(d -> d * (to - from) + from);
}

public static Gen<Boolean> boolGen(double prob) {
  return doubleGen.map(d -> d < prob);
}

<A> Gen<A> oneOfGen(A...alternatives) {
  return intToGen(alternatives.length).map(i -> alternatives[i]);
}
```

Listing 8.5 *Durch map erzeugte Generatoren*

8.2.3 Generatoren für Listen und Wörter

Wie wir sehen, sind die Möglichkeiten vielfältig. Im Folgenden wollen wir noch zeigen, wie man auch Generatoren für komplexere Werte bilden kann, nämlich für Listen mit zufälligen Werten und dann für Wörter zufälliger Länge und bestehend aus zufälligen Buchstaben.

Wir führen dazu im Interface `Gen<A>` eine Default-Methode `list` ein, die einen Generator vom Typ `Gen<FList<A>>` für Listen der Länge `length` und zufälligen Werten vom Typ `A` liefert. Die Methode überprüft, ob `length` gleich null ist, und erzeugt dann mit `of` einen Generator mit der leeren Liste. Ansonsten wird auf diesen Generator `flatMap` aufgerufen. Die Abbildungsfunktion von `flatMap` bildet den Zufallswert `a` auf den durch den rekursiven Aufruf mit `length - 1` erzeugten Generator ab. Dieser erzeugt schließlich eine um eins kürzere Liste. Er wird dann noch mit `map` abgebildet und so der Zufallswert `a` angefügt.

```
@FunctionalInterface
public interface Gen<A> extends Function<Long, Result<A>> {
  ...
  default Gen<FList<A>> list(int length) {
    if (length <= 0) return of(FList.empty());
    else return this.flatMap(a -> list(length - 1).map(l -> l.add(a)));
  }
}
```

Mit list ist es nun einfach, einen Generator für Strings mit Buchstaben zu erstellen. Zuerst erzeugen wir mit oneOfGen einen Generator letterGen für Buchstaben:

```
public static Gen<Character> letterGen =
    oneOfGen('a', 'b', 'c', 'd', 'e', 'f', 'g', 'h', 'm', 'n',
             'o', 'p', 'q', 'r', 's', 't', 'u', 'v', 'w', 'x', 'y', 'z');
```

Die Methode wordGen verwendet letterGen und einen Generator für Zufallszahlen zwischen min und max. Der Generator intFromToGen(min, max) liefert eine Zufallszahl für die Länge. Mit flatMap wird diese Länge len auf einen Generator für Listen mit Buchstaben der Länge len abgebildet. Schließlich wird mit map und unter Verwendung der Hilfsmethode stringFromList die Liste der Buchstaben in einen String umgewandelt.

```
public static Gen<String> wordGen(int min, int max) {
   return intFromToGen(min, max)
                      .flatMap(len -> letterGen.list(len)
                         .map(letterList -> stringFromList(letterList)));
}
```

8.2.4 Unendliche Iteratoren für Zufallswerte

Wie arbeitet man nun am besten mit den Generatoren für Zufallswerte? Eine Möglichkeit ist, einen unendlichen Iterator, wie in Abschnitt 5.6.2 eingeführt, für Zufallswerte zu definieren, mit dem man beliebig einen nächsten Zufallswert abrufen kann.

Listing 8.6 zeigt die Implementierung. Zunächst wird eine Methode resultIterator eingeführt, die einen Iterator für Objekte vom Typ Result<A> erzeugt. Der Iterator wendet den Generator einmal mit dem gegebenen Seed-Wert an und man erhält einen ersten Result-Wert. Dann wird mit iterate ein fauler Iterator erzeugt: Initialwert ist das erste Result-Objekt; die Funktion für den nächsten Wert wendet den Seed-Wert des aktuellen Result-Objekts auf den Generator an und erzeugt so den nächsten Result-Wert.

Für den Iterator für Werte vom Typ A verwenden wir nun den Iterator für die Result-Werte. Der Iterator wird mit einer anonymen Klasse erzeugt. Zuerst wird mit der Methode resultIterator der Iterator für die Result-Werte erzeugt und in einer lokalen Variablen rIterator gespeichert. Er wird einmal angewendet und der Wert in der Variablen result gespeichert. Die Methode hasNext verwendet hasNext von rIterator. Die Methode next sichert sich nun den Zufallswert von result in Variablen val, ruft dann next von rIterator auf und speichert diesen nächsten Result-Wert wieder in result. Der Zufallswert val wird dann zurückgegeben.

```
@FunctionalInterface
public interface Gen<A> extends Function<Long, Result<A>>, Iterable<A> {
  ...
  default Iterator<Result<A>> resultIterator(long seed) {
    Result<A> initial = this.apply(seed);
    return Lazy.iterator(initial, result -> {
                return this.apply(result.seed());
            });
  }
  default Iterator<A> iterator() {
    return new Iterator<A>() {
      Iterator<Result<A>> rIterator =
            resultIterator(new Random().nextLong());
      Result<A> result = rIterator.next();
      @Override
      public boolean hasNext() {
        return rIterator.hasNext();
      }

      @Override
      public A next() {
        A val = result.rand();
        result = rIterator.next();
        return val;
      }
    };
  }
```

Listing 8.6 *Unendlicher Iterator für Zufallswerte*

Mit der Implementierung der Methode `iterator` kann das Interface `Gen<A>` das Interface `Iterable<A>` erweitern. Mit einer For-Schleife kann damit über Zufallszahlen iteriert werden, bis ein Ziel erreicht ist.

```
for(int randInt: posIntGen) {
     // Verwenden der Zufallswerte ...
}
```

Die Generatoren für Zufallswerte wurden ursprünglich im Testsystem *QuickCheck* eingeführt [41]. Hier werden sie verwendet, um zufällige Testwerte zu generieren. In Abschnitt 13.3 wird eine einfache Implementierung von QuickCheck vorgestellt und die Generatoren werden dann eingesetzt.

8.3 Kombinator-Parser[1]

Ein sehr bekanntes Beispiel aus der Literatur zur funktionalen Programmierung sind Kombinator-Parser (engl. *Parser Combinators*) [42]. Bei Kombinator-Parsern werden Parser als Funktionsobjekte realisiert, die einen Input erhalten und ein Parse-Ergebnis liefern. Damit erfolgt Parsen durch das Anwenden von Funktionsobjekten. Kombinator-Parser folgen dem Prinzip der Funktionskomposition, indem Parser für einfache Elemente mithilfe von Kombinationsoperatoren zu Parsern für komplexere Elemente kombiniert werden. Und tatsächlich bilden Parser auch Monaden, sie werden daher auch als *monade Parser* bezeichnet.

Im Folgenden wird ein einfaches System für Kombinator-Parser realisiert, mit dem Parser analog zu Grammatiken in EBNF-Notation aufgebaut werden können. In EBNF werden Grammatikregeln mit sequenzieller Anordnung von Elementen, optionalen Elementen, Alternativen und Wiederholung von Elementen definiert. In unserer Parser-Implementierung werden wir Kombinationsoperatoren einführen, die den Möglichkeiten von EBNF entsprechen.

Kombinator-Parser in Java

Die hier vorgestellte Implementierung von Kombinator-Parsern ist sehr einfach. Es gibt jedoch in Java, wie auch in vielen anderen Sprachen, mächtige Implementierungen von Kombinator-Parsern. Eine mächtige Implementierung ist zum Beispiel *JParsec* [48], die eine Portierung der Haskell-Bibliothek *Parsec* [72] nach Java darstellt. Die hier entwickelte Implementierung orientiert sich an der Implementierung in Scala (siehe [91]).

8.3.1 Parser und Parser-Ergebnisse

Parser sind also Funktionsobjekte, die einen Input auf ein Resultat abbilden. Als Input wollen wir eine Liste von String-Tokens annehmen und verwenden dazu unsere funktionale Liste `FList`. Das Resultat einer Anwendung eines Parsers auf einen Input kann entweder ein Erfolg mit dem geparsten Wert oder ein Misserfolg mit einer Exception sein. Wir führen dazu einen algebraischen Datentyp `Result` mit den Varianten `Success` und `Failure` ein. Listing 8.7 zeigt die Implementierung. Das Interface definiert folgende Zugriffsmethoden:

`value`: für den Zugriff auf den Parse-Wert
`excpt`: für den Zugriff auf die `ParseException` bei einem Misserfolg
`rest`: für die Liste der Tokens, die noch nicht geparst wurden

1. Dieser Abschnitt beschreibt ein fortgeschrittenes Anwendungsbeispiel der funktionalen Programmierung und kann eventuell bei erstmaligem Lesen übersprungen werden.

Daneben gibt es auch Default-Methoden `successful` und `failed`, um zu prüfen, ob das Resultat ein Erfolg oder Misserfolg ist, und statische Methoden `success` und `failure`, um ein `Success`- oder ein `Failure`-Objekt zu erzeugen.

Die Varianten sind mit den Record-Klassen `Success` und `Failure` implementiert. Die Record-Klasse `Success` definiert Komponenten für den Parse-Wert `value` und die Restliste `rest`, die Methode `expt` liefert hingegen `null`. Bei `Failure` sind die Komponenten `excpt` und auch die Restliste `rest` definiert, aber `value` liefert `null`.

```
public interface Result<T> {

  public static <T> Success<T> success(T value, FList<String> rest) {
    return new Success<T>(value, rest);
  }
  public static <T> Failure<T> failure(
             ParseException excpt, FList<String> rest) {
    return new Failure<T>(excpt, rest);
  }

  T value();
  ParseException excpt();
  FList<String> rest();

  default boolean successful() {
      return this instanceof Result.Success<T> ? true : false;
  }

  default boolean failed() {
      return this instanceof Result.Failure<T> ? true : false;
  }

  public record Success<T>(T value, FList<String> rest)
             implements Result<T> {
    @Override
    public ParseException excpt() {
      return null;
    }
  }

  public record Failure<T>(ParseException excpt, FList<String> rest)
             implements Result<T> {
    @Override
    public T value() {
      return null;
    }
  }
}
```

Listing 8.7 *ADT Result mit Varianten Success und Failure für Resultate von Parse-Schritten*

Listing 8.8 definiert das funktionale Interface `Parser`. Es leitet von `Function<FList<String>, Result<T>>` ab und erbt somit die abstrakte Methode `apply` mit einem Parameter vom Typ `FList<String>` und einem Rückgabewert vom Typ `Result<E>`.

```
public interface Parser<E>
        extends Function<FList<String>, Result<E>> {
    // erbt: Result<E> apply(FList<String> t)
    ...
}
```

Listing 8.8 *Interface Parser<E>*

Damit können wir einen Parser mit einem Lambda-Ausdruck definieren. Der einfachste Parser ist ein Parser `anyToken`, der jedes Token akzeptiert. Dieser schlägt nur fehl, wenn der Input leer ist. Ansonsten wird mit der Methode `success` ein `Success`-Objekt mit dem ersten Token als Parse-Wert und den restlichen Tokens als verbleibender Input erzeugt:

```
Parser<String> anyToken =
  input -> input.size() != 0 ?
           Result.success(input.head(), input.tail()) :
           Result.failure(new ParseException("Empty input"), input);
```

Wenn man diesen Parser auf eine Liste von Tokens `"x"` und `"y"` anwendet

```
FList<String> tokens = FList.of("x", "y");
Result<? extends String> result = anyToken.apply(tokens);
```

erhält man ein `Success`-Objekt mit `value` gleich `"x"` und der Liste `["y"]` mit den restlichen, noch nicht verwendeten Tokens:

```
Success[x, [y]]
```

Das ist noch ein ziemlich langweiliger Parser. Ein sinnvoller Parser wäre zum Beispiel einer, der nur bestimmte Arten von Tokens akzeptiert, z. B. ein Token, das nur Ziffern enthält. Auch das könnten wir mit einem Lambda-Ausdruck ähnlich zu `anyToken` definieren. Wir wollen die Aufgabe aber grundsätzlicher angehen und machen aus `Parser` eine Monade.

8.3.2 Monade Parser

Listing 8.9 führt die Methode `flatMap` zusammen mit den beiden statischen Methoden `success` und `failure` ein, sodass `Parser` eine Monade bildet. Die Methode `success` verpackt einen Wert in ein `Parser`-Objekt. Der Rückgabewert ist folglich ein Parser, der durch einen Lambda-Ausdruck erzeugt wird. Er bildet den Input nach einem Wert `Success` mit dem Wert `e` und den unveränderten Input ab. Die Signatur von `flatMap` entspricht exakt der Definition einer Monade (vgl. Abschnitt 7.3): Der Parameter von `flatMap` ist eine Funktion, die den Wert vom Typ `E` auf einen `Parser<R>` abbildet und das Ergebnis von `flatMap` ist auch vom Typ `Parser<R>`. Ähnlich wie `flatMap` bei `Gen` die Komposition von Zufallsgeneratoren definiert hat, definiert nun `flatMap` die Komposition von Parsern. Allerdings muss hier zusätzlich zur Hintereinanderausführung die Unterscheidung von Erfolg oder Misserfolg erfolgen. Der generierte Parser funktioniert, indem er zunächst angewendet wird. Dann wird das Ergebnis unterschieden: Wenn der Parse-Schritt erfolgreich war, wird durch die Abbildungsfunktion ein zweiter Parser erzeugt und auf die verbleibenden Input-Tokens angewendet. Ansonsten wird mit einem Fehler abgebrochen. Man beachte, dass in `flatMap` damit zwei Dinge erledigt werden:

- die Prüfung, ob der letzte Parse-Schritt erfolgreich war, und bei einem Fehler der Abbruch der Parse-Kette und
- bei Erfolg die Weitergabe des verbleibenden Inputs an den nächsten Parse-Schritt.

```
public interface Parser<E>
        extends Function<Fist<String>, Result<E>> {
  ...
  static <E> Parser<E> success(E e) {
    return input -> Result.success(e, input);
  }
  static <E> Parser<E> failure(String msg) {
    return input -> Result.failure(new ParseException(msg), input);
  }

  default <R> Parser<R> flatMap(
       Function<? super E, ? extends Parser<? extends R>> fn) {
    return
        input -> {
          Result<E> thisRslt = this.apply(input);
          if (thisRslt.successful()) {
            Parser<? extends R> sndPrs = fn.apply(thisRslt.value());
            return (Result<R>) sndPrs.apply(thisRslt.rest());
          } else {
            return (Result<R>)thisRslt;
          }
        };
  }

  default <R> Parser<R> map(Function<E, R> fn) {
     return flatMap(e -> Parser.of(fn.apply(e)));
  }

  default Parser<E> filter(Predicate<? super E> pred) {
     return flatMap(e ->
        pred.test(e) ? Parser.success(e) :
                       Parser.fail("predicate failed"));
  }
}
```

Listing 8.9 *Monade Parser mit Operatoren of und flatMap*

Mit `flatMap` kann man `map` und `filter` definieren:

> `map` ist durch die kanonische Form mit `flatMap` definiert (vgl. Abschnitt 7.3). Für `filter` verwenden wir die Methode `failure`, die ein `Parser`-Objekt liefert, das immer zu einem Misserfolg führt. Die Operation `filter` kann dann mit `flatMap` definiert werden. In der Abbildungsfunktion von `flatMap` wird das Argument `e` mit dem Prädikat getestet. Bei bestandenem Test wird einfach das Element `e` mit `success` in ein `Parser`-Objekt verpackt. Bei nicht bestandenem Test wird mit `failure` ein Parser für einen Misserfolg erzeugt.

Mit diesen Methoden können wir nun sinnvolle Parser bilden. Nehmen wir an, eine Methode `canParseInt` erlaubt, festzustellen, ob man aus dem gegebenen String einen Int-Wert parsen kann. Dann kann man auf Basis von `anyParser` einen Parser definieren, der einen Integer-Wert parst:

```
Parser<Integer> integer =
   anyToken.filter(t -> canParseInt(t))
           .map(ds -> Integer.parseInt(ds));
```

Zuerst wird mit `filter` nur ein Token akzeptiert, wenn es einem String für einen Int-Wert entspricht, und dann mit `map` das Token auf den Int-Wert abgebildet. Ergebnis ist ein Parser für Integer-Werte.

In analoger Weise und mit einer Methode `canParseDouble` kann ein Parser für Double-Werte definiert werden:

```
Parser<Double> doubleParser =
   anyToken.filter(t -> canParseDouble(t))
           .map(ds -> Double.parseDouble(ds));
```

Der folgende Parser `identifier` akzeptiert ein Token, wenn es ein gültiger Identifier ist. Wir verwenden dazu die Methode `isIdentifier`, die prüft, ob der String dem Bildungsgesetz für Bezeichner in Java entspricht:

```
Parser<String> identifier = anyToken.filter(t -> isIdentifier(t));
```

Nun führen wir noch eine Methode `token` ein, die Parser liefert, die nur Tokens gleich dem Parameter `tkn` akzeptieren:

```
Parser<String> token (String tkn) {
    return anyToken.filter(t -> t.equals(tkn));
}
```

Mit `token` lassen sich konkrete Strings parsen. Im Folgenden sind zwei Parser `open` und `close` gegeben, die eine öffnende und schließende Klammer parsen:

```
Parser<String> open = token("(");
Parser<String> close = token(")");
```

Im folgenden Beispiel ist die Anwendung dieser Parser gezeigt. Gegeben sei eine Inputliste wie folgt:

```
FList<String> input = FList.of("(", "x", "+", "1", ")");
```

Damit können wir zuerst eine runde Klammer parsen und erhalten ein Resultat mit "(" als Wert und den restlichen Tokens:

```
Result<String> r1 = open.apply(input);         // Success[(, [x, +, 1, )]]
```

Auf den restlichen Input wenden wir nun den Parser für Identifier an:

```
Result<String> r2 = identifier.apply(r1.rest); // Success[x, [+, 1, )]]
```

Auf diese Weise wird jeweils für die restlichen Tokens die Anwendung der Parser fortgesetzt, bis alle Tokens geparst sind:

```
Result<String> r3 = token("+").apply(r2.rest);// Success[+, [1, )]]
Result<Integer> r4 = integer.apply(r3.rest);  // Success[1, [)]]
Result<String> r5 = close.apply(r4.rest);     // Success[), []]
```

8.3.3 Kombinationsoperatoren

Die Parser werden aber erst mächtig, wenn wir auch Kombinationsoperatoren für Sequenzen, Optionen, Wiederholungen und Alternativen einführen.

Sequenzen

Listing 8.10 definiert Operatoren, um Parser in Serie zu schalten. Mit der Operation `then` wird ein Parser erzeugt, der zuerst diesen Parser anwendet, dann den als Parameter angegebenen Parser und schließlich beide Ergebnisse in ein Paar verpackt. Für die Implementierung von `then` wird mit `flatMap` eine Kette mit diesem Parser und dem zweiten Parser gebildet und dann mit `map` beide Werte auf ein Paar abgebildet.

Mit `then` können wir z. B. einen Parser bilden, der einen Identifier und einen Integer parst:

```
Parser<Pair<String, Integer>> idPlusIntegerParser =
      identifier.then(integer);
```

Und diesen auf eine Tokenliste `FList.of("x", "1")` anwenden:

```
Result <Pair<String, Integer>> pairResult =
      idPlusIntegerParser.apply(FList.of("x", "1"));
```

Das Ergebnis ist ein `Success`-Wert mit dem Paar `("x", 1)` als Parse-Wert:

```
Success[(x, 1), []]
```

Des Weiteren führen wir noch zwei Varianten von `then` ein. Die Methoden `left` und `right` sind beide wie `then` eine Kombination von diesem Parser und den im Parameter angegebenen Parsern. Es wird aber nur einer der beiden Werte als Parse-Ergebnis weitergegeben, bei `left` eben das linke und bei `right` das rechte Ergebnis. Die Implementierung verwendet `then` und mit `map` wird das Ergebnispaar auf den ersten bzw. zweiten Wert abgebildet.

```
@FunctionalInterface
public interface Parser<E>
            extends Function<FList<String>, Result<E>> {
  ...
  default <S> Parser<Pair<E, S>> then(Parser<S> second) {
    return flatMap(thisElem ->
        second.map(sndElem ->
            Pair.<E, S>of(thisElem, sndElem)));
  }
   default <S> Parser<E> left(Parser<S> second) {
    return then(second).map(pair -> pair.fst());
  }

  default <S> Parser<S> right(Parser<S> second) {
    return then(second).map(pair -> pair.snd());
  }
  ...
}
```

Listing 8.10 *Kombinationsoperatoren then, left und right*

Mit `left` und `right` werden damit Parser erzeugt, die zwar beide Elemente parsen, aber nur ein Ergebnis weiterreichen. Zum Beispiel kann man mit `right` einen Parser für eine öffnende Klammer und einen Integer kombinieren, im Ergebnis ist aber nur der Integer-Wert enthalten:

```
Parser<Integer> openAndIntParser = open.right(integer);
Result<Integer> integerResult =
   openAndIntParser.apply(FList.of("(", "123"));   // Success[123, []]
```

Ebenso kann man einen Parser für einen Identifier gefolgt von einer schließenden Klammer bilden:

```
Parser<String> idAndCloseParser = identifier.left(close);
Result<String> idResult =
    idAndCloseParser.apply(FList.of("x", ")"));    // Success[x, []]
```

Im nächsten Abschnitt werden wir bei der Definition eines Parsers für arithmetische Ausdrücke sehen, wie vorteilhaft man diese beiden Operatoren einsetzen kann.

Optionen

Listing 8.11 zeigt die Default-Methode `opt` für Parser für optionale Elemente. Sie erzeugt einen Parser, der versucht, diesen Parser anzuwenden. Ist dieser erfolgreich, wird das Ergebnis in einem Optional verpackt als Erfolg zurückgegeben. Ist der Parse-Schritt aber nicht erfolgreich, ist das Ergebnis auch ein Erfolg, aber ohne Parse-Ergebnis, sondern mit dem Wert `Optional.empty()` und den unveränderten Input-Tokens:

```
default Parser<Optional<E>> opt() {
  return input -> {
    Result<? extends E> r = this.apply(input);
    if (r.successful())
      return Result.success(Optional.of(r.result), r.rest);
    else
      return Result.success(Optional.empty(), input);
  };
}
```

Listing 8.11 *Kombinationsoperator opt*

Die Anwendung von `opt` wird in folgendem Beispiel gezeigt. Es soll eine optionale runde Klammer geparst werden. Das Ergebnis ist ein Parser für einen Wert vom Typ `Optional<String>`:

```
Parser<Optional<String>> optOpen = open.opt();
Result<Optional<String>> rOpt1 =
   optOpen.apply(FList.of("(", "1"));       // Success[Optional[(], [1]]
Result<Optional<String>> rOpt2 =
   optOpen.apply(FList.of("1"));            // Success[Optional.empty, [1]]
```

In der ersten Anwendung ist das nächste Token tatsächlich eine Klammer, bei der zweiten Anwendung nicht. Beide Male ist das Ergebnis ein Erfolg, aber im zweiten Fall mit Ergebniswert `Optional.empty()`.

Wiederholungen

Die Methode `mult` aus Listing 8.12 erzeugt aus diesem Parser einen Parser, der den Parser mehrfach anwendet und die Ergebnisse in einer Liste vom Typ `FList` sammelt. Die Methode arbeitet mit rekursiven Aufrufen von `mult`. Solange der Parser erfolgreich ist, wird `mult` auf die Restliste angewendet. Im rekursiven Aufstieg werden die Parse-Ergebnisse dann zu einer Liste kombiniert.

```
default Parser<FList<E>> mult() {
  return input -> {
    Result<E> r = this.apply(input);
    if (r.failed()) {
      return Result.success(FList.empty(), input);
    } else {
      Result<FList<E>> rRest = mult().apply(r.rest());
     return Result.success(rRest.value().add(r.value()), rRest.rest());
    }
  };
}
```

Listing 8.12 *Kombinationsoperator mult*

Das heißt, die Methode liefert ein Funktionsobjekt mit dem Argument `input` und folgendem Rumpf:

- Es wird dieser Parser auf den Input angewendet. Ergebnis ist ein `Result`-Objekt, das in `r` gespeichert wird.
- Ist die Anwendung nicht erfolgreich, wird ein `Result`-Objekt mit der leeren Liste und dem unveränderten Input zurückgegeben.
- Ist die Anwendung erfolgreich, wird der Parser `mult` mit den restlichen Inputs angewendet. Das liefert ein Resultat mit der Liste der aus der Restliste geparsten Tokens. Für das endgültige Resultat wird dann der vorher geparste Wert an die Liste angefügt.

Auch hier wollen wir die Anwendung zeigen. Folgender Parser parst eine beliebige Anzahl von Integers:

```
Parser<FList<Integer>> integers = integer.mult();
```

Die Anwendung auf eine Liste mit Tokens `"1"`, `"2"`, `"3"` und `"x"` ergibt ein Resultat mit der Liste `[1, 2, 3]` und den restlichen Tokens `["x"]`:

```
Result<FList<Integer>> isResult =
    integers.apply(FList.of("1", "2", "3", "x"));     // Success[[1, 2, 3], [x]]
```

Alternativen

Schließlich benötigen wir noch einen Operator für Alternativen. Listing 8.13 zeigt die statische Methode `alt`, die das leistet. Parameter der Methode sind die Parser, die die Alternativen darstellen. Der erzeugte Parser ist erfolgreich, wenn einer der Parser erfolgreich ist.

Die Methode verwendet also einen Vararg-Parameter für die alternativen Parser. Allerdings werden diese nicht direkt übergeben, sondern die Parameter sind `Supplier`-Objekte, die die Parser liefern. Die `Supplier`-Objekte sind bei rekursiven Abhängigkeiten notwendig, das heißt, wenn einer der alternativen Parser den gerade definierten Parser verwendet. Das werden wir im Beispiel im nächsten Abschnitt auch zeigen und dann noch genauer beschreiben.

Die Methode `alt` erzeugt ein `Parser`-Objekt, das in einer Schleife die `Parser`-Objekte nacheinander anwendet und beim ersten Erfolg das Resultat zurückgibt. Wenn keiner der `Parser`-Objekte erfolgreich ist, wird schließlich ein Misserfolg gemeldet. Man beachte die Typconstraints für den Typ des Resultats der `Parser`-Objekte. Es wird verlangt, dass die Resultate eine Spezialisierung des Typs `R` sind (`? extends R`). Damit ist garantiert, dass das Resultat des kombinierten Parsers zumindest vom Typ `R` ist.

```
static <R> Parser<R> alt(Supplier<Parser<? extends R>>... pSuppliers) {
  return input -> {
    for (Supplier<Parser<? extends R>> pSupplier : pSuppliers) {
      Result<? extends R> result = pSupplier.get().apply(input);
```

```
            if (result.successful())
              return (Result<R>) result;
          }
          return Result.failure(
                  new ParseException("Parser alt failed"), input);
        };
      }
```

Listing 8.13 *Kombinationsoperator alt*

Damit kann man einen Parser für einen Identifier oder für einen Integer als Alternative der Parser `identifier` und `integer` erzeugen:

```
Parser<Object> idOrIntParser = alt(() -> identifier, () -> integer);
```

Mit einer Anwendung auf eine Liste mit erstem Token `"x"` wird dieser geparst:

```
Result<Object> idOrIntResult =
   idOrIntParser.apply(FList.of("x", "123");        // Success[x, [123]]
```

Bei einer Anwendung mit erstem Token `"123"` eben ein Integer-Wert:

```
Result<Object> idOrIntResult =
   idOrIntParser.apply(FList.of("123", "x"));     // Success[123, [x]]
```

8.3.4 Parser für arithmetische Ausdrücke

Mit diesen Kombinationsoperatoren kann man Parser ähnlich wie EBNF-Grammatiken definieren. Wir greifen wieder das Beispiel mit den arithmetischen Ausdrücken aus Abschnitt 4.1 auf und definieren einen Parser, der aus einer Liste von Tokens einen `Expr`-Baum aufbaut. Den Parser, den wir definieren, folgt also folgender EBNF-Grammatik:

```
Expr = Val | Vbl | Add | Mult | Minus | Recip
Val = Double
Vbl = Identifier
Add = "(" Expr "+" Expr ")"
Mult = "(" Expr "*" Expr ")"
Minus = "(" "-" Expr ")"
Recip = "(" "/" Expr ")"
```

Das heißt, die Eingabesätze entsprechen den Strings, die die Methode `toString` von `Expr` liefert.

Analog zu den Regeln der EBNF-Grammatik werden nun `Parser`-Objekte definiert. Dabei werden mit `map` gleichsam zu semantischen Aktionen auch gleich die entsprechenden `Expr`-Objekte erzeugt. So wird der Parser für `Val`-Werte definiert, indem man vom Parser `doubleParser` für Double-Werte ausgeht und diesen mit `map` auf einen Parser für `Val`-Werte abbildet:

```
Parser<Val> value =  doubleParser.map(value -> new Val(value));
```

Einen Parser für Vbl-Objekte bildet man in ähnlicher Weise. Der Parser identifier parst Variablennamen, die mit map auf das Vbl-Objekt abgebildet werden:

```
Parser<Vbl> variable = identifier.map(name -> new Vbl(name));
```

Die beiden Parser parsen die atomaren Elemente. Betrachten wir nun die Parser für die unären und binären Operationen und beginnen mit dem unären Operator für Minus: Für eine Minus-Operation muss zuerst eine öffnende Klammer stehen, dann ein Minuszeichen folgen, schließlich ein beliebiger Ausdruck kommen und am Ende eine schließende Klammer abschließen. Wir benötigen also einen Parser für beliebige Ausdrücke. Für diesen Parser führen wir eine Methode expr ein, die wir schließlich als Alternative der anderen Parser definieren werden:

```
Parser<Expr> expr() { ... }
```

Damit können wir den Parser für Minus-Operationen definieren. Zuerst wird mit open die öffnende Klammer geparst. Dieser wird mit then mit dem Parser token("-") für das Minuszeichen fortgesetzt. Dann folgt der Parser für den Ausdruck. Allerdings verwenden wir den Operator right, damit nur das Ergebnis von expr weitergereicht wird. Es folgt mit close der Parser für die schließende Klammer. Dieser wird mit left kombiniert, sodass schließlich nur der Unterausdruck im Ergebnis enthalten ist. Damit wird dann mit map das Minus-Objekt erzeugt.

```
public static Parser<Minus> minus =
  open
    .then(token("-"))
      .right(expr())
        .left(close)
          .map(expr -> new Minus(expr));
```

In exakt gleicher Weise wird der Parser für die Recip-Ausdrücke definiert:

```
public static Parser<Recip> recip =
  open
    .then(token("/"))
      .right(expr())
        .left(close)
          .map(expr -> new Recip(expr));
```

Auch die Parser für Addition und Multiplikation werden in analoger Weise definiert, es müssen aber zwei Unterausdrücke geparst werden. Nachfolgend wird der Parser für die Addition gezeigt. Es beginnt mit einer öffnenden Klammer kombiniert mit right mit dem linken Unterausdruck, kombiniert mit left mit dem Plus-Symbol. Hier ist das Parse-Ergebnis der linke Unterausdruck. Mit then wird der Parser für den rechten Unterausdruck kombiniert. Parse-Ergebnis ist das Paar der Unterausdrücke. Mit dem Parser für die schließende Klammer wird abgeschlossen und mit left nur das Paar der Unterausdrücke weitergereicht. Mit map wird aus dem Paar das Add-Objekt erzeugt.

```
Parser<Add> add =
  open
    .right(expr()
      .left(token("+"))
        .then(expr()))
          .left(close)
            .map(leftRight -> new Add(leftRight.fst(), leftRight.snd()));
```

Der Parser `mult` für Multiplikation wird in gleicher Weise definiert, es muss nur `"+"` durch `"*"` und `Add` durch `Mult` ersetzt werden.

Somit sind wir bereit, den finalen Parser für beliebige Ausdrücke als Alternative der oben definierten Parser zu definieren. Im Gegensatz zu den obigen Parsern, die in entsprechenden Variablen gespeichert wurden, wird hier eine Methode `expr` verwendet. Diese ist notwendig, um die Vorwärtsreferenz in obigen Parsern aufzulösen. Wir sehen, dass die Alternativen mit `Supplier` definiert sind, die nur die Werte der entsprechenden Variablen liefern. Auch das ist notwendig, weil `expr` rekursiv ist. In den verwendeten Parsern `add`, `mult` etc. wird ja `expr` bereits verwendet. Würde man hier direkt diese Parser-Objekte verwenden, könnte die zyklische Abhängigkeit nicht aufgelöst werden. Durch die `Supplier`-Objekte kommt es aber zu einer verzögerten Auswertung und der Zyklus wird aufgelöst.

```
Parser<Expr> expr =
  alt(
        () -> value,
        () -> variable,
        () -> add,
        () -> mult,
        () -> minus,
        () -> recip
  );
```

Damit ist der Parser für arithmetische Ausdrücke abgeschlossen. Wir führen noch eine Methode `tokenize` ein, die aus einem Eingabestring eine Liste von Tokens erzeugt:

```
public static FList<String> tokenize(String str) {...}
```

So können wir eine Eingabezeile lesen, die Liste der Tokens berechnen, den Parser anwenden und den `Expr`-Baum aufbauen. Im folgenden Beispiel wird `expr` auf eine Inputzeile `"(x + (- y))"` angewendet:

```
Result<Expr> exprResult =
   expr().apply(tokenize("(x + (- y))"));
```

Ergebnis ist ein `Success` mit dem `Expr`-Baum als Parse-Wert:

```
Success[(x + (- y)), []]
```

8.4 Zusammenfassung

Funktionskomposition bedeutet, aus gegebenen Funktionen neue zusammengesetzte Funktionen zu erzeugen. In diesem Kapitel haben wir die Möglichkeiten der Funktionskomposition anhand verschiedener Anwendungsbeispiele demonstriert. Zuerst haben wir gesehen, dass die funktionalen Interfaces der Java-Bibliothek eine Reihe von Methoden für die Funktionskomposition zur Verfügung stellen. Dann haben wir ein Beispiel für Zufallswertgeneratoren eingeführt, wobei die Generatoren Funktionsobjekte zur Erzeugung von Zufallswerten waren. Das Interface `Gen<A>` bildet eine Monade, in der `flatMap` Generatoren kombiniert. Die Anwendung der Generatoren werden wir später in Kapitel 14 im funktionalen Testsystem QuickCheck sehen.

Anschließend wurde eine Implementierung von Kombinator-Parsern gezeigt. Kombinator-Parser sind Funktionsobjekte, die Inputs parsen und Parse-Resultate liefern. Mit Kombinationsoperatoren werden Parser für einfache Werte zu Parsern für komplexe Werte kombiniert. Wie Generatoren für Zufallswerte sind auch Parser Monaden und `flatMap` definiert die elementare Komposition von Parsern. Das Ziel der einfachen Implementierung in diesem Kapitel war es, die Prinzipien von Kombinator-Parsern zu demonstrieren. Es existieren aber auch mächtige Parser-Bibliotheken, z. B. JParsec [48] in Java, die nach denselben Prinzipien realisiert sind.

Teil III

Funktionale Systeme und Bibliotheken

Nachdem in Teil I die Grundlagen der funktionalen Programmierung in Java und in Teil II die wesentlichen Prinzipien eines funktionalen Programmdesigns beschrieben wurden, widmet sich Teil III dieses Buches den zentralen Systemen und Bibliotheken. Wie wir sehen werden, finden die in Teil II beschriebenen Prinzipien auch hier Anwendung.

- Kapitel 9 stellt ausführlich die Java-Streams vor – ein System, das die Verarbeitung von Mengen von Elementen mithilfe von höheren Funktionen ermöglicht.
- Kapitel 10 behandelt die parallele Verarbeitung von Streams.
- Kapitel 11 zeigt, wie man mit CompletableFuture asynchrone Operationen verketten kann.
- Kapitel 12 beschreibt ausführlich das System RxJava für reaktive Streams.
- Kapitel 13 behandelt das Testen von und mit Funktionen.

9 Streams

Streams sind neben den Lambda-Ausdrücken die wichtigste Neuerung in Java zur funktionalen Programmierung. Streams unterstützen das Verarbeiten einer Folge von Elementen. Insbesondere stellen Streams eine Reihe von höheren Funktionen zur Verfügung, wie wir diese bereits in Kapitel 5 für Collections gesehen haben.

Streams können sowohl sequenziell als auch parallel verarbeitet werden. In diesem Kapitel werden wir uns auf die sequenzielle Verarbeitung konzentrieren, um dann im nächsten Kapitel auf die parallele Verarbeitung einzugehen.

9.1 Grundlagen von Streams

Streams sind in Java Objekte, die einen Zugriff auf eine Folge von Elementen ermöglichen. Sie haben damit eine gewisse Verwandtschaft zu Collections. Allerdings unterscheiden sich Streams in wichtigen Aspekten von Collections. Die besonderen Eigenschaften von Streams lassen sich gut erkennen, wenn man Streams und Collections gegenüberstellt (siehe Tab. 9.1):

Im Gegensatz zu Collections speichern Streams keine Elemente, sondern stellen nur einen Zugriff auf Elemente bereit. Die Quelle der Elemente wird vom Stream abstrahiert. Ist die Quelle der Elemente eine Collection, wird auf die Elemente der Collection zugegriffen. Die Quelle kann aber zum Beispiel auch ein externes Medium oder ein Mechanismus zum Erzeugen der Elemente sein.

Auf Elemente kann mit Streams nur lesend zugegriffen werden. Das Hinzufügen oder Löschen von Elementen ist bei Streams nicht möglich.

Mit Streams kann man nur einmal über die Elemente iterieren. Will man die Elemente nochmals verarbeiten, muss ein neues Stream-Objekt erzeugt werden.

Streams arbeiten mit einer internen Iteration. Das bedeutet, dass die Iteration über die Elemente nicht im Anwenderprogramm implementiert wird, sondern intern im Stream erfolgt.

Streams arbeiten nach dem Prinzip der Bedarfsauswertung (engl: *lazy evaluation*), das heißt, Elemente werden erst bei Anforderung geliefert.

Die letzten beiden Eigenschaften, interne Iteration und Bedarfsermittlung, sind besonders wichtig. Sie werden daher im Folgenden noch näher betrachtet.

Collection	Stream
Speichern Elemente	Liefern Elemente
Anfügen, Löschen und Zugriff	Nur Zugriff
Mehrfache Iteration	Nur einmalige Iteration
Externe Iteration	Interne Iteration
Verarbeitung strikt im eifrigen Modus	Verarbeitung nicht-strikt nach Bedarf

Tab. 9.1 *Unterschied Collections und Streams*

9.1.1 Ein erstes Beispiel

Schauen wir uns aber zuerst ein erstes Beispiel an. In folgender Anweisung wird mit Stream-Operationen eine Liste von Artikeln (Record-Klasse `Article`) mit Namen und Preis verarbeitet. Es werden jene Artikel herausgefiltert, die einen Preis kleiner als 1000 haben, diese nach dem Preis sortiert, dann auf ihre Namen abgebildet und schließlich die Ergebnisse in einer Liste gesammelt. Die Ergebnisliste enthält somit die Namen der Artikel mit Preisen unter 1000:

```
List<Article> articles =
    List.of(new Article("A", 1500), new Article("B", 700), ...);
List<String> cheapArticleNames =
    articles.stream()
      .filter(a -> a.price() < 1000.0)
      .sorted(Comparator.comparingDouble((Article a) -> a.price()))
      .map(a -> a.name())
      .toList();
```

Wir sehen, dass Streams eine Verkettung von Operationen ermöglichen, wie wir sie in Abschnitt 7.3 beschrieben haben. `Stream` ist dabei die monade Container-Klasse. Zuerst wird mit der Operation `stream` ein `Stream`-Objekt erzeugt. Dieses wird jeweils mit den höheren Funktionen `map` und `filter` in weitere Streams abgebildet, bis schließlich mit der Terminaloperation `toList` eine Ergebnisliste erzeugt wird.

9.1.2 Externe vs. interne Iteration

Betrachten wir nun den Unterschied zwischen einer externen Iteration bei einer imperativen Lösung und einer internen Iteration bei Streams. Wir verwenden zur Veranschaulichung das obige Beispiel, aber diesmal ohne die Sortieroperation:

```
List<String> cheapArticleNames =
  articles.stream()
    .filter(a -> a.price() < 1000.0)
    .map(a -> a.name())
    .toList();
```

Eine imperative Lösung derselben Aufgabe würde wie folgt aussehen:

```
List<String> cheapArticleNames = new ArrayList<String>();
for (Article a : articles) {
  if (a.price() < 1000.0) {
    cheapArticleNames.add(a.name());
  }
}
```

Bei der imperativen Lösung ist die Iteration über die Elemente im Anwenderprogramm mit einer For-Schleife implementiert. Die Verarbeitung der Elemente erfolgt im Schleifenrumpf. Bei der funktionalen Variante ist die Schleife im Stream verborgen. Die Verarbeitungsschritte werden außerhalb der Schleife angegeben.

Bei der funktionalen Variante werden die einzelnen Verarbeitungsschritte in deklarativer Weise in der Form von Aggregatsoperationen angegeben und beziehen sich somit auf den Stream als Ganzes. Es sind damit wesentliche Vorteile verbunden:

- Das Programm enthält keine Seiteneffekte.
- Soll ein neuer Schritt eingefügt werden, kann man das einfach durch Anfügen eines weiteren Schritts erreichen (siehe unser erstes Beispiel aus Abschnitt 9.1.1).
- Die Iteration ist intern und kann damit für den Stream spezifisch optimiert werden. Auch kann man, wenn grundsätzlich die Anwendung für eine parallele Verarbeitung geeignet ist, von einer sequenziellen Verarbeitung zu einer parallelen Verarbeitung übergehen. Wir werden das in Kapitel 10 sehen.

Im Gegensatz dazu hat die externe Iteration den Vorteil, dass man im Anwenderprogramm die volle Kontrolle über die Verarbeitung hat. Diese muss man naturgemäß bei der internen Iteration aufgeben.

9.1.3 Bedarfsauswertung

Eine wesentliche Eigenschaft von Streams ist, dass auf die Elemente nach Bedarf zugegriffen wird. Eine Auswertung nach Bedarf haben wir bereits in Abschnitt 5.6 beschrieben. Streams werden nach dem gleichen Prinzip verarbeitet.

Wir wollen im Folgenden die Verarbeitung bei Streams mit einer eifrigen Auswertung bei Listen vergleichen. In Abschnitt 5.1 haben wir höhere Funktionen für die funktionale Liste `FList` eingeführt. Mit `FList` kann man ein Filtern der Artikel und eine Abbildung auf den Namen somit in ganz ähnlicher Weise implementieren:

```
FList<Article> articles =
    FList.of(new Article("A", 1500), new Article("B", 700), ...);
FList<String> cheapArticleNames =
    articles
        .filter(a -> a.price() < 1000.0)
        .map(a -> a.name());
```

Abbildung 9.1 veranschaulicht die Verarbeitung für eine Beispielliste mit mehreren Artikeln. Mit der `filter`-Operation wird zuerst eine Liste mit den Artikeln mit einem Preis kleiner 1000 und mit `map` eine Liste mit den Namen dieser Artikel erzeugt.

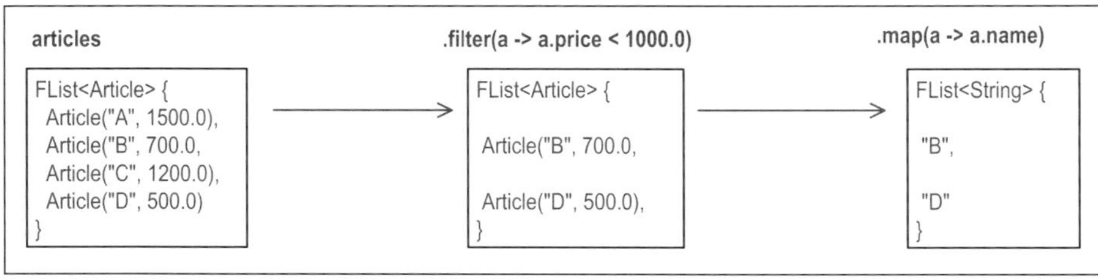

Abb. 9.1 *Strikte Verarbeitung der Liste von Artikeln bei FList*

Die Verarbeitung mit Streams funktioniert aber wie in Abbildung 9.2 gezeigt. Der Stream ist vorerst passiv und wartet untätig, bis jemand auf die Elemente zugreift. Die Zugriffe gehen somit von der `toList`-Operation aus, die die Ergebnisliste aufbauen will und sich dafür die Elemente holt. Damit wird der Stream aktiv, liefert nacheinander die angeforderten Elemente und wendet auf diese die Verarbeitungsschritte an. Dabei werden keine Zwischenlisten erzeugt. Dies kann insbesondere bei großen Datenmengen ein entscheidender Vorteil sein.

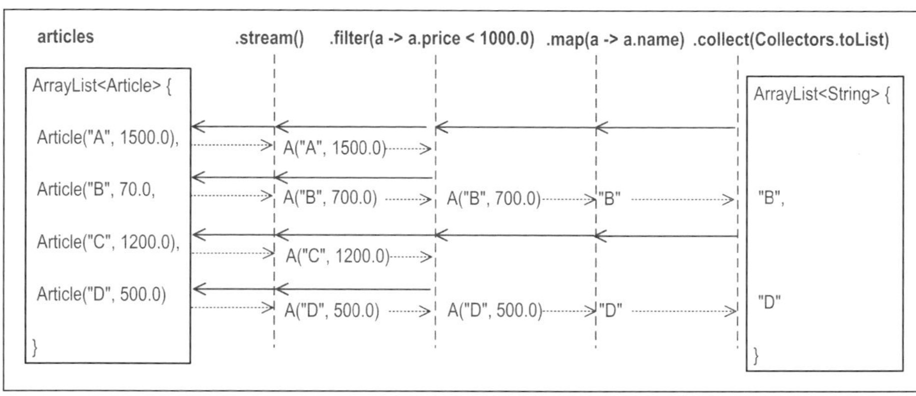

Abb. 9.2 *Faule Verarbeitung der Liste von Artikeln mit Streams*

Der wesentliche Vorteil zeigt sich aber, wenn wir das Beispiel leicht abwandeln und nicht die Liste der günstigen Artikel bilden, sondern nur den ersten Artikel mit einem Preis kleiner 1000 benötigen. Das können wir für `FList` durch einen Zugriff auf das erste Element erreichen (dass die Liste leer sein könnte, wollen wir hier ignorieren):

```
String cheapArticleName =
    articles.filter(a -> a.price() < 1000.0)
            .map(a -> a.name())
            .head();
```

Es ergibt sich ein Verhalten, wie in Abbildung 9.3 gezeigt. Es wird zuerst mit der `filter`-Operation eine Liste mit den Artikeln mit Preis kleiner 1000 gebildet, dann mit `map` eine Liste der Namen, und von dieser Liste wird das erste Element zurückgegeben. Vor allem bei langen Listen ist dies viel Aufwand, um ein einziges Element zu ermitteln.

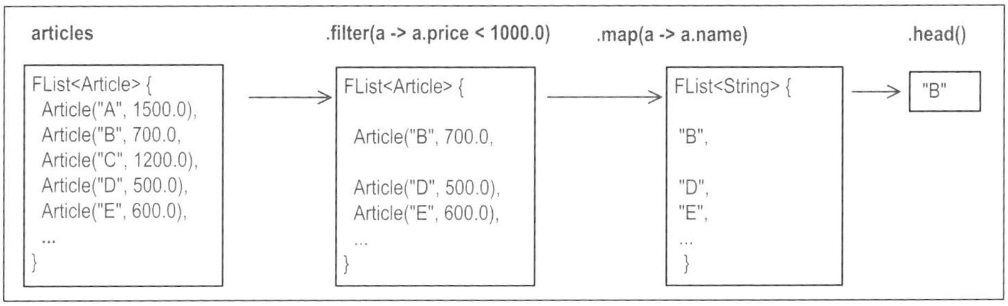

Abb. 9.3 *Zugriff auf das erste günstige Element bei FList*

Bei Streams gibt es eine Operation `findFirst`, die das erste Element eines Streams in einem Optional liefert. Damit ergibt sich für den Zugriff auf den ersten Artikel mit Preis kleiner 1000 folgende Stream-Anweisung:

```
Optional<String> cheapArticleName =
    articles.stream()
            .filter(a -> a.price() < 1000.0)
            .map(a -> a.name())
            .findFirst();
```

Abbildung 9.4 zeigt den wesentlichen Unterschied, der sich durch die Bedarfsauswertung ergibt. Die Operation wird hier von `findFirst` angestoßen, die genau ein Element benötigt. Der erste Artikel wird durch `filter` noch ausgefiltert. Das zweite Element wird aber durch `filter` durchgereicht, das von `findFirst` benötigte Element wird geliefert und die Berechnung terminiert. Statt alle Elemente zu filtern und abzubilden, wurde insgesamt nur auf zwei Elemente zugegriffen.

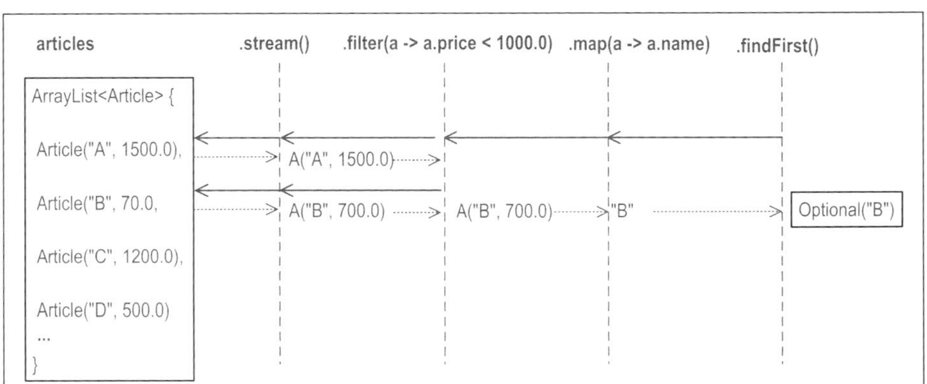

Abb. 9.4 *Faule Verarbeitung bei Streams bei Zugriff auf das erste günstige Element*

Bei der Bedarfsauswertung übernehmen also die Streams die Rolle von passiven Lieferanten von Elementen und die Terminaloperationen sind die aktiven Elemente, die die Elemente anfordern. Nur solange eine Terminaloperation Elemente benötigt, werden sie durch den Stream geliefert, alle anderen Elemente werden hingegen nie generiert.

Beim faulen Iterator in Abschnitt 5.6 haben wir ein Beispiel mit unendlichen Folgen gesehen. Mit Streams kann man unendliche Folgen in ähnlicher Weise definieren und verarbeiten. Bei der Klasse `Stream` gibt es eine statische Methode `iterate`, die ausgehend von einem Anfangswert und einer Funktion jeweils aus dem letzten Wert einen nächsten Wert bestimmt. Mit dieser Methode können wir zum Beispiel einen unendlichen Stream mit den Zweierpotenzen erzeugen:

```
Stream<Integer> power2 = Stream.iterate(2, x -> x * 2);
```

Wenn wir diesen Stream mit der Methode `limit` auf zehn begrenzen, werden nur zehn Elemente generiert und ausgegeben:

```
power2.limit(10).forEach(System.out::println);
```

Die Bedarfsauswertung ist für das Arbeiten mit Streams extrem wichtig und viele Anwendungen, die wir später sehen werden, wären ohne Bedarfsauswertung nicht möglich.

9.2 Klassen von Streams

Bei der Diskussion der Generics in Abschnitt 2.1 haben wir bereits kritisiert, dass die Basisdatentypen nicht für Typparameter verwendet werden können. So können wir z. B. keinen `Stream<int>` definieren. Stattdessen müssen wir den geboxten Typ `Integer` für den Typparameter verwenden. Das Arbeiten mit den geboxten Werten ist jedoch weniger effizient. Aus diesem Grund wurden neben der generischen Klasse `Stream<T>` Stream-Klassen für die Basisdatentypen `int`, `long` und `double` eingeführt: Die Klassen `IntStream`, `LongStream` und `DoubleStream` implementieren Streams für `int`-, `long`- und `double`-Werte. Für die anderen Basisdatentypen gibt es keine entsprechenden Stream-Klassen. Für `byte`-, `short`- und `char`-Werte soll auf `IntStream` und für `float`-Werte auf `DoubleStream` zurückgegriffen werden.

Mit den Streams für die Basisdatentypen ist ein effizientes Arbeiten möglich. Es stellt sich jedoch das Problem, dass zwischen verschiedenen Streams gewechselt werden muss. Betrachten wir dazu die Methoden `map` zum Abbilden der Werte. Bei der generischen Stream-Klasse `Stream<T>` bildet `map` den Stream wieder auf einen generischen Stream `Stream<R>` ab:

```
<R> Stream<R> map(Function<? super T, ? extends R> mapper)
```

Zu dieser elementaren Methode `map` gibt es nun aber bei der generischen Stream-Klasse `Stream<T>` auch Methoden, die den generischen Stream auf die Streams für die Basisdatentypen abbilden, zum Beispiel auf `IntStream`:

```
IntStream mapToInt(ToIntFunction<? super T> mapper)
```

Der Parameter ist hier eine Funktion vom Typ `ToIntFunction`, die einen generischen Wert auf einen `int`-Wert abbildet (siehe Abschnitt 2.3.1).

Damit gibt es nun von `map` die vier Varianten `map`, `mapToInt`, `mapToLong` und `mapToDouble` mit unterschiedlichen Streams als Resultat. Bei den Streams für die Basisdatentypen braucht man dann ebenso die unterschiedlichen Formen von `map`. Bei `IntStream` gibt es zum Beispiel folgende vier Varianten von `map`:

- `map` für die Abbildung auf `IntStream`
- `mapToLong` für die Abbildung auf `LongStream`
- `mapToDouble` für die Abbildung auf `DoubleStream`
- `mapToObj` für die Abbildung auf den generischen `Stream<R>`

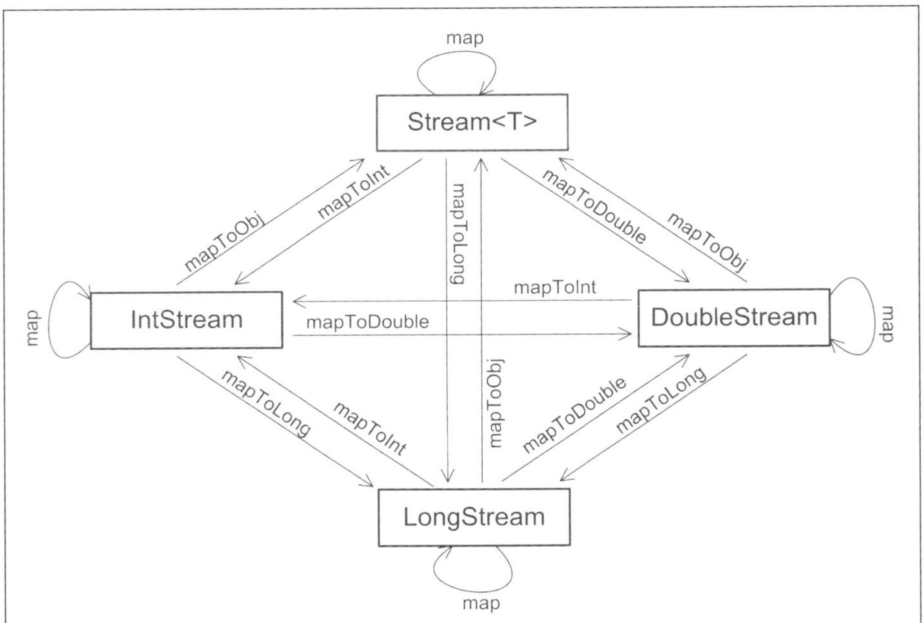

Abb. 9.5 *Übergang zwischen den unterschiedlichen Typen von Streams mit Methoden map*

Daraus ergibt sich, wie in Abbildung 9.5 dargestellt, eine Vielzahl von Methoden, um zwischen den verschiedenen Streams zu wechseln. Ebenso gibt es bei der generischen Stream-Klasse die vier entsprechenden Varianten der Methode `flatMap`. Mit diesen unterschiedlichen Stream-Klassen und der Fülle an Abbildungsfunktionen müssen wir leider umgehen.

9.3 Stream-Operationen

Bei Streams unterscheidet man drei Arten von Operationen, die in Abbildung 9.6 veranschaulicht sind:

- *Erzeugeroperationen*: Operationen, um einen Stream zu erzeugen
- *Zwischenoperationen*: Operationen, die einen Stream in einen anderen Stream überführen
- *Terminaloperationen*: Operationen, die aus dem Stream ein Endresultat berechnen

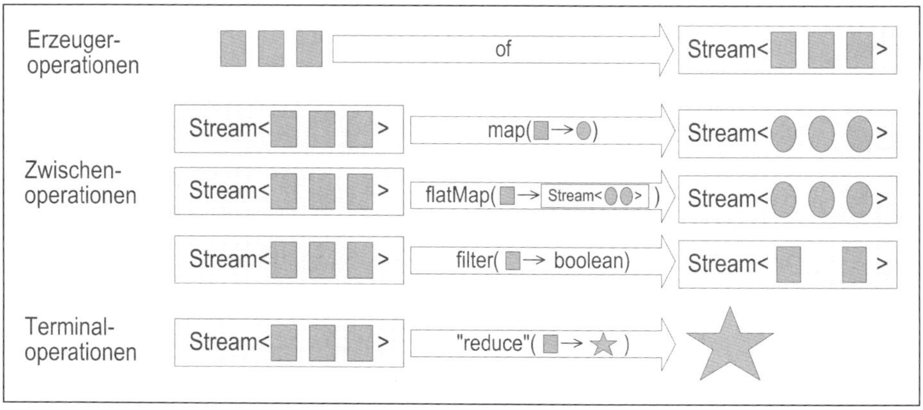

Abb. 9.6 *Arten von Operationen bei Streams*

Es gibt nun eine Vielzahl von Erzeuger-, Zwischen- und Terminaloperationen. Tabelle 9.2 gibt dazu einen Überblick:

- Erzeugeroperationen gibt es z. B. für Collections und Arrays. Ebenso liefern einige Bibliotheksmethoden Streams. Auch gibt es Generatoren, bei denen die Elemente erzeugt werden.
- Neben den bekannten Zwischenoperationen `flatMap`, `map` und `filter` gibt es eine Methode für spezielle Aufgaben wie Sortierung oder Teilmengenbildung.
- Schließlich gibt es eine Vielzahl von Terminaloperationen, die Endergebnisse berechnen. Diese reichen von einfacher Iteration über spezielle Berechnungen wie Zählen und Summieren über logische Quantoren bis hin zu den sehr mächtigen Operationen `reduce` und `collect`. In diesen beiden Methoden liegt auch die Mächtigkeit und die Komplexität von Streams. Sie werden daher in den Abschnitten 9.3.3 und 9.4 ausführlich behandelt.

Erzeuger-operationen	**von Collections und Arrays**	`collection.stream(), Stream.of(T... values), Arrays.stream(T[] array)`
	Generator-Methoden	`Stream.generate, Stream.iterate, IntStream.range, ...`
	Bibliotheksfunktionen	`CharSequence.chars, BufferedReader.lines, Files.lines, Files.walk, Pattern.splitAsStream, ...`
Zwischen-operationen	**Abbildungen**	`map, flatMap`
	Filtern	`filter`
	Sortierung	`sorted`
	Teilmengen	`limit, skip, distinct, takeWhile, dropWhile`
Terminal-operationen	**Iteration**	`forEach, forEachOrdered`
	Array und Listen	`toArray, toList`
	Reduktion	`reduce, count, sum, min, max, average`
	Sammeln	`collect`
	Bestimmte Elemente	`findFirst, findAny`
	Boole'sche Quantoren	`allMatch, anyMatch, noneMatch`

Tab. 9.2 *Überblick über die verschiedenen Operationen bei Streams*

Im Folgenden werden diese Operationen auszugsweise vorgestellt. Wir folgen dabei der Einteilung in Tabelle 9.2.

9.3.1 Erzeugeroperationen

Von Collections und Arrays

Wir wissen bereits, dass man von einer Collection mit der Methode `stream` einen Stream erzeugen kann. Dies funktioniert tatsächlich für jede Collection. Die Methode `stream` ist nämlich im Interface `Collection` als Default-Methode implementiert. Ein ähnlicher Mechanismus existiert auch für Arrays, wird jedoch durch die statische Methode `stream` der Klasse `Arrays` bereitgestellt. Das Array wird dabei als Parameter übergeben, z. B.:

```
Article[] articleArray =
    new Article[]{new Article("A", 700.0), ... };
Stream<Article> articleStream = Arrays.stream(articleArray);
```

Von dieser Methode gibt es mehrere überladene Varianten für die Basisdatentypen `int`, `long` und `double`, die Streams für die Basisdatentypen erzeugen. Zum Beispiel wird bei einem `int`-Array ein `IntStream` erzeugt:

```
IntStream intStream = Arrays.stream(new int[] {1, 2, ...});
```

Generator-Methoden

Das Interface Stream enthält einige statische Methoden zum Aufbau von Streams. So kann man mit der Methode of in einem Vararg-Parameter die Werte für den Stream direkt angeben:

```
Stream<String> words1 =
    Stream.of("Funktionale", "Programmierung");
```

Die Methode concaterlaubt, zwei Streams zu einem zu vereinen:

```
Stream<String> words =
    Stream.concat(words1, Stream.of("in", "Java"));
```

Die Methode concat wird insbesondere für den programmatischen Aufbau von Streams verwendet. Dazu wird auch die Methode empty benötigt, die einen leeren Stream liefert:

```
public static <T> Stream<T> empty()
```

Tatsächlich bilden die Operation concat und das Element empty ein Monoid für die Verkettung von Streams (vgl. Abschnitt 6.1).

Mit den Methoden generate und iterate kann man Elemente generieren:

```
static <T> Stream<T> generate(Supplier<T> s)
static <T> Stream<T> iterate(T seed, UnaryOperator<T> f)
```

Beide Methoden geben Streams mit einer potenziell unendlichen Folge von Elementen zurück. Die Methode generate verwendet dabei für das Erzeugen der Werte einen Supplier, also einen Lambda-Ausdruck ohne Argument. Die Methode iterate startet mit einem ersten Wert seed und generiert dann mit der Funktion f ausgehend vom letzten Wert den nächsten Wert. Sie entspricht daher der Methode aus Abschnitt 5.6.2, wie wir sie für LazyIterator eingeführt haben.

Analoge Methoden gibt es auch bei IntStream, LongStream und DoubleStream. Zusätzlich gibt es bei IntStream und LongStream die Methoden range und rangeClosed, die Zahlen in einem angegebenen Bereich liefern. Dabei ist in der Variante rangeClosed der obere Grenzwert inkludiert. Somit wird mit folgender Anweisung mit range ein Stream mit Zahlen von 0 bis 99 erzeugt:

```
IntStream range0_99 = IntStream.range(0, 100);
```

und mit folgender Anweisung mit rangeClosed ein Stream mit Zahlen von 0 bis 100:

```
IntStream range0_100 = IntStream.rangeClosed(0, 100);
```

Bibliotheksfunktionen

Mit der Einführung von Streams wurde auch der Zugriff auf das Dateisystem neu gestaltet. Bei der Klasse Files aus dem Package java.nio gibt es nun eine statische Methode lines, die einen Stream<String> zum zeilenweisen Lesen einer Textdatei liefert:

```
Stream<String> lines = Files.lines(Paths.get("text.txt"));
```

Wichtig ist, dass der Dateizugriff faul erfolgt, das heißt, die Datei wird nur so weit gelesen, wie die Zeilen benötigt werden. So wird eine Suche nach einer Zeile mit einem bestimmten Wort nur so lange Zeilen lesen, bis die Zeile gefunden wurde:

```
Optional<String> firstLineWithJava =
    lines.filter(line -> line.contains("Java")).findFirst();
```

Ein zeilenweiser Zugriff mittels Streams ist nicht nur auf Dateien beschränkt, sondern wird auch von jedem `BufferedReader` unterstützt. Damit ist z. B. auch ein Lesen von einem Socket möglich:

```
BufferedReader reader =
  new BufferedReader(new InputStreamReader(socket.getInputStream()));
Stream<String> lines = reader.lines();
```

Die Klasse `Files` bietet zusätzlich Methoden, um auf den Inhalt von Verzeichnissen zuzugreifen. Die statische Methode `list` liefert zu einem Verzeichnis einen Stream mit den Pfaden (Typ `Stream<Path>`) zu den enthaltenen Dateien und Unterverzeichnissen. Ähnlich arbeitet die Methode `walk`, geht dabei aber rekursiv in die Unterverzeichnisse.

Eine Reihe von weiteren Klassen und Interfaces in der Bibliothek definieren Methoden, die ihre Daten als Streams liefern. Dazu gehören `Pattern`, `ZipFile`, `JarFile`, `BitSet`, `CharSequence` und `Random` mit der Variante `SplittableRandom`. Der interessierte Leser sei hier auf die Dokumentation verwiesen. Im Folgenden wollen wir nur `CharSequence` und `Random` kurz zeigen, weil wir diese später bei Programmbeispielen verwenden werden.

Das Interface `CharSequence` wird von den Klassen `String`, `StringBuffer`, `StringBuilder` und weiteren implementiert. Das Interface definiert eine Default-Methode `chars`, die einen `IntStream` mit den Zeichen liefert. Damit kann man die Zeichen eines Texts als Stream verarbeiten und zum Beispiel aus einem Text die verwendeten Buchstaben ermitteln:

```
String text = "...";
Set<Character> charactersInText =
    text.chars()
        .map(c -> Character.toLowerCase(c))
        .filter(c -> Character.isLetter(c))
        .mapToObj(c -> Character.valueOf((char) c))
        .collect(Collectors.toSet());
```

Die Klasse `Random` stellt eine Reihe von sehr hilfreichen Methoden bereit, um Streams mit Zufallszahlen zu erzeugen. Resultate sind dabei Streams vom Typ `IntStream`, `LongStream` und `DoubleStream`. Für Zufallszahlen vom Typ `int` gibt es beispielsweise vier Methoden:

`IntStream ints()` erzeugt einen unendlichen `IntStream` mit Zufallszahlen über den ganzen Zahlenbereich.

- IntStream ints(long streamSize) erzeugt einen endlichen IntStream mit streamSize Zufallszahlen.
- IntStream ints(int randomNumberOrigin, int randomNumberBound) erzeugt einen unendlichen IntStream mit Zufallszahlen zwischen randomNumberOrigin und randomNumberBound.
- IntStream ints(long streamSize, int randomNumberOrigin, int randomNumberBound) erzeugt einen endlichen IntStream mit streamSize Elementen und Zahlen im gegebenen Bereich.

Von Random gibt es dann auch eine Variante SplittableRandom. Die Methoden dieser Klasse liefern Streams, die sich für eine parallele Ausführung eignen.

9.3.2 Zwischenoperationen

Abbilden und Filtern

Die Operatoren map, flatMap und filter für Streams folgen dem Schema, wie wir es in Abschnitt 7.3 allgemein für Monaden beschrieben haben. Auch haben wir in den einführenden Beispielen dieses Kapitels bereits die Funktionsweise von map und filter gesehen.

Die Funktionsweise von flatMap soll hier nochmals erläutert werden. Die Signatur der Methode im Interface Stream<T> stellt sich wie folgt dar:

```
<R> Stream<R> flatMap(
    Function<? super T, ? extends Stream<? extends R>> mapper)
```

Die Abbildungsfunktion mapper bildet jedes Element des Streams wieder auf einen Stream<R> ab und, wie wir aus Abschnitt 7.3 wissen, flacht flatMap dann die Ergebnisse aus. Abbildung 9.7 veranschaulicht dieses Prinzip für Streams. Tatsächlich erfolgt das Ausflachen mit der Verknüpfung Stream.concat und dem neutralen Element Stream.empty(), die zusammen ein Monoid bilden. Somit sind Streams nicht nur Monaden, sondern nach Abschnitt 7.3.4 vom Typ MonadPlus.

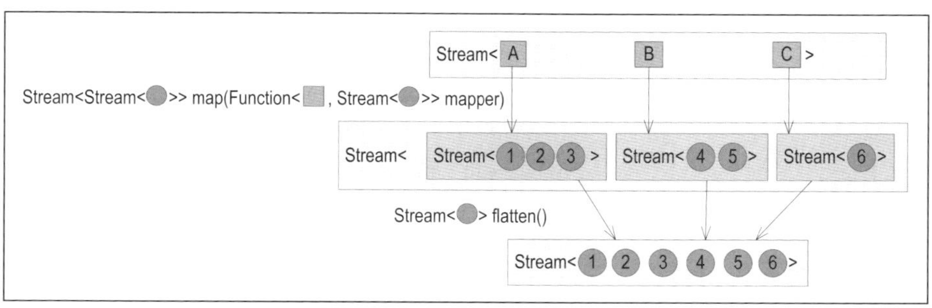

Abb. 9.7 Veranschaulichung von flatMap als Abbildung und Ausflachung

Das folgende Programm zeigt ein Beispiel für die Verwendung von `flatMap`. Es soll ein Stream mit allen Wörtern einer Textdatei erzeugt werden. Mit `Files.lines` erhalten wir einen Stream mit den Zeilen der Datei. Jede Zeile wird mit `String.split` in ein Array von Wörtern zerlegt und daraus mit `Arrays.stream` ein Stream mit den Wörtern erzeugt. Mit `flatMap` werden diese Streams von Wörtern für jede Zeile zu einem einzigen Stream mit den Wörtern der Datei ausgeflacht:

```
Stream<String> wordStream =
    Files.lines(Paths.get("faust.txt"))
         .flatMap(line -> Arrays.stream(line split("\\s+")));
```

Weitere Zwischenoperationen

Es gibt bei Streams eine Reihe von weiteren Zwischenoperationen, die spezifische Abbildungen durchführen. So gibt es zwei Methoden zum Sortieren der Elemente eines Streams, eine ohne Parameter und eine, bei dem das Sortierkriterium durch einen Comparator angegeben wird. Im ersten Beispiel zu Streams in Abschnitt 9.1.1 haben wir die Variante mit einem Comparator für das Sortieren der Artikel nach dem Preis verwendet. Bei der Variante ohne Parameter erfolgt die Sortierung nach der natürlichen Ordnung der Elemente. Folgende Anweisung sortiert die Wörter des Streams in alphabetischer Reihenfolge:

```
Stream<String> sortedWordStream =
    Files.lines(Paths.get("faust.txt"))
         .flatMap(line -> Arrays.stream(line split("\\s+")))
         .sorted();
```

Das Sortieren ist eine sogenannte *zustandsbehaftete* Operation. Um die Elemente in sortierter Reihenfolge weitergeben zu können, müssen nämlich alle Elemente des Streams vorhanden sein. Dies wird in Abschnitt 9.6 näher erläutert.

Eine weitere zustandsbehaftete Operation ist `distinct`, die alle Elemente liefert, soweit sie nicht mehrfach vorkommen. Das heißt, Elemente, die als gleich erkannt werden, werden nur beim ersten Mal weitergereicht und anschließend unterdrückt.

Es gibt des Weiteren die beiden Methoden

```
Stream<T> skip(long n)
Stream<T> limit(long n)
```

bei denen `n` Elemente des ursprünglichen Streams übersprungen bzw. nur die ersten `n` Elemente geliefert werden. Ähnlich arbeiten die Methoden `takeWhile` und `dropWhile`, die aber Prädikate verwenden:

```
Stream<T> takeWhile(Predicate<? super T> predicate)
Stream<T> dropWhile(Predicate<? super T> predicate)
```

Die Methode takeWhile liefert einen Stream mit den Elementen des Ausgangs-Streams, solange diese das gegebene Prädikat erfüllen. Im Gegensatz dazu liefert die Methode dropWhile einen Stream, bei dem die Elemente so lange übersprungen werden, solange sie das Prädikat erfüllen.

Dann gibt es noch die Methode Stream<T> peek(Consumer<? super T> action), die die Elemente unverändert weitergibt, aber für die Elemente die im Parameter übergebene Aktion ausführt. Damit können für die Elemente beliebige Seiteneffekte ausgeführt werden. Häufig wird peek für Debug-Ausgaben verwendet. In der folgenden Anweisung werden mit peek vor und nach der Sortierung der Artikel Ausgaben durchgeführt:

```
List<String> highPriceArticleNames =
  articles.stream()
      .filter(a -> a.price() > 1000.0)
      .peek(a -> System.out.println("Before sort: " + a))
      .sorted(Comparator.comparingDouble(a -> a.price()))
      .peek(a -> System.out.println("After sort: " + a))
      .map(a -> a.name())
      .toList();
```

Eigene Zwischenoperation mit Gatherer

Wir sehen, dass es eine Vielzahl von Zwischenoperationen gibt und diese auch mit den Funktionsparametern sehr flexibel einsetzbar sind. Erinnern wir uns aber an die Diskussion in Abschnitt 9.1.3: Streams liefern die Elemente nacheinander, und diese durchlaufen dann einzeln die Kette der Zwischenoperationen. Schwierig bei diesen Zwischenoperationen ist daher die gemeinsame Behandlung mehrerer Elemente.

Für solche Anwendungsfälle wurde mit Release 22, vorerst noch als Preview Feature, eine neue Zwischenoperation gather eingeführt. Wie der Name ausdrückt, kann man damit mehrere Elemente des Streams sammeln und gemeinsam weiterverarbeiten. Die Operation gather ist sehr mächtig, aber leider auch etwas kompliziert in der Anwendung. Im Folgenden werden wir uns die Operation in ihren Grundzügen ansehen, aber nicht alle Möglichkeiten ausloten.

Die Methode gather hat als Parameter einen Gatherer und gibt einen Stream mit Elementtyp R zurück:

```
default <R> Stream<R> gather(Gatherer<? super T, ?, R> gatherer)
```

Um die Methode verwenden zu können, ist daher ein geeigneter Gatherer erforderlich. Listing 9.1 zeigt einen Ausschnitt des Interface Gatherer. Es definiert Methoden, die Funktionsobjekte liefern, die dann im Zusammenspiel die Operation ausführen. Wichtig sind dabei auch die Typparameter:

- T steht für den Typ der Elemente.
- A repräsentiert den Typ eines Containers, in dem Elemente gesammelt werden.
- R ist der Typ der Elemente, die weitergereicht werden.

Schauen wir uns nun die Funktionen an, die von den Methoden geliefert werden:

- Der Supplier<A> von Methode initializer erzeugt den Container zum Sammeln der Elemente.
- Die Methode integrator liefert ein Funktionsobjekt vom Typ Integrator<A, T, R>. Dieses stellt die wesentliche Funktion dar und wird im Folgenden noch näher erläutert.

Darüber hinaus gibt es eine Reihe weiterer Methoden, auf die wir hier nicht näher eingehen wollen. Auch gibt es für diese Methoden Default-Implementierungen, sodass sie nicht immer definiert werden müssen.

```
public interface Gatherer<T, A, R> {
   default Supplier<A> initializer() {...};
   Integrator<A, T, R> integrator();
   ...
}
```

Listing 9.1 *Auszug aus Interface Gatherer*

Betrachten wir nun das funktionale Interface Integrator mit der abstrakten Methode integrate (siehe Listing 9.2). Die Methode integrate erhält als Parameter den Container state, ein Element value und ein Downstream-Objekt. Der Rückgabewert ist ein Boole'scher Wert. Die Funktion wird nun für jedes Element des Streams aufgerufen und hat folgende Aufgaben:

- Sie kann das Element in den Container aufnehmen.
- Sie kann entscheiden, ein Element vom Typ R weiterzureichen. Dazu wird die Methode push des Downstream-Objekts verwendet.
- Mit einem Rückgabewert false kann sie entscheiden, dass keine weiteren Elemente des Streams akzeptiert werden.

```
@FunctionalInterface
interface Integrator<A, T, R> {
  boolean integrate(A state, T element, Downstream<? super R> downstream);
  ...
}
```

Listing 9.2 *Funktionales Interface Integrator mit Methode integrate*

Zur Demonstration soll nun ein kleines Beispiel implementiert werden. Die Aufgabe besteht darin, einen Stream von Messwerten so zu verarbeiten, dass Werte nur dann weitergeleitet werden, wenn sie sich um eine bestimmte Mindestdifferenz vom zuletzt weitergereichten Wert unterscheiden. Wir filtern also die Elemente und lassen nur jene passieren, die sich signifikant unterscheiden. Bitte beachten Sie, dass dies mit filter nicht erreicht werden kann, da bei filter die Information über die bereits verarbeiteten Werte fehlt.

Listing 9.3 zeigt die Lösung der Aufgabe mit einer Record-Klasse MinDiffGatherer, die das Interface Gatherer implementiert. Die Klasse verarbeitet Werte vom Typ Double. Als Container wird ein Array für einen Double-Wert verwendet. Dieses speichert den zuletzt weitergereichten Wert. Der durch initializer gelieferte Supplier erzeugt dieses Array und speichert als Initialwert Double.MIN_VALUE. Damit kann davon ausgegangen werden, dass sich der erste Wert signifikant von diesem Wert unterscheidet. Die Elemente des von gather erzeugten Streams sind ebenfalls vom Typ Double.

Entscheidend ist die Integrator-Funktion. Die Funktion berechnet den Absolutbetrag der Differenz vom aktuellen Wert value und dem im Container gespeicherten Wert last[0]. Ist die Differenz größer als die minimale Differenz, wird der neue Wert im Array gespeichert und der Wert mit downstream.push weitergegeben. Es wird immer true zurückgegeben, sodass der Stream nicht abgebrochen und jedes Element verarbeitet wird.

```
public record MinDiffGatherer(double minDiff)
     implements Gatherer<Double, Double[], Double> {

  @Override
  public Supplier<Double[]> initializer() {
    return () -> new Double[] {Double.MIN_VALUE};
  }

  @Override
  public Integrator<Double[], Double, Double> integrator() {
    return (last, value, downstream) -> {
      if (Math.abs(last[0] - value) >= minDiff) {
        last[0] = value;
        downstream.push(value);
      }
      return true;
    };
  }
}
```

Listing 9.3 *MinDiffGatherer*

Unsere Implementierung von MinDiffGatherer soll auf einen Stream measurements mit Messwerten angewendet werden. Es sollen nur Messwerte weitergereicht werden, die sich um mindestens 0,1 unterscheiden. Die gather-Operation mit einem MinDiffGatherer mit einer Minimaldifferenz von 0,1 leistet dies:

```
Stream<Double> measurements = Stream.of(36.0, 36.05, ...);
measurements
    .gather(new MinDiffGatherer(0.1))
    .forEach(System.out::println);
```

Die Klasse Gatherers enthält einige statische Methoden, die vordefinierte Gatherer zur Verfügung stellen. Von besonderem Interesse sind die beiden Methoden window-

`Fixed` und `windowSliding`, die Listen bestimmter Länge von aufeinanderfolgenden Elementen erzeugen. Im folgenden Beispiel verwenden wir `windowSliding`, um einen gleitenden Durchschnitt für die Messwerte aus dem vorherigen Beispiel zu berechnen. Das bedeutet, dass wir anstelle der Werte selbst jeweils den Mittelwert des Werts und seiner Vorgänger und seiner Nachfolger weitergeben wollen.

Die Umsetzung dieser Aufgabe ist tatsächlich relativ einfach. Die Methode `windowSliding` wird mit einer Größe der Listen, hier fünf, aufgerufen. Der erzeugte `Gatherer` liefert nun Listen mit genau fünf Elementen. Dabei wird immer der letzte Wert entfernt und der nächste in die Liste aufgenommen. Ergebnis der Zwischenoperation `gather` ist ein Stream mit Listen, also im Beispiel ein Stream vom Typ `Stream<List<Double>>`. In der nachfolgenden `map`-Operation wird aus den fünf Werten ein gewichteter Durchschnitt gebildet und dieser Wert dann mit `forEach` ausgegeben.

```
measurements
    .gather(Gatherers.windowSliding(5))
    .map(xs -> 0.1 * xs.get(0) + 0.2 * xs.get(1) + 0.4 * xs.get(2) +
               0.2 * xs.get(3) + 0.1 * xs.get(4))
    .forEach(System.out::println);
```

9.3.3 Terminaloperationen

Wir kommen nun zu den Terminaloperationen, die aus Streams Endresultate berechnen. Es gibt davon eine große Anzahl und man kann diese nach ihrer grundsätzlichen Arbeitsweise in drei Gruppen einteilen:

- Operationen zur Suche nach bestimmten Elementen: Diese Operationen sind dadurch gekennzeichnet, dass sie die Iteration abbrechen, sobald das Element gefunden wurde.
- Operationen `reduce` zur funktionalen Reduktion: Es werden alle Elemente zu einem Ergebniswert akkumuliert.
- Operationen `collect` zum Sammeln von Elementen: Diese Operationen sind ähnlich zur Reduktion, die Berechnung erfolgt aber durch Veränderung eines Container-Objekts.

Daneben gibt es auch einige spezifische Operationen, die nicht in dieses Klassifikationsschema passen. Zum Beispiel kann man mit `forEach` für jedes Element eine Aktion ausführen. Dann gibt es auch die Methode

```
Object[] toArray ()
```

die ein Array der Elemente bildet. Schließlich erzeugt die bereits mehrfach verwendete Default-Methode

```
default List<T> toList ()
```

eine unveränderliche Liste der Elemente des Streams.

Suchoperationen

In Abschnitt 9.1.3 haben wir schon gesehen, dass mit `findFirst` zusammen mit einer `filter`-Operation eine Suche nach einem Element realisiert werden kann. Die Methode `findFirst` liefert also einfach das erste Element eines ggf. zuvor gefilterten Streams. Die Methode `findAny` ist ähnlich, liefert aber im Gegensatz zu `findFirst` nicht das erste, sondern ein beliebiges Element. Diese Methode ist nur bei paralleler Verarbeitung sinnvoll. Sie wird daher erst in Kapitel 10 behandelt.

Des Weiteren gibt es Methoden für logische Quantoren. Sie haben `Predicate`-Objekte als Parameter und einen Boole'schen Wert als Ergebnis. Sie arbeiten in einer Art *Kurzschlussauswertung*, indem sie bei einem bestimmten Wert abbrechen. So prüft die Methode

```
boolean allMatch (Predicate<? super T> predicate)
```

ob alle Elemente das gegebene Prädikat erfüllen, und implementiert damit einen Allquantor. Sie bricht mit `false` ab, sobald für ein Element das Prädikat nicht erfüllt ist. Die Methode

```
boolean anyMatch(Predicate<? super T> predicate)
```

prüft, ob irgendein Element das gegebene Prädikat erfüllt, und implementiert damit einen Existenzquantor. Sie bricht mit `true` ab, sobald das erste Element das Prädikat erfüllt.

Und die Methode

```
boolean noneMatch(Predicate<? super T> predicate)
```

prüft, ob kein Element das gegebene Prädikat erfüllt. Sie implementiert damit einen negierten Existenzquantor.

Methoden zur funktionalen Reduktion

Bei Streams gibt es mehrere überladene Methoden `reduce` zur funktionalen Reduktion der Elemente. In Kapitel 6 haben wir uns eingehend mit der Reduktion befasst. Die Methoden bei Streams entsprechen im Wesentlichen den dort diskutierten Mustern. Unterschiede ergeben sich, weil die `reduce`-Methoden bei Streams auch eine parallele Verarbeitung unterstützen. Diese werden wir aber erst in Kapitel 10 behandeln.

Die allgemeinste `reduce`-Methode hat folgende Schnittstelle:

```
<U> U reduce(U identity,
             BiFunction<U, ? super T, U> accumulator,
             BinaryOperator<U> combiner)
```

Der erste Parameter ist das neutrale Element für die Verknüpfung. Der zweite Parameter ist eine Funktion zur Akkumulation der Werte. Der dritte Parameter `combiner` ist der Verknüpfungsoperator, der bei der parallelen Verarbeitung zum Einsatz kommt.

Die Funktionsweise der sequenziellen Verarbeitung mittels der Akkumulatorfunktion wird in Abbildung 9.8 veranschaulicht. Ausgehend vom Initialwert `identity` wird über die Akkumulatorfunktion mit dem nächsten Element und dem letzten Ergebnis ein neues Teilergebnis berechnet. Sind alle Elemente im Stream behandelt, bildet das letzte Teilergebnis das Endresultat. Es handelt sich daher um eine Reduktion von links (siehe Abschnitt 6.2).

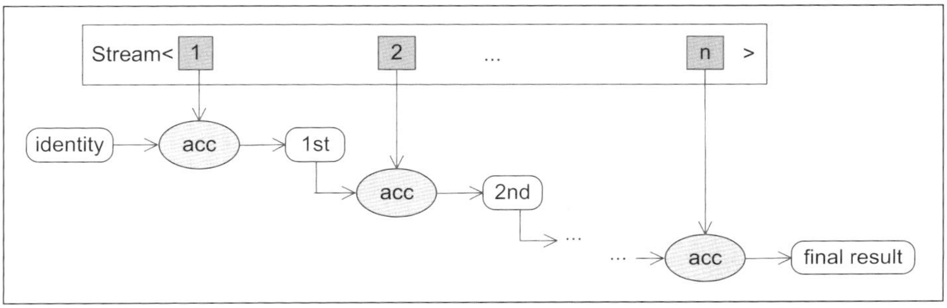

Abb. 9.8 *Funktionsweise der reduce-Operation unter Verwendung der Akkumulatorfunktion*

Von `reduce` gibt es bei Streams zwei weitere überladene Varianten, die beide mit einem `BinaryOperator` als Akkumulatorfunktion arbeiten:

```
T reduce(T identity, BinaryOperator<T> accumulator)
Optional<T> reduce(BinaryOperator<T> accumulator)
```

Die erste Variante entspricht der `reduce`-Operation über ein Monoid, wie wir diese in Abschnitt 6.4 beschrieben haben. Das heißt, `identity` und `accumulator` bilden ein Monoid für die Werte vom Typ `T`. Die zweite Variante verwendet keinen Anfangswert, die Reduktion beginnt mit dem ersten Element im Stream. Der reduzierte Wert wird in einem Optional verpackt. Ist der Stream nämlich leer, kann kein Wert berechnet werden und das Ergebnis ist `Optional.empty()`. Diese beiden Varianten gibt es auch für `IntStream`, `LongStream` und `DoubleStream`, die erste Variante mit der Akkumulatorfunktion und dem Verknüpfungsoperator aber nicht.

Es gibt eine Reihe von Methoden, die spezielle Reduktionen implementieren. So kann man mit den beiden Methoden

```
Optional<T> min (Comparator<? super T> comparator)
Optional<T> max(Comparator<? super T> comparator)
```

das kleinste bzw. größte Element eines Streams nach einem gegebenen Sortierkriterium ermitteln. Wieder wird mit dem Rückgabewert `Optional<T>` dem Umstand Rechnung getragen, dass der Stream leer sein kann und damit kein kleinstes oder größtes Element existiert.

Mit der Methode `long count()` kann man die Anzahl der Elemente des Streams ermitteln. Man beachte, dass der Zählwert vom Typ `long` ist. Bei Streams wird Zählen immer mit `long` realisiert, um auch mit Streams mit sehr vielen Elementen arbeiten zu können.

Bei den Streams für Zahlenwerte gibt es dann noch Methoden für numerische Berechnungen. Zum Beispiel gibt es bei `IntStream` folgende Methoden für Summenbildung, Durchschnitt und zur Berechnung einer Statistik über die Werte:

```
int sum()
OptionalDouble average()
IntSummaryStatistics summaryStatistics()
```

Sammeln von Elementen mit collect

Die Terminaloperation `collect` ist ähnlich zu `reduce`, arbeitet aber mit veränderlichen Strukturen. Die Methode hat folgende Schnittstelle:

```
<R> R collect(Supplier<R> supplier,
              BiConsumer<R, ? super T> accumulator,
              BiConsumer<R, R> combiner)
```

Sie verwendet Funktionsobjekte vom Typ `BiConsumer`, die keinen Rückgabewert haben und damit mit Seiteneffekten arbeiten. Des Weiteren wird kein Anfangswert, sondern eine `Supplier`-Funktion verwendet, mit der man einen Anfangswert erzeugen kann. Tatsächlich generiert die Funktion `supplier` ein veränderliches Objekt, man spricht von einem *Container-Objekt*, in dem die Elemente zu einem Ergebnis akkumuliert werden. Dieses Container-Objekt ist vom generischen Typ `R`. Die Akkumulatorfunktion `accumulator` wird mit dem Container-Objekt und dem nächsten Element aufgerufen und verändert das Container-Objekt entsprechend. Es wird daher bei der sequenziellen Verarbeitung ein initiales Container-Objekt erzeugt, durch die Akkumulatorfunktion durchgereicht, darin verändert und schließlich das Container-Objekt als Endergebnis zurückgegeben. Wie bei `reduce` wird der dritte Parameter `combiner` bei der parallelen Ausführung verwendet und wir werden seine Funktion in Kapitel 10 sehen.

So kann man zum Beispiel mit `collect` ein Sammeln der Elemente in einer `ArrayList` wie folgt implementieren:

```
Stream<String> wordStream = ...;

List<String> wordList =
    wordStream.collect(
                 () -> new ArrayList<String>(),
                 (list, w) -> list.add(w),
                 (list1, list2) -> list1.addAll(list2)
               );
```

Abbildung 9.9 veranschaulicht, wie obige `collect`-Operation arbeitet. Anfangswert ist die mit dem Supplier erzeugte leere Liste. Jeder Anwendung der Akkumulatorfunktion fügt ein weiteres Element in die Liste ein. Am Ende ist die Liste mit allen Elementen gefüllt.

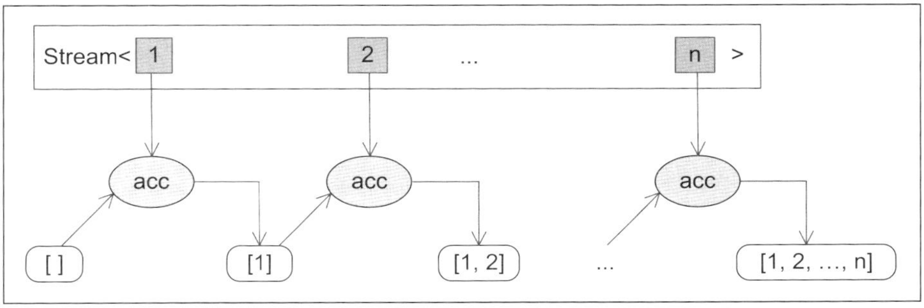

Abb. 9.9 *Funktionsweise der collect-Operation mit Sammeln in einer Liste*

Die Operation `collect` ist sehr flexibel, kann man doch beliebige veränderliche Objekte zum Aufbau der Ergebnisse einsetzen. Zum Beispiel kann man einen `StringBuilder` verwenden, um aus Wörtern Sätze zu bilden:

```
String sentence =
    wordStream.collect(
                StringBuilder::new,
                (b, w) -> { b.append(w); b.append(" "); },
                (b1, b2) -> b1.append(b2)
              ).toString();
```

In dem durch den `Supplier` erzeugten `StringBuilder` werden mit der Akkumulator-Funktion Wörter gefolgt von einem Leerzeichen angefügt.

Von `collect` gibt es eine Variante, die statt der drei Parameter einen einzigen Parameter vom Typ `Collector` verwendet. Ein Collector fasst dabei die Supplier-, Akkumulator- und Combiner-Funktionen in einem Objekt zusammen. Collectors sind sehr mächtig, und tatsächlich wird wenig mit der ersten Variante von `collect` mit den drei expliziten Parametern gearbeitet, sondern vorwiegend mit Collectors. Das Arbeiten mit Collectors wollen wir daher im nächsten Abschnitt genauer behandeln.

9.4 Collectors

Die Schnittstelle der `collect`-Methode mit einem `Collector`-Parameter ist wie folgt:

```
<R, A> R collect(Collector<? super T, A, R> collector)
```

Der einzige Parameter ist ein `Collector` und die Methode hat als Rückgabewert einen Wert vom generischen Typ `R`. Aus diesem Grund müssen wir die Schnittstelle `Collector` näher betrachten.

9.4.1 Interface Collector

`Collector` ist ein generisches Interface mit Methoden, die die funktionalen Objekte liefern, wie sie auch in der ersten Variante von `collect` verwendet wurden (siehe

Listing 9.4). Zusätzlich kann ein Collector über die Funktion `finisher` eine Endbearbeitung definieren und mit der Methode `characteristics` können Eigenschaften des Collectors abgerufen werden.

```
public interface Collector<T, A, R> {
  Supplier<A> supplier();
  BiConsumer<A, T> accumulator();
  BinaryOperator<A> combiner();
  Function<A, R> finisher();
  Set<Characteristics> characteristics();
  ...
}
```

Listing 9.4 *Interface Collector*

Die drei Typparameter des Collectors stehen für den Typ der zu sammelnden Werte (Typparameter `T`), für das zur Akkumulation der Werte verwendete Container-Objekt (Typparameter `A`) und für das Endresultat (Typparameter `R`). Die Methoden `supplier`, `accumulator` und `combiner` liefern die `Supplier`-Funktion zum Erzeugen des Container-Objekts vom Typ `A`, die Funktion zur Akkumulation der Elemente und den binären Operator zur Kombination von Container-Objekten bei der parallelen Verarbeitung. Die Methode `finisher` liefert ein `Function`-Objekt, das zur Abbildung des Container-Objekts vom Typ `A` auf das Endresultat vom Typ `R` dient. Schließlich kann man mit der Methode `characteristics` auf Eigenschaften des Collectors zugreifen. Drei Eigenschaften werden verwendet:

- `CONCURRENT`: besagt, dass dieser Collector Thread-safe ist (wir beschreiben diese Eigenschaft in Kap. 10).
- `UNORDERED`: Der Collector garantiert nicht, dass die Reihenfolge der Elemente bewahrt wird.
- `IDENTITY_FINISH`: Die Finisher-Funktion ist gleich der Identitätsfunktion und somit das Endresultat gleich dem Container-Objekt.

Konkrete Collectors werden mit den statischen Methoden `of` erzeugt, von denen es zwei überladene Varianten gibt:

- Bei der ersten Variante werden der Methode die Funktionsobjekte des Collectors und als Vararg-Parameter beliebige `Characteristics` übergeben:

```
public static <T, A, R> Collector<T, A, R> of(
    Supplier<A> supplier,
    BiConsumer<A, T> accumulator,
    BinaryOperator<A> combiner,
    Function<A, R> finisher,
    Characteristics... characteristics) { ... }
```

- Bei der zweiten Variante von `of` fehlt der Parameter `finisher` und das Endresultat ist damit gleich dem Container-Objekt.

Die zweite Methode kann verwendet werden, um mit einem Collector wie im obigen Beispiel die Liste `wordList` zu erstellen:

```
List<String> wordList =
     wordStream.collect(
            Collector.of(
                   () -> new ArrayList<String>(),
                   (list, e) -> list.add(e),
                   (list1, list2) -> {
                     list1.addAll(list2);
                     return list1;
                   }
            )
        );
```

Im Vergleich zur ersten Variante ohne Collectors ist damit noch nicht viel erreicht. Die Arbeit mit Collectors bietet jedoch folgende Vorteile:

- Die Bibliothek stellt eine Vielzahl von nützlichen `Collector`-Implementierungen zur Verfügung, die man über die statischen Methoden der Klasse `Collectors` abrufen kann.
- Collectors lassen sich kombinieren und auf diese Weise können sehr spezifische Operationen realisiert werden.
- Man kann selbst Collectors implementieren und so individuelle Lösungen bauen.

Diese Möglichkeiten werden wir im Folgenden genauer zeigen.

9.4.2 Vordefinierte Collectors

Die Klasse `Collectors` definiert eine Vielzahl von statischen Methoden zum Erzeugen von `Collector`-Objekten. Die einfachsten Collectors erzeugen aus dem Stream eine Collection. Zum Beispiel erzeugt die Methode `toList` einen Collector, der die Elemente in einer Liste sammelt:

```
List<String> wordList = wordStream.collect(Collectors.toList());
```

Der erzeugte Collector entspricht dem, den wir im vorherigen Beispiel mit `Collector.of` erzeugt haben.

Die Methode `toSet` erzeugt einen Collector zum Sammeln in einem Set. Es wird dabei ein `HashSet`-Objekt verwendet. Um Collectors für andere Arten von Collections zu erstellen, zum Beispiel für `SortedSet`, verwendet man die Methode `toCollection`:

```
public static <T, C extends Collection<T>> Collector<T, ?, C>
toCollection(Supplier<C> collectionFactory)
```

Dabei wird die zu verwendende Collection über den als Parameter definierten `Supplier` erzeugt. Die erzeugte Collection wird für das Sammeln der Elemente genutzt und stellt auch das Ergebnis dar. Mit einem Supplier, der ein TreeSet erzeugt, kann man z. B. eine sortierte Menge der Wörter bilden:

```
Collection<String> sortedWordSet =
  wordStream.collect(
              Collectors.toCollection(TreeSet<String>::new));
```

Für das Bilden von Maps wird die Methode `toMap` zur Verfügung gestellt, die Funktionsparameter für den Zugriff auf den Key und den Wert verwendet:

```
public static <T, K, U> Collector<T, ?, Map<K,U>> toMap(
        Function<? super T, ? extends K> keyMapper,
        Function<? super T, ? extends U> valueMapper)
```

Bei dieser Operation sind mehrere Werte für einen Key nicht erlaubt, was zu einer Exception führt. Aus diesem Grund gibt es von `toMap` eine interessante Variante mit dem zusätzlichen Funktionsparameter `mergeFunction`:

```
public static <T, K, U> Collector<T, ?, Map<K,U>> toMap(
        Function<? super T, ? extends K> keyMapper,
        Function<? super T, ? extends U> valueMapper,
        BinaryOperator<U> mergeFunction)
```

Diese zusätzliche Funktion wird genutzt, um Werte mit gleichem Key zu verknüpfen. Der Collector arbeitet somit in gleicher Weise wie im Beispiel zur Reduktion von Maps aus Abschnitt 6.5.2.

Diese Variante demonstriert gut die Flexibilität der Methoden mit Funktionsparametern. Als Beispiel soll aus einem Stream mit Wörtern eine Map mit den Wörtern und ihrer Anzahl erstellt werden. Das Ergebnis ist somit vom Typ `Map<String, Integer>`. In einer imperativen Lösung würde man für ein Wort zuerst prüfen, ob bereits ein Eintrag existiert; wenn nicht, würde man einen ersten Eintrag mit dem Wert 1 einfügen. Beim Auftreten gleicher Wörter würde man den bestehenden Wert erhöhen und aktualisieren. Für eine so einfache Aufgabe ist das eine Menge Code. Mit `toMap` kann die Aufgabe deklarativ gelöst werden:

```
Map<String, Integer> wordCount = wordStream.collect(
      Collectors.toMap(w -> w, w -> 1, (n, one) -> n + one));
```

Bei dieser Lösung wird für die Keys die Identitätsfunktion verwendet. Die Funktion für den Wert liefert immer 1 und die Merge-Funktion erhöht den bestehenden Wert um eins.

Die Operation `joining` erzeugt einen Collector, der einen Stream von Strings zu einem Gesamt-String verbindet. Dabei können mit einer überladenen Methode ein Trennzeichen und mit einer weiteren Methode zusätzlich ein Anfang und ein Ende angegeben werden. Die folgende Anweisung erzeugt somit einen String mit allen Wörtern, durch Kommas getrennt und mit geschweiften Klammern am Anfang und Ende:

```
String wordString  =
    wordStream.collect(Collectors.joining(", ", "{", "}"));
```

Schließlich gibt es die Methode groupingBy zum Bilden von Gruppen und die Methode partitioningBy zum Aufteilen der Elemente nach einem Kriterium. Mit groupingBy können die Elemente eines Streams nach einem vorgegebenen Kriterium in Gruppen eingeteilt werden. Die einfachste von mehreren überladenen Varianten arbeitet mit einem Funktionsparameter classifier, der das Kriterium für die Klassifikation der Werte festlegt:

```
static <T, K> Collector<T, ?, Map<K, List<T>>>
    groupingBy(Function<? super T, ? extends K> classifier)
```

Mit dem erzeugten Collector wird eine Map gebildet, bei der die Keys die Klassifikationswerte und die Werte Listen mit den Elementen der jeweiligen Gruppe sind. Im folgenden Beispiel wird groupingBy verwendet, um Wörter nach ihren Anfangsbuchstaben zu gruppieren. Das Kriterium zur Gruppenbildung ist also der erste Buchstabe jedes Wortes und groupingBy wird somit mit einer Funktion aufgerufen, die den ersten Buchstaben eines Wortes liefert und diesen in einen Kleinbuchstaben umwandelt:

```
Map<Character, List<String>> wordGroups =
    wordStream.collect(Collectors.groupingBy(
                                    w -> Character.toLowerCase(w.charAt(0))));
```

Das Resultat der collect-Operation ist eine Map vom Typ Map<Character, List<String>>. Jeder Eintrag in der Map enthält die Liste der Wörter mit diesem Anfangsbuchstaben.

Die Methode partitioningBy teilt die Elemente nach einem Prädikat auf. Die erste Gruppe enthält die Elemente, die das Prädikat erfüllen, und die zweite Gruppe die Elemente, die es nicht erfüllen. Das Ergebnis ist eine Map mit den Boole'schen Werten als Keys und den Listen mit den Elementen der beiden Gruppen als Werte. Diese Methode kann z. B. verwendet werden, um Wörter nach Groß- und Kleinschreibung zu unterteilen:

```
Map<Boolean, List<String>> upperLowerWords =
    wordStream.collect(Collectors.partitioningBy(
                                    w -> Character.isUpperCase(w.charAt(0))));
```

9.4.3 Downstream Collectors

In den Beispielen mit groupingBy wurden die Elemente nach einem Kriterium unterschieden und in Listen gesammelt. Wie geht man aber vor, wenn man andere Ergebnisse benötigt, z. B. wenn die Elemente nicht in Listen, sondern in Mengen gesammelt werden sollen oder wenn man nur die Elemente pro Gruppe zählen will? Es gibt dazu eine überladene Methode von groupingBy, bei der man einen zweiten Collector für die Werte in der Gruppe angeben kann:

```
Collector<T, ?, Map<K, D>> groupingBy(
    Function<? super T, ? extends K> classifier,
    Collector<? super T, A, D> downstream)
```

Der zweite Collector wird somit zum Sammeln der Elemente pro Gruppe verwendet. Man spricht von *Downstream Collectors*. Damit lässt sich eine Gruppierung mit sortierten Mengen realisieren, indem man mit der Methode toCollection einen entsprechenden Downstream Collector erzeugt und übergibt:

```
Map<Character, SortedSet<String>> wordGroups =
  wordStream.collect(Collectors.groupingBy(
                         w -> w.charAt(0),
                         Collectors.toCollection(TreeSet::new))
                    );
```

Das Ergebnis ist somit eine Map vom Typ Map<Character, SortedSet<String>>.

Die Klasse Collectors bietet nun eine Vielzahl von Methoden speziell für das Erzeugen von Downstream Collectors. Tabelle 9.3 gibt einen Überblick über diese Methoden.

Methode	**Erzeugter Collector für**
<T> Collector<T, ?, Long> counting()	Zählen der Elemente
<T> Collector<T, ?, Integer> summingInt(ToIntFunction<? super T> m) … Analoge Methoden gibt es für Long und Double …	Summenbildung
<T> Collector<T, ?, Integer> averagingInt(ToIntFunction<? super T> m) … Analoge Methoden gibt es für Long und Double …	Durchschnittsbildung
T> Collector<T, ?, IntSummaryStatistics> summarizingInt(ToIntFunction<? super T> m) … Analoge Methoden gibt es für Long und Double …	Statistikberechnung
Collector<T, ?, Optional<T>> minBy(Comparator<? super T> comparator) Collector<T, ?, Optional<T>> maxBy(Comparator<? super T> comparator)	Maximum und Minimum
<T, U> Collector<T, ?, U> reducing(U identity, Function<? super T, ? extends U> mapper, BinaryOperator<U> op) <T> Collector<T, ?, T> reducing(T identity, BinaryOperator<T> op) <T> Collector<T, ?, Optional<T>> reducing(BinaryOperator<T> op)	Allgemeine reduce-Operationen
<T, R> Collector<T, ?, R> filtering(Predicate<? super T> predicate, Collector<? super T, A, R> downstream)	Filtern plus Sammeln
<T, U, A, R> Collector<T, ?, R> mapping(Function<? super T, ? extends U> m, Collector<? super U, A, R> downstr)	Abbilden plus Sammeln
<T, U, A, R> Collector<T, ?, R> flatMapping(Function<? super T, ? extends Stream<? extends U>> m, Collector<? super U, A, R> downstream)	Abbilden, dann Ausflachen und Sammeln
<T,A,R,RR> Collector<T,A,RR> collectingAndThen(Collector<T,A,R> downstream, Function<R,RR> finisher)	Sammeln, dann Resultat abbilden

Tab. 9.3 *Methoden zum Erzeugen von Downstream Collectors bei Klasse Collectors*

Möchte man beispielsweise für den Stream von Wörtern die Anzahl der Wörter für jeden Anfangsbuchstaben ermitteln, bietet sich die Methode counting zum Erzeugen eines Downstream Collectors an:

```
Map<Character, Long> nWordsPerGroup =
  wordStream.collect(Collectors.groupingBy(
                        w -> w.charAt(0),
                        Collectors.counting())
                     );
```

Mit einem mit summingInt erzeugten Downstream Collector lässt sich die Summe der Wortlängen für jeden Anfangsbuchstaben ermitteln:

```
Map<Character, Integer> sumWordLengthPerGroup =
  wordStream.collect(Collectors.groupingBy(
                       w -> w.charAt(0),
                       Collectors.summingInt(w -> w.length()))
                    );
```

Die gleichen Möglichkeiten gibt es auch bei partitioningBy.

Bei groupingBy gibt es noch eine weitere überladene Methode, mit der auch die Ergebnis-Map mit einem Supplier-Objekt erzeugt werden kann (Parameter mapFactory). Wir werden diese Methode im Anwendungsbeispiel in Abschnitt 9.5.2 benötigen:

```
<T, K, D, A, M extends Map<K, D>>
Collector<T, ?, M> groupingBy(
              Function<? super T, ? extends K> classifier,
              Supplier<M> mapFactory,
              Collector<? super T, A, D> downstream)
```

9.4.4 Eine eigene Collector-Implementierung

Lässt sich trotz der vielfältigen Möglichkeiten eine Aufgabe nicht mit den verfügbaren Collectors lösen, kann man auch einen speziellen Collector implementieren. In Abschnitt 9.3.2 haben wir einen Gatherer implementiert, der Werte nur weiterreicht, wenn sie sich um eine Mindestdifferenz vom zuletzt weitergereichten Wert unterscheiden. Diese Aufgabe kann auch mit einem Collector gelöst werden. Im Folgenden werden wir einen Collector implementieren, der Werte in einer Liste nur sammelt, wenn sie sich um eine bestimmte Differenz unterscheiden.

Listing 9.5 zeigt die Klasse MinDiffCollector, die das leistet. Wesentlich sind die Typparameter und die Methoden supplier und accumulator. Die Werte sind vom Typ Double, der Container und das Ergebnis sind vom Typ List<Double>. Die Methode supplier gibt ein Supplier-Objekt zurück, das eine ArrayList erzeugt. Die Methode accumulator liefert das Funktionsobjekt zum Sammeln der Werte. Parameter des Funktionsobjekts sind die aktuelle Liste und der neue Wert. Beim ersten Wert ist die Liste noch leer und der Wert wird auf jeden Fall in die Liste aufgenommen. Sonst wird auf den letzten Wert in der Liste zugegriffen und die

Differenz zum aktuellen Wert ermittelt. Nur wenn die Differenz größer als die Mindestdifferenz ist, wird der neue Wert in die Liste aufgenommen. Die Methoden `combiner` führt Listen zusammen, `finisher` liefert die Identitätsfunktion und die Menge der `characteristics` ist leer.

```
public class MinDiffCollector
      implements Collector<Double, List<Double>, List<Double>> {
  private static final double MIN_DIFF = 0.1;

  @Override
  public Supplier<List<Double>> supplier() {
    return () -> new ArrayList<>();
  }
  @Override
  public BiConsumer<List<Double>, Double> accumulator() {
    return (list, value) -> {
      if (list.isEmpty()) {
        list.add(value);
      } else {
        double last = list.get(list.size()-1);
        if (Math.abs(value - last) > MIN_DIFF) {
          list.add(value);
        }
      }
    };
  }
  @Override
  public BinaryOperator<List<Double>> combiner() {
    return (l1, l2) -> {
      l1.addAll(l2);
      return l1;
    };
  }

  @Override
  public Function<List<Double>, List<Double>> finisher() {
    return Function.identity();
  }

  @Override
  public Set<Characteristics> characteristics() {
    return Set.of();
  }
}
```

Listing 9.5 *MinDiffCollector*

Mit der Anwendung auf die Liste der Messwerte erhalten wir eine Liste von Werten, die sich signifikant unterscheiden.

```
Stream<Double> measurements = Stream.of(36.0, 36.05, ...);
List<Double> significant =
    measurements.collect(new MinDiffCollector());
```

Wie vergleicht sich nun diese Lösung mit der Lösung aus Abschnitt 9.3.2? Die Lösung mit dem Gatherer ist eine Zwischenoperation und es können somit weitere Operationen angeschlossen werden. Bei der Lösung mit unserem Collector erhalten wir ein Endergebnis in Form einer Liste.

9.5 Anwendungsbeispiele

Nach der Einführung in die Konzepte und dem Überblick über die Operationen von Streams wollen wir in diesem Abschnitt zwei komplexere Anwendungsbeispiele entwickeln. Im ersten Beispiel greifen wir das Programmsystem für die Ergebnisauswertung eines Programmierkurses aus Abschnitt 5.2 wieder auf. Im zweiten Beispiel wird für einen Text ein Index mit Zeilennummern erstellt.

9.5.1 Ergebnisauswertung mit Streams

In Abschnitt 5.2 haben wir ein Programmsystem für die Auswertung von Ergebnissen eines Programmierkurses entworfen und gezeigt, wie man mit Funktionsparametern eine flexible Programmierschnittstelle gestalten kann. In diesem Abschnitt wollen wir nun Streams für die Datenauswertung einsetzen.

Im Programmiersystem in Abschnitt 5.2 haben wir die Ergebnisse eines Teilnehmers durch die Klasse `Results` dargestellt (siehe Listing 5.4 in Abschnitt 5.2). Diese Klasse ermöglicht den Zugriff auf die Identitätsnummer, den Namen und die Punkte der zehn Programmieraufgaben eines Teilnehmers. Diese Klasse wird auch in diesem Abschnitt verwendet.

Die Daten liegen in einer CSV-Datei vor. Die erste Zeile der CSV-Datei enthält die Überschriften, die weiteren Zeilen jeweils die Ergebnisse der Teilnehmer:

```
ID,Name,1,2,3,4,5,6,7,8,9,10
1,Alred Maier,10,8,2,7,10,9,7,6,7,2
2,Fritz Michalik,8,6,5,7,-1,-1,8,6,8,10
...
```

Die erste Aufgabe ist, diese Datei zu lesen und daraus eine Liste von `Results`-Objekten zu erstellen. Dies erfolgt mit folgenden Anweisungen:

```
try (Stream<String> stream =
                Files.lines(Paths.get("results.csv"))) {
  List<Results> resultList =
    stream
      .skip(1)
      .map(l -> {
         String[] elems = l.split(",");
```

```
            return new Results(elems[0], elems[1],
                      Arrays.stream(elems)
                          .skip(2)
                          .mapToInt(s -> Integer.parseInt(s.trim()))
                          .toArray());
        })
        .toList();
    ...
  } catch (IOException e) {
    e.printStackTrace();
  }
```

Zuerst wird in der Try-with-resources-Anweisung der Stream mit den Zeilen der Datei erzeugt. Das `Stream`-Objekt hält ein Handle auf die Datei, das beim Verlassen der Anweisung automatisch freigegeben wird. Mit den Stream-Operationen werden die einzelnen Zeilen verarbeitet. Zuerst wird mit `skip` die erste Zeile mit den Überschriften übersprungen. Die restlichen Zeilen enthalten die Daten für die Teilnehmer. Aus diesen werden die `Results`-Objekte erzeugt und in einer Liste gesammelt. Die erste und zweite Stelle jeder Zeile enthält die Nummer und den Namen der Teilnehmer, die restlichen Stellen die Punkte. Mit `split` wird aus der Zeile ein Array mit den Einträgen erstellt. Dann wird aus diesen Daten ein `Results`-Objekt erzeugt. Dabei bildet der erste Wert im Array die Id, der zweite den Namen. Aus den restlichen wird das Array mit den Punkten erstellt. Dabei werden wieder Stream-Operationen eingesetzt: Aus dem Array mit den Elementen wird ein Stream erzeugt, die beiden ersten Einträge werden verworfen, dann die Einträge zu `int`-Werten abgebildet und aus dem `IntStream` ein `int`-Array erzeugt.

Mit der Liste der `Results`-Objekte wollen wir nun verschiedene Berechnungen durchführen. Zur Vorbereitung soll die Klasse `Results` um eine zusätzliche Methode `countScores` erweitert werden, mit der man die Anzahl der Aufgaben ermitteln kann, die ein gegebenes Prädikat erfüllen (Listing 9.6). Die Methode erzeugt aus dem Array der erreichten Punkte einen `IntStream`, filtert diesen mit dem gegebenen Prädikat und zählt die Elemente.

```
public class Results {
  ...
  public int countScores(IntPredicate pred) {
    return (int)Arrays.stream(getScores()).filter(pred).count();
  }
}
```

Listing 9.6 *Methode countScores in der Klasse Results*

Für die folgenden Berechnungen werden wir intensiv mit den statischen Methoden der Klasse `Collectors` arbeiten. Um diese Methoden ohne Qualifikation direkt verwenden zu können, werden sie statisch importiert:

```
import static java.util.stream.Collectors.*;
```

Zuerst wollen wir ermitteln, wie viele Aufgaben jeder Student gelöst hat. Wir verwenden dazu einen mit toMap erzeugten Collector, mit dem man eine Map mit der Anzahl der gelösten Übungen für jeden Studenten erhält. Eine Übung gilt als gelöst, wenn mindestens vier Punkte erzielt wurden:

```
Map<String, Integer> nSolvedPerStnd =
  resultList.stream().collect(
      toMap(r -> r.getName(), r -> r.countScores(s -> s >= 4)));
```

Für das Bestehen muss ein Student mindestens acht Aufgaben gelöst haben. Mit der Methode partitioningBy können wir die Studenten ermitteln, die genügend und die zu wenige Aufgaben gelöst haben. Damit wir für jede Gruppe eine Liste der Namen erhalten, erzeugen wir mit mapping einen Downstream Collector, der zuerst eine Abbildung auf die Namen durchführt und dann die Namen in einer Liste sammelt:

```
Map<Boolean, List<String>> sufficientSolved =
  resultList.stream()
       .collect(partitioningBy(
              r -> r.countScores(s -> s >= 4) >= 8,
              mapping(Results::getName, toList())));
```

Die Noten werden auf Basis der Punkte berechnet: Es müssen mindestens acht Aufgaben gelöst sein. Ist das gegeben, erfolgt die Benotung auf Basis des Durchschnitts der besten acht Aufgaben. Die Methode computeGrade berechnet die Note nach diesem Schema. Zuerst wird die Anzahl der Aufgaben mit mindestens vier Punkten ermittelt. Ist die Anzahl kleiner als acht, ist die Note INSUFFICIENT. Bei mindestens acht gelösten Aufgaben wird mit einer Stream-Operation der Durchschnitt der besten acht berechnet. Der IntStream der Punkte wird zuerst sortiert, von den zehn die beiden kleinsten übersprungen und von den restlichen der Durchschnitt gebildet. Da die Methode average ein OptionalDouble liefert, wird mit getAsDouble auf den Wert zugegriffen. Dieser Durchschnitt bildet dann die Basis für die Note:

```
static Grade computeGrade(Results r) {
    long n = r.countScores(s -> s >= 4);
    if (n < 8) return Grade.INSUFFICIENT;
    double avrg =
      Arrays.stream(r.getScores())
            .sorted()
            .peek(System.out::println)
            .skip(2)
            .average()
            .getAsDouble();
    if (avrg < 5.0) return Grade.INSUFFICIENT;
    else if (avrg < 6.5) return Grade.SUFFICIENT;
    else if (avrg < 8.0) return Grade.SATISFACTORY;
    else if (avrg < 9.0) return Grade.GOOD;
    else return Grade.EXCELLENT;
  }
```

Somit können die Noten für die Studenten ermittelt werden. Wieder verwenden wir toMap, um eine Map mit dem Namen des Studenten und die Note zu erhalten:

```
Map<String, Grade> grades =
  resultList.stream()
        .collect(toMap(r -> r.getName(), r -> computeGrade(r)));
```

Eine Notenstatistik kann man einfach mit groupingBy berechnen. Das Kriterium für die Gruppierung ist die Note. Mit counting wird ein Downstream Collector zum Zählen erzeugt:

```
Map<Grade, Long> nStudentsWithGrade =
  resultList.stream()
      .collect(groupingBy(r -> computeGrade(r), counting()));
```

Schließlich sollen noch einige Ergebnisgrößen für jede Aufgabe berechnet werden. Für die zehn Aufgaben wollen wir wissen, wie viele Studenten sie gelöst haben. Ausgehend von einem IntStream mit Zahlen von eins bis zehn wird über den Stream der Resultate iteriert, auf die i-te Punkteanzahl zugegriffen, dann diese mit s >= 4 gefiltert und die so gefilterten Werte gezählt. Die Ergebnisse werden schließlich in einer Liste gesammelt.

```
List<Long> nSolvedPerAss =
  IntStream
    .rangeClosed(1, 10)
    .mapToObj(i ->  resultList.stream()
                             .mapToInt(r -> r.getScore(i))
                             .filter(s -> s >= 4)
                             .count())
    . toList();
```

Ähnlich lässt sich für jede Aufgabe der Durchschnitt der erreichten Punkte berechnen. Dabei werden nur die abgegebenen Lösungen gezählt (wenn keine Lösung abgegeben wurde, ist für die Punkte -1 eingetragen):

```
List<Double> avrgPointsPerAss =
  IntStream.rangeClosed(1, 10)
    .mapToObj(i -> resultList.stream()
                            .mapToInt(r -> r.getScore(i))
                            .filter(s -> s >= 0)
                            .average()
                            .orElse(0.0) )
    .toList();
```

Wie wir sehen, lassen sich mit Streams Berechnungen und Statistiken in deklarativer Weise spezifizieren. Aus gutem Grund ähneln die obigen Berechnungen denen in Tabellenkalkulationsprogrammen, sind doch Formeln in Tabellenkalkulationen auch funktionale Programme.

9.5.2 Wortindex zu einem Text

In diesem Beispiel soll aus einem Text ein Index mit den im Text vorkommenden Wörtern und den zugehörigen Zeilennummern erstellt werden.[1] Diese Aufgabe soll mithilfe von Stream-Operationen und in einer einzigen Funktionskette gelöst werden. Konkret soll ein Text aus einer Datei gelesen, die Zeilennummern ermittelt, die Zeilen in Wörter zerlegt und schließlich als Endergebnis eine sortierte Menge der Wörter mit den Zeilennummern erzeugt werden.

Beispielsweise könnte der Index das Vorkommen von Wörtern in einer Java-Datei anzeigen.[2] Im Folgenden ist ein Teil der Ausgabe für die Quelldatei zu diesem Beispielprogramm angegeben:

```
...
void [22]
w [40]
word [33, 34, 35]
WordIndex [15, 20]
words [30, 31]
```

Mit folgender Funktionskette kann die Aufgabe gelöst werden:

Die eingelesenen Zeilen werden nummeriert.

Dann werden die Zeilen nach den Trennzeichen zerlegt, Nicht-Wörter eliminiert, die Wörter mit den Zeilennummern versehen und ein einziger Stream mit den mit Zeilennummern versehenen Wörtern erzeugt.

Schließlich wird der Index aufgebaut. Dabei werden die Wörter und auch die Zeilennummern sortiert.

Die Aufgabe umfasst zwei Teile: erstens die Nummerierung der Zeilen, die Aufteilung der Zeilen in Wörter und die Nummerierung der Wörter. Zweitens der Aufbau des Index. Dies geschieht in der abschließenden `collect`-Operation. Das Endergebnis soll eine SortedMap mit Wörtern als Keys und SortedSets mit den Zeilennummern als Werte sein. Damit ist der Typ des Ergebnisses `SortedMap<String, SortedSet<Integer>>`.

Listing 9.7 zeigt die erste Teilaufgabe der Lösung. Wir betrachten die einzelnen Schritte:

Die durch `Files.lines` gelieferten Zeilen werden in der ersten `map`-Operation nummeriert. Die Record-Klasse `Numbered` aus Listing 9.8 wird verwendet, um ein Element zusammen mit der Zeilennummer zu speichern. Für das Durchzählen der Zeilen wird ein `int`-Array der Länge 1 verwendet (damit kann eine Stelle des Arrays im Lambda-Ausdruck zum Zählen verwendet werden; siehe dazu Diskussion in Abschnitt 2.3).

1. Das Beispiel ist eine Adaption eines Beispiels aus dem Haskell-Lehrbuch von Simon Thompson [97].
2. Solche »Cross Reference-Listen« wurden vor der Einführung leistungsfähiger IDEs verwendet, um die Verwendung von Variablen in Quellcodedateien anzuzeigen.

- In der `flatMap`-Operation wird jede Zeile mit einer `split`-Operation in ein Array von Wörtern aufgespalten und davon ein Stream erzeugt. Dieser Stream wird gefiltert und auf einen Stream mit den mit Nummern versehenen Wörtern abgebildet. Die `flatMap`-Operation erzeugt daraus einen ausgeflachten Stream mit den nummerierten Wörtern.

```
try (Stream<String> lines = Files.lines(Paths.get(TEXT_FILE))) {
  int[] i = new int[1];
  Map<String, SortedSet<Integer>> index =
    lines
      .map(line -> {
        i[0]++;
        return new Numbered(i[0], line);
      })
      .flatMap(numLine -> {
        String[] words = numLine.value().split("[ .,;?!.:()]");
        return Arrays.stream(words)
            .filter(word -> word.length() != 0 &&
                       Character.isLetter(word.charAt(0)))
            .map(word -> new Numbered<String>(numLine.n(), word));
      })
      .collect(...);
}
```

Listing 9.7 *Erster Teil der Berechnung des Index*

```
public record Numbered<A extends Comparable<? super A>>(int n, A value)
      implements Comparable<Numbered<A>> {
  ...
  @Override
  public int compareTo(Numbered<A> other) {
    int c = Integer.compare(n, other.n);
    if (c != 0) return c;
    return value.compareTo(other.value);
  }
}
```

Listing 9.8 *Record-Klasse Numbered*

Aus dem Stream der nummerierten Wörter soll nun in einer `collect`-Operation das Endergebnis berechnet werden (Listing 9.9). Dazu bietet sich ein Collector zur Gruppierung an. Die Schlüssel für die Gruppierung sollen die Wörter sein, die gruppierten Elemente sortierte Mengen mit den Zeilennummern. Hier bietet sich die überladene Methode `groupingBy` an, mit der über den zweiten Parameter die zu verwendende Map und mit dem dritten Parameter der Downstream Collector angegeben werden kann. Wir betrachten die drei Parameter von `groupingBy`:

- Der erste Funktionsparameter bestimmt den Schlüssel der Map. Das sind die Wörter.

Der zweite Parameter ist der Supplier für die Map. Dieser erzeugt eine Map vom Typ `TreeMap<String, <SortedSet<Integer>>` und mit einem Comparator, der Groß-/Kleinschreibung nicht unterscheidet.
Der Downstream Collector wird mit `mapping` erzeugt. Es werden zuerst die nummerierten Wörter auf die Nummern abgebildet und diese dann in einem TreeSet gesammelt.

```
Map<String, SortedSet<Integer>> index =
  Files.lines(Paths.get(TEXT_FILE))
    ....
    .collect(
       Collectors.groupingBy(
          numWord -> numWord.value,
          () -> new TreeMap<>(
              Comparator.comparing(w -> w.toLowerCase())),
          mapping(numWord -> numWord.n,
              Collectors.toCollection(TreeSet<Integer>::new))));
```

Listing 9.9 *Zweiter Teil der Berechnung des Index*

Damit ist die Aufgabe gelöst. Die Lösung ergibt sich aus einer sorgfältigen Kombination von Stream-Operationen, Abbildungsfunktionen und Collectors. Ein Schwachpunkt der Lösung aus der Sicht der funktionalen Programmierung ist die Verwendung eines Seiteneffekts für die Nummerierung. In Abschnitt 9.7 wird daher eine Lösung vorgestellt, die auf der internen Implementierung von Streams aufbaut und ohne Seiteneffekte auskommt.

9.6 Hinweise

Beim Arbeiten mit Streams gibt es eine Reihe von Fallstricken, denen man sich bewusst sein sollte. In diesem Abschnitt werden daher einige allgemeine Hinweise zum Arbeiten mit Streams gegeben.

9.6.1 Einmal-Iteration

Ein häufiger Anfangsfehler beim Arbeiten mit Streams ist, sie mehrmals zu verwenden. Denn hat man einmal einen Stream mit einer Terminaloperation verarbeitet, kann er nicht mehr verwendet werden. Will man die Elemente ein weiteres Mal verarbeiten, muss man ein neues `Stream`-Objekt erzeugen. Das ist in den folgenden Anweisungen gezeigt:

```
List<String> wordList = List.of("Hallo", "World");
Stream<String> wordStream = wordList.stream();
wordStream.forEach(System.out::println);
wordStream = wordList.stream();      // Fehler: neues Stream-Objekt
notwendig!
wordStream.forEach(System.out::println);
```

Außerdem ist es nicht möglich, die Elemente eines Streams nur teilweise zu verarbeiten und später mit dem Rest fortzufahren.

9.6.2 Begrenzung von unendlichen Streams

Streams können unendlich sein. Bei der Verarbeitung muss er naturgemäß beschränkt werden, entweder durch eine Zwischenoperation oder durch die Terminaloperation. Im einfachsten Fall geschieht das durch die Methode `limit`, die von einem Stream einen Stream mit der gegebenen Anzahl erzeugt:

```
IntStream posInts = IntStream.iterate(0, i -> i + 1);
posInts.limit(100).forEach(System.out::println);
```

Da Streams nach der Bedarfsermittlung verarbeitet werden, brechen Suchoperationen beim ersten gefundenen Wert ab. Damit ist auch eine Suche in einem unendlichen Stream möglich. Zum Beispiel wird die Suchoperation im Stream der positiven Integer-Zahlen ab 1000 beendet, wenn bei 1009 die erste Primzahl auftritt:

```
OptionalInt firstPrime =
    posInts.skip(1000)
           .filter(x -> isPrime(x))
           .findFirst();
```

9.6.3 Zustandslose und zustandsbehaftete Operationen

Zwischenoperationen auf Streams können entweder zustandslos oder zustandsbehaftet sein. Zustandslose Zwischenoperationen erlauben es, jedes Element einzeln und unabhängig von anderen Elementen zu verarbeiten. Bei zustandsbehafteten Operationen besteht eine Abhängigkeit zu anderen Elementen. Beispiele für zustandsbehaftete Zwischenoperationen sind `sorted` und `distinct`. Um die Elemente in einem Stream zu sortieren, müssen alle Elemente vorliegen. Und um ein Element mit `distinct` zu verarbeiten, müssen alle bereits behandelten Elemente bekannt sein. Daher müssen diese Operationen die Elemente intern speichern.

Um die Besonderheiten von zustandsbehafteten Zwischenoperationen zu demonstrieren, wird im folgenden Beispiel eine Funktionskette mit und ohne der Operation `sorted` gebildet. Ausgehend von einem Stream von Strings mit den Elementen `"C"`, `"B"` und `"A"` werden zwei `map`-Operationen angewendet und dazwischen mit `peek` Ausgaben eingefügt. Mit den Ausgaben kann man die Reihenfolge der Verarbeitung der Elemente beobachten. Die erste Kette verwendet keine Sortierung:

```
Stream<String> stream = Stream.of("C", "B", "A");
stream.map(s -> s.toLowerCase())
      .peek(s -> System.out.format("First map: %s%n", s))
      .map(s -> s.toUpperCase())
      .peek(s -> System.out.format("Second map: %s%n", s))
      .toList();
```

Die Ausgaben zeigen, dass die Elemente die beiden map-Operationen nacheinander durchlaufen:

```
First map: c
Second map: C
First map: b
Second map: B
First map: a
Second map: A
```

Bei der zweiten Operationskette wird zwischen den beiden map-Operationen eine sorted-Operation eingefügt:

```
Stream<String> stream = Stream.of("C", "B", "A");
stream.map(s -> s.toLowerCase())
      .peek(s -> System.out.format("First map: %s%n", s))
      .sorted()
      .map(s -> s.toUpperCase())
      .peek(s -> System.out.format("Second map: %s%n", s))
      .toList();
```

Damit ergibt sich eine andere Reihenfolge in den Ausgaben:

```
First map: c
First map: b
First map: a
Second map: A
Second map: B
Second map: C
```

Es wird zuerst auf alle Elemente die erste map-Operation angewendet, dann erfolgt die Sortierung und danach erst wird mit der zweiten map-Operation fortgefahren. Offensichtlich werden die Elemente nach der ersten Operation gesammelt, sortiert und dann erst in der Operationskette weitergereicht.

Während zustandslose Zwischenoperationen unproblematisch sind, sollten zustandsbehaftete Operationen mit Bedacht eingesetzt werden. So kann man aus offensichtlichen Gründen sorted nicht bei unendlichen Streams verwenden. Wir kommen in Abschnitt 10.3 auf die Problematik von zustandsbehafteten Operationen auch noch bei der parallelen Verarbeitung von Streams zurück, bei der diese besonders kritisch sind.

9.6.4 Reihenfolge von Operationen

Man sollte sich immer bewusst sein, dass die Reihenfolge der Zwischenoperationen sowohl für die Ergebnisse als auch für die Laufzeit entscheidend ist. Daher muss die Reihenfolge der Zwischenoperationen sorgsam überlegt werden.

Will man zum Beispiel mit skip Elemente am Anfang des Streams überspringen und die Anzahl der Elemente mit limit begrenzen, bewirkt die Reihenfolge dieser beiden Operationen einen Unterschied im Ergebnis. Dazu vergleichen wir folgende zwei Varianten von Operationsketten: Links werden von dem unendlichen Stream von positiven Zahlen zuerst zwei Elemente übersprungen und dann fünf Elemente genommen. Das Ergebnis ist ein Stream mit den fünf Zahlen 3 bis 7. Bei der rechten Variante wird der Stream zuerst auf fünf begrenzt und dann werden zwei übersprungen. Das Ergebnis ist ein Stream mit den drei Zahlen 3, 4 und 5.

```
IntStream
  .iterate(1, i -> i + 1)
  .skip(2)
  .limit(5)
  .forEach(System.out::println);
```

```
IntStream
  .iterate(1, i -> i + 1)
  .limit(5)
  .skip(2)
  .forEach(System.out::println);
```

In den folgenden zwei Varianten von Operationsketten werden mit `filter` die geraden Zahlen aus dem Stream gefiltert und mit `limit` auf fünf Elemente begrenzt. In der rechten Anweisung werden die ersten fünf geraden Zahlen geliefert, bei der linken Variante nur die beiden Zahlen 2 und 4.

```
IntStream
  .iterate(1, i -> i + 1)
  .filter(i -> i % 2 == 0)
  .limit(5)
  .forEach(System.out::println);
```

```
IntStream
  .iterate(1, i -> i + 1)
  .limit(5)
  .filter(i -> i % 2 == 0)
  .forEach(System.out::println);
```

Im folgenden Beispiel ist der Einfluss der Operationsreihenfolge besonders gut zu sehen. In der linken Variante wird eine Reihe von Zahlen sortiert und davon werden die drei größten genommen. In der rechten werden die ersten drei Zahlen genommen und dann sortiert. Das Ergebnis wird unterschiedlich sein, es sei denn, die drei größten Zahlen sind zufällig die ersten drei.

```
someNumbers
  .sorted()
  .limit(3)
  .forEach(System.out::println);
```

```
someNumbers
  .limit(3)
  .sorted()
  .forEach(System.out::println);
```

9.6.5 Kombinationen von Operationen

Es existieren Kombinationen von Zwischenoperationen und Terminaloperationen, die redundant oder wirkungslos sind. So ist es nicht sinnvoll, einen Stream mit `sorted` zu sortieren und die Elemente schließlich in einem TreeSet zu sammeln. Die Elemente werden ohnehin im TreeSet sortiert. Hier ist die Verwendung des TreeSets bei der `collect`-Operation ausreichend und die teure `sorted`-Operation kann gelöscht werden:

```
SortedSet<String> sortedWords =
 wordList.stream()
         .sorted()          // sorted ist redundant
         .collect(Collectors.toCollection(TreeSet<String>::new));
```

Ebenso ist die Kombination von `distinct` und ein Sammeln in einem `Set` redundant. Werden die Elemente in einem Set gesammelt, werden die mehrfach vorkommenden Elemente ohnehin nur einmal aufgenommen.

```
Set<String> distinctWords =
  wordList.stream()
          .distinct()    // distinct ist redundant
          .collect(Collectors.toSet());
```

Die Kombination von Sortierung und `HashSet` wie im folgenden Beispiel ist wirkungslos, weil die Sortierung im `HashSet` nicht erhalten bleibt. Eine Möglichkeit wäre die Verwendung von `LinkedHashSet`, bei der die Elemente wieder in ihrer Einfügereihenfolge abgerufen werden können.

```
Set<String> unsortedWords =
 wordList.stream()
         .sorted()          // sorted hat keine Wirkung
         .collect(Collectors.toCollection(HashSet<String>::new));
```

9.7 Interne Implementierung

In diesem abschließenden Abschnitt werfen wir einen Blick hinter die Kulissen und machen uns mit den internen Mechanismen von Streams vertraut. Bei der Anwendungsprogrammierung wird man selten auf dieser Ebene arbeiten, dennoch sollte man diese Basis kennen.

Streams sind intern durch sogenannte *Spliterators* realisiert, die sowohl eine sequenzielle als auch eine parallele Verarbeitung von Elementen unterstützen. Der Name leitet sich von diesen beiden Aspekten ab: Ein Spliterator besteht aus einem *Iterator* für die sequenzielle Verarbeitung und einem *Split* für die parallele Verarbeitung. In diesem Kapitel wird nur die sequenzielle Verarbeitung betrachtet, um dann im nächsten Kapitel die parallele Verarbeitung zu behandeln.

Im Folgenden wird das Interface `Spliterator` mit den zwei Methoden für die sequenzielle Verarbeitung gezeigt:

```
public interface Spliterator<T> {
  boolean tryAdvance(Consumer<? super T> action);
  default void forEachRemaining(Consumer<? super T> action) {
    do { } while (tryAdvance(action));
  }
  ...
}
```

Die Methode `tryAdvance` hat eine `Consumer`-Funktion als Parameter und gibt `true` zurück, solange Elemente vorhanden sind. Wie man in der Default-Methode `forEachRemaining` sieht, kann man mit `tryAdvance` über die Elemente iterieren. Für jedes Element wird dabei die übergebene `Consumer`-Funktion ausgeführt.

Nützlich ist auch die Klasse `StreamSupport`. Sie bietet die statische Methode `stream` zum Erzeugen eines Streams aus einem Spliterator:

```
public static <T> Stream<T> stream(
                   Spliterator<T> spliterator, boolean parallel)
```

Der erste Parameter ist das `Spliterator`-Objekt, der zweite gibt an, ob parallele Verarbeitung unterstützt werden soll. Diese Methode wird durchwegs in der Bibliothek verwendet. Zum Beispiel verwendet die Methode `stream` im Interface `Collection` diese Methode für den Abruf eines Streams:

```
default Stream<E> stream() {
  return StreamSupport.stream(spliterator(), false);
}
```

Das gelieferte `Spliterator`-Objekt ist standardmäßig vom Typ `IteratorSpliterator`, der den Iterator zur Collection verwendet. Somit ist es möglich, für jedes Objekt, das `Iterable` implementiert, einen `Spliterator` zu erzeugen:

```
Iterable<String> iterable = ...;
Stream<String> strm =
    StreamSupport.stream(iterable.spliterator(), false);
```

In der Klasse `Stream` gibt es ein inneres Interface `Builder` und eine statische Methode `builder()` zum Erzeugen eines `Builder`-Objekts (Listing 9.10). Builders werden für das Erzeugen von Streams durch Angabe der Elemente eingesetzt.

```
public interface Stream<T> {
  ...
  public static <T> Builder<T> builder() { ... }

  public interface Builder<T> extends Consumer<T> {
    void accept(T t);

    default Builder<T> add(T t) {
      accept(t);
      return this;
    }

    Stream<T> build();
  }
}
```

Listing 9.10 *Interface Stream mit innerem Builder-Interface*

Um einen Stream zu erzeugen, erzeugt man ein `Builder`-Objekt, fügt Elemente mit `accept` oder `add` ein und ruft schließlich mit `build` das `Stream`-Objekt mit den angefügten Elementen ab:

```
Stream.Builder<String> b = Stream.builder();
b.add("A").add("B").add("C");
Stream<String> stream = b.build();
```

9.7.1 Beispiel

Beim Programm zum Aufbau eines Wortindex aus Abschnitt 9.5.2 wurde die Nummerierung der Zeilen mit einem Seiteneffekt realisiert. Im Folgenden soll eine funktionale Lösung entwickelt werden, die auf Spliterators aufbaut.

Die Methode `number` erzeugt aus einem Stream einen neuen Stream mit nummerierten Elementen:

```
public static < A extends Comparable<A>>
Stream<Numbered<A>> number(Stream<A> as) {
  IntStream is = IntStream.iterate(1, x -> x + 1);
  Spliterator<A> asSpltr = as.spliterator();
  Spliterator.OfInt isSpltr = is.spliterator();
  Stream.Builder<Numbered<A>> builder = Stream.builder();
  asSpltr.forEachRemaining(a -> {
    isSpltr.tryAdvance((int i) -> {
      builder.accept(new Numbered(i, a));
    });
  });
  return  builder.build();
}
```

Die Methode arbeitet wie folgt:

- Der Stream der zu nummerierenden Elemente wird als Parameter übergeben.
- Die Nummern werden in dieser Lösung nicht durch einen Seiteneffekt, sondern durch den unendlichen Stream `is` vom Typ `IntStream` erzeugt.
- Vom Stream der Werte und von dem der Nummern werden Spliterators erzeugt (`asSpltr` und `isSpltr`) und in Folge wird mit den Methoden `forEachRemaining` und `tryAdvance` dieser Spliterators gearbeitet.
- Für das Sammeln der Elemente wird ein Builder verwendet.
- Mit der Methode `forEachRemaining` wird über die Elemente der Werte iteriert. Der Parameter der Methode ist eine `Consumer`-Funktion, die für jedes Element aufgerufen wird. Darin wird mit der Methode `tryAdvance` vom Stream mit den Nummern eine nächste Nummer abgerufen, mit Wert und Nummer ein nummeriertes Element erzeugt und dem Builder hinzugefügt.
- Schließlich wird vom Builder der Stream mit den nummerierten Elementen abgerufen.

Mit dieser Methode kann man beim Beispiel zum Erzeugen des Index die Nummerierung der Zeilen ohne Seiteneffekt lösen:

```
try (Stream<String> lines = Files.lines(Paths.get(TEXT_FILE))) {
  Stream<Numbered<String>> numberedLines = number(lines);
  Map<String, SortedSet<Integer>> index =
    numberedLines
      .flatMap(...)
      ....
}
```

9.8 Zusammenfassung

In diesem Kapitel wurde die sequenzielle Verarbeitung von Streams behandelt. Wir haben gesehen, dass Streams Lieferanten von Elementen sind, die von ihren Datenquellen abstrahieren. Mit Streams arbeitet man mit Aggregationsoperationen, die sich auf den gesamten Stream beziehen und intern über die Elemente iterieren. Dies ermöglicht eine deklarative Spezifikation der Verarbeitungsschritte. Streams basieren auf der Bedarfsauswertung, bei der auf die Elemente erst zugegriffen wird, wenn sie von Terminaloperationen angefordert werden.

Streams sind nach dem Prinzip der Monaden gestaltet, wie wir dies in Abschnitt 7.3 beschrieben haben. Bei Streams unterscheidet man drei Arten von Operationen: Erzeugeroperationen, die Streams erzeugen, Zwischenoperationen, die Streams auf andere Streams abbilden, und Terminaloperationen, die aus den Elementen Ergebnisse berechnen. Die Terminaloperation `reduce` führt eine funktionale Reduktion der Elemente durch. Die Terminaloperation `collect` sammelt die Elemente in veränderlichen Container-Objekten. Diese Art der Verarbeitung ist besonders flexibel und erlaubt den Aufbau komplexer Ergebnisstrukturen.

Streams arbeiten intern mit sogenannten Spliterators, die sowohl sequenzielle als auch parallele Verarbeitung unterstützen. In diesem Kapitel wurde nur die sequenzielle Verarbeitung behandelt. Im nächsten Kapitel wird auf die parallele Verarbeitung in Streams eingegangen.

10 Parallele Streams

Moderne Prozessorarchitekturen bestehen in der Regel aus mehreren Kernen. Um diese Kerne zur Laufzeitverbesserung nutzen zu können, müssen Programme für die parallele Ausführung entworfen werden. Auch hier erweist sich die funktionale Programmierung als zielführend, da sich funktionale Programme wesentlich einfacher parallel ausführen lassen.

Daher wurde neben der sequenziellen auch die parallele Verarbeitung von Streams vorgesehen. Wie wir sehen werden, kann ein paralleler Stream sehr einfach durch einen einzigen Aufruf erzeugt werden. Die parallele Verarbeitung erfolgt dann transparent für den Programmierer durch den Stream. Damit könnte man vielleicht annehmen, dass es ausreicht, einen parallelen Stream zu erzeugen, um die Laufzeit zu verbessern. Leider ist dies nicht der Fall. Tatsächlich hängt die Reduktion der Laufzeit von vielen Faktoren ab. Zudem müssen spezielle Bedingungen erfüllt sein, damit die parallele Ausführung korrekte Ergebnisse liefert – Bedingungen, die bei der sequenziellen Ausführung oft keine Rolle spielen.

In diesem Kapitel befassen wir uns daher ausführlich mit der parallelen Ausführung bei Streams. Insbesondere werden wir auch die internen Mechanismen der parallelen Ausführung zeigen. Abschließend werden die Faktoren analysiert, die die Laufzeit der parallelen Verarbeitung beeinflussen.

10.1 Erzeugen von parallelen Streams

So wie mit der Methode `stream` ein sequenzieller Stream für eine Collection erzeugt wird, kann mit der Methode `parallelStream` ein paralleler Stream erzeugt werden:

```
Collection<Integer> someNumbers = ...;
Stream<Integer> parallelStream = someNumbers.parallelStream();
```

Die Elemente werden damit parallel von mehreren Threads und potenziell auf mehreren Kernen verarbeitet. Wie bei sequenziellen Streams wird die Verarbeitung nach dem Prinzip der Bedarfsauswertung erst durch eine Terminaloperation gestartet. Beispielsweise kann die Summenbildung mit der Operation `reduce` parallel ausgeführt werden:

```
    int total = someNumbers.parallelStream()
        .reduce(0, (s, x) -> (s + x), (s1, s2) -> s1 + s2);
```

Mit der Methode parallelStream lässt sich aus jeder Collection ein paralleler Stream erzeugen. Mit der Methode parallel() kann man einen Stream in einen parallelen Stream umwandeln, zum Beispiel bei einem aus einem Array erzeugten IntStream:

```
IntStream parallelIntStream = Arrays.stream(intArray).parallel();
```

Die inverse Operation ist sequential, die aus einem parallelen wieder einen sequenziellen Stream erzeugt. Damit kann man auch innerhalb einer Kette zwischen parallelen und sequenziellen Streams wechseln:

```
someNumbers.parallelStream()
        .map(x -> x * x)
        .sequential()
        .reduce(0, (s, x) -> (s + x), (s1, s2) -> s1 + s2);
```

Ein solches Vorgehen ist jedoch nicht sinnvoll. In der obigen Kette wird der gesamte Stream sequenziell ausgeführt – und nicht, wie man vermuten könnte, nur die map-Operation parallel. Der Grund dafür ist, dass die parallele Ausführung von der Terminaloperation gesteuert wird. Auf der anderen Seite ist zum Beispiel folgendes Vorgehen durchaus sinnvoll:

```
someNumbers.stream()
    .limit(1000)
    .parallel()
    .map(x -> x * x)
    .reduce(0, (s, x) -> (s + x), (s1, s2) -> s1 + s2);
```

In diesem Fall beginnt die Kette mit einer sequenziellen Ausführung, wodurch die Operation limit sequenziell ausgeführt wird, bevor für die nachfolgenden Operationen zur parallelen Ausführung gewechselt wird. Dies ist deshalb zielführend, weil die Operation limit für eine parallele Ausführung nicht geeignet ist (siehe dazu Abschnitt 10.4).

10.2 Parallele Ausführung

Die parallele Ausführung von Streams erfolgt nach dem *Divide-and-Conquer*-Prinzip. Dabei wird ein Stream so lange in Teilstücke zerlegt, bis diese klein genug sind. Die einzelnen Teile werden dann von mehreren Threads parallel verarbeitet und schließlich die Teilergebnisse zu einem Gesamtergebnis kombiniert. Die parallele Ausführung von Streams umfasst damit drei Phasen:

- Split: Aufteilen des Streams in Teile
- Accumulate: Sequenzielles Verarbeiten der einzelnen Teile
- Combine: Kombinieren der Teilergebnisse

Dadurch erklären sich auch die zwei Funktionsparameter der Terminaloperation `reduce`: Die Funktion `accumulator` verarbeitet die Elemente der einzelnen Teil-Streams sequenziell und die Funktion `combiner` kombiniert die Teilergebnisse aus der parallelen Verarbeitung:

```
<U> U reduce(U identity,
             BiFunction<U, ? super T, U> accumulator,
             BinaryOperator<U> combiner)
```

Abbildung 10.1 veranschaulicht den Ablauf bei einer parallelen Summenbildung. In der Split-Phase wird der Stream so lange in Teile aufgespalten, bis die Teile klein genug sind. Jeder Teil wird dabei einem Thread zur Ausführung übergeben. Mit der Funktion `accumulate` und ausgehend vom Startwert `identity` werden die Elemente der jeweiligen Teile sequenziell aufsummiert. Anschließend werden die Teilergebnisse mit der Funktion `combiner` zu einem Gesamtergebnis addiert.

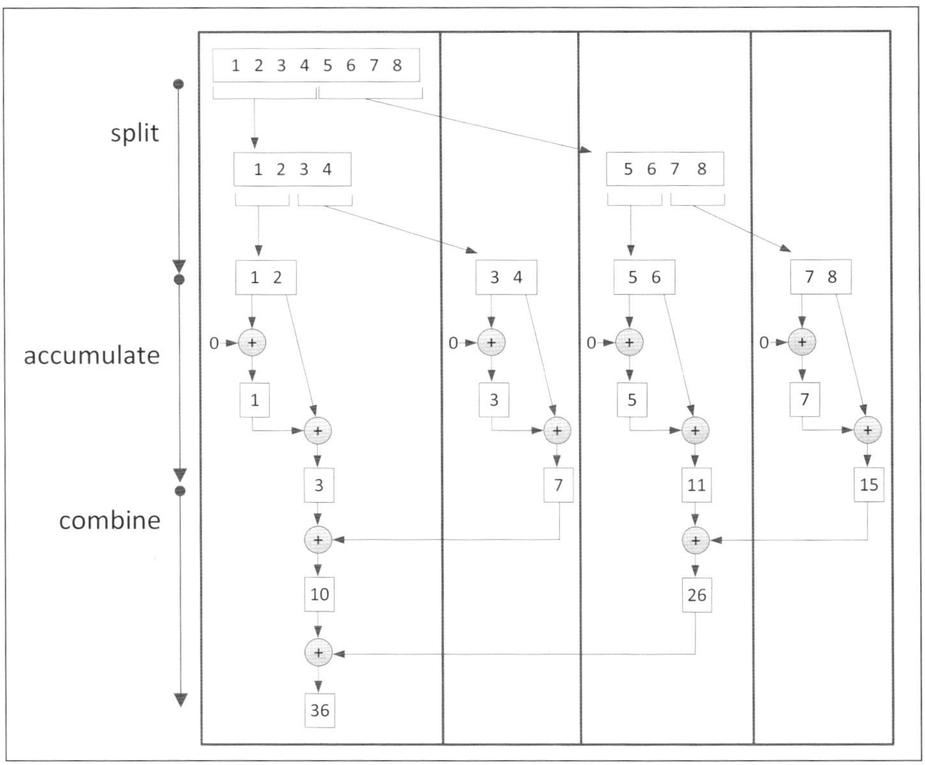

Abb. 10.1 *Parallele Ausführung von reduce*

In ähnlicher Weise funktioniert die parallele Verarbeitung einer `collect`-Operation. Nehmen wir an, wir wollen zuerst Zahlen auf ihre Quadrate abbilden und dann die Ergebnisse in einer ArrayList sammeln und dazu einen parallelen Stream einsetzen:

```
List<Integer> all =
  someNumbers.parallelStream()
        .map(x -> x * x)
        .collect(
          () -> new ArrayList<Integer>(),
          (list, x) -> list.add(x),
          (list1, list2) -> list1.addAll(list2)
        );
```

Abbildung 10.2 veranschaulicht die parallele Ausführung der `collect`-Operation. Nach dem Aufteilen und Zuordnen der Teile zu Threads werden die Elemente mit `map` auf ihre Quadrate abgebildet und dann ausgehend von einer neu erzeugten ArrayList jeweils die Ergebnisse gesammelt. Schließlich werden die Teillisten aus der sequenziellen Verarbeitung über die Combiner-Funktion zusammengeführt. Dabei fügt die Combiner-Funktion alle Elemente der zweiten Liste in die erste Liste ein. Die erste Liste ist dann das Ergebnis der Kombination und wird an den nächsten Kombinationsschritt weitergereicht.

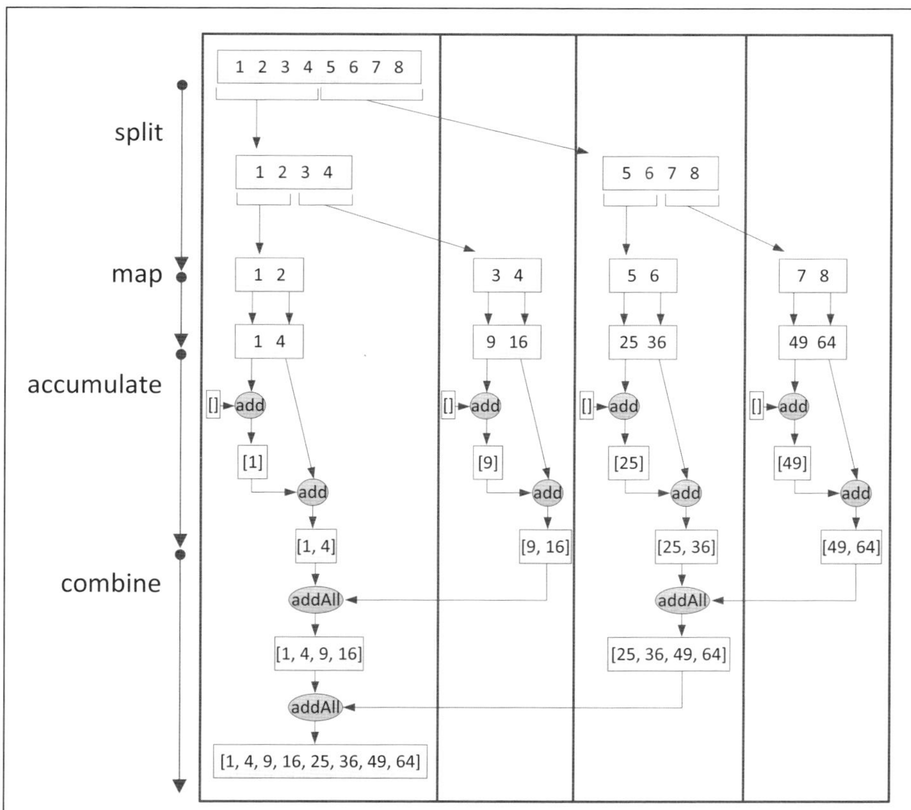

Abb. 10.2 *Parallele Ausführung von collect*

10.2.1 Spliterators

In Abschnitt 9.7 haben wir bereits gesehen, dass Streams intern durch Spliterators realisiert werden. Wir haben die beiden Methoden `tryAdvance` und `forEachRemaining` beschrieben, die bei der sequenziellen Ausführung verwendet werden. Bei parallelen Streams wird die Accumulate-Phase mit diesen Methoden durchgeführt. Spliterators besitzen nun weitere Methoden für das Aufteilen der Streams in der Split-Phase. Für die Splits sind im Wesentlichen zwei Teilaufgaben zu lösen:

- Es muss entschieden werden, ob der Stream weiter aufgeteilt werden soll oder ob er klein genug für eine sequenzielle Verarbeitung ist.
- Der Split muss tatsächlich durchgeführt werden.

Für beide Teilaufgaben definiert das Interface `Spliterator` entsprechende Methoden (siehe Listing 10.1):

- Die Methode `estimateSize` liefert eine Abschätzung, wie viele Elemente der Stream hat. Des Weiteren gibt es die Methode `getExactSizeIfKnown`, die eine genaue Größe liefert, wenn sie bekannt ist.
- Die Methode `trySplit` teilt den Stream in zwei Teile, erzeugt einen neuen Spliterator und gibt ihn zurück. Der neue Spliterator verarbeitet den ersten Teil, der alte fährt mit dem zweiten Teil des Streams fort.

In der Implementierung von `getExactSizeIfKnown` wird die Methode `characteristics` verwendet. Mit dieser Methode können Eigenschaften des Spliterators abgerufen werden. Die Eigenschaften sind als Konstanten im Interface `Spliterator` wie folgt definiert:

- `ORDERED`: Die Elemente des Streams sind geordnet.
- `SIZED`: Die Anzahl der Elemente im Stream ist bekannt.
- `SUBSIZED`: Garantiert, dass auch nach einem Split die Größen der Teil-Streams bekannt sind.

```
public interface Spliterator<T> {
  ...
  Spliterator<T> trySplit();
  long estimateSize();
  default long getExactSizeIfKnown() {
    return (characteristics() & SIZED) == 0 ? -1L : estimateSize();
  }
  int characteristics();
  default boolean hasCharacteristics(int charactics) {
    return (characteristics() & charactics) == charactics;
  }
  ...
  boolean tryAdvance(Consumer<? super T> action);
  default void forEachRemaining(Consumer<? super T> action) { ... }
}
```

Listing 10.1 *Interface Spliterator*

Im Folgenden zeigen wir das Splitting bei der parallelen Verarbeitung eines Streams. Dazu wird das Erzeugen der Spliterators zusammen mit der Größe des jeweiligen Teil-Streams geloggt.[1] Tabelle 10.1 zeigt die Log-Ausgabe für einen Stream mit 100 Elementen. Die einzelnen Zeilen zeigen die Splits (Aufrufe der Methode `trySplit`). In den drei Spalten werden jeweils die Nummer des Spliterators, die Nummer des abgespaltenen Spliterators und die Größe des abgespaltenen Teil-Streams angeführt. Die Nummern der Spliterators sind hierarchisch organisiert, das heißt, die Nummer des ursprünglichen Spliterators dient als Präfix für abgespaltene Spliterators.

Spliterator	Abgespaltener Spliterator	Größe des Teil-Streams
1.	1.1.	50
1.	1.2.	25
1.1.	1.1.1	25
1.2.	1.2.1	12
1.	1.3.	12
1.2.	1.2.2	6
1.1.1.	1.1.1.1.	12
1.1.	1.1.2.	12
1.1.1.	1.1.1.2.	6
1.2.1.	1.2.1.1.	6
1.	1.4.	6
1.3.	1.3.1.	6
1.1.1.1.	1.1.1.1.1.	6
1.1.2.	1.1.2.1	6
1.1.	1.1.3.	6

Tab. 10.1 *Log-Ausgabe des Splittings bei paralleler Verarbeitung von 100 Elementen*

Abbildung 10.3 veranschaulicht diesen Prozess in einer Grafik. Die Spliterators teilen die Streams, übergeben den ersten Teil an einen neuen Spliterator und setzen mit dem zweiten Teil fort. Dabei wird der verbliebene Teil so lange weiter geteilt, bis der Stream weniger als sieben Elemente enthält. Diese Elemente werden dann sequenziell verarbeitet.

1. Ohne genauer darauf einzugehen, wurde die Log-Ausgabe durch einen Proxy realisiert, der den echten Spliterator kapselt und bei den Operationen des Spliterators entsprechende Log-Messages ausgibt.

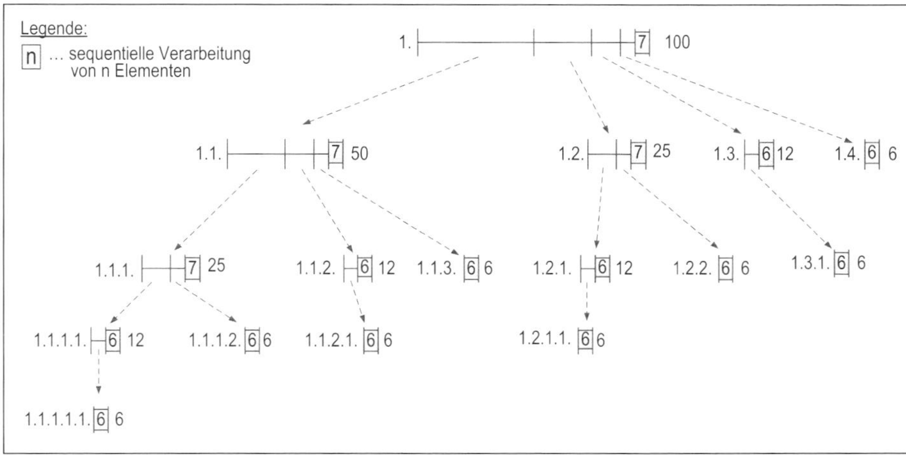

Abb. 10.3 *Darstellung der Abspaltung der Spliterators mit den entsprechenden Größen der Teil-Streams*

10.2.2 Ausführung mit Fork/Join-Framework

In Abschnitt 6.6 haben wir eine Implementierung einer parallelen Reduktion mit dem Fork/Join-Framework beschrieben. Die parallele Ausführung von Streams erfolgt nun in ähnlicher Weise nach dem Divide-and-Conquer-Prinzip und mit dem Fork/Join-Framework.

Listing 10.2 skizziert, wie Spliterators das Abspalten und die Ausführung bei einer `reduce`-Operation durchführen. In einer Schleife werden so lange neue Spliterators abgespalten, solange die Anzahl der verbleibenden Elemente größer als eine Schranke `THRESHOLD` ist. Es wird immer die Hälfte der verbleibenden Elemente abgespalten und dem abgespaltenen Spliterator übergeben, der dann durch einen neuen parallelen Task ausgeführt wird. Dieser geht dann in gleicher Weise vor. Ist schließlich die Anzahl der noch verbliebenen Elemente kleiner als die Schranke, werden die restlichen Elemente sequenziell verarbeitet. Im Anschluss werden die Ergebnisse der parallelen Tasks aller abgespaltenen Spliterators kombiniert. Das Ergebnis dieses Prozesses sehen Sie direkt in der Ausführung in Tabelle 10.1 und Abbildung 10.3.

```
// split und fork
while (spliterator.estimateSize() > THRESHOLD) {
  Spliterator<T> splitted = spliterator.trySplit();
  Task<T> subTask = ... create subtask for splitted spliterator ...
  subTask.fork();
}
// accumulate rest of elements sequentially
result = identity;
spliterator.forEachRemaining(
        (T x) -> result = accumulator.apply(result, x));
```

```
    // join und combine to final result
    for (Task<T> subtask: all splitted subtasks) {
      T subResult = subTask.join();
      result = combiner.apply(result, subResult);
    }
    return result;
```

Listing 10.2 *Pseudocode-Darstellung des Abspaltens von Teilaufgaben durch Spliterator<T> und Reduktion mit identity-Wert und Funktionen accumulator und combiner*

Die parallele Ausführung der Stream-Operationen erfolgt mit einem Fork/Join-Thread-Pool. Die Java VM stellt einen Fork/Join-Thread-Pool bereit und dieser wird standardmäßig verwendet. Es ist auch möglich, diesen zu konfigurieren bzw. einen anderen Thread-Pool einzusetzen.

Auf den durch das System zur Verfügung gestellten Fork/Join-Thread-Pool kann man mit

```
ForkJoinPool.commonPool()
```

zugreifen. Eine wesentliche Eigenschaft des Fork/Join-Thread-Pools ist die zur Verfügung gestellte Parallelität, die man wie folgt ermitteln kann:

```
ForkJoinPool.commonPool().getParallelism()
```

Dieser Parameter gibt an, wie viele Threads im Pool verfügbar sind und wie viele Tasks parallel ausgeführt werden können. Die Parallelität wird vom System basierend auf den im jeweiligen Rechner vorhandenen Kernen bestimmt. Man kann diesen Parameter aber ändern. Entweder gibt man die gewünschte Parallelität als VM-Argument beim Starten von Java VM an:

```
java -Djava.util.concurrent.ForkJoinPool.common.parallelism=7 ...
```

oder man setzt eine entsprechende Systemeigenschaft:

```
System.setProperty(
   "java.util.concurrent.ForkJoinPool.common.parallelism", "7");
```

Es kann aber auch ein eigener Thread-Pool verwendet werden. Folgende Anweisungen zeigen das Vorgehen: Es wird ein Thread-Pool mit Parallelität 12 erzeugt. Diesem wird mit `submit` die Ausführung der parallelen Stream-Operation in einem `Runnable`-Objekt übergeben:

```
ForkJoinPool customThreadPool = new ForkJoinPool(12);
Future<Integer> totalFtr = customThreadPool.submit(
  () -> someNumbers.parallelStream()
              .reduce(0, (s, x) -> s + x, (s1, s2) -> s1 + s2));
```

10.3 Bedingungen bei paralleler Ausführung

10.3.1 Parallele Ausführung und Seiteneffekte

Aus der funktionalen Programmierung wissen wir, dass rein-funktionale Programme referenziell transparent sind und keine Seiteneffekte haben (siehe Abschnitt 3.1.2). Damit sind sie unabhängig von der Reihenfolge der Ausführung und reine Funktionen können auch immer parallel ausgeführt werden. In den Beispielen mit `reduce` aus den Abschnitten 10.1 und 10.2 wurden auch ausschließlich Lambda-Funktionen ohne Seiteneffekte verwendet. Die Operation `collect` arbeitet zwar mit Seiteneffekten auf den Containern, allerdings waren bei den Beispielen die Seiteneffekte begrenzt und haben damit die Bedingungen für eine parallele Ausführung erfüllt.

Seiteneffekte können aber bei einer parallelen Verarbeitung fatal sein, während sie bei der sequenziellen Verarbeitung kein Problem darstellen. Im folgenden Beispiel nehmen wir an, dass ein Stream so gefiltert werden soll, dass nur Elemente akzeptiert werden, die größer oder gleich dem bisher gefundenen maximalen Wert sind. Es wird dazu eine Variable `max` verwendet, die den aktuell gefundenen maximalen Wert speichert. Bei jedem Element wird geprüft, ob der Wert größer als das aktuelle Maximum ist, und das Maximum dann entsprechend nachgeführt:

```
final List<Integer> coll = createArrayList(100);
int[] max = new int[1];
List<Integer> filteredSeq =
   coll.parallelStream()
       .filter(x -> {
         if (x > max[0]) {
           max[0] = x;
           return true;
         } else {
           return false;
         }
       })
       .collect(Collectors.toList());
```

Dies ist ein typisches Vorgehen in der imperativen Programmierung. Bei einer sequenziellen Ausführung wäre das Ergebnis auch korrekt. Das Programm versagt aber bei der parallelen Ausführung. Denn es gibt nun mehrere abgespaltene Streams, die in mehreren Threads nebenläufig ausgeführt werden. Dadurch kann auf die Variable `max` gleichzeitig zugegriffen werden. Auch ein wechselseitiger Ausschluss beim Zugriff auf die Variable mit `volatile` hilft hier nicht. Das Problem ist bei paralleler Ausführung mit globalem Zustand grundsätzlich nicht lösbar.

10.3.2 Eigenschaften der Parameter von reduce

Betrachten wir nochmals die drei Parameter der reduce-Operation, die bei der parallelen Ausführung zum Einsatz kommen:

```
<U> U reduce(U identity,
             BiFunction<U, ? super T, U> accumulator,
             BinaryOperator<U> combiner )
```

Der Parameter identity stellt den Startwert für die Reduktion dar, accumulator ist die Funktion zur sequenziellen Berechnung der Teilergebnisse und combiner ist die Funktion zur Kombination der Teilergebnisse aus den parallel ausgeführten Teilen. Damit die parallele Ausführung aber korrekt ausgeführt werden kann, müssen Startwert und die Funktionen entsprechende Eigenschaften erfüllen. Diese Eigenschaften sind wie folgt definiert:

1. Das Ergbnis der Verarbeitung eines leeren Streams muss gleich dem Wert identity sein:

   ```
   accumulator.apply(empty-stream) = identity
   ```

2. Der Wert identity muss das neutrale Element für die Funktion combiner sein:

   ```
   combiner.apply(identity, a) = a und combiner.apply(a, identity) = a
   ```

3. Die Funktion combiner muss assoziativ sein:

   ```
   combiner.apply(combiner.apply(a, b), c) =
             combiner.apply(a, (combiner.apply(b, c))
   ```

4. Die Funktionen combiner und accumulator müssen kompatibel sein, indem die Akkumulation von a mit b gleich der Kombination von a und der Akkumulation von nur b ist:

   ```
   accumulator.apply(a, b) =
             combiner.apply(a, accumulator.apply(identity, b))
   ```

Tatsächlich muss die Operation combiner mit dem neutralen Element identity ein Monoid bilden (siehe Abschnitt 6.2). Mit der Assoziativität der Operation combiner ist garantiert, dass sich die Teilergebnisse beliebig kombinieren lassen. Des Weiteren muss garantiert sein, dass das Ergebnis unabhängig davon ist, ob ein Stream gesplittet oder sequenziell verarbeitet wird.

Abbildung 10.4 veranschaulicht die ersten beiden Eigenschaften. Bild (a) zeigt, wie von einem Stream mit den Elementen a und b, b weggefiltert wird und dann der verbliebene Teil a auf x reduziert wird. Im linken Bild erfolgt ein Split in zwei Teil-Streams mit jeweils Element a und Element b. Dabei wird im ersten Teil-Stream wie vorher a auf x reduziert, im rechten Split ergibt sich durch die Filteroperation aber der leere Stream. Eigenschaft 1 garantiert, dass der Wert des leeren Streams gleich identity ist und Eigenschaft 2 garantiert, dass dieser Wert bei der Kombination keinen Einfluss auf das Ergebnis hat.

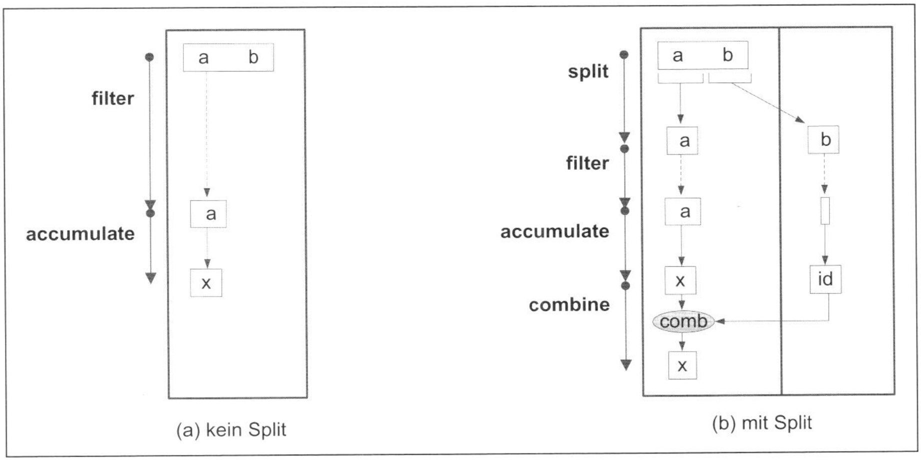

Abb. 10.4 *Veranschaulichung der Notwendigkeit von Eigenschaft 1 und 2*

Abbildung 10.5 veranschaulicht die Bedeutung von Eigenschaft 4. In Bild (a) wird ein Stream mit den Elementen `a` und `b` sequenziell und rein mit der Funktion `accumulator` verarbeitet. Das Ergebnis sei `z`. In Bild (b) erfolgen ein Split und die getrennte sequenzielle Verarbeitung. Wenn diese kombiniert werden, muss das Ergebnis gleich dem Ergebnis `z` der sequenziellen Verarbeitung sein. Genau dies garantiert Eigenschaft 4.

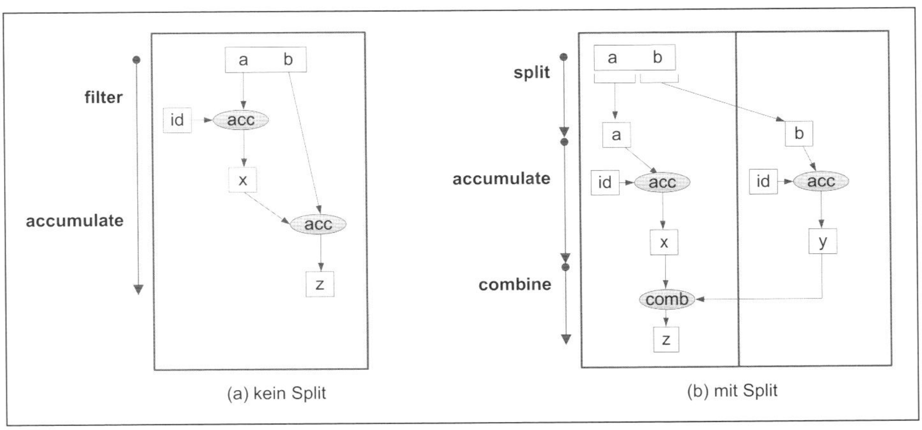

Abb. 10.5 *Veranschaulichung der Bedeutung von Eigenschaft 4*

10.3.3 Paralleles Sammeln

In allen bisherigen Beispielen mit `reduce` haben die Parameter die obigen Eigenschaften erfüllt. Auch für `collect`-Operationen, die ja mit Seiteneffekten auf den veränderlichen Containern arbeiten, gelten entsprechende Eigenschaften. Bei der Sammlung in Collections sind diese auch erfüllt. Trotzdem muss man bei der parallelen Verarbeitung von `collect`-Operationen weitere Bedingungen beachten.

Betrachten wir dazu nochmals die parallele Verarbeitung einer collect-Operation in Abbildung 10.2. Obwohl bei der parallelen Verarbeitung veränderliche Collections verwendet werden, ist kein wechselseitiger Ausschluss erforderlich. Entscheidend ist, dass collect als ersten Parameter eine Supplier-Funktion hat. Mit der Supplier-Funktion wird für jede sequenzielle Verarbeitung eine neue Collection erzeugt. Damit erfolgt die Sammlung der Teile stets in separaten Collection-Objekten. In der Combiner-Phase wird die erste Collection verändert und erst nach Abschluss der Kombination weitergereicht.

In dieser Art und Weise funktioniert auch paralleles Sammeln mit Maps. So kann zum Beispiel das Bilden der Map der Wörter mit ihrer Anzahl aus Abschnitt 9.4 auch parallel ausgeführt werden:

```
Map<String, Integer> wordCount =
  wordList
    .parallelStream()
    .collect(Collectors.toMap(w -> w, w -> 1, (n, x) -> n + x));
```

Für die Kombination der Maps dient die im dritten Parameter von toMap übergebene Combiner-Funktion. Gibt es in beiden zu kombinierenden Maps einen Eintrag für den gleichen Key, werden beide Werte mit der Combiner-Funktion kombiniert, also im Beispiel einfach addiert.

Zusätzlich gibt es aber bei der Klasse Collectors auch die Methoden toConcurrentMap und groupingByConcurrent zum Erzeugen von Collectors, die nicht mit herkömmlichen Maps, sondern mit Thread-sicheren ConcurrentMaps arbeiten. So kann obiges Beispiel auch mit der Methode toConcurrentMap gelöst werden:

```
Map<String, Integer> wordCount =
  wordList
    .parallelStream()
    .collect(Collectors.toConcurrentMap(w -> w,
                                        w -> 1,
                                        (n, x) -> n + x));
```

Tatsächlich arbeitet diese Variante vollkommen unterschiedlich. Es wird nur eine einzige Map verwendet, in die alle parallelen Threads direkt schreiben. Dank der Verwendung von ConcurrentMaps ist der nebenläufige Zugriff Thread-sicher. Das aufwendige Zusammenführen der parallel gesammelten Daten entfällt somit. In der offiziellen Dokumentation findet sich ein Hinweis, dass die Verwendung von ConcurrentMaps die Laufzeit verbessern kann. Das werden wir im folgenden Abschnitt diskutieren.

10.4 Laufzeit

Nun kommen wir zur entscheidenden Frage: In welchem Ausmaß kann mit parallelen Streams eine Laufzeitverbesserung erzielt werden? Leider lässt sich diese Frage nicht einfach beantworten. Denn viele Faktoren, wie z. B. die Art und Architektur des Rechners, die Art der Datenquelle, die verwendeten Zwischen- und Terminaloperationen, beeinflussen die Laufzeit.

Im Folgenden werden daher die Auswirkungen von verschiedenen Einflussfaktoren systematisch analysiert. Dies kann als Entscheidungshilfe für den Einsatz einer parallelen Verarbeitung in einer konkreten Anwendung dienen. Letztlich erlauben aber nur konkrete Messungen mit realistischen Daten und auf der Zielarchitektur eine objektive Bewertung.

Die parallele Ausführung ist mit einem Zusatzaufwand verbunden, den man nicht vernachlässigen kann. Eine parallele Ausführung wird sich nur rechnen, wenn die Datenmenge entsprechend groß und die Verarbeitung der Elemente entsprechend aufwendig ist. Der Gesamtaufwand einer Berechnung dient als grober Richtwert für das Potenzial der Parallelisierung. Er ergibt sich aus dem Produkt der Anzahl der Elemente N und dem Aufwand der Verarbeitung eines Elements Q:

$$N * Q$$

Damit ist die minimal mögliche Laufzeit bei einer parallelen Ausführung gleich dem Aufwand dividiert durch die Anzahl der eingesetzten parallelen Einheiten P:

$$N * Q / P$$

Appendix A enthält die Ergebnisse einer Reihe von Experimenten, die verschiedene Einflussfaktoren auf die Laufzeit aufzeigen. Die analysierten Einflussfaktoren sind die Größe und Art der Datenquelle, die Verarbeitung der Elemente, die Verwendung von Basisdatentypen vs. geboxten Werten, die Art der Terminaloperationen und die Auswirkung kritischer Operationen. Die Experimente sind so angelegt, dass sie jeweils den Einfluss eines einzelnen Faktors aufzeigen. Die Ergebnisse werden im Folgenden zusammengefasst:

Größe der Datenquelle (Anzahl der Elemente N): Das erste Experiment zeigt, dass der Overhead für die Parallelisierung erheblich ist. Hält man die Operationen sehr einfach, muss die Datenmenge sehr groß sein, damit sich durch parallele Ausführung eine Laufzeitverbesserung ergibt. Bei kleineren Datenquellen verschlechtert sich die Laufzeit hingegen signifikant.

Art der Datenquelle: Auch die Art der Datenquelle hat signifikanten Einfluss auf die Laufzeit. Arrays sind sehr gut geeignet, weil sie sich einfach teilen lassen. Hier zeigt auch `ArrayList` ein vergleichbar gutes Verhalten, `LinkedList` hingegen fällt bereits signifikant ab.

Unterschiedliche Collections als Datenquelle: Ein Vergleich der Collections vom Typ `ArrayList`, `LinkedList`, `HashSet` und `TreeSet` als Datenquelle zeigt, dass sich `ArrayList` wesentlich besser für eine parallele Ausführung eignet als die anderen Collections.

- `range` *versus* `iterate`: Die beiden Methoden `iterate` und `range` bei `IntStream` erzeugen Streams mit einer Folge von Zahlenwerten. Wenn man beide vergleicht, ist `iterate` bei paralleler Ausführung um ein Vielfaches langsamer. Der Grund liegt darin, dass `iterate` eine inhärent sequenzielle Operation und damit für eine Parallelisierung ungeeignet ist. Dahingegen zeigen die durch die Methode `range` erzeugten Streams in etwa gleich gute Laufzeiten wie `int`-Arrays.
- *Verarbeitung der Elemente:* Experiment 5 zeigt den Einfluss des Aufwands für das Verarbeiten einzelner Elemente (Faktor Q). Es zeigt sich ein sehr markanter Einfluss. Selbst bei relativ kleinen Datenmengen kann sich bei komplexen Operationen eine Laufzeitverbesserung ergeben. Man kann daher schließen, dass sich eine parallele Ausführung ganz besonders bei aufwendigen Operationen rechnet.
- *Collections bei collect-Operationen:* Einen noch größeren Einfluss als bei der Datenquelle haben die unterschiedlichen Collections bei `collect`-Operationen. `ArrayList` zeigt das beste Laufzeitverhalten, gefolgt von `LinkedList`, `HashSet` und `TreeSet`. Besonders `TreeSet` ist um ein Vielfaches langsamer als andere Collections. Der Effekt verstärkt sich noch bei großen Datenmengen.
- `findFirst` *versus* `findAny`: Die Operation `findFirst` liefert das erste Element, die Operation `findAny` dagegen ein beliebiges Element des Streams. Bei der parallelen Ausführung ist `findAny` wesentlich schneller, da nach dem Finden eines Elements sofort abgebrochen wird. Bei `findFirst` muss aber im Normalfall der ganze Stream durchsucht werden, damit auch garantiert das erste Element geliefert wird.
- *Effekt von* `distinct` *und* `sorted`: Wir haben in Abschnitt 9.6.3 erfahren, dass `distinct` und `sorted` zustandsbehaftete Operationen sind. Diese sind für die parallele Ausführung ungünstig, weil sie einen Zustand über die Verarbeitung der Elemente benötigen. So zeigen die Experimente 8 und 9, dass sich die Laufzeit mit diesen Operationen stark erhöht.
- *Basisdatentypen vs. geboxter Werte:* Experiment 10 zeigt, dass sich die Laufzeit durch das Arbeiten mit Basisdatentypen statt mit geboxten Werten mehr als halbiert. Daher empfiehlt sich der Einsatz von `IntStream`, `LongStream` und `DoubleStream` für ein Arbeiten mit den Basisdatentypen.
- `toMap` *versus* `toConcurrentMap`: In Abschnitt 10.3.3 haben wir erfahren, dass es für Maps zwei unterschiedliche Collectors gibt: mit `toMap` erzeugte Collectors, die mit normalen Maps arbeiten, und mit `toConcurrentMap` erzeugte Collectors, die eine Thread-sichere ConcurrentMap verwenden. Experiment 11 zeigt, dass die Laufzeit beider Arten von der Anzahl der Einträge in der Map abhängig ist. So ist die Variante mit normalen Maps bei einer kleineren Anzahl von Einträgen besser, während die Variante mit ConcurrentMap bei vielen Einträgen signifikant schneller ist.
- `groupingBy` *versus* `groupingByConcurrent`: Ein ähnliches Verhältnis wie bei `toMap` zeigt auch ein Vergleich von `groupingBy` und `groupingByConcurrent` (siehe Experiment 12). Auch hier ist die Variante mit ConcurrentMaps bei vielen Gruppen effizienter.

Abschließend können wir die Laufzeiteigenschaften von parallelen Streams wie folgt zusammenfassen: Nur bei komplexerer Verarbeitung bzw. großen Datenmengen erscheint der Einsatz von parallelen Streams gerechtfertigt. Auch hängt die Laufzeit stark von der Datenquelle ab. Diese sollte sich gut für die Aufteilung beim Splitting eignen. Ebenso hat die Art des verwendeten Collectors bei `collect`-Operationen einen großen Einfluss. Operationen wie `limit`, `sorted`, `distinct` oder `findFirst` sind für eine parallele Ausführung ungeeignet. Des Weiteren sollte, wenn immer möglich, mit den Basisdatentypen und den entsprechenden Streams gearbeitet werden. Die durch `toMapConcurrent` und `groupingByConcurrent` erzeugten Collectors, die mit ConcurrentMaps arbeiten, zeigen bei Maps mit vielen Einträgen ein besseres Verhalten.

10.5 Zusammenfassung

Parallele Streams arbeiten nach dem Divide-and-Conquer-Prinzip, bei dem die Streams so lange aufgeteilt werden, bis sie klein genug sind. Sind die Teilstücke klein, werden sie sequenziell verarbeitet und anschließend die Teilergebnisse zusammengeführt. Spliterators sind die internen Implementierungskomponenten, die sowohl die Aufteilung der Streams als auch die sequenzielle Verarbeitung der Elemente durchführen. Die parallele Ausführung erfolgt mit Fork/Join-Thread-Pools.

Die Laufzeitverbesserung, die durch die parallele Ausführung von Stream-Operationen erreicht werden kann, hängt von vielen Faktoren ab. Ob sich der Einsatz paralleler Streams lohnt, lässt sich in der Regel nur durch detaillierte Laufzeitanalysen bestimmen. Es gibt jedoch eine Reihe von Einflussfaktoren, die die Laufzeit maßgeblich beeinflussen und eine erste Abschätzung erlauben. Bestimmte Datenquellen sind effizienter als andere. Einige Operationen sind für eine parallele Ausführung besonders ungünstig. In diesem Kapitel wurden daher die Auswirkungen der verschiedenen Einflussfaktoren aufgezeigt und daraus allgemeine Hinweise abgeleitet. Die detaillierten Analyseergebnisse findet man in Appendix A.

11 Asynchrone Funktionsketten

Bei Programmen mit rein synchronen Prozeduraufrufen führt das imperative Programmiermodell zu einfachem und verständlichem Code. Für nebenläufige, asynchrone Prozesse, wie sie heute häufig in Serveranwendungen vorkommen, ist das imperative Modell jedoch wenig geeignet. Dem imperativen Modell fehlen gute, einfach zu verwendende Sprachkonzepte, um die Koordination der nebenläufigen Programmteile zu beschreiben. Wir werden in diesem Kapitel zeigen, dass sich wieder die Konzepte der funktionalen Programmierung als geeignet erweisen, um Kopplungsmechanismen für asynchrone Prozesse zu realisieren.

Betrachten wir dazu zunächst die Unterschiede zwischen synchronen und asynchronen Aufrufen. Bei synchronen Aufrufen (siehe Abb. 11.1(a)) wartet der Rufer, bis der Gerufene seine Ausführung beendet hat und das Ergebnis vorliegt. Erst dann fährt der Rufer fort. Beim asynchronen Modell (siehe Abb. 11.1(b)) setzt der Rufer die Aufrufe ab und setzt dann, ohne auf die Ergebnisse zu warten, fort. Die Aufrufe werden nebenläufig in eigenen Threads ausgeführt. Für den Rufer ist es nun schwierig festzustellen, wann die Ergebnisse vorliegen und er sie verarbeiten kann. Ebenso stellt das imperative Modell keine guten Mechanismen bereit, um auf eine asynchrone Operation Folgeoperationen anzuschließen.

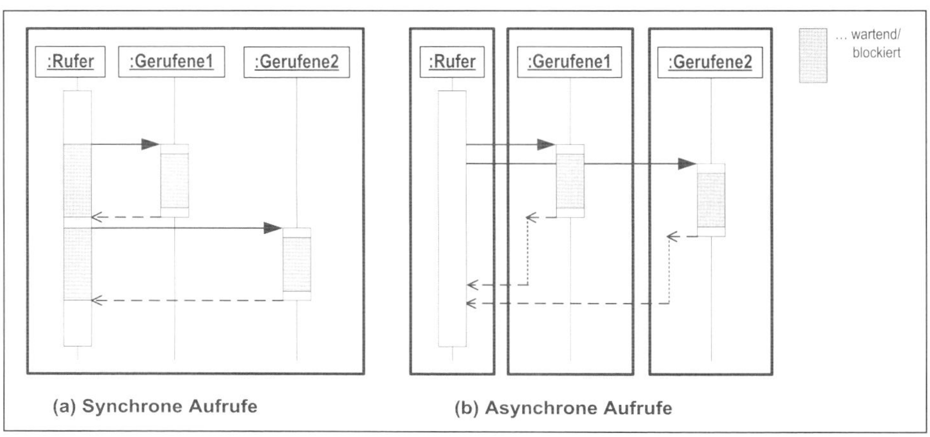

Abb. 11.1 *Synchrones vs. asynchrones Modell*

Offensichtlich ist das synchrone Modell wesentlich einfacher. Problematisch ist das Modell aber, wenn die gerufene Prozedur blockierende Anweisungen enthält, zum Beispiel Zugriffe auf das Dateisystem, Datenbankzugriffe oder Netzwerkzugriffe. Hier bleibt der Thread im Rufer blockiert. Das Problem wird besonders deutlich, wenn man die Geschwindigkeit heutiger CPUs mit der Dauer eines Netzwerk- oder Dateizugriffs vergleicht. So liegt ein Zugriff auf eine Ressource im Internet im Millisekunden-Bereich, während eine moderne CPU im Nanosekunden-Bereich arbeitet, also ungefähr eine Million Mal schneller. Das bedeutet, dass das Programm bei einer synchronen Verarbeitung die meiste Zeit auf das Ergebnis wartet und damit blockiert bleibt.

Betrachten wir als Anwendungsszenario eine einfache Internetsuche nach einer Flugverbindung. Für gegebene Abflug- und Zielflughäfen sowie einem Flugdatum sollen von den Webseiten mehrerer Fluggesellschaften die angebotenen Flüge abgefragt werden. Für jede dieser Anfragen wird man auf die Antwort einige Zeit warten müssen. Außerdem können diese Anfragen fehlschlagen, entweder weil eine Exception auftritt oder, noch schlimmer, weil der Server nicht antwortet. Gefundene Flüge sollen aber möglichst unmittelbar angezeigt werden.

11.1 Asynchrone Lösung mit Futures

In Java werden nebenläufige Prozesse durch Threads ausgeführt. Allerdings hat das direkte Arbeiten mit Threads Nachteile: Sie sind eine teure Ressource, brauchen viel Speicher und mit dem Erzeugen und Freigeben von Threads ist ein erheblicher Overhead verbunden. Aus diesem Grund wurde in der Version 5 von Java ein neues Modell für nebenläufige Tasks eingeführt. Hier werden Threads nicht mehr direkt durch das Anwendungsprogramm erzeugt, sondern durch *Executor-Services* in der Form von Thread-Pools verwaltet. Anwendungsprogramme schicken Tasks zum ExecutorService, der nach einer bestimmten Strategie die Tasks seinen Worker-Threads zur Ausführung zuteilt.

Im Folgenden wird das Grundprinzip dieses Modells dargestellt. Die einfachste Methode des Interface `ExecutorService` ist `submit`. Der Methode wird ein Task in der Form eines `Callable`-Objekts übergeben und sie gibt ein Objekt vom Typ `Future<T>` zurück:

```
public interface ExecutorService extends Executor {
  <T> Future<T> submit(Callable<T> task);
  ...
}
```

`Callable` ist ein funktionales Interface mit einer abstrakten Methode `call`. Die mit `submit` übergebenen asynchronen Tasks können daher mit Lambda-Ausdrücken implementiert werden. Die Methode `call` hat keine Parameter und einen generischen Rückgabewert vom Typ `T`:

```
@FunctionalInterface
public interface Callable<T> {
  T call() throws Exception;
}
```

Die Methode `submit` übergibt das Callable-Objekt als Task dem ExecutorService zur asynchronen Ausführung. Die Methode blockiert nicht, sondern kehrt unmittelbar mit dem `Future`-Objekt als Ergebnis zurück.

Das `Future`-Objekt ermöglicht den Zugriff auf das zukünftige Ergebnis sowie die Steuerung der Ausführung des Tasks (siehe Listing 11.1). Mit der Methode `get` von `Future` kann man auf den Wert zugreifen. Dieser Aufruf blockiert so lange, bis die Berechnung beendet oder mit einer Exception abgebrochen wurde. Mit einer überladenen Variante von `get` kann man eine maximale Wartezeit setzen. Mit `cancel` wird die Ausführung des Tasks aus dem Anwendungsprogramm abgebrochen. Schließlich kann mit den Methoden `isDone` und `isCancelled` abgefragt werden, ob die Berechnung beendet oder abgebrochen wurde.

```
public interface Future<V> {
  public boolean isCancelled()
  public boolean isDone()
  public boolean cancel(boolean mayInterruptIfRunning)
  public V get() throws InterruptedException, ExecutionException
  public V get(long timeout, TimeUnit unit)
}
```

Listing 11.1 *Interface Future*

Damit kann man die Flugsuche asynchron lösen. Angenommen sei eine Klasse `Airline` mit einer Methode `findFlight` für den Zugriff auf die Flüge der Fluggesellschaft. Das Array `airlines` speichert eine Reihe von `Airline`-Instanzen für unterschiedliche Fluggesellschaften.

```
public class Airline {
  ...
  public Flight findFlight(String from,
                           String to,
                           LocalDate date) { ... }
}

Airline[] airlines =
  new Airline[] { new Airline("LH", "www.lufthansa.com"), ... };
```

Zuerst wird ein ExecutorService erzeugt, zum Beispiel ein Thread-Pool mit einer fixen Anzahl von Worker-Threads. Dann werden die Tasks mit den Anfragen bei den Fluglinien an den ExecutorService geschickt und die zurückgegebenen `Future<Flight>`-Objekte in einer Liste gesammelt:

```
ExecutorService executor = Executors.newFixedThreadPool(20);
List<Future<Flight>> flightFutures =
    Arrays.stream(airlines)
      .map(airline -> {
```

```
            return executor.submit(() -> {
               return airline.findFlight("VIE", "JFK", nextWeek);
            });
         })
         .collect(Collectors.toList());
```

Die Liste enthält somit die Zugriffe auf die zukünftigen Ergebnisse. Man muss nun aber die Ergebnisse abholen. Die einfachste Art ist, über die Liste der Future-Objekte zu iterieren und mit get die Ergebnisse abzuholen:

```
for (Future<Flight> flightFtr : flightFutures) {
  try {
    Flight flight = flightFtr.get(3, TimeUnit.SECONDS);
    System.out.println(flight.toString());
  } catch (Exception e) { ... }
}
```

Diese Lösung ist leider nicht optimal, weil die Methode get blockiert. Es muss beim ersten Element so lange gewartet werden, bis die asynchrone Berechnung beendet ist. In der Zwischenzeit könnten aber für andere Futures aus der Liste die Ergebnisse bereits vorliegen.

Eine alternative Lösung wäre, in einer Schleife periodisch den Abschluss der Tasks abzufragen:

```
while (! flightFutures.isEmpty()) {
  try {
    Thread.sleep(WAIT);
    Future<Flight>[] ftrArray =
        flightFutures.toArray(new Future[0]);
    for (Future<Flight> flightFtr : ftrArray) {
      if (flightFtr.isDone()) {
        Flight flight = flightFtr.get();
        System.out.println(flight.toString());
        flightFutures.remove(flightFtr);
      }
    }
  } catch (Exception e) { ... }
}
```

Auch diese Lösung ist nicht optimal, belegt man doch einen eigenen Thread, nur um auf das Beenden der Tasks zu prüfen. Eine bessere Lösung wäre es, wenn das Ende einer asynchronen Berechnung auch asynchron gemeldet würde. Tatsächlich kann man mit Futures nur in einem Pull-Modus arbeiten, das heißt, der Rufer ist dafür verantwortlich, sich das Ergebnis zu holen. CompletableFutures hingegen, die wir nun kennenlernen, ermöglichen auch ein Arbeiten nach einem Push-Modus, bei dem der Rufer beim Vorliegen eines Ergebnisses verständigt wird.

11.2 CompletableFuture

`CompletableFuture` ist eine Klasse, die das Interface `Future` und zusätzlich das Interface `CompletionStage` implementiert (siehe Abb. 11.2). Während `Future` nach dem Pull-Modus arbeitet, definiert `CompletionStage` Operationen für das Arbeiten im Push-Modus. Damit vereinigt die Klasse `CompletableFuture` beide Arbeitsmodi.

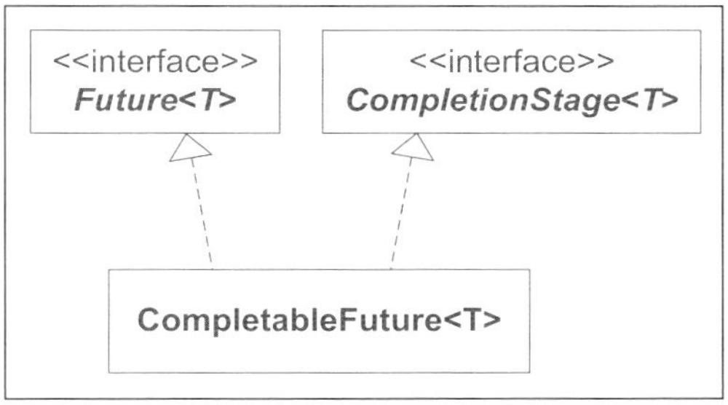

Abb. 11.2 *CompletableFuture als Erweiterung von Future und CompletionStage*

Eine asynchrone Berechnung kann mit der statischen Methode `supplyAsync` der Klasse `CompletableFuture` abgesetzt werden. Die Methode verwendet das funktionale Interface `Supplier` für den asynchronen Task und gibt ein `CompletableFuture`-Objekt zurück:

```
public static <U> CompletableFuture<U> supplyAsync (Supplier<U> supplier)
```

Damit ergibt sich für die Anfragen bei den Fluglinien eine ganz ähnliche Lösung wie bei der Lösung mit Futures:

```
List<CompletableFuture<Flight>> flightFutures =
  Arrays.stream(airlines)
    .map(airline -> {
      return CompletableFuture.supplyAsync(() -> {
          return airline.findFlight("VIE", "JFK", nextWeek);
        });
    })
    .collect(Collectors.toList());
```

Der wesentliche Unterschied liegt im Behandeln der Ergebnisse. Die Klasse `CompletableFuture` bietet mehrere Methoden, um eine Callback-Funktion zu registrieren, die bei Vorliegen des Ergebnisses aufgerufen wird. Die elementarste dieser Methoden ist `handle`:

```
public <U> CompletableFuture<U> handle(
      BiFunction<? super T, Throwable, ? extends U> fn)
```

Mit `handle` kann eine Lambda-Funktion mit zwei Parametern registriert werden. Der erste Parameter enthält das Ergebnis, der zweite ein `Exception`-Objekt für den Fall, dass die Berechnung fehlgeschlagen ist. Einer der Parameter ist immer gesetzt, der andere ist `null`.

Im Beispiel wird daher für jedes CompletableFuture ein Callback registriert, in dem das Ergebnis oder die Exception ausgegeben wird. Damit erfolgt nun sowohl der Aufruf als auch das Behandeln der Ergebnisse rein asynchron.

```
flightFutures.forEach(complFtr -> complFtr.handle((f, ex) -> {
    if (f != null ) {
      System.out.println(f.toString());
      return true;
    } else {
      System.out.println("Exception in " + ex.toString());
      return false;
    }
  })
);
```

11.3 Kombination von CompletableFutures

Die große Stärke von CompletableFutures ist, dass sie sich mit Operatoren koppeln lassen. Die Kopplung erfolgt mithilfe asynchroner Ereignisse und schließt eine Fehlerbehandlung mit ein. Dies bedeutet, dass in einer Kette von asynchronen Schritten der nächste Schritt ausgelöst wird, wenn der vorhergehende Schritt beendet ist. Die dabei implementierte Ausnahmebehandlung funktioniert ähnlich wie bei Optional (siehe Abschnitt 7.3.1). Wenn der erste Schritt eine Exception auslöst, wird der nachfolgende Schritt nicht mehr ausgeführt. Es gibt aber die Möglichkeit, so wie bei Optional ein alternatives Ergebnis bzw. eine Fehlerbehandlung anzuschließen.

Die Klasse `CompletableFuture` implementiert das Interface `CompletionStage`, das insgesamt über dreißig Methoden zur Kopplung asynchroner Berechnungsschritte definiert. Wir zeigen das Prinzip zunächst am einfachsten Fall, nämlich der Methode `thenApply`, mit der nach einem asynchronen Schritt ein weiterer Schritt angeschlossen werden kann:

```
public <U> CompletionStage<U> thenApply(
                                Function<? super T, ? extends U> fn)
```

Die Methode `thenApply` kombiniert also diesen Schritt mit einem nächsten Schritt, wobei die angegebene Funktion auf das Ergebnis des ersten Schritts angewendet wird. Das oben gezeigte Beispiel, bei dem wir `handle` verwendet haben, kann man mit `thenApply` wie folgt implementieren:

```
flightFutures.forEach(complFtr -> complFtr.thenApply(
  flight -> {
     System.out.println(flight.toString());
     return true;
   })
);
```

Da die Methode `thenApply` selbst ein CompletableFuture zurückgibt, kann eine weitere Operation angeschlossen werden. Beispielsweise kann eine Methode `excep-`

tionally anschließen, um für den Fall eines Fehlschlagens einen alternativen Wert anzugeben. Bei unserem Beispiel könnte man eine Fehlermeldung ausgeben und false zurückgeben:

```
flightFutures.forEach(
    complFtr -> complFtr.thenApply(flight -> {
        System.out.println(flight.toString());
        return true;
      }).exceptionally(excpt -> {
        System.out.println("Exception occurred " + excpt);
        return false;
      })
);
```

Betrachten wir einmal die Signatur von thenApply. Tatsächlich entspricht sie der Schnittstelle der Methode map bei einer Monade. CompletableFuture entspricht also tatsächlich einer monaden Struktur, auch wenn hier die üblichen Namenskonventionen nicht eingehalten wurden.

Das Interface CompletionStage bietet eine große Menge an Methoden zur funktionalen Verkettung. Die Methodennamen werden dabei nach einem Schema mit drei Teilen gebildet: nach der Kopplungsart, nach Art des Funktionsarguments und ob die Ausführung der nächsten Funktion synchron im gleichen Thread oder asynchron in einem neuen Thread ausgeführt wird. Tabelle 11.1 fasst die Möglichkeiten zusammen. Als Funktionsargument sind die funktionalen Interfaces Function, Consumer, Runnable sowie das Interface CompletionStage möglich. Wichtig ist die Art der Kopplung: Mit then wird bestimmt, dass der nächste Schritt nach diesem ausgeführt wird. Mit either kann man alternative Berechnungen spezifizieren. Bei both müssen beide Schritte ausgeführt werden. Bei combine müssen ebenso beide Schritte ausgeführt werden, wobei eine zusätzliche Funktion die Kombination der beiden Ergebnisse beschreibt. Schließlich ermöglicht compose, aus dem Ergebnis dieses Schritts einen neuen Schritt zu bestimmen, der dann das Resultat liefert.

Kopplung	then, after	nächster Schritt in Folge
	either	einer der Schritte
	both	beide Schritte
	combine	Kombination der Ergebnisse beider Schritte über Funktion
	compose	Komposition von zwei Schritten
Funktions-argument	apply	verwendet das funktionale Interface Function<T, R>
	accept	verwendet das funktionale Interface Consumer<T>
	run	verwendet das funktionale Interface Runnable
Synchronität	-	Nächster Schritt wird im gleichen Thread wie vorheriger Schritt ausgeführt
	Async	Nächster Schritt wird asynchron in eigenem Thread ausgeführt

Tab. 11.1 *Schema zur Bildung von Namen von Kopplungsmethoden bei CompletionStage*

Im Folgenden sind zur Veranschaulichung einige Methoden näher erläutert.

thenAcceptAsync

thenAcceptAsync führt als nächsten Schritt die gegebene Consumer-Funktion asynchron aus. Da ein Consumer keinen Rückgabewert hat, ist das Resultat ein CompletionStage-Objekt mit Void als Typ für den Wert:

```
public CompletionStage<Void> thenAcceptAsync(Consumer<? super T>)
```

thenCombine

thenCombine kombiniert das Ergebnis dieser CompletionStage und das Ergebnis der als Parameter other gegebenen CompletionStage mit der im Parameter fn gegebenen binären Funktion:

```
public <U,V> CompletionStage<V> thenCombine(
              CompletionStage<? extends U> other,
              BiFunction<? super T,? super U,? extends V> fn)
```

runAfterEitherAsync

Sobald entweder das Ergebnis dieser CompletionStage oder das Ergebnis der im Parameter other gegebenen CompletionStage vorliegt, wird das im Parameter action gegebene Runnable in einem eigenen Thread ausgeführt:

```
public CompletionStage<Void> runAfterEitherAsync(
                CompletionStage<?> other, Runnable action);
```

Zusätzlich gibt es bei CompletableFuture einige statische Methoden zur Komposition. Zum Beispiel kann man mit der Methode allOf ein CompletableFuture erzeugen, das alle gegebenen CompletableFutures ausführt:

```
static CompletableFuture<Void> allOf(CompletableFuture<?>... cfs)
```

Und mit anyOf erhält man ein CompletableFuture, das terminiert, sobald eines der gegebenen CompletableFutures ein Resultat liefert:

```
static CompletableFuture<Object> anyOf(CompletableFuture<?>... cfs)
```

11.4 Beispiel Flugsuche

Das folgende Beispiel soll die Kombination von CompletionStages demonstrieren. Wir nehmen an, dass es neben Fluglinien auch Reisebüros (Klasse Agency) gibt und man sowohl bei Fluglinien als auch bei Reisebüros Angebote für Flüge einholen kann. Es gibt daher für Airline und Agency ein gemeinsames Interface Retailer mit den Methoden getOffer und getOfferAsync für Anfragen nach Angeboten. Die

Default-Methode getOfferAsync ruft dabei getOffer asynchron auf. Der Rückgabewert ist dann ein Objekt vom Typ CompletableFuture<Offer>:

```
public interface Retailer {
  Offer getOffer(Flight flight);
  default CompletableFuture<Offer> getOfferAsync(Flight flight) {
    return CompletableFuture.supplyAsync(() -> getOffer(flight));
  }
}
```

Es soll nun folgende Abfrage durchgeführt werden: Zuerst wird bei einer Fluglinie nach dem Flug gesucht. Ist einer gefunden, werden bei den beiden Reisebüros ruefa und tui Angebote eingeholt und, wenn beide antworten, das günstigere genommen. Wenn keines der Reisebüros ein Angebot liefert, wird direkt von der Fluglinie ein Angebot eingeholt. Schließlich wird das Angebot oder, wenn alle Abfragen scheitern, eine Fehlermeldung ausgegeben.

Diese Abfrage realisieren wir durch eine Kombination von CompletableFutures: Zuerst wird mit findFlightAsync bei der Fluglinie lufthansa eine Flugverbindung abgefragt. Mit thenApply wird die Angebotsabfrage getOfferAsync angeschlossen. Dabei wird in Folge mit thenCombine die Abfrage an ruefa und tui kombiniert. Mit dem Kombinationsoperator wird dabei das günstigere Angebot gewählt und weitergegeben. Im anschließenden exceptionally wird bei Scheitern beider Anfragen eine Anfrage an die Fluglinie gestellt. Mit thenAccept wird das Ergebnis oder mit exceptionally eine Fehlermeldung ausgegeben. Das letzte exceptionally behandelt schließlich den Fall, dass kein Flug gefunden wurde.

```
lufthansa.findFlightAsync("VIE", "JFK", date)
      .thenApply(flight ->
        ruefa.getOfferAsync(flight)
           .thenCombine(tui.getOfferAsync(flight),
                 (offer1, offer2) -> {
                    if (offer1.price() <= offer2.price()) return offer1;
                    else return offer2;
                 })
          .exceptionally(e -> lufthansa.getOffer(flight))
          .thenAccept(offer -> {
            System.out.format("Best offer for flight %s is %d%n",
                          flight, offer.price());
          })
          .exceptionally(e -> {
              System.out.println("No offer for flight " + flight);
              return null;
          }))
      .exceptionally(e -> {
        System.out.println("No flight from airline " + lufthansa);
        return null;
      });
```

11.5 Zusammenfassung

Die Klasse `CompletableFuture` erlaubt, Verarbeitungsschritte zu implementieren, die asynchron ausgeführt werden. Im Gegensatz zu Futures kann bei CompletableFuture eine Handler-Funktion registriert werden, die bei Beendigung des asynchronen Tasks aufgerufen wird.

Die große Stärke von CompletableFuture liegt in den Mechanismen zum Koppeln von asynchronen Verarbeitungsschritten. Sie stellen eine Form der Verkettung von Funktionen dar, wie wir sie in Kapitel 7 als Grundprinzip der funktionalen Programmierung diskutiert haben. Auch wenn die üblichen Namenskonventionen für Monaden nicht übernommen wurden, folgen CompletableFutures dem gleichen Prinzip. Die Schritte werden über asynchrone Ereignisse verkettet, wobei der nächste Schritt ausgelöst wird, sobald der vorhergehende Schritt abgeschlossen ist. Mithilfe von Kopplungsoperatoren können Schritte auch gleichzeitig oder alternativ ausgeführt werden. Zusätzlich ist eine Fehlerbehandlung implementiert, die beim Auftreten einer Exception die Verarbeitungskette abbricht und eine entsprechende Reaktion ermöglicht.

12 Reaktive Streams

Neue Formen von Applikationen im Zeitalter von Cloud-Computing- und Internet-of-Things-Anwendungen erfordern neue Modelle der Programmgestaltung. Solche Applikationen müssen in kurzer Zeit eine Vielzahl von Benutzereingaben verarbeiten, sind oft direkt mit einer dynamischen Umgebung verbunden und müssen kontinuierlich auf Datenänderungen reagieren. Im *Reactive Manifesto* [81] sind die Prinzipien der reaktiven Programmierung festgelegt. Reaktive Systeme werden als Systeme beschrieben, die in kurzer Zeit auf Inputs reagieren können (*responsive*), die sich als widerstandsfähig gegenüber Fehlern erweisen (*resilient*), die elastisch auf hohe Lasten reagieren (*elastic*) und die überwiegend ereignisgesteuert und asynchron (*message-driven*) arbeiten.

Reaktive Streams sind ein konkretes Modell für eine reaktive Programmierung. Reaktive Streams übertragen die Ideen der funktionalen Verarbeitung bei Streams, so wie wir diese in Kapitel 9 gesehen haben, auf asynchrone, ereignisgesteuerte Systeme. Der Begriff reaktive Streams steht dabei für unterschiedliche Systeme, für die mittlerweile ein gemeinsamer Standard im Rahmen einer Initiative entwickelt wurde [82]. Das erste System dieser Art war *Reactive Extensions* [83] (auch *ReactiveX* genannt). Es wurde von Eric Meijer bei Microsoft für die .NET-Plattform entwickelt. Heute existieren Portierungen von ReactiveX für Sprachen wie Java, C++, JavaScript, Python, Swift und andere. Das System in Java, RxJava [86], [17], wurde federführend von Netflix entwickelt.

RxJava wird im Rahmen dieses Buches zur funktionalen Programmierung behandelt, da es ein funktionales Modell für die Verarbeitung ereignisgesteuerter Datenströme darstellt. Tatsächlich hat sich Eric Meijer in seinem Coursera-Kurs »Principles of Reactive Programming« [61] explizit auf Monaden als Grundprinzip für die Gestaltung von ReactiveX bezogen. Die Programmierung mit RxJava erfolgt dann auch analog zu den Streams mit Operatoren wie `map`, `flatMap` und `filter`. Im Zusammenhang mit den vorherigen Kapiteln dieses Buches können reaktive Streams auch als eine Zusammenführung der in Kapitel 9 beschriebenen Prinzipien von Streams und der in Kapitel 11 vorgestellten asynchronen Funktionsketten gesehen werden.

RxJava ist frei verfügbar und kann von GitHub unter folgender Adresse heruntergeladen werden: *https://github.com/ReactiveX/RxJava*. In diesem Kapitel wird die Version 3 von RxJava verwendet.

12.1 Grundlagen

Die Grundlage von RxJava bilden die beiden Typen `Observable` und `Observer` (Abb. 12.1). Observables stellen die Quelle der Ereignisse dar, während die Observer die Konsumenten dieser Ereignisse sind. Die Klasse `Observable` implementiert das Interface `ObservableSource` mit der Operation `subscribe`, um einen `Observer` anzumelden. Zudem bietet sie zahlreiche Operationen zur Verarbeitung der Ereignisse, die später noch erläutert werden. Das Interface `Observer` definiert folgende Methoden:

- `onSubscribe (Disposable d)`: Wird aufgerufen, wenn sich der Observer beim Observable anmeldet. Der Parameter `d` vom Typ `Disposable` ermöglicht das Abmelden vom Observable (siehe Abschnitt 12.1.3).
- `onNext(T)`: Ein nächster Ereigniswert wird gesendet.
- `onComplete()`: Zeigt das Ende der Ereignisse an.
- `onError(Throwable)`: Meldet einen Fehler.

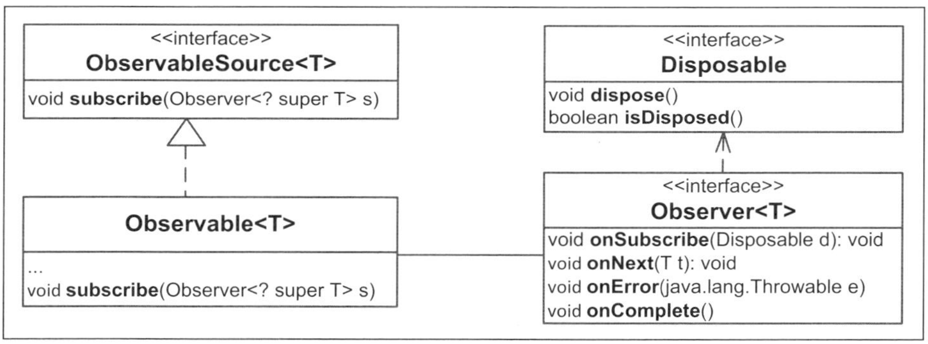

Abb. 12.1 *Zusammenhang von Observable, Observer und Disposable*

Es gibt eine Vielzahl von Möglichkeiten, ein Observable zu erstellen, und wir werden diese in Abschnitt 12.1.2 genauer beschreiben. Eine elementare Methode ist `create`, der ein Lambda-Ausdruck mit einem Ereignisemitter (Interface `Emitter`) als Parameter übergeben wird. Ein Emitter definiert, ähnlich wie ein Observer, die Ereignismethoden `onNext`, `onComplete` und `onError`. Diese Methoden werden für das Erstellen der Ereignisfolge verwendet. Die Ereignisse werden dann an die angemeldeten Observer direkt weitergeleitet.

In Abschnitt 9.1 wurde in einem ersten Beispiel zu den Streams eine Liste von Artikeln verarbeitet. In folgender Anweisung wird auf ähnliche Weise ein Observable erstellt, das vier Artikel aussendet und dann das Ende mit `onComplete` anzeigt.

Sollte aber dabei eine Exception auftreten, wird diese mit einem Ereignis `onError` gemeldet:

```
Observable<Article> articleObservable =
  Observable.create(emitter -> {
    try {
      emitter.onNext(new Article("A", 1500));
      emitter.onNext(new Article("B", 700));
      emitter.onNext(new Article("C", 1200));
      emitter.onNext(new Article("D", 500));
      emitter.onNext(new Article("E", 600));
      emitter.onComplete();
    } catch (Exception e) {
      emitter.onError(e);
    }
  });
```

Wird ein Observer mit `subscribe` angemeldet, werden die Ereignisse ausgesendet und durch den Observer verarbeitet, beispielsweise die Ereignisse ausgegeben:

```
articleObservable.subscribe(new Observer<Article>() {
  @Override
  public void onSubscribe(Disposable d) {
    System.out.println("SUBSCRIBED");
  }
  @Override
  public void onNext(Article a) {
    System.out.println(a.toString());
  }
  @Override
  public void onError(Throwable e) {
    System.out.println("ERROR: " + e.toString());
  }
  @Override
  public void onComplete() {
    System.out.println("COMPLETED");
  }
});
```

Nachfolgend ist die Ausgabe zu sehen. Die erste Ausgabe `"SUBSCRIBED"` stammt von der Methode `onSubscribe`. Es folgen die Ausgaben der Artikel. Den Abschluss bildet die Ausgabe von `"COMPLETED"` durch die Methode `onComplete`:

```
SUBSCRIBED
Article [name=A, price=1500.0]
Article [name=B, price=700.0]
Article [name=C, price=1200.0]
Article [name=D, price=500.0]
Article [name=E, price=600.0]
COMPLETED
```

Observables bieten ähnliche Aggregatsoperationen wie Streams. So wie im Beispiel mit Streams können wir zum Beispiel `filter`, `map` oder `sorted` auf das Observable anwenden:

```
Observable<String> articleNamesObservable =
  articleObservable
    .filter(a -> a.price() < 1000.0)
    .sorted(Comparator.comparingDouble(article -> article.price()))
    .map(a -> a.name);
```

Jede Aggregatsoperation erstellt dabei ein neues Observable, das die Ereignisse des Vorgänger-Observables erhält, entsprechend behandelt und weitergibt.

Abbildung 12.2 veranschaulicht den wesentlichen Unterschied zwischen Streams und reaktiven Streams. Streams arbeiten nach dem *Pull*-Modus: Die Daten werden vom Konsumenten abgerufen und durchlaufen die Kette der Stream-Komponenten. Im Gegensatz dazu arbeiten Observables nach einem *Push*-Modus: Die Daten aus der Datenquelle werden über die Kette der Observables zum finalen Konsumenten, dem Observer, gepusht.

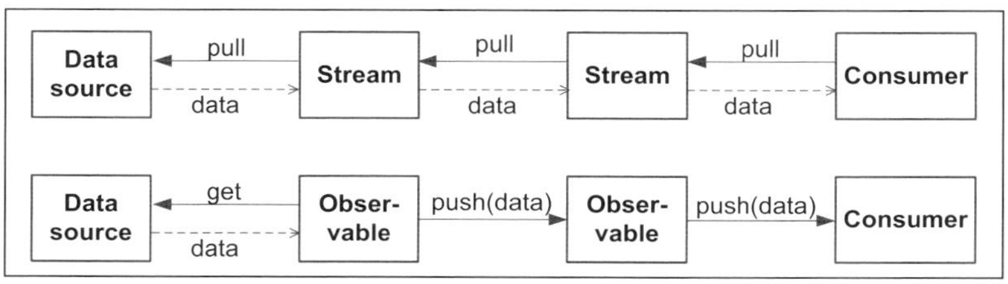

Abb. 12.2 *Unterschied Streams und reaktive Streams*

Im obigen Beispiel ist damit durch Observables gegenüber Streams noch nicht viel erreicht. Der Push-basierte Ansatz bietet jedoch Eigenschaften, die ein völlig anderes Arbeiten als mit den synchronen Streams ermöglichen:

- Bei reaktiven Streams können die Ereignisse nicht nur synchron, sondern auch asynchron gesendet und verarbeitet werden.
- Bei reaktiven Streams spielt der Zeitpunkt des Auftretens der Ereignisse eine entscheidende Rolle.
- RxJava verfolgt eine reaktive Systemarchitektur mit einer Umkehrung der Programmlogik. Die Steuerung des Gesamtsystems erfolgt dabei nicht im Hauptprogramm, sondern in den einzelnen Ereignisroutinen.

Im Folgenden werden wir auf diese Eigenschaften genauer eingehen.

Synchrone und asynchrone Verarbeitung

Wie und durch welchen Thread die Ereignisse emittiert werden, ist bei RxJava nicht festgelegt. Im einfachsten Fall passiert dies wie im obigen Beispiel synchron im Thread des Anwendungsprogramms. Die Ereignisse können aber auch asynchron gesendet werden.

In Kapitel 11 haben wir mit CompletableFutures eine Flugsuche realisiert. Wir wollen nun dieses Beispiel wieder heranziehen und die asynchronen Antworten der Fluglinien als Ereignisse eines Observables aussenden:

```
Observable<Flight> flightObservable =
  Observable.create(emitter -> {
    AtomicInteger nFtrs = new AtomicInteger(airlines.length);
    for (Airline airline : airlines) {
      CompletableFuture.supplyAsync(() -> {
            return airline.findFlight("VIE", "JFK", nextWeek);
          }, executor)
          .whenComplete((flight, excpt) -> {
            synchronized (emitter) {
              if (flight != null)
                emitter.onNext(flight);
              if (nFtrs.decrementAndGet() == 0)
                  emitter.onComplete();
            }
          });
        }
      });
```

Das Observable `flightObservable` wird mit einem Lambda-Ausdruck erzeugt. Es werden darin zuerst die asynchronen Aufrufe bei den Airlines abgesetzt. Bei der folgenden Methode `whenComplete` wird ein Handler-Callback registriert, der bei einem erfolgreichen Ergebnis dieses in einem `onNext`-Ereignis weiterleitet. Des Weiteren wird ein Zähler `nFtrs` für die noch nicht abgeschlossenen Futures verwendet. Ist der Zähler `nFtrs` gleich null, wird mit einem `onComplete`-Ereignis das Ende angezeigt. Man beachte, dass das Aussenden der Ereignisse auf dem Emitter-Objekt synchronisiert wird. Warum dies notwendig ist, werden wir später noch erläutern.

In diesem Beispiel werden die Ereignisse nicht mehr durch den Thread des Anwenderprogramms ausgeführt, sondern durch den Worker-Thread im Thread-Pool, der auch das CompletableFuture ausgeführt hat.

Zeit

Neben den Werten sind bei reaktiven Streams auch die Zeitpunkte der Ereignisse relevant. So gibt es eine Operation `timestamp`, mit der man den Zeitpunkt des Auftretens der Ereignisse festhalten kann. Das Ergebnis ist ein Observable mit den Originalwerten zusammen mit dem Zeitstempel in einem `Timed`-Objekt verpackt:

```
Observable<Timed<Flight>> timedFlightObservable =
    flightObservable.timestamp();
```

Dieses könnte man zum Beispiel bei der Flugsuche nutzen, um mit den Antworten auch die Antwortzeiten auszugeben:

```
final long start = System.currentTimeMillis();
timedFlightObservable.subscribe(new Observer<Timed<Flight>>(){
  ...
  @Override
  public void onNext(Timed<Flight> timedFlight) {
    System.out.print(timedFlight.time() - start + " ms, ");
    System.out.println(timedFlight.value().toString());
  }
  ...
});
```

Bei Observables gibt es eine Reihe von Operationen, die sich auf Zeit beziehen. Zum Beispiel gibt es Methoden für das Verzögern von Ereignissen, das Arbeiten mit Timeouts oder das Erzeugen von Ereignissen zu bestimmten Zeitpunkten oder in periodischer Abfolge. Wir werden diese später noch kennenlernen.

Umkehrung der Programmlogik

Das reaktive Programmierparadigma führt zu einer Umkehrung der Programmlogik. Nicht mehr das Applikationsprogramm übernimmt die Steuerung der Anwendung, sondern die Steuerung ist in den Ereignismethoden codiert.

> **Callback-basierte Systeme und Callback-Hell**
>
> Solche Systeme sind auch als Callback-basierte Systeme bekannt, wobei Node.js wohl das bekannteste Beispiel ist. Diese Art der Programmierung führt aber oft zu einer Situation, die als *Callback Hell* bekannt ist, das heißt, die vielen Callbacks führen zu unübersichtlichem Code. Reaktive Streams können helfen, eine Callback Hell zu vermeiden.

Eine Umkehrung der Programmlogik ist von Programmen mit grafischen Oberflächen bekannt, bei denen die Programmlogik in den Listener-Callbacks implementiert ist. Zum Beispiel kann man in einer Swing-Anwendung Ereignisse des Benutzers mit Observables behandeln. Folgende Anweisung zeigt ein Observable, das bei Mausklicks `onNext`-Ereignisse aussendet:

```
Observable<Point> clickObservable = Observable.create(
   emitter -> {
     panel.addMouseListener(
       new MouseAdapter() {
         @Override
         public void mouseClicked(MouseEvent e) {
           emitter.onNext(e.getPoint());
         }
       });
   });
```

Die Mausklick-Ereignisse kann man nun mit Stream-Operationen verarbeiten, z. B. die Ereignisse filtern, die sich in einem bestimmten Bereich befinden, dann die Punkte auf einem Raster ausrichten und schließlich in einem Observer-Code verarbeiten:

```
clickObservable
  .filter(point -> isWithinArea(point, area))
  .map(point -> snapToGrid(point))
  .subscribe(new Observer<Point>() {
    ...
    @Override
    public void onNext(Point p) {...}
  });
```

12.1.1 Kontrakt von Observable

Die Ereignisfolgen von Observables müssen bestimmten Bedingungen gehorchen, dies wird als der *Kontrakt von Observable* bezeichnet. Abbildung 12.3 stellt die erlaubten Ereignisfolgen mittels eines Zustandsdiagramms dar. Nachdem ein Observable erstellt wurde und solange noch keine Anmeldung eines Observers erfolgt ist, ist der Zustand *unsubscribed* und es werden keine Ereignisse emittiert. Nach dem Anmelden mit `subscribe` kann das Observable eine beliebige Folge von `onNext`-Ereignissen emittieren. Schließlich wird eine Folge entweder mit `onComplete` oder mit `onError` abgeschlossen. Nach dem Abschluss dürfen keine weiteren Ereignisse mehr gesendet werden.

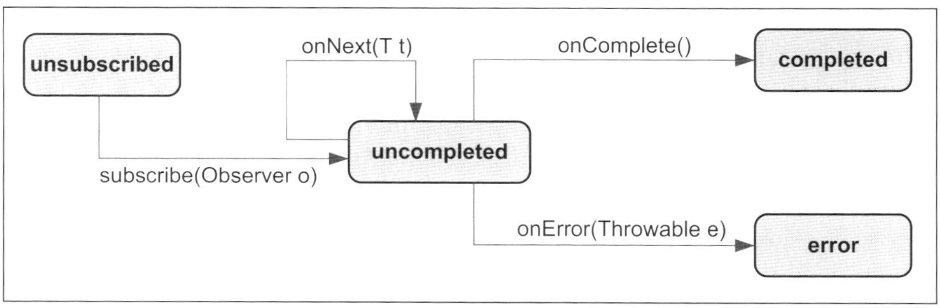

Abb. 12.3 *Kontrakt von Observable*

Eine weitere zentrale Eigenschaft von Observables besteht darin, dass die Ereignisse in einer strikten Reihenfolge und ohne Nebenläufigkeit gesendet werden müssen. Im Code der Observer kann dadurch auf die Synchronisation des Ereigniscodes verzichtet werden. Damit erklärt sich auch die Synchronisation beim obigen Beispiel mit der Flugsuche. Da die CompletableFutures in mehreren Threads nebenläufig ausgeführt werden, würden auch die Aufrufe der Ereignismethoden `onNext` nebenläufig erfolgen. Diese Nebenläufigkeit wird durch Synchronisation im Emitter-Code vermieden. Ereignisse können zwar möglicherweise durch unterschiedliche Threads generiert werden, werden dann aber in strikter Abfolge ausgesendet.

12.1.2 Erzeugen von Observables

Bisher haben wir nur die elementarste Methode `create` zum Erzeugen von Observables verwendet. RxJava bietet jedoch eine Reihe von Methoden, die das Erzeugen von Observables wesentlich vereinfachen. Die wichtigsten wollen wir im Folgenden beschreiben.

just

Im ersten Beispiel zu Observables haben wir mit `create` eine Reihe von Ereignissen mit Artikeln gefolgt von einem `onComplete`-Ereignis erzeugt. Die statische Methode `just` ermöglicht dies, indem einfach die zu emittierenden Elemente angegeben werden:

```
Observable<Article> articleObservable =
  Observable.just(
      new Article("A", 1500),
      new Article("B", 700),
      ...
    );
```

fromArray und fromIterable

Den Methoden `fromArray` und `fromIterable` werden Arrays bzw. Iterables übergeben und die Elemente werden dann in der gegebenen Reihenfolge in `onNext`-Ereignissen emittiert. Zum Beispiel kann man von einer Liste von Artikeln ein Observable erzeugen:

```
List<Article> articleList = List.of(new Article("A", 1500), ...);
Observable<Article> articleObservable =
    Observable.fromIterable(articleList);
```

fromCallable

Die Methode `fromCallable` verwendet einen Funktionsparameter vom Typ `Callable` und erlaubt so die Behandlung von Exceptions. Das übergebene Funktionsobjekt wird eingebettet in die Methode `fromCallable` ausgeführt. Tritt bei der Ausführung des Funktionsobjekts eine Exception auf, führt dies zu einem `onError`-Ereignis. Beispielsweise kann auf diese Weise eine Integer-Division abgesichert werden:

```
Observable<Integer> divObservable =
    Observable.fromCallable(() -> {
          return x / y;
        });
```

Ist `y` gleich null und tritt damit eine Exception auf, wird diese innerhalb der Methode `fromCallable` abgefangen und vom Observable als `onError`-Ereignis weitergeleitet.

fromFuture

Die Methode `fromFuture` ist besonders interessant, da sie eine Anbindung an Futures und CompletableFutures ermöglicht und so die Erzeugung von Observables mit asynchronen Ereignissen erleichtert. Hier gibt es auch mehrere Varianten, die unter anderem Timeouts unterstützen. Zum Beispiel kann man von einem CompletableFuture für eine Flugsuche, wie wir sie in Abschnitt 11.2 gesehen haben, ein Observable erstellen:

```
Observable<Flight> flightObservable =
    Observable.fromFuture(
        CompletableFuture.supplyAsync(() -> {
          return lufthansa.findFlight("VIE", "JFK", nextWeek);
        }),
        3, TimeUnit.SECONDS);
```

Das Observable wird nach Ablauf des definierten Timeouts von drei Sekunden mit einem `onError`-Ereignis beendet. Ebenso wird eine Exception bei der asynchronen Berechnung gefangen und als `onError`-Ereignis weitergeleitet.

Weitere Erzeugermethoden

Es gibt noch weitere Methoden zum Erzeugen von Observables:

- `range`: Eine nützliche Methode ist `range`, die ein `Observable<Integer>` erzeugt, das alle Integers zwischen gegebenem Start- und Endwert emittiert.
- `timer` und `interval`: Mit `time` erzeugt man ein Observable, das zu einer gegebenen Zeit einen Wert 0 emittiert. Mit `interval` kann man ein Observable erzeugen, das mit einer gegebenen Periode aufsteigende Long-Werte emittiert. Dieses Observable ist unendlich und terminiert nicht automatisch. Folgendes Observable realisiert einen Sekundenzähler:

  ```
  Observable<Long> secsObs = Observable.interval(1, TimeUnit.SECONDS);
  ```

- `generate`: Mit der Methode `generate` erstellt man ein Observable, das ausgehend von einem Zustandsobjekt den Zustand mithilfe einer Generatorfunktion verändert und entsprechende Werte emittiert.
- `empty`, `never` und `throw`: Zusätzlich existieren Erzeugermethoden für elementare Observables: `empty` erzeugt ein Observable mit nur einem `onComplete`-Ereignis, `never` ist eins, das niemals ein Ereignis sendet, und `throw` emittiert als Einziges ein `onError`-Ereignis aus. Diese Methoden werden benötigt, wenn Observables zum Beispiel mit `merge`, `concat` oder `flatMap` zusammengesetzt werden (siehe Abschnitt 12.4).

12.1.3 Anmelden und Abmelden von Observer

Auch bei `subscribe` haben wir bisher nur die elementarste Variante zur Anmeldung von Observern verwendet. Es gibt aber mehrere überladene Methoden mit unterschiedlichen Parametern. Folgende Methode `subscribe` hat drei Funktionsparameter für die drei Ereignismethoden `onNext`, `onError` und `onComplete`:

```
Disposable subscribe(
     Consumer<? super T> onNext,
     Consumer<? super Throwable> onError,
     Action onComplete
)
```

Damit kann man das Anmelden des Observers wie im Beispiel mit der Flugsuche auch wie folgt schreiben:

```
timedFlightObservable.subscribe(
    flight -> System.out.println(flight),
    ex -> System.out.println("Exception in " + ex.toString()),
    () -> System.out.println("COMPLETED")
  );
```

Nicht immer wird man aber alle drei Ereignisse behandeln wollen. Möchte man beispielsweise bei der Flugsuche nur die Ereignisse `onNext` und `onError` behandeln, kann dies mit einer überladenen Methode `subscribe` erfolgen, die nur Funktionen für diese beiden Ereignisse verwendet:

```
timedFlightObservable.subscribe(
    flight -> System.out.println(flight),
    ex -> System.out.println("Exception in " + ex.toString())
  );
```

Will man aber nur die Werte behandeln, kann man auch die Methode `forEach` einsetzen:

```
Disposable forEach(Consumer<? super T> onNext)
```

Sie funktioniert ähnlich wie die Methode `forEach` bei Streams, indem für jedes Element die `Consumer`-Funktion aufgerufen wird:

```
timedFlightObservable
    .forEach(flight -> System.out.println(flight));
```

Observables sind passiv und liefern Werte erst nach der Anmeldung eines Observers. Nach Abschluss der Ereignisfolge, entweder mit `onComplete` oder mit `onError`, erfolgt dann auch automatisch das Abmelden der Observer.

Es gibt aber auch Fälle, bei denen ein Observer vorzeitig abgemeldet werden soll. Die beiden Methoden `subscribe` und `forEach` geben dazu ein Objekt vom Typ `Disposable` zurück, das die Anmeldung repräsentiert und zum Abmelden des Observers verwendet werden kann.

Die Klasse `Disposable` stellt dafür eine Methode `dispose` sowie eine Methode `isDisposed` bereit (siehe Abb. 12.1). Wir können das z. B. bei der Flugsuche einsetzen, um die Flugsuche abzubrechen, sobald ein Flug gefunden wurde, der ein bestimmtes Kriterium erfüllt:

```
flightObservable.subscribe(new Observer<Flight>() {
  private Disposable disposable;

  @Override
  public void onSubscribe(Disposable disposable) {
    this.disposable = disposable;
  }

  @Override
  public void onNext(Flight flight) {
    if (fitsCriteria(flight)) {
      System.out.println("FOUND: " + flight.toString());
      disposable.dispose();
    }
  }
  ...

});
```

Zuerst wird in der Methode `onSubscribe` das `Disposable`-Objekt in einem Feld `disposable` gesichert. In der Methode `onNext` wird der Flug mit der Methode `fitsCriteria` geprüft. Wenn die Prüfung erfolgreich ist, wird der Flug als Erfolg ausgegeben und danach der Observer über das `Disposable`-Objekt abgemeldet. Nach dem Abmelden wird das Observable inaktiv und es werden keine weiteren Ereignisse ausgesendet.

Es gibt nun noch eine Variante von `subscribe`, die ein Abmelden von Observer direkt unterstützt. Die Methode hat neben den Funktionsparametern auch einen `DisposableContainer` als Parameter. Ein `DisposableContainer`, wie der Name ausdrückt, sammelt die Disposables und erlaubt dann auch, mehrere gemeinsam zu behandeln:

```
Disposable subscribe(Consumer<? super T> onNext,
                     Consumer<? super Throwable> onError,
                     Action onComplete,
                     DisposableContainer container)
```

Im folgenden Beispiel wird ein `CompositeDisposable`, eine Implementierung des Interface `DisposableContainer`, erzeugt und dann der Methode `subscribe` übergeben. Beim Abonnieren wird das `Disposable` dem Container hinzugefügt. Der gleiche Container kann auch bei anderen Anmeldungen verwendet werden. Durch Aufruf von `dispose` werden alle gespeicherten `Disposable`-Objekte abgemeldet.

```
CompositeDisposable disposableContainer = new CompositeDisposable();
Disposable disposable = timedFlightObservable.subscribe(
    flight -> System.out.println(flight),
    ex -> System.out.println("Exception in " + ex.toString()),
    () -> System.out.println("COMPLETED"),
    disposableContainer
  );
disposableContainer.dispose();
```

12.2 Varianten

Mit RxJava kann man ein System zur Gänze nach dem reaktiven, asynchronen Programmiermodell gestalten. Statt ausgehend von einem Hauptprogramm mit synchronen Aufrufen zu arbeiten, wird die Programmlogik in Ereignismethoden realisiert.

In RxJava gibt es nun zu den synchronen Prozeduraufrufen entsprechende reaktive Gegenstücke. Tabelle 12.1 stellt die synchronen Methodenschnittstellen und ihre reaktiven Gegenstücke gegenüber: Ein Observable ist das reaktive Gegenstück zu einer synchronen Methode mit einer Collection als Rückgabewert. Die Varianten `Single`, `Completable` und `Maybe` entsprechen synchronen Methoden mit einem, keinem oder einem optionalen Rückgabewert. In den folgenden Unterabschnitten werden wir diese Varianten genauer vorstellen.

Synchrone Methode	**Gegenstück in RxJava**
Collection<T> getElements() throws Exception	Observable<T>, ObservableSource<T>, Observer<T>
T getValue() throws Exception	Single<T>, SingleSource<T>, SingleObserver<T>
void doTask() throws Exception	Completable, CompletableSource, CompletableObserver
Optional<T> getOptional() throws Exception	Maybe<T>, MaybeSource<T>, MaybeObserver<T>

Tab. 12.1 *Synchrone Prozedurschnittstellen und asynchrone Gegenstücke, inklusive Source und Observer Interfaces*

Daneben gibt es eine weitere Variante von Observable, das sogenannte *Flowable*. Dieses verhält sich wie ein Observable, realisiert aber zusätzlich eine Flusskontrolle. Flowables werden wir in Abschnitt 12.7 behandeln.

12.2.1 Single

Ein Single entspricht einem Prozeduraufruf mit einem Rückgabewert und eventuell einer Exception. Ein Single emittiert daher entweder ein `onSuccess`- oder ein `onError`-Ereignis (Listing 12.1). Die möglichen Ereignisfolgen sind in Abbildung

12.4 dargestellt. Nach einem `subscribe` kann als einziges Ereignis entweder ein `onSuccess` oder ein `onError` folgen.

```
public interface SingleSource<T> {
  void subscribe(@NonNull SingleObserver<? super T> observer);
}

public interface SingleObserver<T> {
  void onSubscribe(@NonNull Disposable d);
  void onSuccess(@NonNull T t);
  void onError(@NonNull Throwable e);
}
```

Listing 12.1 *SingleSource und SingleObserver Interfaces*

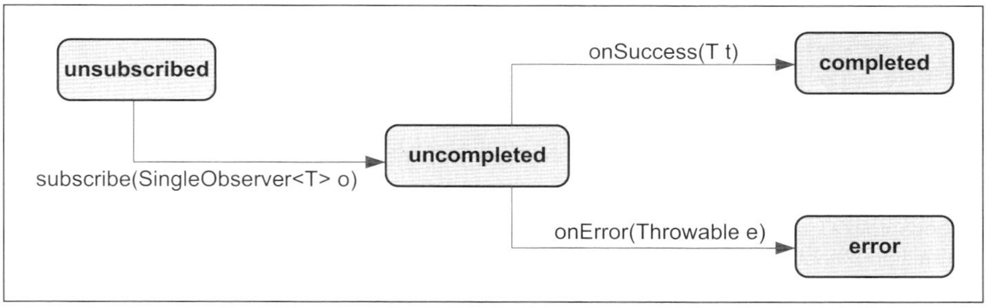

Abb. 12.4 *Kontrakte des reaktiven Bausteins Single*

Nehmen wir als Beispiel an, es gibt eine synchrone Methode, mit der man mit einer URL auf eine Webseite zugreifen kann. Die Methode blockiert, bis das Ergebnis vorliegt, wobei sie im Fehlerfall mit einer Exception abbricht:

```
static String getWebPage(URL url) throws IOException { ... }
```

Man kann nun diese Methode asynchron ausführen und das Ergebnis in einem Single bereitstellen. Dazu wird im folgenden Beispielcode mit `Single.create` ein `Single`-Objekt erzeugt. Im Emitter-Code wird in einem asynchronen Task die Methode `getWebPage` ausgeführt. Bei Vorliegen des Ergebnisses wird dieses in einem `onSuccess`-Ereignis gesendet, bei Auftreten einer Exception wird ein `onError`-Ereignis emittiert:

```
ExecutorService executor = Executors.newFixedThreadPool(N);
Single<String> pageSingle =
  Single.create(emitter -> {
    executor.submit(() -> {
      try {
        String content = getWebPage(url);
        emitter.onSuccess(content);
      } catch (Exception ex) {
        emitter.onError(ex);
      }
    });
  });
```

Die folgende Anweisung demonstriert die Anwendung. Mit der Anmeldung eines Observers vom Typ `SingleObserver` wird entweder die Webseite oder bei einem Fehler die Exception ausgegeben:

```
pageSingle.subscribe(new SingleObserver<String>() {
  @Override
  public void onSubscribe(Disposable d) { }
  @Override
  public void onSuccess(String page) { System.out.println(page);}
  @Override
  public void onError(Throwable e) { e.printStackTrace(); }
});
```

12.2.2 Completable

Ein Completable entspricht einer synchronen Prozedur ohne Rückgabewert. Bei einem synchronen Prozeduraufruf erkennt man das Ende der Berechnung durch den Rücksprung. Dies wird beim Completable durch ein `onComplete`-Ereignis signalisiert. Ebenso gibt es bei einem Fehlerfall ein `onError`-Ereignis. Ähnlich wie bei Single folgt nach einem `subscribe` genau ein Ereignis, hier entweder ein `onComplete` oder ein `onError` (siehe Listing 12.2 und Kontrakt in Abbildung 12.5).

```
public interface CompletableSource {
  void subscribe(@NonNull CompletableObserver cs);
}

public interface CompletableObserver {
  void onSubscribe(@NonNull Disposable d);
  void onComplete();
  void onError(@NonNull Throwable e);
}
```

Listing 12.2 *CompletableSource und CompletableObserver Interfaces*

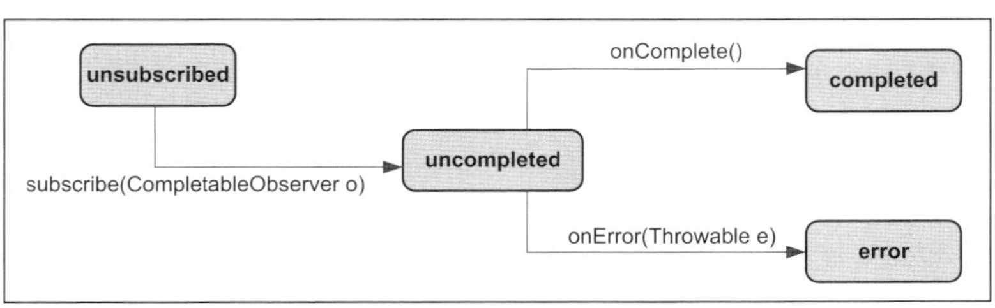

Abb. 12.5 *Kontrakt des reaktiven Bausteins Completable*

Eine mögliche Anwendung wäre eine Update-Operation in einer Datenbank. Die folgende synchrone Methode soll mit dem übergebenen SQL-String ein Update in der Datenbank durchführen. Sie kehrt zurück, wenn das Update erledigt ist, und wirft eine Exception, wenn es fehlschlägt:

```
static void updateDB(String sqlStmt) throws Exception { ... }
```

Zur Umsetzung in ein reaktives Completable wird im Emitter-Code die Operation in einem Thread-Pool asynchron ausgeführt. Nach erfolgreicher Ausführung wird ein onComplete-Ereignis gesendet, sonst mit onError das Auftreten einer Exception gemeldet:

```
Completable dbCpltble =
  Completable.create(emitter -> {
    executor.submit(() -> {
      try {
        updateDB(sqlStmt);
        emitter.onComplete();
      } catch (Exception e) {
        emitter.onError(e);
      }
    });
  });
```

Die Behandlung der Ereignisse passiert hier einen Observer vom Typ CompletableObserver mit Methoden onComplete und onError:

```
dbCpltble.subscribe(
  new CompletableObserver() {
    @Override
    public void onSubscribe(Disposable d) {  }
    @Override
    public void onComplete() {
      System.out.println("UPDATE SUCCESSFUL");
    }
    @Override
    public void onError(Throwable e) {
      System.out.println("UPDATE FAILED");
    }
  });
```

12.2.3 Maybe

Maybe entspricht einer Prozedur mit einem optionalen Rückgabewert. Als Rückgabewert der synchronen Prozedur kann man zum Beispiel ein Optional verwenden oder null als Rückgabewert zulassen. Maybe ist also eine Kombination von Single und Completable (siehe Listing 12.3 und Kontrakt in Abb. 12.6): Mit einem onSuccess wird das Ende der Operation mit einem gültigen Wert angezeigt, mit onComplete das Ende der Operation, aber ohne einen Wert, und mit onError ein Fehler in der Verarbeitung.

```
public interface MaybeSource<T> {
   void subscribe(@NonNull MaybeObserver<? super T> observer);
}
```

```
public interface MaybeObserver<T> {
  void onSubscribe(@NonNull Disposable d);
   void onSuccess(@NonNull T t);
   void onError(@NonNull Throwable e);
   void onComplete();
}
```

Listing 12.3 *MaybeSource und MaybeObserver Interfaces*

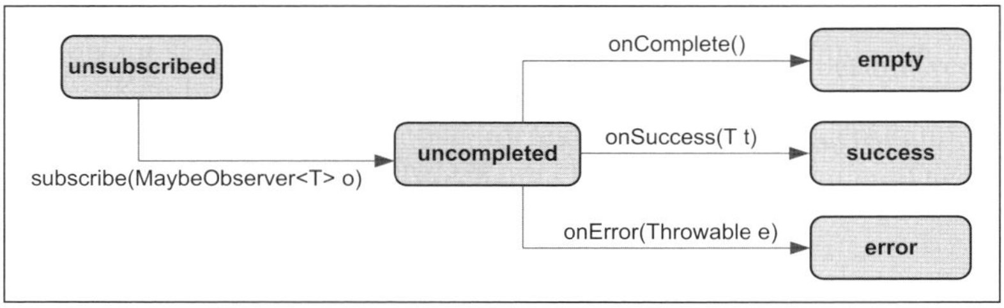

Abb. 12.6 *Kontrakt des reaktiven Bausteins Maybe*

Als Anwendungsbeispiel sei eine Methode gegeben, die eine Flugverbindung sucht. Diese habe als Rückgabewert ein Optional mit einem Wert `Optional.empty()`, falls keine Verbindung gefunden wird:

```
Optional<Flight> findFlight(String from, String to, LocalDate d)
throws Exception
```

In der reaktiven Variante wird die Methode `findFlight` wieder asynchron ausgeführt. Es gibt drei mögliche Ergebnisse und entsprechende Ereignisse:

- Es wurde ein Flug gefunden und dieser wird mit einem `onSuccess`-Ereignis gemeldet.
- Es wurde kein Flug gefunden, was mit `onComplete` angezeigt wird.
- Es trat eine Exception auf und `onError` wird aufgerufen.

```
Maybe<Flight> flightMaybe =
  Maybe.create(emitter -> {
    executor.submit(() -> {
      try {
        Optional<Flight> optFlight =
             findFlight("VIE", "JFK", nextWeek);
        if (optFlight.isPresent()) {
          emitter.onSuccess(optFlight.get());
        } else {
          emitter.onComplete();
        }
      } catch (Exception e) {
        emitter.onError(e);
      }
    });
  });
```

Folgende Anweisung zeigt einen MaybeObserver, der die unterschiedlichen Ergebnisse in den Methoden onSuccess, onComplete und onError verarbeitet:

```
flightMaybe.subscribe(
  new MaybeObserver<Flight>() {
    @Override
    public void onSubscribe(Disposable d) {}
    @Override
    public void onSuccess(Flight flight) {
      System.out.println("Flight found is " + flight);
    }
    @Override
    public void onComplete() {
      System.out.println("No flight found!");
    }
    @Override
    public void onError(Throwable e) {
      System.out.println("Find flight failed with " + e);
    }
  });
```

12.3 Hot und Cold Observables

Bei den Beispielen, die wir bisher gesehen haben, wurde mit dem Anmelden eines Observers mit subscribe das Senden der Ereignisse gestartet. Solche Observables, die nicht von sich aus aktiv sind, sondern mit dem Anmelden eines Observers aktiviert werden, nennt man *Cold Observables*. Daneben gibt es auch Observables, die unabhängig von den Observern arbeiten und autonom die Ereignisse ausgeben. Diese nennt man *Hot Observables*. Hot Observables werden bei zwei Situationen eingesetzt:

- Wenn die Ereignisse direkt von einer realen Umgebung kommen und in Echtzeit gesendet werden. Beispiele dazu sind Sensordaten, die von einer externen Messeinheit in das System eingespeist werden, Daten, die in Echtzeit von einem Server übermittelt werden, oder auch Benutzerereignisse, z. B. von einer grafischen Benutzeroberfläche.
- Wenn die Daten zwar auf Anforderung von der Datenquelle abgerufen werden, aber von mehreren Observern geteilt und gleichzeitig beobachtet werden sollen.

Betrachten wir zur Klärung nochmals das Beispiel des Observables für die Flugsuche aus Abschnitt 12.1. Bei diesem Beispiel wurden bei den unterschiedlichen Fluglinien geeignete Flüge gesucht und diese in asynchronen Ereignissen an die Observer übermittelt. Mit dem passiven Verhalten der Observables erfolgt der Zugriff bei den Fluglinien erst beim Anmelden eines Observers.

Wie ist aber die Situation, wenn sich wie in folgenden Anweisungen mehrere Observer beim Observable anmelden, um vielleicht die Daten unterschiedlich zu verarbeiten? Zum Beispiel einmal, um die Flüge sofort auszugeben, und ein zweites Mal, um die Flüge nach Preis zu sortieren und eine sortierte Liste zu erstellen:

```
flightObservable.subscribe(flight -> System.out.println(flight));
flightObservable
        .sorted(Comparator.comparingInt(flight -> flight.price()))
        .toList()
        .subscribe(...);
```

Tatsächlich werden bei Cold Observables für jeden Observer die Daten neu abgerufen. Also wird die Flugsuche zweimal durchgeführt. Um das zu verhindern, kann man ein Observable *hot* machen.

12.3.1 ConnectableObservable

Die einfachste Möglichkeit zum Erzeugen eines Hot Observables wird durch die Klasse `ConnectableObservable` geboten. Man kann von jedem Observable durch einen Aufruf von `publish` ein `ConnectableObservable` erzeugen und somit das Cold in ein Hot Observable umwandeln:

```
ConnectableObservable<Flight> hotFlightObservable =
    flightObservable.publish();
```

Melden sich mehrere Observer bei dem ConnectableObservable an, bleibt es vorerst passiv. Erst beim Aufruf von `connect` wird zwischen dem ursprünglichen Observable und dem ConnectableObservable eine Verbindung hergestellt (siehe Abb. 12.7). Das ursprüngliche Observable ruft dann die Daten von der Quelle ab, schickt diese zum verbundenen ConnectableObservable und dieses verteilt die Daten an alle angemeldeten Observer.

```
flightObservable.subscribe(System.out::println);
flightObservable
        .sorted(Comparator.comparingInt(flight -> flight.price()))
        .toList()
        .subscribe(...);
hotFlightObservable.connect();
```

Dieses zweistufige Vorgehen ist notwendig, um mehrere Observer zu synchronisieren. Würden die Daten bereits bei der ersten Anmeldung abgerufen und emittiert, könnten später angemeldete Observer Daten verpassen. So ist aber garantiert, dass die Observer alle Daten empfangen.

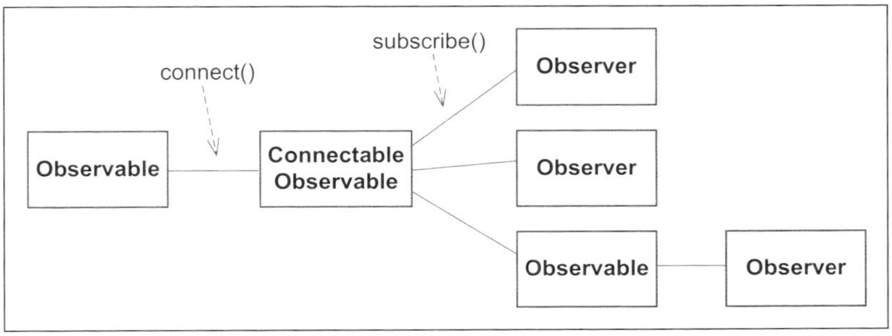

Abb. 12.7 *ConnectableObservable subscribe und connect*

Mit der Operation `connect` wird der Zeitpunkt des Verbindungsaufbaus explizit gesteuert. Mit der Operation `autoConnect` wird die Verbindung bei einer bestimmten Anzahl von Observern automatisch aufgebaut, zum Beispiel bei zwei Observern mit folgender Anweisung:

```
Observable<Flight> autoConnectingObservable =
    flightObservable.publish().autoConnect(2);
```

Eine weitere Möglichkeit bietet die Operation `refCount`:

```
Observable<Flight> refCountedObservable =
    flightObservable.publish().refCount();
```

Hier erfolgt der Verbindungsaufbau automatisch bei der ersten Anmeldung eines Observers. Hinsichtlich des Aufbaus der Verbindung entspricht `refCount` daher einem `autoConnect(1)`. Der Unterschied zwischen den beiden Formen liegt im Ab- und erneuten Anmelden von Observern. Bei `autoConnect` und auch bei `connect` erfolgt nämlich bei Ende der Daten die Abmeldung aller Observer. Melden sich später wieder Observer an, muss erneut mit `connect` eine Verbindung geschaffen werden. Dies ist nicht so bei der Verwendung von `refCount`. Auch hier werden nach dem Ende der Daten die Observer abgemeldet. Melden sich aber wieder Observer an, wird die Verbindung automatisch wieder hergestellt.

Da diese Vorgehensweise bei Hot Observables häufig genutzt wird, gibt es für die Kombination von `publish` und `refCount` eine Operation `share`, die beide Operationen vereint:

```
Observable<Flight> sharedObservable = flightObservable.share();
```

12.3.2 Beispiel Echtzeitdaten

Als Beispiel für ein Observable mit Echtzeitdaten soll eine einfache Anwendung erstellt werden, die aktuelle Wetterdaten von einem Server abruft[1] und die Daten

1. Der Server *https://openweathermap.org* unterstützt das Abrufen von Wetterdaten von beliebigen Orten in Echtzeit.

in einem Observable zur Verfügung stellt. Die folgende Anweisung erzeugt ein Hot Observable, das jede Minute aktuelle Wetterdaten vom Server abruft und die Daten als Objekte vom Typ `WeatherData` aussendet:

```
Observable<WeatherData> weatherDataObservable =
    Observable
      .interval(1, TimeUnit.MINUTES)
      .map(i -> getWeatherData(url))
      .map(json -> WeatherData.fromJSON(json))
      .share();
```

Die Methode `interval` generiert dabei jede Minute ein Ereignis. In der ersten `map`-Methode ruft `getWeatherData` die Wetterdaten vom Server ab und in der folgenden `map`-Methode werden aus den JSON-Strings die `WeatherData`-Objekte erzeugt (siehe Listing 12.4). Mit der abschließenden Operation `share` wird das Observable aktiviert.

```
public class WeatherData {

  public static WeatherData fromJSON(String data) {
    return new WeatherData(...}

  public final double temp;
  public final double humidity;
  public final double pressure;
  public final double speed;
  public final String clouds;

  private WeatherData(double temp, double humidity,
      double pressure, double speed, String clouds) {...}

}
```

Listing 12.4 *Klasse WeatherData für Wetterdaten*

Die Wetterdaten kann man nun unterschiedlich verarbeiten und verwenden. Folgende zwei Anweisungen erzeugen vom ursprünglichen Observable zwei Observables mit den Temperaturverläufen in Fahrenheit und Celsius. Dazu wird von den Wetterdaten auf die Temperaturen, die in Kelvin vorliegen, zugegriffen und auf Fahrenheit und Celsius umgerechnet:

```
Observable<Double> tFahrenht =
    weatherDataObservable
        .map(wData -> wData.temp)
        .map(k -> k * 9/5 - 459.67);

Observable<Double> tCelsius =
    weatherDataObservable
        .map(wData -> wData.temp)
        .map(k -> k - 273.15);
```

Aber erst durch Anmeldung eines Observers wird schließlich die Verbindung aufgebaut und die Daten werden vom Server abgerufen:

```
tFahrenht.subscribe(f -> System.out.println("Fahrenheit: " + f));
tCelsius.subscribe(c -> System.out.println("Celsius: " + c));
```

12.4 Operationen

Die Klasse `Observable` stellt eine Vielzahl von Operationen bereit, die ähnlich zu den Operationen von Streams sind. Wir haben bereits gelesen, dass Observables nach dem Prinzip der Monaden gestaltet sind. Damit gibt es auch bei Observables die Operationen `map`, `flatMap` und `filter`. Es gibt viele weitere Operationen, die wir auch von Streams kennen, zum Beispiel `distinct`, `sorted`, `skipWhile`, `takeWhile`, `reduce`, `collect` oder `sum`. Unterschiede bestehen zu den Operationen bei den Streams, weil die Ergebnisse wieder in Observables, Singles oder Maybes verpackt werden. Des Weiteren gibt es bei den reaktiven Streams viele Operationen, die sich aus der reaktiven Verarbeitung ergeben und damit bei den synchronen Streams nicht sinnvoll sind.

Die Klasse `Observable` bietet ca. 60 unterschiedliche Operationen mit teilweise mehreren überladenen Varianten. Zum Beispiel gibt es von `flatMap` insgesamt 20 Varianten. Es würde den Rahmen dieses Buches sprengen, diese alle im Detail zu behandeln. Die Funktionsweise vieler Operationen sollte aber mit dem Wissen, das wir bereits von Streams haben, offenkundig sein. Wir werden daher im Folgenden nur einen Überblick über die Operationen geben und dann einige herausgreifen, die besonders interessant sind.

Entsprechende Operationen gibt es für die Varianten Single, Completable, Maybe und Flowable. Im Folgenden werden wir aber nur die Operationen von Observable stellvertretend für alle Varianten erläutern.

Die Klasse Observable

Die Klasse `Observable` ist eine riesige Klasse mit insgesamt 17.337 Codezeilen und über 300 Methoden. Diese Größe widerspricht unserem Verständnis von guter Praxis des Software Engineerings. Die Klasse `Observable` ist in dieser Hinsicht aber ein Sonderfall. Die meisten Methoden bilden ein Observable in ein weiteres Observable ab. Die Methoden sind damit völlig unabhängig voneinander. Die Klasse `Observable` gestaltet sich daher wie eine riesige Ansammlung von unabhängigen Methoden.

Tabelle 12.2 stellt die wichtigsten Operationen für Observables zusammen und teilt diese in Gruppen ein. In den folgenden Unterabschnitten wird eine Zusammenfassung der Operationen nach den Gruppen gegeben. Einige Operationen, wie zum Beispiel für eine Fehlerbehandlung und das Arbeiten mit Zeit, werden wir dann detaillierter in den weiteren Abschnitten beschreiben.

Abbildungen	map, cast
	sorted
	flatMap, flatMapIterable, flatMapSingle, flatMapMaybe, …
	concatMap, concatMapCompletable, concatMapIterable, concatMapMaybe, concatMapSingle, concatMapDelayError, …
	switchMap, switchMapCompletable, switchMapMaybe, switchMapDelayError, …
Filtern und Teilmengen	filter, ofType
	distinct, distinctUntilChanged
	skip, skipWhile, skipUntil, skipLast, take, takeWhile
Reduktion	reduce, reduceWith
	scan, scanWith
	all, any, contains, count, isEmpty
	elementAt, first, firstOrError, last, lastElement, lastOrError
Sammlungen	collect
	toList, toSortedList, toSet, toMap, toMultiMap
	groupBy, buffer
Zeitliches Verhalten	timeInterval, timestamp, delay
	window
	sample, debounce, throttleFirst, throttleLast, throttleWithTimeout
Kombinationen	merge, mergeWith, concat, concatWith, startWith, startWithArray, withLatestFrom, zipWith, ambWith
	repeat, repeatUntil, repeatWhen
Konvertierungen	as, toFuture, ignoreElements, single, singleElement, singleOrError
Seiteneffekte	doOnNext, doOnComplete, doOnError, doOnSubscribe, doOnTerminate, doFinally, doOnDispose, doOnEach, doOnLifecycle
Fehlerbehandlung	timeout
	onErrorResumeNext, onErrorReturn, onErrorReturnItem, onExceptionResumeNext
	replay, retry, retryUntil, retryWhen
	switchIfEmpty, defaultIfEmpty

Tab. 12.2 *Zusammenstellung der wichtigsten Operationen von Observable (Aufstellung auf Basis der Sourcecode-Dokumentation der Klasse Observable)*

Marble-Diagramme

Um die Funktionsweise der Operationen darzustellen, werden die sogenannten Marble-Diagramme verwendet (siehe dazu auch [83]). Abbildung 12.8 zeigt, wie Marble-Diagramme aufgebaut sind: In waagerechter Richtung sind die Zeitleisten für die Observables dargestellt. Die obere Zeitleiste enthält die Ereignisse für das Ausgangs-Oberservable, darunter befindet sich eine Box mit der Operation und die untere Zeitleiste stellt die Ereignisse des Observables dar, das Resultat der Operation ist. Für die Ereigniswerte werden Murmeln verwendet, wobei die Form die unterschiedlichen Typen und Graustufen und die Beschriftungen unterschiedliche Werte darstellen. Ein senkrechter Balken steht für ein `onComplete`- und ein Kreuz für ein `onError`-Ereignis. Zeitenspannen werden durch strichlierte Boxen mit einer stilisierten Uhr dargestellt.

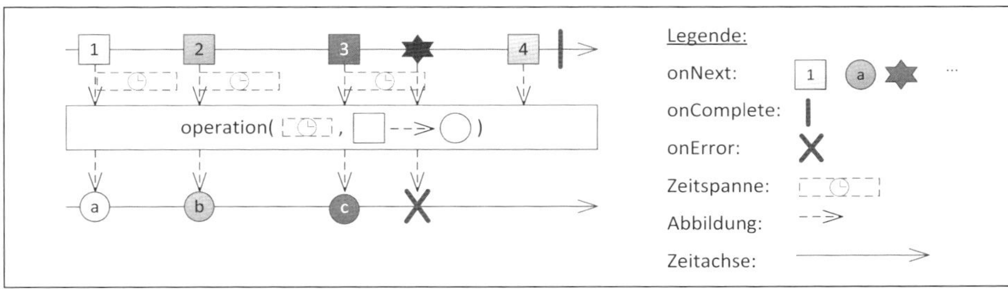

Abb. 12.8 *Schema von Marble-Diagrammen*

Im Folgenden werden Marble-Diagramme verwendet, um die Funktionsweise von Operatoren darzustellen.

12.4.1 Abbildungen

Die Operation `map` arbeitet wie bei den anderen Beispielen von Funktoren, das heißt, es wird jedes Element über die Abbildungsfunktion abgebildet und damit ein neues Observable erstellt. Die Operation `cast` ist eine spezielle `map`-Operation, bei der für jedes Element eine Typumwandlung durchgeführt wird.

Komplexer ist die Situation bei `flatMap`. Erinnern wir uns an die Struktur der monaden Operation `flatMap` aus Abschnitt 7.3? Die Abbildungsfunktion bildet jedes Element wieder in einen monaden Wert ab und dieser wird dann zu einem monaden Wert ausgeflacht. Im Fall von Observable bildet daher die Abbildungsfunktion jedes Element vom Typ `T` auf ein `Observable<R>` ab (hier mit Interface `ObservableSource` deklariert):

```
<R> Observable<R> flatMap(
    Function<? super T, ? extends ObservableSource<? extends R>> f)
```

Im Gegensatz zur Operation bei Streams muss bei Observables das zeitliche Auftreten der Ereignisse berücksichtigt werden. Da die Ereignisse der abgebildeten

Observables zeitverzögert auftreten können, werden sie bei der Kombination zeitlich versetzt weitergegeben. Das Marble-Diagramm in Abbildung 12.9 zeigt das Prinzip.

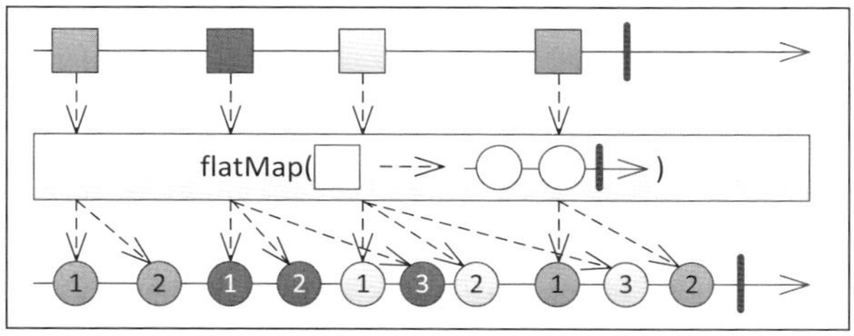

Abb. 12.9 *Operation flatMap*

Die Operation `flatMap` ist auch für Observables von großer Bedeutung und wir werden `flatMap` noch bei unterschiedlichen Beispielen einsetzen.

12.4.2 Filtern und Teilmengen

Die Operation `filter` arbeitet wieder gleich wie bei den Streams: Es werden nur die Ereignisse weitergeleitet, die ein gegebenes Prädikat erfüllen. Die Operation `ofType` ist eine spezielle `filter`-Operation, die eine Typprüfung durchführt. Die Operationen `skip` und `skipWhile` überspringen Elemente am Anfang, entweder eine bestimmte Anzahl oder solange eine Bedingung gegeben ist. Die Operationen `take` und `takeWhile` nehmen die Elemente vom Anfang und schließen dann mit `onComplete` ab. Auch `distinct` verhält sich wie die Operation bei Streams, indem gleiche Elemente nur das erste Mal weitergeleitet und alle weiteren unterdrückt werden. Eine interessante Variante ist `distinctUntilChanged`. Mit dieser Operation werden gleiche Elemente so lange unterdrückt, bis sich der Wert wieder ändert. Das Marble-Diagramm in Abbildung 12.10 zeigt das Verhalten.

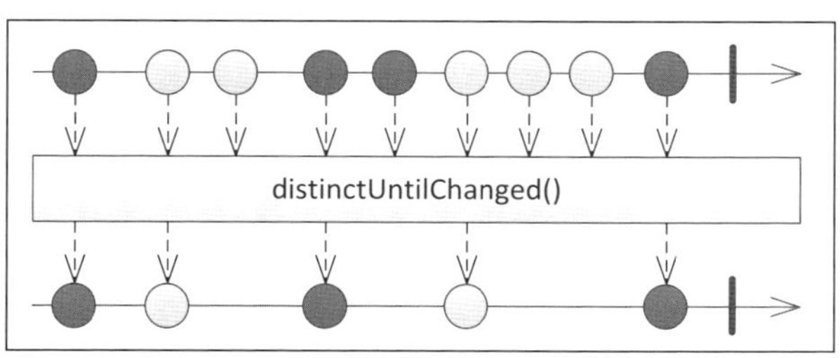

Abb. 12.10 *Operation distinctUntilChanged*

Eine interessante Anwendung von `distinctUntilChanged` ergibt sich beim Verarbeiten von Sensorwerten. Nehmen wir an, wir haben ein Observable mit periodisch abgegriffenen Sensordaten. Diese sollen so behandelt werden, dass die Werte zuerst gerundet und dann nur Änderungen gemeldet werden (vgl. auch die Beispiele in

Abschnitt 9.3.2 und Abschnitt 9.4.4). Das können wir mit Observables und der Operation `distinctUntilChanged` einfach lösen:

```
sensorObservable
    .map(x -> Math.round(x))
    .distinctUntilChanged()
    .forEach(x -> System.out.println("new value = " + x));
```

12.4.3 Reduktion und Suche

Die Operationen zur Reduktion der Ereigniswerte eines Observables ähneln denen zur Reduktion bei Streams bzw. der Reduktion mit Monoiden, wie wir diese in Kapitel 6 beschrieben haben. Im Folgenden werden die überladenen Varianten gezeigt:

```
<R> Single<R> reduce(R seed, BiFunction<R, ? super T, R> reducer)
Maybe<T> reduce(BiFunction<T, T, T> reducer)
<R> Single<R> reduceWith(Callable<R> seedSupplier,
                         BiFunction<R, ? super T, R> reducer)
```

Ein Unterschied zu den Streams ergibt sich aber im Ergebnis: Während bei Streams ein Wert zurückgegeben wird, ist das Ergebnis hier ein Single. Damit ist auch eine Fehlerbehandlung möglich. Das Single schließt nämlich mit einem `onSuccess` ab, wenn das Observable mit einem `onComplete` abschließt, und mit einem `onError`, wenn das Observable mit einem `onError` abgeschlossen hat.

Eine interessante Variante von `reduce`, die es bei Streams nicht gibt, ist `scan`:

```
Observable<R> scan (R initial,
                    BiFunction<R, ? super T, R> accumulator)
```

Man sieht, dass die Parameter von `scan` die gleichen wie die von `reduce` sind. Im Unterschied zu `reduce` werden die Ergebnisse der Reduktion aber nicht nur am Ende emittiert, sondern bei jedem neuen Ereignis. Das Resultat ist damit kein Single, sondern ein Observable. Das Marble-Diagramm in Abbildung 12.11 zeigt, dass jedes neue Element mit dem bisherigen Ergebnis kombiniert und das neue Ergebnis ausgesendet wird.

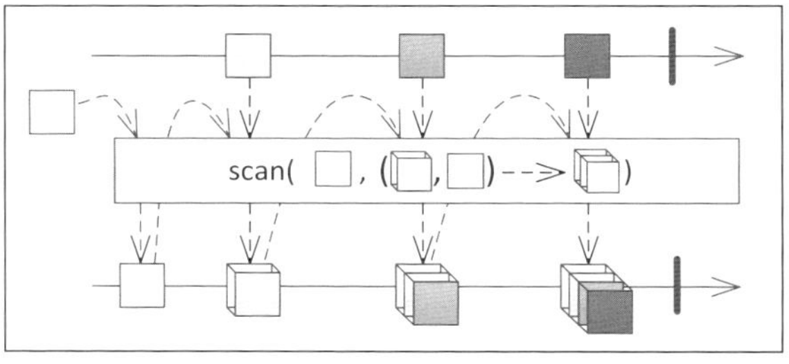

Abb. 12.11 *Operation scan*

Im folgenden Beispiel wird scan verwendet, um von einer Folge von Zahlen einen gleitenden Durchschnitt zu berechnen. Der bisherige Durchschnitt wird mit 0,8 gewichtet und so mit dem aktuellen Wert gemittelt. Bei jedem neuen Wert wird also ein neuer Durchschnitt emittiert:

```
Observable<Double> glidingAvrgObs =
   measObservables.scan((avrg, curr) -> (avrg*0.8 + curr) / 1.8);
```

Es gibt dann auch die speziellen Reduktionsoperationen count, all, any und isEmpty. Auch sie liefern Singles.

Des Weiteren gibt es eine Reihe von Operationen, die einzelne Elemente suchen, zum Beispiel firstElement, lastElement, contains und elementAt. Da diese Elemente im Observable eventuell nicht vorhanden sind, ist das Ergebnis ein Maybe.

12.4.4 Sammeln

Auch das Sammeln von Werten wird wie bei Streams mit der Operation collect bzw. collectInto unterstützt:

```
<U> Single<U> collect(Callable<? extends U> initialValueSupplier,
          BiConsumer<? super U, ? super T> collector)
<U> Single<U> collectInto(final U initialValue,
          BiConsumer<? super U, ? super T> collector)
```

Man beachte, dass auch hier das Endergebnis mit dem onComplete-Ereignis berechnet und in einem Single geliefert wird. Als spezielle Formen stehen toList, toSortedList und toMap zur Verfügung. Außerdem gibt es die Methoden toMultiMap, groupBy und buffer zum Gruppieren. Im Folgenden werden die Operationen toMultiMap, groupBy und buffer beschrieben.

toMultiMap

Die Methode toMultiMap entspricht der Operation groupingBy bei Streams (vgl. Abschnitt 9.4.2):

```
<K> Single<Map<K, Collection<T>>> toMultimap(
                Function<? super T, ? extends K> keySelector)
```

Das Ergebnis von toMultiMap ist ein Single mit einer Map mit Keys vom Typ K, dem Ergebnis der Funktion keySelector, und Werten vom Typ Collection<T>.

Bei Streams haben wir als Beispiel eine Gruppierung von Wörtern nach Anfangsbuchstaben vorgenommen. Eine solche Gruppierung von Wörtern kann man mit toMultiMap für Observables folgendermaßen erstellen:

```
Single<Map<Character, Collection<String>>> wordGroupsSingle =
   nameObservable
     .filter (name -> name.length() > 0)
     .toMultimap(word -> Character.toLowerCase(word.charAt(0)));
```

groupBy

Eine sehr durchdachte Operation zum Gruppieren ist groupBy (siehe Abb. 12.12):

```
<K> Observable<GroupedObservable<K,T>>
groupBy(Function<? super T,? extends K> keySelector)
```

Wie bei toMultiMap werden die Elemente nach einem bestimmten Kriterium in Gruppen geordnet. Im Unterschied zu toMultiMap werden die Gruppenwerte aber nicht in Collections gesammelt, sondern wieder in Observables emittiert. Für die Observables der Gruppen gibt es eine eigene Klasse GroupedObservable. Das Resultat der Operation groupBy ist damit ein Observable mit Ereignissen vom Typ GroupedObservable. Das heißt, tritt ein erstes Ereignis für eine Gruppe auf, emittiert das Observable ein neues GroupedObservable. Die folgenden Ereignisse derselben Gruppe werden dann an dieses GroupedObservable weitergeleitet und von diesem emittiert. Wird das GroupedObservable aber abgeschlossen oder mit der Operation dispose gelöscht, wird beim nächsten Ereignis für die gleiche Gruppe ein neues GroupedObservable erzeugt.

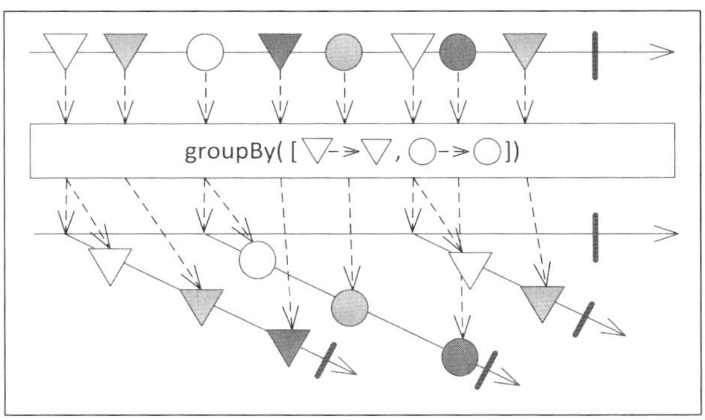

Abb. 12.12 *Operation groupBy*

Die Operation kann zum Beispiel eingesetzt werden, um Gruppen bestimmter Größe zu bilden. Ein Beispiel wäre, Artikel nach Art zu sortieren und dann in Chargen bestimmter Größe zu sammeln. Wir wollen diesen Prozess anhand eines einfachen Beispiels demonstrieren. Ein Observable oneTwoThreeObs emittiert eine zufällige Folge der Zahlen 1, 2 oder 3. Gleiche Zahlen sollen in Listen mit jeweils drei Elementen gesammelt und dann ausgegeben werden. Mit groupBy kann man das wie folgt lösen: Zuerst wird vom Observable mit groupBy und den Zahlen als Key eine Gruppierung vorgenommen:

```
Observable<GroupedObservable<Integer, Integer>> groupedObs =
    oneTwoThreeObs.groupBy(x -> x);
```

Das Resultat ist ein Observable mit den Gruppen, die selbst Observables vom Typ GroupedObservable<Integer, Integer> sind. Der interessante Schritt passiert nun im Observer. Von jedem neuen GroupedObservable-Element werden mit take drei Elemente genommen, daraus mit `toList` ein Single mit der Liste der drei Elemente erzeugt und dann ein Observer für die Ausgabe der Liste angemeldet. Damit werden die nächsten drei gleichen Zahlen vom ursprünglichen Observable an dieses `GroupedObservable` weitergegeben. Da dieses `GroupedObservable` mit drei Elementen abgeschlossen ist, wird es gelöscht und für die nächsten Zahlen ein neues `GroupedObservable` erzeugt:

```
groupedObs.subscribe(
  (GroupedObservable<Integer, Integer> groupObs)  -> {
    groupObs
      .take(3)
      .toList()
      .subscribe(System.out::println);
    });
```

Es werden damit Gruppen mit jeweils drei gleichen Zahlen gebildet und ausgegeben:

```
[3, 3, 3]
[1, 1, 1]
[1, 1, 1]
[2, 2, 2]
[2, 2, 2]
[3, 3, 3]
...
```

buffer

In Abschnitt 9.3.2 haben wir uns mit der neuen Möglichkeit von Streams befasst, mit `Gatherer` mehrere Elemente gemeinsam zu behandeln. Mit der statischen Methode `windowSliding` der Klasse `Gatherers` erhält man beispielsweise einen Gatherer, der Listen aufeinanderfolgender Elemente liefert. In RxJava gibt es zu diesem Zweck die Operation `buffer`.

Von `buffer` gibt es viele überladene Varianten. Eine Variante erlaubt beispielsweise die Angabe einer Puffergröße `count` und einer Anzahl `skip`, die bestimmt, wie viele Elemente bei jedem neuen Ereignis aus dem Puffer entfernt werden. Mit den Größen `count` = 3 und `skip` = 1 sind in den Puffern daher jeweils die drei letzten Werte enthalten (siehe Abb. 12.13).

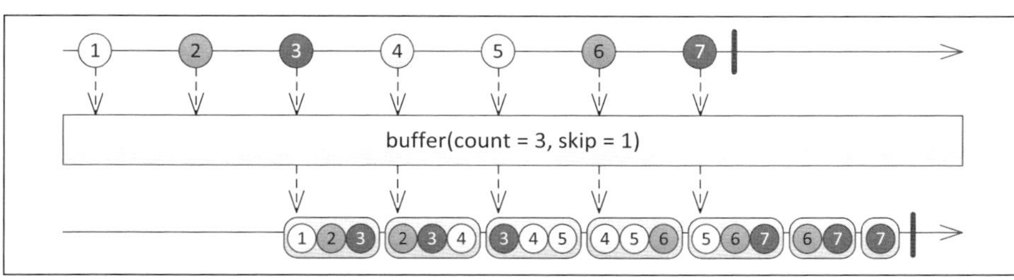

Abb. 12.13 *Operation buffer mit count = 3 und skip = 1*

Im folgenden Beispiel wird eine Durchschnittsbildung von fünf Messwerten wie in Abschnitt 9.3.2 implementiert. Allerdings gibt `buffer`, wie in Abbildung 12.13 zu sehen ist, am Ende der Sequenz auch Gruppen mit weniger Elementen weiter. Durch die `filter`-Operation werden diese Listen am Ende eliminiert:

```
measurementObs
    .buffer(5, 1)
    .filter(xs -> xs.size() == 4)
    .map (xs -> 0.1 * xs.get(0) + 0.2 * xs.get(1) + 0.4 * xs.get(2) +
                0.2 * xs.get(3) + 0.1 * xs.get(4))
    .subscribe(y -> System.out.println(y));
```

12.4.5 Operationen mit Zeit

Es gibt eine Reihe von Operationen mit zeitlichen Aspekten. Die Operation `delay` erstellt aus einem Observable ein Observable, bei dem die Ereignisse um eine definierte Zeit verzögert weitergegeben werden. Die Operation `timeInterval` erstellt für ein Observable ein Observable mit den Zeitspannen zwischen den Ereignissen. Schließlich werden mit `timestamp` die Ereignisse eines Observables mit einem Zeitstempel versehen. Wir haben die Verwendung von `timestamp` schon in Abschnitt 12.1 gesehen.

Die Operation `timestamp` wird auch in der folgenden Beispielanwendung verwendet. Gegeben sei ein Observable, das aktuelle Längen einer Warteschlange meldet. Bei jeder Veränderung der Warteschlange wird also ein Ereignis mit der neuen Länge der Warteschlange geschickt. Solche Messreihen sind zum Beispiel bei der diskreten Simulation von Warteschlangensystemen [12] wichtig. Eine wichtige Analysegröße ist dabei die durchschnittliche Länge der Warteschlange. Um diese zu ermitteln, muss man die Produkte von aktueller Warteschlangenlänge und Zeitdauer summieren und durch die Gesamtzeit dividieren (siehe Abb. 12.14).

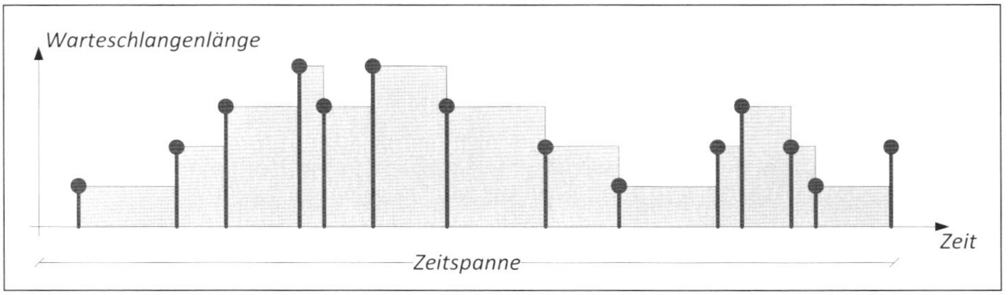

Abb. 12.14 *Folge von Ereignissen mit Längen einer Warteschlange. Das Integral über die stückweise konstante Folge von Werten dividiert durch die Zeitspanne der Beobachtung ergibt die durchschnittliche Warteschlangenlänge.*

Als erste Operation wird beim Anmelden in `doOnSubscribe` die aktuelle Zeit zur Berechnung der Zeitspanne gesichert. Dann werden mit `timestamp` die Werte mit einem Zeitstempel versehen und in der anschließenden `map`-Operation die Zeitintervalle relativ zum Startzeitpunkt berechnet. Von diesen werden mit buffer jeweils die letzten zwei Werte gepuffert. In der nächsten map-Operation wird das Produkt von Zeitspanne seit dem letzten Ereignis und Wert gebildet und zusammen mit der Gesamtzeit weitergegeben. Schließlich werden in scan die Produkte aufsummiert und mit dem Zeitstempel weitergegeben. In der abschließenden map-Operation wird der Durchschnitt als Summe der Produkte durch die gesamte Zeitspanne berechnet.

```
LongRef start = LongRef.of(System.currentTimeMillis());
Observable<Double> meanQueueLengthObservable =
  queueLengthObservable
    .doOnSubscribe(x -> {
      start.value = System.currentTimeMillis();
    })
    .timestamp()
    .map(tV -> new Timed<Integer>(tV.value(),
                        tV.time() - start.value, MILLISECONDS))
    .buffer(2, 1)
    .map(tVBuf -> {
      long time0 = tVBuf.get(0).time(MILLISECONDS);
      if (tVBuf.size() > 1) {
        long time1 = tVBuf.get(1).time(MILLISECONDS);
        long timeSpan = time1 - time0;
        double product = timeSpan * tVBuf.get(0).value();
        return new Timed<Double>(product, time1, MILLISECONDS);
      } else {
        return new Timed<Double>(0.0, time0, MILLISECONDS);
      }
    })
    .scan((tSum, tV) -> {
      return new Timed<Double>(tSum.value() + tV.value(),
                               tV.time(), MILLISECONDS);
    })
    .map(tSum -> tSum.value() / tSum.time());
```

12.4.6 Kombinationen

Mit den Operationen merge sowie concat lassen sich eine Reihe von Observables zu einem Observable kombinieren. Der Unterschied der beiden Operationen ist, dass mit merge die Ereignisse zeitlich verzahnt, mit concat die Ereignisse des zweiten Observables aber erst nach den Ereignissen des Vorgänger-Observables eingefügt werden. Mit der Operation startWith kann man Ereignisse eines Observables vor ein anderes setzen. Schließlich lassen sich mit der Operation zip die Werte von Observables paarweise verknüpfen. Von allen diesen Operationen gibt es eine Vielzahl von überladenen Varianten.

Eine besondere Kombinationsoperation ist die Operation withLatestFrom bzw. die statische Variante combineLatest. Mit den Operationen werden die Werte von zwei Observables über eine Funktion kombiniert. Dabei wird bei Auftreten eines Ereignisses in einem Observable dieses mit dem letzten Wert des anderen Observables verknüpft. Das Marble-Diagramm in Abbildung 12.15 illustriert das Verhalten.

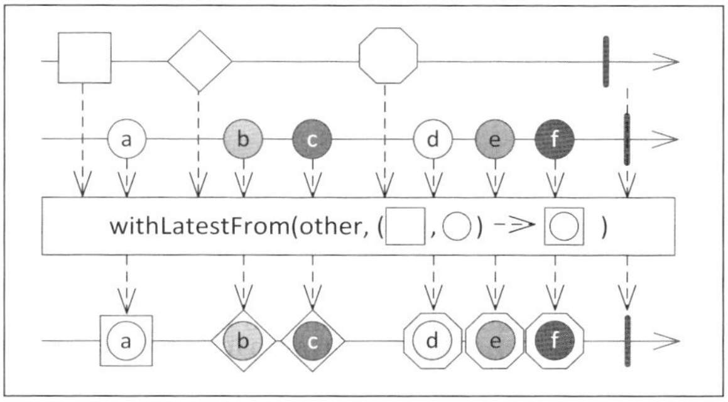

Abb. 12.15 *Operation withLatestFrom*

Im folgenden Beispiel wird mit `withLatestFrom` ein Observable mit Ereignissen im Minutentakt mit einem Observable mit Ereignissen im Sekundentakt kombiniert. Millisekunden werden dabei für das genaue Timing verwendet. In der Kombination wird dann von beiden Werten ein String mit den Minuten und Sekunden gebildet und im Observer zeilenweise ausgegeben:

```
Observable<Long> minObs =
    Observable.interval(0, 60000, MILLISECONDS);
Observable<Long> secObs =
    Observable.interval(1, 1000, MILLISECONDS);
secObs.withLatestFrom(minObs,
              (s, m) -> String.format("%02d:%02d", m % 60,s%60))
    .subscribe(System.out::println);
```

12.4.7 Konvertierungen

Es gibt eine Reihe von Methoden, die aus einem Observable ein Objekt anderer Art erzeugen. Davon sind Folgende besonders wichtig:

`Future<T> toFuture()`: Erzeugt aus einem Observable mit nur einem Wert ein Future. Emittiert das Observable mehrere Werte oder keine Werte, enthält das Future einen Fehler.

`Single<T> single(T defaultItem)`: Konvertiert ein Observable in ein Single. Wie bei `toFuture` wird auch hier bei mehreren Ereignissen ein Fehler gemeldet. Hat das Observable aber keinen Wert, wird der angegebene Default-Wert in das Single verpackt.

`Completable ignoreElements()`: Erzeugt ein Completable mit einem `onComplete`, wenn das Observable nach beliebig vielen Ereignissen normal abschließt.

Daneben gibt es eine Reihe von Methoden, die mit `blocking` beginnen. Diese Methoden bilden eine Verbindung zur imperativen Programmierung. Sie greifen auf ein Ergebnis zu und blockieren, bis das Ergebnis vorliegt. So greifen zum Beispiel die Methoden blockingFirst auf das erste und blockingLast auf das letzte Ereignis eines Observables blockierend zu. Wird aber vom Observable kein Ereignis emittiert, wird von diesen Methoden eine NoSuchElementException geworfen.

12.4.8 Seiteneffekte

Schließlich gibt es eine Reihe von Methoden, mit denen man zwischen der Verarbeitung der Ereignisse beliebige Anweisungen ausführen kann. Die Operationen geben dann die Ereignisse unverändert weiter. Diese Methoden beginnen alle mit dem Präfix do und sie haben entweder eine Consumer- oder eine Action-Funktion als Parameter. Im Folgenden sind einige dieser Methoden angegeben:

- doOnSubscribe (Consumer<? super Disposable> onSubscribe) wird beim Anmelden eines Observers aufgerufen. Der Parameter der Consumer-Funktion ist das Disposable-Objekt, das die Anmeldung des Observers repräsentiert.
- doOnNext (Consumer<? super T> onNext) wird bei jedem onNext-Ereignis ausgeführt.
- doOnError (Consumer<? super java.lang.Throwable> onError) wird beim Auftreten eines onError-Ereignisses ausgeführt.
- doOnComplete (Action onComplete) wird beim Ereignis onComplete ausgeführt.
- doFinally (Action onFinally) wird als letzte Aktion ausgeführt, wenn alle Ereignisse ausgesendet sind und auch bereits dispose aufgerufen wurde.

Diese Methoden können z. B. für Debug-Ausgaben eingesetzt werden. Nachfolgend erfolgt im Beispiel zur Warteschlangenlänge nach jeder Zeitnahme eine Ausgabe des Ereignisses:

```
double meanQueueLength =
  queueLengthObservable
    .doOnSubscribe(x -> {
      start.value = System.currentTimeMillis();
    })
    .timestamp()
    .map(tV -> new Timed<Integer>(tV.value(),
                    tV.time() - start.value, MILLISECONDS))
    .doOnNext(System.out::println)
    ...
```

12.5 Asynchrone Ausführung

Im ersten Abschnitt zu diesem Kapitel haben wir gesehen, dass die Ereignisse von Observables synchron oder asynchron ausgeführt werden können. Die meisten Operationen von Observable machen auch keine Annahmen über die Threads für die Ausführung der Ereignisse. Es gibt aber unterschiedliche Möglichkeiten für die asynchrone Ausführung der Ereignisse:

Die asynchrone Ausführung wird explizit durch den Emitter-Code implementiert. Dieses Vorgehen haben wir beim Beispiel mit der Flugsuche aus Abschnitt 12.1 angewendet.
Besondere Operationen müssen asynchron ausgeführt werden. In diesem Fall führt das System die asynchrone Ausführung transparent für den Anwender durch. Ein Beispiel einer solchen Operation ist `interval`, die periodisch Ereignisse aussendet.
Es kann deklarativ bestimmt werden, mit welchem Thread oder Thread-Pool die Ereignisse ausgeführt werden sollen. Hier bietet RxJava zwei Anweisungen: Mit `subscribeOn` kann bestimmt werden, mit welchem Thread oder Thread-Pool die Ereignisse generiert werden. Mit `observeOn` kann bestimmt werden, mit welchem Thread oder Thread-Pool der Observer-Code ausgeführt wird.

Mit den beiden Methoden `subscribeOn` und `observeOn` werden wir uns in den Abschnitten 12.5.2 und 12.5.3 näher auseinandersetzen. Zuvor wollen wir aber nochmals auf die notwendige Serialisierung von Ereignissen eingehen.

12.5.1 Serialisierung von nebenläufigen Ereignissen

Um den Kontrakt von Observable einzuhalten, ist es notwendig, dass die Ereignisse in einer strikten seriellen Abfolge und ohne Überlappung emittiert werden. Es könnte sonst z. B. passieren, dass ein nebenläufiger Task ein `onNext`-Ereignis und ein anderer ein `onError`-Ereignis erzeugt, diese beiden Ereignisse gleichzeitig auftreten und so der Kontrakt verletzt wird. Beim Beispiel mit der Flugsuche aus Abschnitt 12.1 wurden die Ereignisse zwar in mehreren Threads ausgeführt, das Emittieren und damit auch die Behandlung der Ereignisse wurden aber durch Synchronisation auf das Emitter-Objekt *serialisiert*. Ein großer Vorteil der serialisierten Ereignisse besteht darin, dass der Code der Observer einfacher wird, weil bei diesem keine Nebenläufigkeit auftritt und damit keine Synchronisation notwendig ist.

RxJava bietet für die Serialisierung von nebenläufig erzeugten Ereignissen eine eigene Anweisung `serialize`. Damit kann unser Beispiel mit der Flugsuche auch ohne explizite Synchronisation implementiert werden. Mit einem Aufruf von `serialize` lässt sich das Aussenden der nebenläufig generierten Ereignisse einfach serialisieren:

```
Observable<Flight> flightObservable =
  Observable.<Flight>create(emitter -> {
    AtomicInteger nFtrs =
        new AtomicInteger(airlines.length);
    Arrays.stream(airlines).forEach(airline -> {
      CompletableFuture.<Flight>supplyAsync(() ->
          airline.findFlight("VIE", "JFK", nextWeek), executor)
        .whenComplete((flight, excpt) -> {
```

```
            if (flight != null) emitter.onNext(flight);
            if (nFtrs.decrementAndGet() == 0) emitter.onComplete();
          });
        });
      }).serialize();
```

12.5.2 subscribeOn und Scheduler

Die Ausführung durch Threads soll in RxJava deklarativ angegeben werden. Dazu dienen die Methoden `subscribeOn` und `observeOn` und sogenannte Scheduler, die von den dahinter liegenden Threads und Thread-Pools abstrahieren. Mit den statischen Methoden der Klasse `Schedulers` können unterschiedliche Schedulers erzeugt werden. Die wichtigsten sind:

- `Schedulers.computation()`: Für rechenintensive Tasks ohne blockierende Ein-/Ausgabeoperationen
- `Schedulers.io()`: Für Tasks mit blockierenden Ein-/Ausgabeoperationen
- `Schedulers.from(Executor executor)`: Erzeugt aus dem gegebenen Executor einen Scheduler
- `Schedulers.newThread()`: Ein Scheduler, der für jeden Task einen neuen Thread erzeugt

Mit `subscribeOn` und unter Angabe des zu verwendenden Schedulers kann nun eine synchrone Ausführung einfach in eine asynchrone Ausführung überführt werden. Zum Beispiel kann man mit `subscribeOn` das synchrone Observable mit den Artikeln aus Abschnitt 12.1 in ein asynchron ausgeführtes Observable überführen:

```
Observable<Article> articleObservable =
  Observable.just(
        new Article("A", 1500),
        new Article("B", 700),
        ...
     )
     .subscribeOn(Schedulers.computation());
```

Da beim Erzeugen der Artikel keine blockierenden Aufrufe verwendet werden, wird der Scheduler für rechenintensive Tasks gewählt. Mit dem Anmelden eines Observers werden die Ereignisse in einem Thread des gewählten Schedulers ausgeführt:

```
articleObservable
    .subscribe(a -> System.out.println("Next: " + a),
        e -> System.out.println("Error: " + e),
        () -> System.out.println("Completed!")
     );
```

Asynchrone Ereignisse mit flatMap und subscribeOn

Mit den Möglichkeiten, die `subscribeOn` bietet, und mit der Operation `flatMap` können wir die Flugsuche wesentlich kompakter implementieren. Die folgende Anweisung erzeugt ein Observable, das wie das für die Flugsuche aus Abschnitt 12.1 funktioniert, bei dem wir CompletableFutures für die asynchrone Ausführung verwendet haben:

```
Observable<Flight> flightObservable =
  Observable
    .fromArray(Airline.AIRLINES)
    .flatMap(airline ->  Observable.fromCallable(
          () -> airline.findFlight("VIE", "JFK", nextWeek))
    .subscribeOn(Schedulers.io()) );
```

Analysieren wir die Funktionsweise genauer:

Zuerst wird mit `Observable.fromArray` ein Observable mit den Fluglinien erzeugt.
Mit `flatMap` wird daraufhin jede Fluglinie auf ein Observable für die Flugsuche abgebildet.
Mit `Observable.fromCallable` wird dabei ein Callable mit dem Methodenaufruf abgesetzt und in ein Observable verpackt.
Mit der Anweisung `subscribeOn(Schedulers.io())` werden die Observables in mehreren Threads ausgeführt.
Durch `flatMap` werden schließlich die Ergebnisse aus den asynchronen Berechnungen zu einem seriellen Ereignisstrom vereint.

12.5.3 observeOn

Im Gegensatz zu `subscribeOn`, das den Scheduler für das Erzeugen und Behandeln der Ereignisse bestimmt, wird mit `observeOn` der Scheduler für die Ausführung des Observer-Codes festgelegt. Auf diese Weise kann man auch in der Kette die ausführenden Scheduler wechseln. Im folgenden Beispiel werden das Generieren der Ereignisse und die `map`-Operation mit dem Scheduler `Schedulers.io()` von `subscribeOn` und die Operationen ab `observeOn`, inklusive `filter`, mit dem Scheduler `Schedulers.computation()` ausgeführt:

```
Observable.from(...)
  .subscribeOn(Schedulers.io())
  .map(s -> Integer.parseInt(s))
  .observeOn(Schedulers.computation())
  .filter(x -> isPrime(x))
  .subscribe(x -> System.out.println(x));
```

Die Operation `observeOn` ist ganz besonders wichtig, wenn der Code des Observers zwingend in einem bestimmten Thread ausgeführt werden muss. Zum Beispiel ist bei grafischen Oberflächen gefordert, dass alle Ereignisse im Thread des UI-Frameworks behandelt werden. In Abschnitt 12.3.2 haben wir ein Observable mit den Wetterdaten erstellt. Im folgenden Beispiel soll der Temperaturverlauf in einer JavaFX-Applikation protokolliert werden. Dazu werden eine `ListView`-Komponente mit einer `ObservableList` als Datenmodell verwendet und immer die letzten `N` Werte ausgegeben:

```
ObservableList<String> items = FXCollections.observableArrayList();
ListView<String> list = new ListView<>();
list.setItems(items);

weatherDataObservable
    .map(wData -> wData.temp)
    .map(f -> (f - 32.0) * 5.0 / 9.0)
    .observeOn(JavaFxScheduler.platform())
    .subscribe(temp -> {
        if (items.size() == N) items.remove(0);
        items.add(String.format("%5.2f", temp));
    });
```

In der Operationskette wird zuerst auf die Temperaturdaten zugegriffen und in Celsius umgerechnet. Dies geschieht im Scheduler, der auch die ursprünglichen Wetterdaten erzeugt. Danach wird mit `observeOn` auf einen Scheduler `JavaFxScheduler.platform()` gewechselt. Dieser Scheduler wird vom System RxJavaFX [87] bereitgestellt, das eine Anbindung von JavaFX an RxJava schafft. Dieser Scheduler verwendet den internen Thread von JavaFX. Das Anfügen des Eintrags im Datenmodell im Observer-Code wird somit wie gefordert vom internen Thread von JavaFX durchgeführt.

12.6 Fehlerbehandlung

Wir haben bereits gesehen, dass bei RxJava Fehler mit `onError`-Ereignissen gemeldet werden. In diesem Abschnitt wollen wir die Fehlerbehandlung genauer zeigen. Einerseits werden wir verschiedene Möglichkeiten sehen, wie Fehler ausgelöst werden können, und andererseits bietet RxJava unterschiedliche Möglichkeiten, auf Fehler zu reagieren.

12.6.1 Fehlerereignisse auslösen

Die Möglichkeiten, wie Fehler ausgelöst werden können, werden wir im Folgenden anhand einer Division-by-Zero-Exception demonstrieren. Dazu werden Zahlen aus folgender Liste verwendet, wobei die vierte Zahl null ist und eine Exception auslöst:

```
List<Integer> numbers = List.of(3, 10, 5, 0, 2, 4, 6);
```

Auslösen im Emitter-Code

Eine erste Möglichkeit, ein Fehlerereignis zu generieren, besteht darin, im Emitter-Code die Exception abzufangen und diese in einem `onError`-Ereignis auszuschicken:

```
Observable<Integer> quotObservable =
    Observable.create(emitter -> {
      for (int x : numbers) {
        try {
           emitter.onNext(100 / x);
        } catch (Exception e) {
           emitter.onError(e);
        }
      }
    });
```

Auslösen durch Observable-Operation

Die Operationen von Observable sind so gestaltet, dass Exceptions intern gefangen und in ein `onError`-Ereignis umgewandelt werden. Somit führt bei der Operation `map` die Division durch den vierten Wert zu einem `onError`-Ereignis:

```
Observable<Integer> quotObservable =
    Observable.fromIterable(numbers)
              .map(x -> 100 / x);
```

Explizites Behandeln mit flatMap

Mit `flatMap` kann man flexibel auf Fehler reagieren. Erinnern Sie sich, dass die Abbildungsfunktion bei `flatMap` ein Observable liefern muss? So wird in folgender Anweisung in `flatMap` der Wert auf null geprüft. Ist er nicht gleich null, wird die Division durchgeführt und das Ergebnis in ein Observable verpackt. Ist er aber gleich null, wird ein Observable mit einem `onError`-Ereignis erzeugt:

```
Observable<Integer> quotObservable =
  Observable.fromIterable(numbers)
    .flatMap(x ->
      (x != 0)
         ? Observable.just(100 / x)
         : Observable.error(new ArithmeticException("/ zero")));
```

In der folgenden Anweisung wird mit `flatMap` eine alternative Fehlerbehandlung implementiert. Statt ein `onError`-Ereignis zu senden, wird bei einem Wert gleich null mit `Observable.empty()` ein Observable ohne Ereignisse generiert. Damit führen die Null-Werte zu keinen Ereignissen und werden so bei der Kombination durch `flatMap` ignoriert:

```
Observable<Integer> quotObservable =
  Observable.fromIterable(numbers)
    .flatMap(x -> (x != 0) ? Observable.just(100 / x)
                           : Observable.empty());
```

Timeouts

Bei asynchronen Ereignissen muss es möglich sein, auf ein Ausbleiben von Ereignissen zu reagieren. Dazu dient die Methode `timeout`. Sie wirft nach einer gegebenen Zeit eine `TimeoutException` und emittiert diese in einem `onError`-Ereignis. Damit kann man zum Beispiel die Flugsuche abbrechen, wenn nach einer bestimmten Zeit keine weiteren Flüge zurückgegeben werden:

```
flightObservable
  .timeout(5, TimeUnit.SECONDS)
  .subscribe(new Observer<Flight>() { ... }
```

12.6.2 Auf Fehler reagieren

Fehlerereignisse durchlaufen die Operationskette und terminieren das Observable. Im Observer muss das Fehlerereignis auch behandelt werden. Fehlt eine Fehlerbehandlung, zum Beispiel wenn im `subscribe` nur ein Lambda für die `onNext`-Ereignisse angegeben ist, und tritt dann doch ein `onError`-Ereignis auf, wird eine `OnErrorNotImplementedException` geworfen.

RxJava bietet aber eine Reihe von Operationen, um auf Fehler gezielt zu reagieren. Wir beschreiben die drei Operationen `onErrorReturn`, `onErrorResumeNext` und `retry`.

onErrorReturn

Mit der Operation `onErrorReturn` kann für einen Fehler ein alternativer Wert angegeben werden. Das Observable terminiert dann nicht mit einem Fehler, sondern mit einem `onNext`-Ereignis mit dem alternativen Wert, gefolgt von einem `onComplete`. In folgender Anweisung wird bei der Division durch null der Wert -1 gesendet:

```
quotObservable
  .onErrorReturn(excpt -> -1)
  .subscribe(
      quot -> System.out.println("Result = " + quot),
      excpt -> System.out.println("Error = " + excpt),
      () -> System.out.println("Completed!")
    );
```

Man beachte, dass zwar nun das Observable normal terminiert, aber die restlichen Werte nicht mehr behandelt werden. Tatsächlich tritt im obigen Beispiel nach den gültigen Werten und dem Wert -1 ein `onComplete`-Ereignis auf:

```
Result = 33
Result = 10
Result = 20
Result = -1
Completed!
```

onErrorResumeNext

Eine weitere Möglichkeit bietet die Operation `onErrorResumeNext`. Hier wird ein alternatives Observable angegeben, das bei einem Fehlerfall eingesetzt wird. Im folgenden Beispiel wird die Flugsuche dahin gehend erweitert, dass bei einem Fehlschlagen der Suche bei der Airline mit `onErrorResumeNext` eine Suche bei einem Reisebüro angeschlossen wird. Schlägt auch diese fehl, wird in einem zweiten `onErrorResumeNext` ein `Observable.empty()` erzeugt und somit für die Suche bei dieser Airline kein Ergebnis geliefert:

```
Observable<Flight> flightObservable =
  Observable.fromArray(airlines)
    .flatMap(airline -> {
        return Observable.fromCallable(() ->
             airline.findFlight("VIE", "JFK", nextWeek))
        .subscribeOn(Schedulers.io())
        .onErrorResumeNext(e -> Observable.fromCallable(() ->
          agency.findFlight(airline, "VIE", "JFK", nextWeek)))
              .onErrorResumeNext(e -> Observable.empty());
    });
```

retry

Die Methode `retry` startet bei einem Fehler das Observable neu. Im folgenden Beispiel wird mit `retry` bei Fehlschlagen der Suche bei einer Airline die Suche zweimal wiederholt. Erst danach wird die Suche bei dieser Airline abgebrochen:

```
Observable<Flight> flightObservable =
  Observable.fromArray(airlines)
    .flatMap(airline -> {
        return Observable.fromCallable(() ->
             airline.findFlight("VIE", "JFK", nextWeek))
        .subscribeOn(Schedulers.io())
        .timeout(3, TimeUnit.SECONDS)
        .retry(2)
        .onErrorResumeNext(e -> Observable.empty());
  });
```

12.7 Rückstau und Flusskontrolle

Bei asynchronen Systemen kann das Problem auftreten, dass die Produzenten die Daten schneller produzieren, als die Konsumenten diese verarbeiten können. Stellen wir uns zum Beispiel ein Hot Observable mit Sensordaten vor, das die Messwerte mit einer hohen Frequenz aussendet. Wenn die Verarbeitung durch die Observer aufwendig ist, wird die Rechenleistung vielleicht nicht ausreichen, um die Ereignisse mit gleicher Frequenz zu verarbeiten. RxJava bietet hier zwei Lösungsmöglichkeiten:

- Es gibt mehrere Methoden, um die Menge der Ereignisse gezielt zu reduzieren.
- Mit Flowable gibt es eine Variante von Observable, bei der die Observer die Daten nach Bedarf anfordern können.

12.7.1 Reduktion der Menge der Ereignisse

Zur Reduktion der Menge der Ereignisse gibt es die Methode `sample` und mehrere Varianten der Methoden `throttle`. Die Methode `sample` gibt die Daten in einem definierten Takt weiter. Dabei wird immer der Wert des letzten Ereignisses herangezogen. Die Methode `throttle` eliminiert Ereignisse, wenn diese in zu schneller Abfolge auftreten.

Zur Illustration sei wieder eine Observable mit Messwerten angenommen:

```
Observable<Double> measurementObs = Observable.create(...).share();
```

Werden die Messwerte zu schnell geliefert, kann man mit `sample` diese in einem definierten Takt abgreifen:

```
measObservables
    .sample(PERIOD, TimeUnit.MILLISECONDS)
    .subscribe(...);
```

Ganz ähnlich kann man mit `throttleFirst` ein Observable erzeugen, das Ereignisse eliminiert, die in zu schneller Abfolge auftreten:

```
measObservables
    .throttleFirst(PERIOD, TimeUnit.MILLISECONDS)
    .subscribe(...);
```

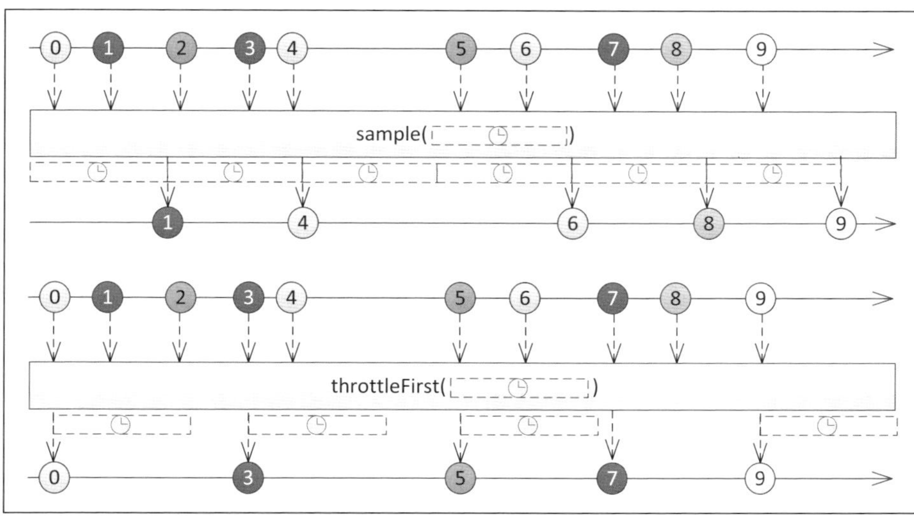

Abb. 12.16 Reduktion der Ereignisse mit sample und throttleFirst

Abbildung 12.16 illustriert den Unterschied zwischen diesen beiden Varianten. Bei `sample` wird zu jedem Taktzeitpunkt der Wert des letzten Ereignisses emittiert. Ist aber im Intervall kein Ereignis aufgetreten, wird auch kein Ereignis weitergegeben (siehe Intervall zwischen 4 und 5). Bei `throttleFirst` werden die Ereignisse unterdrückt, die innerhalb eines Intervalls nach dem letzten Ereignis auftreten.

12.7.2 Flowables

Mit den obigen Methoden werden die zu verarbeitenden Daten durch das Übergehen von Ereignissen reduziert. In vielen Fällen ist es aber nicht möglich, Daten einfach auszulassen. Eine solche Situation ergibt sich zum Beispiel beim Multimedia-Streaming. Beim Konsumenten sollen die Daten in Echtzeit ausgegeben werden, der Produzent kann diese aber vielleicht viel schneller liefern.

Hier sollte man Flowables einsetzen. Flowables funktionieren weitgehend wie Observables. Zusätzlich stellen sie einen Mechanismus bereit, mit dem ein Konsument Daten nach Bedarf anfordern kann. Dieser Mechanismus wird als Rückstau (engl.: *Backpressure*) bezeichnet.

Abbildung 12.17 zeigt das Zusammenspiel der wesentlichen Komponenten. Im Vergleich zu Observables werden folgende Typen verwendet: Die Klasse `Flowable` entspricht der Klasse `Observable`. Der Typ `Subscriber` entspricht dem Typ `Observer`. Im Unterschied zu `Observer` ist der Parameter der Methode `onSubscribe` vom Typ `Subscription`. Dieser Typ definiert nun eine Methode `request`, um die nächsten Ereignisse anzufordern, und eine Methode `cancel`, um ein weiteres Schicken von Ereignissen zu unterbinden.

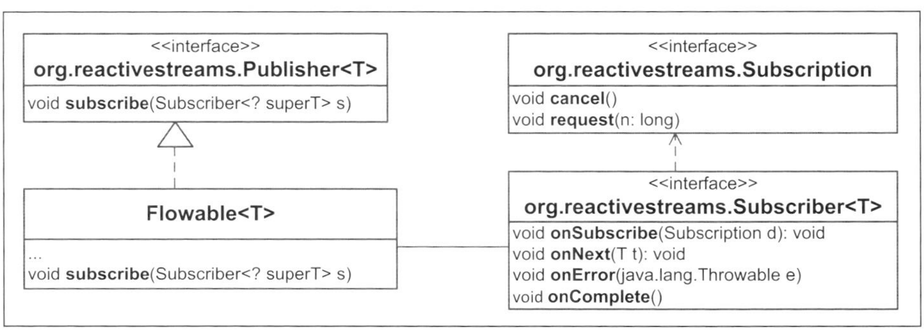

Abb. 12.17 *Zusammenhang von Klassen Flowable, Interfaces Subscriber und Subscription*

Als Beispiel wollen wir eine kleine Anwendung entwickeln, bei der ein Text von einer Datei gelesen und langsam zum Mitlesen ausgegeben wird. Das Lesen der Daten von der Datei ist um ein Vielfaches schneller als das Ausgeben auf der Konsole. Die folgende Anweisung zeigt das Erstellen eines Flowables, das den Inhalt der Datei liest und zeichenweise in `onNext`-Ereignissen ausschickt. Ein Flowable wird analog zu einem Observable erstellt. Zusätzlich zum Emitter-Code muss man noch die Backpressure-Strategie angeben. In unserem Beispiel sollen die Daten gepuffert werden. Wir definieren daher `BackpressureStrategy.BUFFER` als Backpressure-Strategie. Mit der Anweisung `subscribeOn(Schedulers.io())` wird noch ein entsprechender Scheduler für den Emitter-Code definiert.

```
Flowable<Character> charFlowable =
    Flowable.<Character>create(emitter -> {
      try (Stream<String> lines =
                Files.lines(Paths.get(fileName))) {
        lines.map(l -> l + "\n")
             .flatMapToInt(l -> l.chars())
             .forEach(c -> emitter.onNext((char)c));
        emitter.onComplete();
      } catch (Exception e) {
        emitter.onError(e);
      }
    }, BackpressureStrategy.BUFFER)
    .subscribeOn(Schedulers.io());
```

Die Zeichen sollen mit einer Taktrate von zehn Zeichen pro Sekunde auf der Konsole ausgegeben werden. Dazu wird mit `interval` ein Flowable für den Takt erzeugt und mit `zipWith` mit dem Flowable für die Zeichen kombiniert. Da `interval` getaktet arbeitet, werden auch die Zeichen mit diesem Takt gesendet. Nachdem noch ein eigener Scheduler für die Ausgabe definiert wird, werden die Zeichen im Subscriber ausgegeben:

```
Flowable.interval(100, TimeUnit.MILLISECONDS)
  .zipWith(charFlowable, (i, c) -> c)
  .observeOn(Schedulers.computation())
  .subscribe(c -> System.out.print(c),
             e -> System.out.println("ERROR: " + e),
             () -> System.out.println("END")
   });
```

Der Effekt ist, dass die Zeichen der Textdatei in einer passenden Geschwindigkeit zum Mitlesen ausgegeben werden. Im Folgenden ist der Beginn einer Ausgabe eines Songtextes von Frank Sinatra (zum Mitsingen) gezeigt:

```
And now the end is near
And so I face the final curtain
My friend, I'll say it clear
I'll state my case of ...
```

Der Subscriber fordert vom Flowable die Daten in Batches an. In der Standardeinstellung schickt das Flowable initial 128 Ereignisse, der Subscriber arbeitet diese bis auf 32 Ereignisse ab, schickt dann einen Request zum Flowable und dieses liefert daraufhin die nächsten 96 Ereignisse. Damit ist gewährleistet, dass der Subscriber nicht mehr als 128 Ereignisse puffern muss, aber auch, dass immer genügend Daten vorrätig sind.

Wir wollen nun zur Veranschaulichung der Funktionsweise einen Subscriber implementieren, der die Daten explizit anfordert. Im Folgenden wird ein Subscriber-Objekt mit den Methoden onSubscribe und onNext verwendet. Die Methode onSubscribe wird ein Subscription-Objekt übergeben und dieses wird in einem Feld subscription zur späteren Verwendung gesichert. Ebenso werden mit einem Aufruf von request initial 20 Werte angefordert. Ein Zähler count führt die Anzahl der angeforderten und noch nicht verarbeiteten Werte mit. Die Methode onNext erniedrigt nun diesen Zähler um eins. Ist der Zähler bei 10, werden über das Subscription-Objekt die nächsten zehn Elemente angefordert.

```
Flowable.interval(0, 100, TimeUnit.MILLISECONDS)
  .zipWith(charFlowable, (i, c) -> c)
  .observeOn(Schedulers.computation())
  .subscribe(
    new Subscriber<Character>() {
      private Subscription subscription;
      private int count;

      @Override
      public void onSubscribe(Subscription subscription) {
        this.subscription = subscription;
        subscription.request(20);
        count = 20;
      }

      @Override
      public void onNext(Character c) {
        System.out.print(c);
        try {Thread.sleep(DELAY);} catch (Exception e) {}
        count--;
        if (count == 10) {
          subscription.request(10);
          count = count + 10;
        }
      }
      ...
    });
```

12.8 Testen reaktiver Streams

Testen von asynchronen Programmen und so auch von RxJava-Programmen ist generell schwierig. RxJava bietet aber auch hier eine gute Unterstützung. Sie haben bereits in Abschnitt 12.4.8 die Operationen für Seiteneffekte bei Ereignissen kennengelernt, die alle mit do beginnen. Diese kann man verwenden, um Debug-Ausgaben in die Ereigniskette einzufügen.

RxJava bietet des Weiteren spezielle Features für die Implementierung von Unit-Tests. Erstens gibt es einen speziellen Scheduler, `TestScheduler`, der die Ausführung von Observables in einer virtuellen Zeit und expliziter Kontrolle des Zeitfortschritts ermöglicht. Zweitens gibt es eine Klasse `TestObserver` (und auch `TestSubscriber` für den Test von Flowables) mit einer Reihe von `assert`-Anweisungen zur Überprüfung von Ereignissen. Mit diesen beiden Klassen lassen sich JUnit-Tests für Observables implementieren.

Wir wollen dies anhand einer Beispielimplementierung eines JUnit-Tests für ein Observable demonstrieren. Listing 12.5 zeigt die Testklasse. Zuerst werden in der Methode `before` ein TestScheduler und ein TestObserver erzeugt. Für das zu testende Observable `obsUnderTest` werden ein Observable, das mit einem Takt von 20 ms läuft, und ein Observable, das bei 50 ms ein einziges Ereignis generiert, mit `merge` kombiniert. In den Methoden `interval` und `timer` wird dabei der `testScheduler` als Scheduler für die Ausführung der Ereignisse festgelegt. Schließlich wird der TestObserver beim Observable angemeldet.

Die Tests werden implementiert, indem mit dem Scheduler die Zeit vorgerückt wird und die Ereignisse mit den `assert`-Methoden des TestObservers geprüft werden. Bei der Testmethode in Listing 12.5 wird als erster Schritt die virtuelle Zeit um 5 ms vorgerückt und dann mit `assertNoValues` geprüft, dass noch keine Ereignisse aufgetreten sind. Mit einem Vorrücken der Zeit auf 20 ms soll der Wert `F0` auftreten, was mit `assertValue` verifiziert wird. So können schrittweise die Zeit vorgerückt und die entsprechenden Bedingungen geprüft werden. Am Ende wird mit `assertComplete` noch sichergestellt, dass das Observable normal abgeschlossen hat.

```
public class ObservableTest {
  Observable<String> obsUnderTest;
  TestObserver<String> testObserver;
  TestScheduler testScheduler;

  @BeforeEach
  public void before() {
    testScheduler =  new TestScheduler();
    testObserver = TestObserver.create();
    obsUnderTest =
      Observable.merge(
        Observable
          .interval(20, 20, MILLISECONDS, testScheduler)
          .map(x -> "F" + x)
          .take(3),
        Observable
          .timer(50, MILLISECONDS, testScheduler)
          .map(x -> "S" + x));
    obsUnderTest.subscribe(testObserver);
  }
```

```
    @Test
    public void test() {
      testScheduler.advanceTimeBy(10, MILLISECONDS);
      testObserver.assertNoValues();
      testScheduler.advanceTimeTo(20, MILLISECONDS);
      testObserver.assertValue("F0");
      testScheduler.advanceTimeBy(20, MILLISECONDS);
      testObserver.assertValues("F0", "F1");
      testObserver.assertValueCount(2);
      testObserver.assertNotComplete();
      testObserver.assertNoErrors();
      testObserver.assertNotTerminated();
      testScheduler.advanceTimeBy(10, MILLISECONDS);
      testObserver.assertValueAt(2, "S0");
      testScheduler.advanceTimeBy(10, MILLISECONDS);
      testObserver.assertValueCount(4);
      testObserver.assertNever("S1");
      testObserver.assertComplete();
    }
  }
```

Listing 12.5 *JUnit-Testklasse zum Test eines Observables*

12.9 Zusammenfassung

RxJava ist die Implementierung der Reactive Extensions in Java. Mit Reactive Extensions werden die Prinzipien der funktionalen Programmierung auf asynchrone, ereignisbasierte Systeme übertragen. So sind Observables und Flowables nach dem Prinzip der Monaden gestaltet, und die Programmierung bei RxJava erfolgt ähnlich zu den in Kapitel 9 beschriebenen Streams.

Reaktive Streams im Allgemeinen und RxJava im Speziellen werden heute als ein vielversprechendes Paradigma zur Programmierung von reaktiven, asynchronen Systemen gesehen. Entsprechende Berichte von Netflix [18], die federführend bei der Implementierung von RxJava waren, dokumentieren dies in eindrucksvoller Weise. Des Weiteren wird die Verwendung von RxJava durch die Anbindung an eine Vielzahl von Systemen und APIs unterstützt, z. B. JavaFX [87], JDBC [85], netty [88], vert.x [103] oder Android [84].

13 Testen mit und von Funktionen

In diesem Kapitel wollen wir uns mit dem Testen im Kontext der funktionalen Programmierung beschäftigen. Wir werden dabei zwei Richtungen verfolgen: Einerseits werden wir uns mit der Anwendung von funktionalen Prinzipien bei der Gestaltung von Unit-Tests beschäftigen. Andererseits werden wir eigenschaftsbasiertes Testen nach der Methode von QuickCheck [20] kennenlernen, das sich besonders gut für den Test von funktionalen Programmen eignet.

Das Kapitel teilt sich in drei Abschnitte. Der erste Abschnitt zeigt, wie in der neuen Version 5 von JUnit Funktionsparameter und Lambda-Ausdrücke eingesetzt werden können. Der zweite Abschnitt führt in AssertJ ein, einer Bibliothek für Unit-Tests. Im dritten Abschnitt werden wir anhand einer kleinen Implementierung die Prinzipien von eigenschaftsbasiertem Testen erarbeiten.

13.1 Funktionsparameter bei JUnit 5

Die neue Version 5 von JUnit [49] setzt intensiv Funktionsparameter ein. In Kapitel 5 haben wir gesehen, wie man mit Funktionsparametern Code in einen Kontext einbetten kann. JUnit 5 verwendet dieses Prinzip bei der Gestaltung und für die Kontrolle der Ausführung von Tests.

Bei den bisherigen Versionen von JUnit waren Testmethoden, d. h. die mit der Annotation `@Test` gekennzeichneten Methoden, die Einheit zur Gestaltung der Tests. In der JUnit-Version 5 gibt es eine Reihe von `assert`-Methoden, die Funktionsparameter verwenden. Dazu hat man die zwei funktionalen Interfaces `Executable` und `ThrowingSupplier` eingeführt. Der Unterschied der beiden Interfaces ist, dass die abstrakte Methode `execute` von `ThrowingSupplier` einen Rückgabewert hat und die abstrakte Methode von `Executable` als `void` deklariert ist. Im Folgenden werden wir nur `Executable` verwenden.

Listing 13.1 zeigt das funktionale Interface `Executable`. Man beachte, dass `execute` beliebige Exceptions werfen kann. Diese zeigen das Fehlschlagen eines Tests an.

```
@FunctionalInterface
public interface Executable {
  void execute() throws Throwable;
}
```

Listing 13.1 *Interface Executable*

Die Klasse `Assertions` bietet eine Reihe von `assert`-Methoden, die mit Funktionsparametern arbeiten. Die wichtigsten sind:

- `assertAll` erlaubt, eine Reihe von Executables auszuführen.
- `assertThrows` prüft, ob ein Code eine bestimmte Exception wirft.
- `assertDoesNotThrow` prüft, dass ein Code die gegebene Exception nicht wirft.
- `assertTimeout` prüft, dass ein Code innerhalb einer bestimmten Zeit ausgeführt werden kann.

Von diesen gibt es jeweils mehrere überladene Varianten. Im Folgenden werden wir die Anwendung dieser Methoden beispielhaft zeigen.

assertAll

Die Methode `assertAll` verwendet einen `vararg`-Parameter für eine Reihe von Executables, die zusammen ausgeführt werden:

```
public static void assertAll(Executable... executables)
   throws MultipleFailuresError
```

Im Gegensatz zu einzelnen `assert`-Anweisungen wird beim ersten Scheitern nicht abgebrochen und der Fehler gemeldet, sondern es werden alle `Executable`-Instanzen ausgeführt. Dabei wird jeder Fehlschlag in einem `MultipleFailuresError`-Objekt erfasst. Folgender Test testet die Elemente einer Liste mit den Elementen 3, 2 und 1. Dabei ist aber die Reihenfolge der Elemente falsch angenommen.

```
@Test
public void testFList() {
   FList<Integer> lst = FList.<Integer>empty().add(1).add(2).add(3);
   assertAll(
     () -> assertEquals(1, lst.head()),
     () -> assertEquals(2, lst.tail().head()),
     () -> assertEquals(3, lst.tail().tail().head())
   );
}
```

JUnit berichtet nun für jedes fehlgeschlagene Executable einen Fehler, also für das erste und dritte Executable wie folgt:

```
Comparison Failure:
Expected :1
Actual   :3
```

```
Comparison Failure:
Expected :3
Actual   :1
```

assertThrows und assertDoesNotThrow

Das Werfen von Exceptions hat man bisher entweder aufwendig durch Try-Catch-Blöcke oder durch eine Testmethode mit einer erwarteten Exception testen müssen. Zum Beispiel werfen die Zugriffe `head()` und `tail()` bei einem leeren `FList`-Objekt eine `NoSuchElementException`. Um diese mit JUnit 4 zu testen, benötigte man zwei Testmethoden mit entsprechenden Annotationen:

```
@Test(expected = NoSuchElementException.class)     // Junit 4
public void testEmptyList() {
  FList.empty().head();
}

@Test(expected = NoSuchElementException.class)     // Junit 4
public void testEmptyList() {
  FList.empty().tail();
}
```

Die Annotation von erwarteten Exceptions wurde in JUnit 5 eliminiert und durch die Methode `assertThrows` ersetzt:

```
static <T extends Throwable> T assertThrows(
       Class<T> expectedType, Executable executable)
```

Des Weiteren kann man mit der Methode `assertDoesNotThrow` die Abwesenheit von Exceptions prüfen. Folgende Testmethode prüft damit, dass bei Zugriffen mit `head` und `tail` auf eine leere Liste NoSuchElementExceptions geworfen werden und bei `contains` keine Exception auftritt:

```
@Test
public void testEmptyList() {
  assertThrows(NoSuchElementException.class,
    () -> FList.empty().head()
  );
  assertThrows(NoSuchElementException.class,
    () -> FList.empty().tail()
  );
  assertDoesNotThrow(
    () -> FList.empty().contains(1)
  );
}
```

assertTimeout

Mit der Methode `assertTimeout` kann man testen, ob ein Code innerhalb einer definierten Zeit ausgeführt werden kann. Die folgende Testmethode prüft, dass die Methode `findFlight` innerhalb von drei Sekunden mit einem Ergebnis zurückkehrt:

```
@Test
public void testFindFlightTimeout() {
  assertTimeout(Duration.of(3 , ChronoUnit.SECONDS),
      () -> lufthansa. findFlight("VIE", "JFK", nextWeek)
  );
}
```

13.2 AssertJ: Eine DSL für Unit-Tests

AssertJ [6] ist eine Erweiterung zum JUnit-System und realisiert eine domänenspezifische Sprache (*DSL*) mit einer flüssigen Schnittstelle zur Gestaltung von Unit-Tests. AssertJ ist nach den Prinzipien gestaltet, wie wir diese auch in Abschnitt 7.1 beschrieben haben: Ausgehend vom zu testenden Objekt werden spezielle Testobjekte erzeugt, die passende Methoden zur Prüfung und Bearbeitung des Testobjekts bieten. Jede Methode gibt wieder das gleiche oder ein spezielleres Testobjekt zurück, sodass die Kette der Prüfungen fortgesetzt werden kann. Dabei werden in vielen Fällen Funktionsparameter eingesetzt.

Startpunkt einer Testspezifikation ist immer ein Aufruf einer der überladenen Methoden `assertThat` der Klasse `org.assertj.core.api.Assertions` mit dem zu testenden Wert als Parameter. Abhängig vom Typ des Werts wird ein spezielles Testobjekt mit spezifischen Testmethoden zurückgegeben. Zum Beispiel gibt ein Aufruf von `assertThat` mit einem `List`-Objekt ein Testobjekt vom Typ `ListAssert` zurück. Das Testobjekt bietet spezielle Methoden zum Testen des `List`-Objekts. Zusätzlich hat `ListAssert` die Methoden `extracting` und `flatExtracting`, die die Elemente der Liste abbilden und Testobjekte für die Ergebnisse liefern (die beiden Methoden entsprechen den Methoden `map` und `flatMap`).

Folgende Testanweisung prüft anhand der Liste `words`, ob die Strings `"Funktionale"` und `"Programmierung"` enthalten sind, dass `"Java"` nicht enthalten ist und ob genau diese zwei enthalten sind. Es bildet dann die Elemente auf die Länge ab und testet die Ergebnisliste auf die Folge 11 und 14:

```
assertThat(words)
    .contains("Funktionale")
    .contains("Programmierung")
    .doesNotContain("Java")
    .containsExactlyInAnyOrder("Funktionale", "Programmierung")
    .extracting(s -> s.length())
    .containsSequence(11, 14);
```

In ähnlicher Weise funktioniert der Test für `Optional`-Werte. Mit einem Aufruf der Methode `assertThat` mit einem `Optional`-Wert wird ein Testobjekt vom Typ `OptionalAssert` erzeugt. Das Objekt bietet die Methoden `isPresent` oder `isEmpty`, um zu prüfen, ob das Optional einen Wert enthält oder leer ist. Mit `hasValue` wird der Wert selbst geprüft. Mit `hasValueSatisfying` kann der Wert mit beliebigen `assert`-Anweisungen geprüft werden. Die Operation `map` erlaubt, den Wert abzubilden und so die Prüfung für den abgebildeten Wert fortzusetzen. Im Folgenden wird ein Optional mit einem String-Wert auf diese Weise getestet:

```
Optional<String> optString = lookup(namesMap, 1);
assertThat(optString)
    .isPresent()
    .hasValueSatisfying(s -> assertTrue(s.startsWith("H")))
    .map(s -> s.length())
    .hasValue(4);
```

Für den Test von `Predicate`-Objekten gibt es Testobjekte vom Typ `PredicateAssert`. Die Klasse definiert die Methoden `accepts` und `rejects`, die sicherstellen, dass Werte das Prädikat erfüllen bzw. nicht erfüllen. So wird im Folgenden getestet, dass die Elemente `"Funktionale"` und `"Programmierung"` das Prädikat `pred` erfüllen und die Elemente `"in"` und `"Java"` es nicht erfüllen:

```
Predicate<String> pred = s -> s.length() > 10;
assertThat(pred)
    .accepts("Funktionale", "Programmierung")
    .rejects("in", "Java");
```

Diese Beispiele zeigen nur einen kleinen Ausschnitt der Möglichkeiten von AssertJ. So werden Tests von Strings, StringBuilders, beliebigen Iterables, Maps, Streams, Datei- und Path-Objekten, Futures und CompletableFutures unterstützt.

13.3 Eigenschaftsbasiertes Testen nach QuickCheck

QuickCheck [80] ist ein Werkzeug zum automatisierten Testen von Haskell-Programmen. Es wurde von Koen Claessen und John Hughes [20], [21], [22] entwickelt und ist selbst in Haskell implementiert. Heute gibt es laut einer Übersicht auf der Wikipedia-Seite zu QuickCheck [79] mehr als 50 Systeme in unterschiedlichen Sprachen zum eigenschaftsbasierten Testen nach der Idee von QuickCheck, darunter sieben in Java.

Die Grundidee von QuickCheck ist, dass die zu testende Funktion mit zufällig generierten Input-Werten aufgerufen wird und dann Eigenschaften geprüft werden, die für die Funktion gelten müssen. Es werden also bei der ereignisbasierten Testmethode allgemeine Eigenschaften geprüft, die für alle Inputs gelten müssen. Es unterscheidet sich damit von Unit-Tests, bei dem immer der Einzelfall getestet wird.

Mit JUnit wird man vielleicht für die Methode `reverse` bei der Klasse `FList` folgenden Test schreiben:

```
@Test
public void testReverse() {
  FList<Integer> lst = FList.<Integer>empty().add(3).add(2).add(1);
  assertEquals(FList.of(3, 2, 1), lst.reverse());
}
```

Im Test wird also eine Liste mit den Werten 1, 2, 3 erzeugt, auf diese `reverse` angewendet und geprüft, ob das Ergebnis gleich der Liste `[3, 2, 1]` ist. Es wird also der Einzelfall geprüft.

Nach der Methode von QuickCheck wird ganz im Sinne eines Axioms für einen abstrakten Datentyp eine allgemeine Eigenschaft geprüft, die immer gelten muss. Für die Methode `reverse` ist eine solche Eigenschaft, dass auf eine Liste zweimal die Methode `reverse` angewendet das Ergebnis gleich der ursprünglichen Liste sein muss. Dies kann man als Prädikat wie folgt formulieren:

```
lst -> lst.reverse().reverse().equals(lst)
```

Abbildung 13.1 zeigt das Prinzip von eigenschaftsbasiertem Testen. Zentral ist die Eigenschaft, die für eine Funktion erfüllt werden muss. Als zweite wesentliche Komponente wird ein Zufallsgenerator für die Input-Werte verwendet. Mit dem Zufallsgenerator werden Zufallswerte generiert und damit die Eigenschaft geprüft. Ist die Eigenschaft für alle Werte erfüllt, ist der Test erfolgreich. Schlägt der Test der Eigenschaft bei einem Wert fehl, ist ein Fehlerfall erkannt. Als besonderes Feature wird nun der Fehlerwert auf einen möglichst einfachen Wert reduziert, der auch fehlschlägt. Dieser einfache Wert wird dann für die Fehleranalyse gemeldet. Man spricht von einem *Shrinken* der Werte und für die Reduktion der Werte werden sogenannte *Shrinker* eingesetzt.

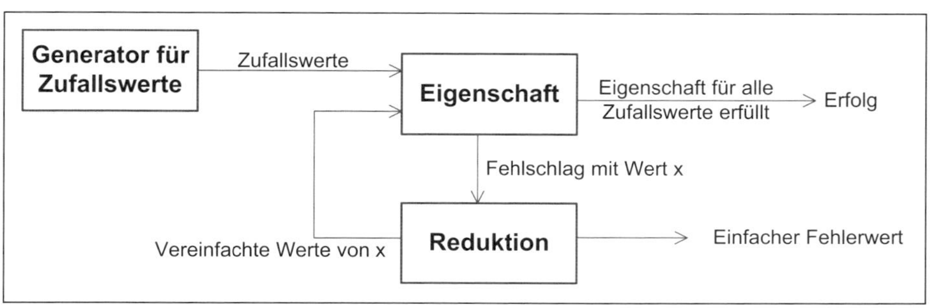

Abb. 13.1 *Prinzip des eigenschaftsbasierten Testens*

Im Folgenden werden wir ein kleines System für eigenschaftsbasiertes Testen implementieren und dieses für den Test unserer funktionalen Liste `FList` verwenden. Die Implementierung ist im Kontext der funktionalen Programmierung in Java auch deshalb interessant, weil hier funktionale Prinzipien, wie Sie sie in diesem

Buch kennengelernt haben, zum Einsatz kommen. So werden wir zum Beispiel für die Generierung der zufälligen Inputs das System aus Abschnitt 8.2 einsetzen, das ja nach der Idee der Monaden gestaltet wurde.

Unser System für eigenschaftsbasiertes Testen besteht aus den folgenden Komponenten:

- Generatoren für Zufallswerte, wie in Abschnitt 8.2 eingeführt
- Shrinker für die Reduktion der Werte bei einem erkannten Fehlschlag
- Eine Klasse `Result` zur Darstellung der Ergebnisse eines Tests
- Eine Klasse `Property`, die aus dem zu testenden Prädikat, dem Zufallsgenerator und dem Shrinker besteht und den Test durchführt

13.3.1 Tests

Wir wollen nun veranschaulichen, wie Tests erstellt und ausgeführt werden. Listing 13.2 zeigt die Klasse `Result`, die zur Darstellung der Ergebnisse eines Tests dient. Die Liste `successes` enthält die Werte, die den Test bestanden haben. Ein Optional `failure` kann einen Wert enthalten, bei dem der Test fehlgeschlagen ist. Die Methode `addSuccess` nimmt bei einem erfolgreichen Test den Wert in die Liste der Erfolge auf. Die Methode `failWith` wird bei einem Fehlschlagen verwendet.

```
public class Result<A> {

  private List<A> successes = new ArrayList<A>();
  private Optional<A> failure = Optional.empty();

  public static <A> Result<A> create() { return new Result(); }

  public boolean successful() { return ! failed(); }
  public boolean failed() { return failure.isPresent(); }
  public List<A> getSuccesses() { return successes; }
  public Optional<A> getFailure() { return failure; }
  public void addSuccess(A a) { successes.add(a); }
  public void failWith(A a) { failure = Optional.of(a); }
}
```

Listing 13.2 *Klasse Result für Ergebnisse von Tests*

Die Klasse `Property` aus Listing 13.3 stellt eine zu testende Eigenschaft dar. Sie besteht einerseits aus dem Generator für die Werte und einem `Predicate`-Objekt, das die zu erfüllende Eigenschaft repräsentiert. Der Generator ist vom Typ `Gen<A>` aus Abschnitt 8.2. Das Interface `Gen<A>` erweitert `Iterable<A>` und erlaubt damit, einen Iterator vom Typ `Iterator<A>` zu erzeugen, mit dem man die unendliche Folge von Zufallswerten generieren kann. Es wird daher vom Generator ein Iterator abgerufen und im Feld `iterator` gespeichert. `Property`-Objekte werden schließlich mit der statischen Methode `forAll` erzeugt.

Die Methode check führt den Test durch. Die Konstante N ist eine globale Einstellung für die Anzahl der zufälligen Werte, die generiert werden sollen. Die Methode check enthält damit eine Zählschleife mit N Iterationen. In jeder Iteration wird mit einem Aufruf von next beim Iterator ein nächster Zufallswert erzeugt und für diesen das Prädikat geprüft. Erfüllt der Wert das Prädikat, wird er im Result-Objekt als Erfolg aufgenommen. Wird das Prädikat aber nicht erfüllt, wird der Wert als Fehlerwert gesetzt und der Test abgebrochen.

```
public class Property<A> {
  public final int N = 1000;

  public static <A> Property<A> forAll(Gen<A> generator,
                                Predicate<? super A> predicate){
    return new Property<A>(generator, predicate);
  }

  public final Gen<A> generator;
  private final Iterator<A> iterator;
  public final Predicate<? super A> predicate;

  private Property(Gen<A> generator, Predicate<? super A> predicate) {
    this.generator = generator;
    this.iterator = generator.iterator();
    this.predicate = predicate;
  }
  public Result<A> check() {
    Result<A> result = Result.create();
    for (int i = 0; i < N; i++) {
      A a = iterator.next();
      if (predicate.test(a)) {
        result.addSuccess(a);
      } else {
        result.failWith(a);
        return result;
      }
    }
    return result;
  }
}
```

Listing 13.3 *Klasse Property für Tests*

Mit diesem Gerüst können wir nun eigenschaftsbasierte Tests für die Liste FList schreiben. Im Folgenden ist ein Test von reverse angegeben:

```
Property<FList<Integer>> reverseProperty =
        Property.forAll(intLists,
                        lst -> lst.reverse().reverse().equals(lst));
```

Der Test verwendet einen Zufallsgenerator `intLists` für Listen von Integers und das Prädikat, dass eine zweimalige Anwendung von `reverse` auf eine Liste gleich der Liste sein muss.

Die Methode `add` können wir ähnlich testen. Wir erzeugen einen beliebigen Wert und fügen diesen bei einer Liste an. Es wird erwartet, dass die neue Liste um eins länger ist, dass das erste Element gleich dem erzeugten Wert ist und dass `tail` der neuen Liste gleich der ursprünglichen Liste ist:

```
Iterator<Integer> ints0To9Iterator = ints0To9.iterator();
Property<FList<Integer>> addProperty =
        Property.forAll(intLists,
            lst -> {
                int x = ints0To9Iterator.next();
                FList<Integer> lstX = lst.add(x);
                return lstX.size() == lst.size() + 1 &&
                       lstX.head().equals(x) && lstX.tail() == lst;
            }
        );
```

Um `remove` zu testen, verwenden wir den gleichen Generator, um ein beliebiges Element zu erzeugen, und entfernen es aus der Liste. Die Länge der Liste nach dem Entfernen des Elements muss kleiner oder gleich der ursprünglichen Liste sein und das Element darf in der Liste nicht mehr enthalten sein

```
Property<FList<Integer>> removeProperty =
        Property.forAll(intLists,
          lst -> {
            int x = ints0To9Iterator.next();
            FList<Integer> lstRemoved = lst.remove(x);
            return lstRemoved.size() <= lst.size() &&
                   ! lstRemoved.contains(x);
          }
        );
```

Wie kann man eine Methode wie `reduce` testen? Eine allgemeine und oft zielführende Strategie ist, das zu testende Objekt auf eine andere, bereits gut bekannte Struktur abzubilden. Dann wird im Original die zu testende Operation ausgeführt und in der Abbildung eine äquivalente Operation. Dabei wird angenommen, dass diese Operation im Abbild bekannt und korrekt ist. Die Gleichheit der beiden Ergebnisse bestätigt die Korrektheit der zu testenden Operation.

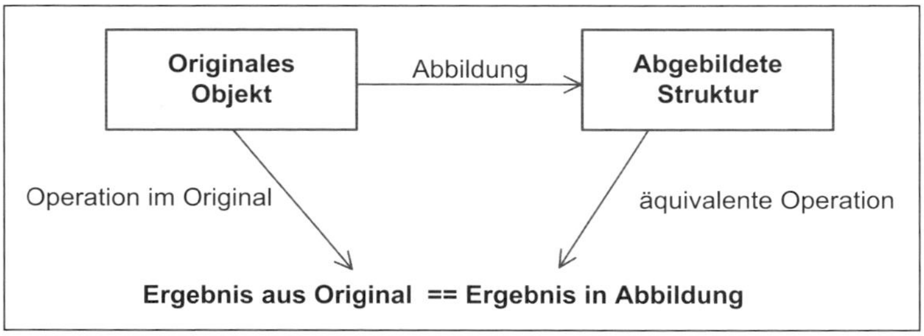

Abb. 13.2 *Vergleich des Ergebnisses der zu testenden Operation und des Ergebnisses aus der abgebildeten Struktur*

Bei `FList` gibt es die Methode `toArray`, die ein Array mit den Elementen der Liste erzeugt. Wir vergleichen daher die `reduce`-Operation mit einer Berechnung mit dem Array. Im folgenden Beispiel wird mit `reduce` eine Summenbildung durchgeführt. Für den Vergleich wird mit `toArray` die Liste auf ein Array abgebildet und mit diesem ebenso die Summe berechnet. Beide Operationen müssen zum selben Ergebnis führen:

```
Property<FList<Integer>> reduceProperty =
        Property.forAll(intLists,
          lst -> {
            int sumRed = lst.reduce(0, Integer::sum);
            int sumArr = 0;
            for (int i : lst.toArray(new Integer[0])) sumArr += i;
            return sumRed == sumArr;
          }
        );
```

13.3.2 Shrinken der Werte

Hat man nun einen Wert entdeckt, der die geforderten Eigenschaften nicht erfüllt, wird ein Shrinker eingesetzt, um einen möglichst einfachen Wert zu finden, bei dem der Test auch fehlschlägt. Basis der Implementierung von Shrinker ist das generische funktionale Interface `Shrinker` mit einer abstrakten Methode `shrink` aus Listing 13.4. Die Methode `shrink` liefert für einen Wert `x` einen Stream von einfacheren Werten.

```
@FunctionalInterface
public interface Shrinker<A> {
  Stream<A> shrink(A x);
}
```

Listing 13.4 *Interface Shrinker*

Die Klasse `Property` wird erweitert, sodass beim Auftreten eines Fehlers ein Shrinker eingesetzt wird. Dazu wird in der Klasse `Property` ein zusätzliches Feld und bei der Methode `forAll` ein zusätzlicher Parameter für den Shrinker eingeführt. Die

Methode checkAndShrink ermittelt nach dem Ausführen der Methode check im Falle eines Fehlers mithilfe des Shrinkers den einfachsten Fehlerwert. Die Methode shrink liefert einen Stream von einfacheren Werten, diese werden mit dem negierten Prädikat für den Test gefiltert und davon der erste genommen. Wenn kein reduzierter Wert gefunden wurde, ist der ursprüngliche Wert der einfachste Fehlerwert.

```
public class Property<A> {
  public static <A> Property<A> forAll(Gen<A> generator,
                                        Predicate<? super A> predicate,
                                        Shrinker<A> shrinker) {
    return new Property<A>(generator, predicate, shrinker);
  }

  public final Shrinker<A> shrinker;
  ...
  public Result<A> checkAndShrink() {
    Result<A> result = check();
    if (result.failed()) {
      Stream<A> shrinked =
        optShrinker.get().shrink(result.getFailure().get());
      A simplest =
         shrinked
            .filter(predicate.negate())
            .findFirst()
            .orElse(result.getFailure().get());
       result.failWith(simplest);
    }
    return result;
  }
}
```

Listing 13.5 *Erweiterung der Klasse Property mit Shrinken eines Fehlerwerts*

Es bleibt die Aufgabe, Shrinker für die unterschiedlichen Werte zu implementieren. Die Shrinker sollen für einen Wert einen Stream mit vereinfachten Werten liefern. Dabei spielt in unserer Implementierung auch die Reihenfolge eine Rolle, wird doch in der Methode checkAndShrink der erste reduzierte Wert genommen, der den Test nicht erfüllt. Damit muss der einfachste Wert als erstes Element im Stream auftreten.

Was sind nun einfachere Werte? Dies hängt stark vom Datentyp ab und erfordert eine entsprechende Interpretation. Für positive Integer-Werte wollen wir annehmen, dass ein halbierter Wert einfacher ist. Der Shrinker, der im Folgenden als anonyme Klasse implementiert wird, halbiert also den Wert, ruft mit dem halbierten Wert rekursiv shrink auf und fügt das Ergebnis dem Stream hinzu. Die weiter reduzierten Werte werden dabei vorne angefügt und damit erscheinen die einfacheren Werte zuerst. Der Wert Null hat keinen reduzierten Wert, bildet damit das Ende der Rekursion und ist immer der einfachste Wert:

```
Shrinker<Integer> intShrinker =
  new Shrinker<Integer>() {
    @Override
    public Stream<Integer> shrink(Integer x) {
      if (x == 0) return Stream.empty();
      else {
        int xH = x / 2;
        return Stream.concat(this.shrink(xH), Stream.of(xH));
      }
    }
  };
```

Wir verwenden den Shrinker bei einem Test für die Integer-Division. Mit folgendem Test soll getestet werden, dass ein Integer-Wert dividiert durch 2 und dann multipliziert mit 2 gleich dem ursprünglichen Wert ist (was offensichtlich bei ungeraden Zahlen nicht der Fall ist):

```
Property<Integer> divProperty =
  Property.forAll(
      intsTo(Integer.MAX_VALUE),
      x ->  {
        int xDiv2 = x / 2;
        return x == xDiv2 * 2;
      },
      intShrinker
  );
```

Der Test schlägt beim ersten ungeraden Wert fehl. Bei einem der Testläufe war das der Wert 2002896045. Der Shrinker findet aber den Wert 1 als einfachsten Wert.

Listen sollen durch das Entfernen von Elementen reduziert werden. Die folgende Methode `fListShrinker` erzeugt einen Shrinker für Listen. Für alle Positionen in der Liste wird durch Löschen des Elements an der entsprechenden Position eine reduzierte Liste erzeugt. Diese Listen werden dann durch rekursive Aufrufe weiter reduziert. Eine leere Liste kann nicht weiter reduziert werden und bedeutet das Ende der Rekursion. Die so reduzierten Listen werden durch den Stream geliefert. Man beachte, dass die weiter vereinfachten Listen vorne angefügt werden:

```
<E> Shrinker<FList<E>> fListShrinker() {
  return
    new Shrinker<FList<E>>() {
      @Override
      public Stream<FList<E>> shrink(FList<E> lst) {
        if (lst.isEmpty()) return Stream.empty();
        else return
          IntStream
            .range(0, lst.size())
            .mapToObj(i -> i)
            .flatMap(i -> {
```

```
                FList<E> rLst = lst.removeIdx(i);
                return Stream.concat(this.shrink(rLst),
                                     Stream.of(rLst));
              })
             .distinct();
        }
    };
}
```

Bei folgendem Test wird fehlerhaft angenommen, dass eine Liste umgedreht gleich der ursprünglichen Liste ist (also ein `reverse` vergessen wurde):

```
Property<FList<Integer>> reverseChecker =
  Property.forAll(
      intLists,
      lst -> lst.reverse().equals(lst),
      intListShrinker);
```

Dieser Test schlägt beim ersten zufällig generierten Test fehl, wie beispielsweise bei einem Testlauf mit der Liste `[6, 9, 0, 8, 2]`. Der Shrinker reduziert die Liste auf `[8, 2]` als einfachsten Wert.

Bei diesem Ansatz zeigt sich auch der große Vorteil der Bedarfsauswertung bei Streams. Tatsächlich werden vom Shrinker nur so lange Werte geliefert, bis der erste möglichst einfache Fehlerwert gefunden wird, bei dem der Test fehlschlägt. Im obigen Testfall sind das folgende vier Werte:

```
[]
[2]
[8]
[8, 2]
```

13.4 Zusammenfassung

In diesem Kapitel haben wir gesehen, dass bei der Version 5 von JUnit Tests mit Lambda-Ausdrücken kompakter implementiert werden können. Des Weiteren stellt AssertJ eine domänenspezifische Sprache für Testspezifikationen bereit. Schließlich haben wir eine einfache Implementierung eines Systems für eigenschaftsbasiertes Testen nach der Methode von QuickCheck entwickelt. Das System ist im Kontext dieses Buches interessant, weil sich eigenschaftsbasiertes Testen besonders für das Testen von Funktionen eignet und weil das System nach funktionalen Prinzipien implementiert wurde.

Die vorliegende Implementierung eines Systems für eigenschaftsbasiertes Testen ist bewusst einfach gehalten. Das System QuickCheck in Haskell und vergleichbare Implementierungen in anderen Sprachen bieten viele weitere Möglichkeiten, die wir hier nicht behandelt haben. Hervorzuheben ist dabei die Generierung von Zufallswerten nach bestimmten Verteilungen, das Mitführen von Statistiken und die Auswertung über Häufigkeiten der generierten Werte sowie eine dynamische

Adaption der Anzahl der generierten Testwerte, damit bestimmte Abdeckungskriterien statistisch garantiert werden. Zudem enthalten die Systeme Generatoren und Shrinker für viele Datentypen. Der interessierte Leser ist dazu auf die Literatur verwiesen, z. B. [20], [21], [66], [41], [22], [33] oder [71].

Teil IV

Funktionale Programmierung in Kotlin

Nachdem in den Teilen I bis III die funktionale Programmierung in Java mit Grundlagen, Entwurfsprinzipien und funktionalen Systemen behandelt wurde, sollen in diesem Teil IV die Möglichkeiten und Besonderheiten der funktionalen Programmierung in Kotlin aufgezeigt werden. Kotlin ist eine Sprache, die in Java-Bytecode übersetzt wird und auf der Java VM läuft. Kotlin unterstützt die funktionale Programmierung sehr gut, viel besser als Java. Außerdem wurde die Sprache Kotlin mit ihren funktionalen Sprachfeatures entwickelt, bevor die funktionalen Features in Java eingeführt wurden.

In diesem Teil werden wir uns daher auf die speziellen Sprachelemente von Kotlin für die funktionale Programmierung konzentrieren, jedoch zur Vorbereitung in Kapitel 15 auch eine kompakte Einführung in Kotlin geben. Wir werden dabei auch immer wieder auf die Unterschiede zu Java hinweisen und die Konzepte mit denen aus den Teilen I bis III vergleichen.

- Kapitel 14 führt die wichtigsten Sprachelemente von Kotlin ein, die in den folgenden Kapiteln benötigt werden. Sprachelemente, die spezifisch für die funktionale Programmierung sind, werden ausgespart und erst in den folgenden Kapiteln eingeführt.
- Kapitel 15 zeigt die Implementierung von funktionalen Datenstrukturen in Kotlin.
- Kapitel 16 führt Lambda-Ausdrücke ein und zeigt die Implementierung höherer Funktionen.
- Kapitel 17 stellt die höheren Funktionen für Java-Collections vor, die von der Kotlin-Bibliothek zur Verfügung gestellt werden.
- Kapitel 18 behandelt Lambda-Ausdrücke mit Empfängern, ein besonders interessantes Sprachelement von Kotlin.
- Kapitel 19 zeigt anhand einiger Fallbeispiele, wie mit den speziellen Sprachelementen von Kotlin die Entwicklung von domänenspezifischen Sprachen unterstützt wird.

- Kapitel 20 behandelt kurz das Design von Kotlin-Systemen und -Bibliotheken. Das Ziel dieses letzten Kapitels ist es, die Verwendung der Sprachelemente und Entwurfsprinzipien aufzuzeigen, die in den vorhergehenden Kapiteln eingeführt wurden.

14 Einführung in die Sprache Kotlin

Dieses Kapitel bietet eine kompakte Einführung in die Programmiersprache Kotlin. Kotlin ist eine vielseitige und moderne Sprache mit vielen neuen Features und erheblichen Unterschieden zu Java. Ein einzelnes Kapitel kann naturgemäß keine vollständige Darstellung einer komplexen Sprache wie Kotlin bieten. Wir beschränken uns daher auf die Sprachelemente, die für das Verständnis der nachfolgenden Inhalte notwendig sind, und konzentrieren uns dabei auf die Unterschiede zu Java. Spezielle Elemente, die die funktionale Programmierung direkt unterstützen, wie z. B. Lambda-Ausdrücke, werden in späteren Kapiteln behandelt.

Für eine umfassende Darstellung der Sprachelemente von Kotlin wird auf die Kotlin-Dokumentation [54] und das empfehlenswerte englischsprachige Buch »Kotlin in Action« [2] verwiesen. Leser, die bereits Erfahrung mit Kotlin haben, können dieses Kapitel überspringen.

14.1 Dateien, Packages und Deklarationen

Kotlin verwendet wie Java Packages und auch Imports funktionieren in gleicher Weise wie in Java. Eine Reihe von Packages wird jedoch immer importiert. Neben `java.lang` sind dies alle Deklarationen der Packages `kotlin`, `kotlin.jvm`, `kotlin.annotation`, `kotlin.collections`, `kotlin.comparison`, `kotlin.io`, `kotlin.ranges`, `kotlin.sequences` und `kotlin.text`.

Ein Unterschied zu Java besteht im Umgang mit Dateien und Verzeichnissen: Die Organisation von Dateien in Verzeichnissen muss nicht der Package-Struktur entsprechen und Kotlin-Dateien, die auf `.kt` enden, können beliebige Deklarationen enthalten, auch wenn diese `public` sind.

Auf oberster Ebene können folgende Deklarationen stehen (siehe Listing 14.1):

- Funktionen (eingeführt mit Schlüsselwort `fun`)
- Properties (eingeführt mit den Schlüsselwörtern `val` oder `var`)
- Klassen und Interfaces (eingeführt mit den Schlüsselwörtern `class` und `interface`)
- Objekte (eingeführt mit Schlüsselwort `object`)
- Compile-time-Konstanten (eingeführt mit den Schlüsselwörtern `const val`)

Diese Sprachelemente werden wir in den nächsten Abschnitten beschreiben.

```
fun multiply(x: Double, i: Int) : Double {...}
val x = 100
class Person {...}
interface WithName {...}
object Andrey : Person("Andrey", "Breslav") {...}
const val MAX = 1000;
```

Listing 14.1 *Deklarationen in einer Kotlin-Datei*

In Kotlin gibt es leicht veränderte Sichtbarkeitsattribute:

- `private`: Ein `private` Member einer Klasse ist wie in Java nur in der Klasse sichtbar, `private` Klassen sind innerhalb der Datei sichtbar.
- `protected`: Wie in Java sind `protected` Members in der gleichen Klasse und in den Unterklassen sichtbar.
- `internal`: Ein Sichtbarkeitsattribut, das es in Java nicht gibt. Es definiert eine Sichtbarkeit innerhalb desselben Moduls und ersetzt damit die Package-Sichtbarkeit von Java.
- `public`: Bedeutet wie in Java öffentlich. Dieses Attribut ist allerdings optional: Wenn kein Sichtbarkeitsattribut verwendet wird, ist die Deklaration automatisch `public`. Daher wird `public` in den meisten Fällen weggelassen.

14.2 Basisdatentypen und Arrays

Kotlin baut auf dem Typsystem von Java auf und verwendet somit auch die gleichen Basisdatentypen. Die Namen der Typen beginnen jedoch stets mit einem Großbuchstaben. Das heißt, die Typen `Int`, `Long`, `Short`, `Byte`, `Double`, `Float` und `Boolean` entsprechen den Basisdatentypen von Java.

Auch Arrays stehen zur Verfügung. Hier gibt es allerdings wesentliche Unterschiede in der syntaktischen Notation. Man schreibt die Typen analog zu den generischen Typen. Der Typ `Array<T>` ist der Typ für ein Array mit generischem Typ `T`:

```
val stringArray: Array<String> = arrayOf("A", "B", "C")
```

Auch die Art, wie man Arrays anlegt, unterscheidet sich von Java. Es gibt Funktionen wie `arrayOf`, `arrayOfNulls` und `emptyArray`. Der Funktion `arrayOf` müssen, wie im obigen Beispiel zu sehen, die Werte angegeben werden, wodurch auch die Länge bestimmt wird. Beim Zugriff auf die Elemente gibt es dann keinen Unterschied zu Java: Man kann mit Indexoperationen sowohl lesend als auch schreibend darauf zugreifen:

```
println(stringArray[0])
stringArray[2] = "X"
```

Mit `arrayOfNulls` kann man ein Array bestimmter Länge erzeugen, wobei alle Positionen mit `null` initialisiert werden. Da Kotlin zwischen Typen unterscheidet, die `null` sein können, und solchen, die es nicht sein dürfen (siehe Abschnitt 14.6.2), muss man als Typ den Nullable-Typ mit Fragezeichen verwenden, z. B. `String?`:

```
val stringArray: Array<String?> = arrayOfNulls(5)
```

Hier wird ein `String`-Array der Länge 5 erzeugt, was der Anweisung `new String[5]` in Java entspricht.

Beim Typ `Array<T>` ist der Elementtyp ein Referenztyp. Das bedeutet, bei einer Deklaration wie

```
val integerArray: Array<Int?> = arrayOfNulls(5)
```

werden die Werte geboxt, was dem Typ `Integer[]` von Java entspricht.

Für primitive Arrays gibt es spezielle Typen: `IntArray`, `DoubleArray`, `BooleanArray` etc. Zudem gibt es entsprechende Funktionen und Konstruktoren zum Erzeugen dieser Arrays. Mit den Funktionen `intArrayOf`, `doubleArrayOf`, `booleanArrayOf` usw. erzeugt man Arrays mit vorgegebenen Werten, z. B. ein Array mit den Werten 1, 2 und 3:

```
val intArray: IntArray = intArrayOf(1, 2, 3)
```

Mit den Konstruktoren `IntArray`, `DoubleArray`, `BooleanArray` usw. erzeugt man Arrays bestimmter Länge, z. B. ein Array der Länge 5:

```
val intArray: IntArray = IntArray(5)
```

Die Positionen werden wie in Java mit Standardwerten (`0` für Zahlen und `false` für Boole'sche Arrays) initialisiert. Es gibt auch Varianten, bei denen die Initialwerte durch eine Funktion festgelegt werden. Die Funktion wird mit einem Lambda-Ausdruck (siehe Abschnitt 16.1) definiert und berechnet für jeden Indexwert einen entsprechenden Initialwert. Zum Beispiel werden in folgender Deklaration die Werte im Array mit den Quadraten der Indexwerte belegt:

```
val intArray2: IntArray = IntArray(5, {i -> i * i})
```

Diese Variante existiert auch für den generischen Array-Typ. Zum Beispiel legt die folgende Deklaration ein String-Array der Länge 5 an und initialisiert alle Werte mit dem leeren String:

```
val stringArray: Array<String> = Array(5, {i -> ""})
```

Tabelle 14.1 fast die unterschiedlichen Varianten nochmals zusammen.

Kotlin-Arraytyp	Java-Arraytyp	Erzeugerfunktionen, Konstruktor	Anmerkung
Array<T>	T[]	arrayOf, arrayOfNulls, Array	Für alle Referenztypen
Array<Int>	Integer[]	arrayOf, arrayOfNulls, Array	
Array<Double>	Double[]	arrayOf, arrayOfNulls, Array	
Array<Boolean>	Boolean[]	arrayOf, arrayOfNulls, Array	
IntArray	int[]	intArrayOf, IntArray	
DoubleArray	double[]	doubleArray, DoubleArray	
BooleanArray	boolean[]	booleanArrayOf, BooleanArray	

Tab. 14.1 *Tabelle mit Kotlin-Arraytypen, entsprechenden Java-Typen und Funktionen zum Erzeugen. (Die Array-Typen für alle weiteren Basisdatentypen folgen dem Schema von Int, Double und Boolean.)*

14.3 Funktionen

Das erste wesentliche Sprachelement sind Funktionen. Diese entsprechen den Methoden in Java. Im Gegensatz zu Methoden haben sie jedoch immer einen Rückgabewert. In Kotlin können Funktionen nicht nur in Klassen, sondern auch auf oberster Ebene in einer Kotlin-Datei definiert werden.

Nachfolgend ist ein Beispiel einer Funktion `multiply` gegeben, die zu einer Zahl `x` das Vielfache `i` berechnet:

```
fun multiply(x: Double, i: Int) : Double {
    return x * i
}
```

Funktionen werden mit dem Schlüsselwort `fun` eingeführt. Nach dem Funktionsnamen folgt die Parameterliste. Typdeklarationen schreibt man grundsätzlich mit einem Doppelpunkt nach den Variablennamen. Auch der Typ des Rückgabewerts wird nach der Parameterliste mit Doppelpunkt angegeben. Im Rumpf wird mit `return` der Rückgabewert bestimmt. Semikolons am Ende von Anweisungen sind optional, sofern jede Anweisung in einer eigenen Zeile steht.

Wird der Rückgabewert einer Funktion durch einen einzigen Ausdruck bestimmt, wie in der Funktion `multiply` durch `x * i`, kann man statt des Blocks den Ausdruck nach einem Gleichheitszeichen schreiben. Man spricht in diesem Fall von einem Ausdrucksrumpf (engl. *expression body*). Hier ist der Typ des Rückgabewerts optional, da er aus dem Ausdruck abgeleitet wird:

```
fun multiply(x: Double, i: Int) = x * i
```

Bei Parametern kann man Default-Werte angeben, die dann beim Aufruf der Funktion nicht explizit angegeben werden müssen. Zum Beispiel könnten wir bei der Funktion `multiply` für den Parameter `i` den Wert `2` als Default-Wert festlegen:

```
fun multiply(x: Double, i: Int = 2) = x * i
```

Die Funktion mit dem Namen `main` ist das Hauptprogramm. Sie kann ohne Parameter oder mit einem String-Array als Parameter definiert werden. Folgende Funktion `main` ruft nun die Methode `multiply` auf unterschiedliche Weisen auf und gibt das Resultat mit `println` auf der Konsole aus:

```
fun main() {
    println(multiply(3.0, 2))
    println(multiply(3.0))
    println(multiply(i = 2, x = 3.0))
}
```

Im ersten Aufruf werden beide Parameter angegeben. Im zweiten Aufruf fehlt der Wert für `i` und der Default-Wert wird verwendet. Im dritten Aufruf werden benannte Parameter verwendet, das heißt, der Parameter wird durch Angabe des Namens und nicht durch die Position bestimmt.

Kotlin unterstützt zudem Vararg-Parameter. Diese werden, im Gegensatz zu Java, mit dem Schlüsselwort `vararg` angegeben. Die folgende Funktion `printWords` kann mit beliebig vielen Strings aufgerufen werden:

```
fun printWords(vararg words: String) { ... }
```

In Java gibt es Methoden, wie z. B. die Main-Methode, die keinen Rückgabewert haben und mit `void` deklariert werden. In Kotlin haben jedoch alle Funktionen einen Rückgabewert. Statt `void` gibt es in Kotlin den speziellen Typ `Unit` mit dem einzigen Wert `Unit`. Wird, wie bei der Funktion `main` von oben, kein Rückgabewert angegeben, ist implizit der Typ `Unit` als Rückgabewert festgelegt. Es gibt einige weitere Möglichkeiten bei Funktionen:

- *Inline-Funktionen:* Bestimmte Funktionen können als inline deklariert werden. Damit wird bei einem Aufruf der Funktion der Funktionsrumpf anstelle eines Sprungs zur Funktion direkt ersetzt. Dies verbessert die Laufzeit und erlaubt bestimmte Anwendungen, die sonst nicht möglich wären, z. B. reifizierte Typparameter (siehe Abschnitt 14.7.5). Der Kopf einer generischen Inline-Funktion `filterTs` mit einem reifizierten Typparameter sieht wie folgt aus:

```
inline fun <reified T: Any> filterTs(list: List<out Any>) : List<T> {...}
```

- *Infix-Notation und Operator-Overloading:* Kotlin unterstützt auch Infix-Notation bei Funktionen sowie Operator-Overloading. Diese Möglichkeiten sind jedoch nur für Member-Funktionen von Klassen verfügbar und werden daher erst in Abschnitt 14.5 beschrieben.

14.4 Variablen, Ausdrücke und Kontrollstrukturen

14.4.1 Variablen

In Kotlin gibt es zwei Arten von Variablen und dazu die beiden Schlüsselwörter `val` und `var`. Mit `val` wird eine unveränderliche Variable deklariert, was in Java einer Variablendeklaration mit `final` entspricht. Eine mit `val` deklarierte Variable muss bei der Deklaration gesetzt werden. Tatsächlich arbeitet man in Kotlin bevorzugt mit unveränderlichen Variablen.

Im folgenden Beispiel werden in der Main-Funktion die Variablen `x` und `i` deklariert, anschließend wird die Funktion `multiply` aufgerufen und das Ergebnis der Variablen `m` zugewiesen:

```
fun main() {
    val x = 3.0
    val i = 2
    val m = multiply(x, i)
    println(m)
}
```

Bei `val`-Variablen wird in der Regel kein Typ angegeben, da er direkt vom zugewiesenen Wert abgeleitet werden kann. Im obigen Beispiel ist der Typ von `x` gleich `Double` und von `i` gleich `Int`.

Mit `var` deklarierte Variablen sind veränderlich. Diese Variablen müssen nicht unbedingt initialisiert werden, es muss jedoch dann der Typ angegeben werden.

14.4.2 Kontrollstrukturen

In Kotlin stehen folgende Kontrollstrukturen zur Verfügung:

- If-Verzweigung
- Mehrfache Verzweigung mit `when`
- While- und Do-While-Schleifen
- For-Schleife

Verzweigungen

Ein Unterschied zu Java ist, dass Verzweigungen sowohl Anweisung als auch Ausdruck sein können. Ein If-Ausdruck ergibt einen Wert, der durch einen der Zweige bestimmt wird. In diesem Fall müssen auch immer beide Zweige vorhanden sein.

Die folgende Funktion `max` berechnet das Maximum zweier `Int`-Zahlen. Der Rumpf ist ein If-Ausdruck, der abhängig von der Bedingung die größere der beiden Zahlen liefert:

```
fun max(x: Int, y: Int) = if (x >= y) x else y
```

Mit `if` kann man natürlich auch kaskadierte Verzweigungen bilden. Die folgende Funktion `sign` liefert das Vorzeichen des Werts von `x`, codiert als `-1`, `0` und `1`:

```
fun sign(x: Int) =
    if (x < 0) -1 else if (x > 0) 1 else 0
```

Kotlin bietet für mehrfache Verzweigungen das sehr allgemein einsetzbare `when`. Die Funktion `sign` kann auch mit `when` implementiert werden:

```
fun sign(x: Int) : Int =
    when {
        x < 0 -> -1
        x > 0 -> 1
        else -> 0
    }
```

Nach dem Schlüsselwort `when` sind die Fälle in geschweiften Klammern angegeben. Jeder Fall besteht aus einer Bedingung und einem Ausdruck für den Wert, getrennt durch das Abbildungssymbol `->`. Mit `else` wird der Default-Fall angegeben.

Ein `when` kann außerdem analog zu einem `switch` in Java verwendet werden, wobei die Fälle durch konkrete Werte unterschieden werden. Im folgenden Beispiel wird der Wert von `sign` ausgewertet und eine entsprechende Ausgabe gemacht:

```
when (sign(a)) {
    -1 -> println("negative")
    1 -> println("positive")
    0 -> println("zero")
}
```

Man beachte, dass hier kein Default-Fall notwendig ist, weil `when` nicht als Ausdruck, sondern als Anweisung verwendet wird. Wir werden in Abschnitt 15.4 noch sehen, dass `when` auch eine Form von Pattern Matching unterstützt.

Schleifen

Eine For-Schleife ermöglicht die Iteration über eine Reihe von Elementen. Die grundsätzliche Struktur ist folgende:

```
for (element in iterable)
```

Nach dem Schlüsselwort `for` folgt in Klammern zuerst die Laufvariable, dann das Schlüsselwort `in` und schließlich das Objekt mit den Elementen. Erlaubt sind Arrays, Collections und alle Typen, die `Iterable` implementieren. Dies entspricht im Wesentlichen der Foreach-Schleife in Java.

Ranges sind eine besondere Form von Wertebereichen. Sie definieren einen Bereich von einem Start- bis zu einem Endwert. Zum Beispiel erzeugt der Ausdruck `1..n` einen Range von `1` bis `n`. Damit lässt sich einfach über den Bereich iterieren:

```
for (i in 1..n)
```

Will man über die Indizes eines Arrays iterieren, kann man die Funktion `indices` verwenden. Sie liefert den Range aller gültigen Indexwerte:

```
fun printWords(vararg words: String) {
  for (i in words.indices) {
     println(words[i])
  }
}
```

Ranges bieten vielfältige Möglichkeiten. Sie erlauben z. B. eine Iteration mit einer Schrittweite:

```
for (i in 1..5 step 2)     // 1, 3, 5
```

Ranges können geschlossen oder offen sein. Obiger mit `..` erzeugter Range ist geschlossen und folgender mit `..<` erzeugter Range offen:

```
for (i in 1 ..< 5)   // 1, 2, 3, 4
```

Ranges können auch von einem größeren zu einem kleineren Wert laufen:

```
for (i in 5 downTo 1)    // 5, 4, 3, 2, 1
```

Die klassische For-Schleife mit Indexvariable, Abbruchbedingung und Inkrementierung wie in Java existiert in Kotlin nicht. Die Schleifen `while` und `do-while` sind analog zu Java. Sie unterstützen auch `break` und `continue`. Als Beispiel ist in Listing 14.2 die Funktion zur Berechnung des größten gemeinsamen Teilers (GGT) nach dem Verfahren von Euclid gegeben. Die Funktion demonstriert sowohl die Verwendung einer While-Schleife als auch veränderlicher Variablen. Bei dem Verfahren von Euclid geht man davon aus, dass die erste Zahl größer-gleich der zweiten Zahl ist. In der ersten Anweisung wird daher, wenn das nicht der Fall ist, die Funktion mit vertauschten Argumenten aufgerufen. Dann werden die Werte der Parameter `a` und `b` in veränderliche Variablen `x` und `y` gespeichert. Das ist notwendig, weil Parameter immer unveränderlich sind. Des Weiteren wird eine veränderliche Variable `r` verwendet, die den Rest von `x` und `y` speichert. In der Schleife werden die Werte der drei Variablen nach dem Verfahren von Euclid jeweils neu gesetzt, bis der Wert von `r` gleich `0` ist. In der Variablen `y` befindet sich dann der größte gemeinsame Teiler.

```
fun ggt(a: Int, b: Int) : Int {
  if (b > a) return ggt(b, a)
  var x : Int = a
  var y : Int = b
  var r = x % y
  while (r != 0) {
    x = b
    y = r
    r = x % y
  }
  return y
}
```

Listing 14.2 *Funktion für größten gemeinsamen Teiler zweier Zahlen*

Try/catch

In Kotlin kann `try/catch` auch als Ausdruck verwendet werden. Die folgende Funktion `parseInt` fängt die `NumberFormatException` bei `Integer.parseInt` ab und gibt `null` zurück. Der Rückgabewert ist entweder der `Int`-Wert oder `null`, was durch den Rückgabetyp `Int?` ausgedrückt wird (vgl. Abschnitt 14.6.2):

```
fun parseInt(s: String) : Int? {
  return try {
    Integer.parseInt(s)
  } catch (e: NumberFormatException) {
    null
  }
}
```

14.5 Klassen, Interfaces und Objekte

Klassen und Interfaces in Kotlin sind grundsätzlich analog zu den Klassen und Interfaces in Java mit wenigen konzeptionellen Unterschieden. Allerdings gibt es eine Reihe von syntaktischen Besonderheiten, die Klassendefinitionen in Kotlin sehr unterschiedlich zu denen in Java erscheinen lassen. Konzeptionelle Unterschiede bei Klassendefinitionen sind:

- In Kotlin kann man bei Klassen keine Felder deklarieren, sondern nur **Properties**, die **Getter-** und gegebenenfalls **Setter-Funktionen** haben. Im Gegensatz zu Feldern sind die Getter- und Setter-Funktionen dynamisch gebunden.
- Es gibt keine statischen Member bei Klassen und Interfaces. Stattdessen verwendet Kotlin die sogenannten Companion-Objekte.
- Kotlin unterstützt Objektausdrücke und Objektdeklarationen, die eine Klassendefinition und Objekterzeugung kombinieren. Diese haben eine ähnliche Funktion wie die anonymen Klassen in Java.

Im Folgenden werden wir Klassendefinitionen, Interfaces und Objekte anhand von Beispielen erklären, ohne jedoch auf alle Details einzugehen.

14.5.1 Klassen

Eine Klassendefinition in Kotlin kann folgende Elemente enthalten:

- *Primärer Konstruktor:* Er wird durch eine Reihe von Parametern definiert, die nach dem Klassennamen deklariert werden.
- *Initialisierungsroutinen:* Der primäre Konstruktor setzt nur die Parameter und kann keinen weiteren Code zur Initialisierung des Objekts enthalten. Initialisierungsroutinen werden nach dem primären Konstruktor aufgerufen und erlauben so, zusätzlichen Code beim Erzeugen eines Objekts auszuführen.

- *Sekundäre Konstruktoren* sind überladene Konstruktoren; sie müssen den primären Konstruktor aufrufen.
- *Properties*: sind entweder mit `val` (unveränderlich) oder mit `var` (veränderlich) definiert. Für eine unveränderliche Property wird eine Getter-Funktion erzeugt, für eine veränderliche Property sowohl eine Getter- als auch eine Setter-Funktion. Werden die Parameter des primären Konstruktors mit `val` und `var` deklariert, werden dafür automatisch Properties abgeleitet.
- *Member-Funktionen* entsprechen den Member-Methoden in Java.
- *Objektdeklarationen* sind Singleton-Objekte.
- *Companion-Objekte* sind Singleton-Objekte, die mit dem Namen der Klasse angesprochen werden und Zugriff auf die privaten Member der Klasse haben.

In Kotlin wurden die neuen Modifier `open` und `override` eingeführt:

- Der Modifier `override` muss immer beim Überschreiben von Funktionen oder Properties verwendet werden. Im Gegensatz zur Annotation `@Override` in Java ist `override` nicht optional.
- Der Modifier `open` wird bei Klassen, Funktionen und Properties verwendet. Wenn eine Klasse als `open` definiert ist, kann man von dieser Klasse Unterklassen ableiten. Andernfalls ist dies nicht möglich. Das Fehlen von `open` entspricht somit der Kennzeichnung der Klasse mit `final` in Java. Analog verhält es sich bei Funktionen und Properties. Fehlt `open` bei einer konkreten Funktion oder Property, kann sie nicht überschrieben werden. Um das Überschreiben in einer Unterklasse zu erlauben, muss sie mit `open` gekennzeichnet werden. Dies gilt jedoch nicht für abstrakte Klassen, Funktionen und Properties, die naturgemäß immer abgeleitet bzw. überschrieben werden können.

Die Elemente von Klassendefinitionen sollen anhand einer Klasse `Person` und einer Unterklasse `Student` veranschaulicht werden. Listing 14.3 zeigt die Basisklasse `Person`. Die Klasse ist public, da kein Sichtbarkeitsattribut angegeben ist, und sie ist als `abstract` gekennzeichnet. Nach dem Klassennamen folgt der primäre Konstruktor. Da dieser `protected` sein soll, muss das Schlüsselwort `constructor` verwendet werden. Andernfalls könnte dieses Schlüsselwort entfallen. Der primäre Konstruktor definiert die beiden Parameter `firstName` und `lastName`.

Die Parameter des primären Konstruktors werden bei der Objekterzeugung gesetzt und sind in der Klassendefinition zugänglich. Zusätzlich sind die beiden Parameter von `Person` mit `val` gekennzeichnet und werden dadurch zu unveränderlichen öffentlichen Properties. Auch eine Deklaration der Parameter mit `var` und anderen Sichtbarkeitsattributen ist möglich.

Nach einem Doppelpunkt werden bei Klassen die Basisklasse und die implementierten Interfaces angegeben. Die Basisklasse ist hier die Klasse `Any`, die nicht angegeben werden muss. `Person` implementiert die Interfaces `Comparable<Person>` und `Serializable`.

Im Rumpf der Klasse findet sich zuerst der Initialisierungscode, der nach dem primären Konstruktor aufgerufen wird. Es folgen eine abstrakte veränderliche Property `profession` und eine abstrakte Funktion `work`. Die Methoden `compareTo`, `equals`, `hashCode` und `toString` sind implementiert. Sie sind mit `override` gekennzeichnet. Die Funktion `toString` verwendet ein sogenanntes String-Template, mit dem Variablen- und Ausdruckswerte durch das Dollarzeichen `$` in einen String eingebettet werden können.

```
abstract class Person
    protected constructor(val firstName: String, val lastName: String)
      : Comparable<Person>, Serializable {

  init {
    println("constructed person with primary constructor")
  }

  abstract var profession: String

  abstract fun work(): Unit

  override fun compareTo(other: Person): Int {
    var c = lastName.compareTo(other.lastName)
    if (c != 0) return c
    return firstName.compareTo(other.firstName)
  }

  override fun equals(other: Any?): Boolean {
    if (this === other) return true
    if (javaClass != other?.javaClass) return false
    other as Person
    if (firstName != other.firstName) return false
    if (lastName != other.lastName) return false
    return true
  }

  override fun hashCode(): Int {
    var result = firstName.hashCode()
    result = 31 * result + lastName.hashCode()
    return result
  }

  override fun toString(): String {
    return "$firstName $lastName)"
  }
}
```

Listing 14.3 *Abstrakte Basisklasse Person*

Listing 14.4 zeigt die Unterklasse `Student`. Die Klasse ist mit `open` gekennzeichnet, sodass von `Student` weitere Unterklassen abgeleitet werden können. Der primäre Konstruktor ist nun public, wodurch das Schlüsselwort `constructor` entfallen kann. Es sind die Parameter `firstName`, `lastName` und `study` definiert, wobei für `study` die Enumerationsklasse `Study` verwendet wird. Der Parameter `study` wird durch die Kennzeichnung mit `val` zu einer öffentlichen Property. Nach dem Doppelpunkt ist die Basisklasse mit dem Aufruf des primären Konstruktors angegeben. Die Klasse `Student` verfügt zudem über einen sekundären Konstruktor, bei dem der Parameter `study` fehlt. Mit `this` wird der primäre Konstruktor mit einem Standardwert `Study.ComputerScience` für `study` aufgerufen. Es folgen die Implementierung der Property `profession` und der Funktion `work` aus der Basisklasse.

```
open class Student(firstName: String, lastName: String, val study: Study)
   : Person(firstName, lastName) {

  constructor(firstName: String, lastName: String) :
          this(firstName, lastName, Study.ComputerScience) {
    println("constructed person with secondary constructor")
  }

  override val profession: String = "Student"

  override fun work() {
    println("I am a $profession and I am studying $study")
  }
}

enum class Study { ComputerScience, Business, Law, Mathematics, ... }
```

Listing 14.4 *Unterklasse Student mit Enumerationsklasse Study*

Objekte werden nun mit einem Konstruktor erzeugt werden, wobei das Schlüsselwort `new` nicht verwendet wird:

```
val stdt = Student("Harald", "Berger", Study.Law)
stdt.work()
```

Properties

Wie bereits oben angedeutet, werden mit der Definition von Properties Getter- und Setter-Funktionen erzeugt. Zum Beispiel wird bei der oben erwähnten Property `profession` eine Funktion zum Lesen des Werts erzeugt, die beim Zugriff aufgerufen wird:

```
val stdtProfession = stdt.profession
```

Damit können Properties dynamisch gebunden werden und sogar abstrakt sein. Ebenso wird für eine veränderliche Property eine Setter-Funktion erzeugt. Für veränderliche Properties wird im Hintergrund auch ein Feld zum Speichern des Werts angelegt. Dieses Feld ist jedoch nur in Getter- und Setter-Funktionen verwendbar.

In obiger Deklaration der Property `profession` wird der Wert durch einen sogenannten Property-Initialisierer (engl. *property initializer*) gesetzt. Tatsächlich kann man aber die Getter- und die Setter-Funktionen auch explizit implementieren. Dies wird mithilfe des Schlüsselworts `get` für die Getter-Funktion und `set` für die Setter-Funktion erreicht. Das wird in Listing 14.5 anhand einer Setter-Funktion für eine veränderliche Property `study` veranschaulicht.

Die Property `study` wird mit `var` als veränderliche Property angelegt. Für diese Property wird automatisch ein internes Feld erstellt, auf das innerhalb der Getter- und Setter-Funktionen über das Schlüsselwort `field` zugegriffen werden kann. Als Anfangswert wird der Wert des Konstruktorparameters `initial` gesetzt. Mit `get` wird die Getter-Funktion definiert, die eine Ausgabe erzeugt und anschließend den Wert aus dem Feld `field` zurückgibt. Mit `set` wird die Setter-Funktion definiert, die eine Sichtbarkeit von `internal` hat. Sie prüft, ob der neue Wert vom aktuellen abweicht, und setzt ihn nur in diesem Fall. Zusätzlich wird eine Meldung auf der Konsole ausgegeben.

```
open class Student(firstName: String, lastName: String, initial: Study)
     : Person(firstName, lastName) {
  ...
  var study : Study = initial
    get() {
      println("Getting study")
      return field
    }
    internal set(value) {
      if (value != study) {
        println("Changing study to $value")
        field = value
      }
    }
}
```

Listing 14.5 *Getter- und Setter-Funktionen für Property study*

Beim Zugriff auf die Property wird die Getter-Funktion, beim Setzen wird die Setter-Funktion automatisch aufgerufen:

```
println(stdt.study)
stdt.study = Study.Law
println(stdt.study)
```

Infix-Funktionen und Operator-Overloading

Kotlin kennt zwei spezielle Member-Funktionen: Infix-Funktionen und Operatoren. Wie die Namen bereits andeuten, können Infix-Funktionen mit Infix-Notation aufgerufen werden, während Operatoren Funktionen sind, die mit Operatorsymbolen aufgerufen werden.

Infix-Funktionen können Member-Funktionen oder Erweiterungsfunktionen (vgl. Abschnitt 14.8) von Klassen oder Interfaces sein, müssen mit dem Schlüsselwort `infix` gekennzeichnet werden und genau einen Parameter haben. Sie können in Infix-Notation aufgerufen werden, wobei links das empfangende Objekt und rechts das Argument steht. Listing 14.6 zeigt eine Infix-Funktion `marry` für die Klasse `Person`.

```
abstract class Person ...

  var spouse: Person? = null

  infix fun marry(spouse: Person) {
    this.spouse = spouse
    this.spouse?.spouse = this
  }
}
```

Listing 14.6 *Klasse Person mit Infix-Funktion marry*

Die Funktion `marry` kann nun mit Infix-Notation aufgerufen werden:

```
val john = Person("John")
val mary = Person("Mary")
mary marry john
```

In Kotlin gibt es eine Vielzahl von Operator-Symbolen für Operator-Funktionen. Dazu zählen die bekannten arithmetischen Operatoren wie +, * etc., aber auch Zugriffe mit einem Index in eckigen Klammern, wie sie bei Arrays üblich sind. Das Vorgehen ist wie folgt: Für die Operator-Symbole sind festgelegte Funktionsnamen vergeben, z. B. `plus` für den Operator +. Man implementiert dann eine Funktion mit diesem Namen und kennzeichnet sie mit dem Schlüsselwort `operator`. Dabei muss die Anzahl der Argumente passen, das heißt, ein Argument für binäre Operatoren und kein Argument für unäre Operatoren. Die Funktion kann anschließend mit dem entsprechenden Operator aufgerufen werden.

Das folgende Beispiel zeigt, wie die oben erwähnte Infix-Funktion `marry` durch Überladen des Operators + implementiert werden kann (Listing 14.7). Die Funktion `plus` ist mit dem Schlüsselwort `operator` gekennzeichnet. Sie hat einen weiteren Parameter vom Typ `Person`.

```
abstract class Person ...
  var spouse: Person? = null

  operator fun plus(spouse: Person) {
    this.spouse = spouse
    this.spouse?.spouse = this
  }
}
```

Listing 14.7 *Klasse Person mit Operator plus*

Die Operation wird nun mit dem Operator + aufgerufen. Wie bei Infix-Funktionen steht links das aufgerufene Objekt und rechts der Parameterwert:

```
mary + john
```

Recht ungewöhnlich sind die Operatoren für einen Zugriff über einen Index, ähnlich wie bei Arrays. Diese können in Kotlin für beliebige Klassen als Operatoren implementiert werden. Eine Methode `get` wird für den lesenden Zugriff implementiert und eine Methode `set` für den schreibenden Zugriff. Das folgende Beispiel zeigt dieses Vorgehen anhand einer Klasse `Couple`:

```
class Couple(var first: Person, var second: Person) {
  operator fun get(i : Int) : Person =
    when (i) {
        1 -> first
        2 -> second
        else -> throw IndexOutOfBoundsException(i)
      }
  operator fun set(i : Int, p: Person) {
    when (i) {
      1 -> first = p
      2 -> second = p
      else -> throw IndexOutOfBoundsException(i)
    }
  }
}
```

Die Klasse `Couple` definiert zwei Konstruktorparameter `first` und `second`, die in diesem Fall mit `var` als veränderliche Properties definiert sind. Dann definiert sie eine Operatorfunktion `get` mit einem Indexwert `i`. Diese liefert bei 1 den Wert von `first` und bei 2 den Wert von `second`. Damit können wir auf die Personen mit Indexoperationen zugreifen, z. B. auf die erste Person:

```
val couple = Couple(Person("Maria"), Person("Hans"))
val wife = couple[1]
```

Die Operatorfunktion `set` hat den Indexwert und ein `Person`-Objekt als Parameter. Sie weist bei einem Indexwert von `1` die Person `p` der Property `first` zu und bei `2` der Property `second`. Damit können wir z. B. die zweite Person neu setzen:

```
couple[2] = Person("Peter")
```

Das Beispiel zeigt das grundsätzliche Vorgehen. Indexoperationen sind jedoch sehr allgemein einsetzbar; sie können z. B. auch mehrere Indizes verwenden. Sie spielen auch bei Collections eine wichtige Rolle.

Es gibt viele weitere Operatoren in Kotlin, von denen in den nächsten Kapiteln einige behandelt und verwendet werden.

14.5.2 Interfaces

Interfaces können, ähnlich wie Klassen, Funktionen und Properties enthalten, sowohl abstrakte als auch konkrete. Allerdings haben sie keine Konstruktoren und können ausschließlich andere Interfaces erweitern. Listing 14.8 zeigt ein Beispiel für ein Interface `WithName`. Das Interface definiert zwei abstrakte Properties `firstName` und `lastName`. Darüber hinaus gibt es eine Property `name` mit einer konkreten Implementierung der Getter-Funktion. (Bei Interfaces sind einfache Initialisierungen der Properties nicht erlaubt; stattdessen müssen wir die Getter-Funktionen explizit implementieren.)

```
interface WithName {
  val firstName: String
  val lastName: String
  val name: String
    get() = "$firstName $lastName"
}
```

Listing 14.8 *Interface WithName*

Wenn wir das Interface durch die Klasse `Person` implementieren lassen, müssen wir die beiden Properties `firstName` und `lastName` mit `override` kennzeichnen, da sie die abstrakten Properties von `WithName` überschreiben. Die Property `name` wird von `WithName` geerbt und muss daher nicht erneut implementiert werden:

```
abstract class Person
  protected constructor (override val firstName: String,
                         override val lastName: String)
      : Comparable<Person>, Serializable, WithName {
    ...
}
```

14.5.3 Objekte

Eine anonyme Klassendefinition in Java erzeugt ein Objekt mit einer eigenen Klasse, die aber nur für dieses Objekt verwendet wird. In Kotlin gibt es dafür eine spezielle Syntax, die sogenannten Objektausdrücke (engl. *object expressions*). Ein Objektausdruck erzeugt ein anonymes Objekt (engl. *anonymous object*).

Ein Objektausdruck beginnt mit dem Schlüsselwort `object`. Nach einem Doppelpunkt folgt der Aufruf des Konstruktors der Basisklasse, dann der Rumpf der

Klasse in geschweiften Klammern. Der folgende Objektausdruck erzeugt ein anonymes Objekt, das von Person abgeleitet ist. Der Konstruktor von Person wird mit entsprechenden Werten aufgerufen. Im Rumpf der Klasse werden die Property profession und die Funktion work implementiert. Zusätzlich gibt es eine Property myLanguage:

```
val andrey = object : Person("Andrey", "Breslav") {
    val myLanguage = "Kotlin"
    override val profession: String = "language designer"
    override fun work() {
      println("I am a $profession and I am developing $myLanguage ")
    }
  }
```

Das erzeugte Objekt wird in der Variablen andrey gespeichert. Mit der Variablen können wir auf das Objekt zugreifen. Auch auf die Property myLanguage kann zugegriffen werden. Der Typ der Variablen entspricht der anonymen Klasse:

```
andrey.work()
println(andrey.myLanguage)
```

Mit Objektdeklarationen lassen sich benannte Objekte erzeugen. Eine Objektdeklaration wird ähnlich wie ein Objektausdruck geschrieben, jedoch folgt nach dem Schlüsselwort object ein Name. Mit diesem Namen kann auf das Objekt zugegriffen werden, es wird aber auch eine Klasse mit diesem Namen erzeugt. Der Name des Objekts wird üblicherweise großgeschrieben. Der folgende Code zeigt, wie das anonyme Objekt aus dem vorherigen Beispiel als Objektdeklaration geschrieben wird:

```
object Andrey : Person("Andrey", "Breslav") {
  val myLanguage = "Kotlin"
  override val profession: String = "language designer"
  override fun work() {
    println("Im am a $profession and I am developing $myLanguage")
  }
}
```

Objektdeklarationen können Member von Klassen oder Interfaces sein. Sie können auch auf oberster Ebene in Packages definiert werden, jedoch nicht lokal in Funktionen.

14.5.4 Companion-Objekte

Eine besondere Form der Objektdeklaration in Klassen sind die sogenannten Companion-Objekte. Diese werden mit dem Schlüsselwort companion gekennzeichnet, haben den gleichen Namen wie die Klasse und sind eng mit dieser verbunden. Companion-Objekte werden häufig verwendet, um statische Member zu ersetzen, die es in Kotlin nicht gibt.

Ein Beispiel für den Einsatz eines Companion-Objekts ist die Implementierung einer Fabrikmethode. Listing 14.9 zeigt eine Variante der Klasse `Student`, bei der der primäre Konstruktor privat ist. Ein Companion-Objekt enthält die Funktion `create`, mit der ein `Student`-Objekt erzeugt wird. Dieses wird in der Menge `students` gespeichert und anschließend zurückgegeben:

```
open class Student
  private constructor(firstName: String,
                      lastName: String,
                      val study: Study)
      : Person(firstName, lastName) {
  ...
  companion object {
    val students: MutableSet<Student> = mutableSetOf()

    fun create(first: String, last: String, study: Study): Student {
      val stdt = Student(first, last, study)
      students.add(stdt)
      return stdt
    }
  }
}
```

Listing 14.9 *Student mit privatem Konstruktor und Companion-Objekt mit Factory-Funktionen*

Die folgende Anwendung zeigt, wie die Funktion `create` und die Property `students` des Companion-Objekts über den Namen der Klasse aufgerufen werden können:

```
val stdt = Student.create("Harald", "Berger", Study.Law)
for (s in Student.students) {
    println(s)
}
```

14.5.5 Spezielle Arten von Klassen

In Kotlin gibt es eine Reihe von Klassen mit spezieller Syntax und besonderen Eigenschaften. Diese speziellen Klassen sollen hier nur kurz eingeführt werden. Für eine detaillierte Darstellung wird auf die Dokumentation [54] und die einschlägige Literatur [2] verwiesen.

Kotlin bietet folgende spezielle Klassen:

- *Enumerationsklassen:* Wie in Java gibt es auch in Kotlin Enumerationsklassen. Wie im Beispiel in Listing 13.3 gezeigt, werden diese mit dem Schlüsselwort `enum class` eingeführt. Sie sind ähnlich zu denen in Java, daher wird hier nicht näher darauf eingegangen.
- *Geschachtelte und innere Klassen:* In Kotlin können, ähnlich wie in Java, Klassen innerhalb anderer Klassen definiert werden. Dabei wird zwischen geschachtelten Klassen (engl. *nested classes*) und inneren Klassen (engl. *inner classes*) unterschieden. Geschachtelte Klassen entsprechen den statischen inneren Klas-

sen in Java. Es gibt auch geschachtelte Interfaces sowie geschachtelte Klassen und Interfaces in Interfaces. Innere Klassen hingegen werden mit dem Schlüsselwort `inner` gekennzeichnet und entsprechen den inneren Member-Klassen in Java. Sie haben Zugriff auf ein Objekt der äußeren Klasse.

Datenklassen: Eine besonders wichtige Art von Klassen in Kotlin sind die Datenklassen (engl. *data classes*). Sie sind ähnlich zu den Record-Klassen in Java und wesentlich für die Implementierung von algebraischen Datentypen. Kapitel 15 behandelt algebraische Datentypen in Kotlin ausführlich und geht dabei auch auf Datenklassen ein.

Inline-Werteklassen: Diese Klassen sind eine besondere Art von Klassen, die nur einen Wert kapseln. Sie werden mit dem Schlüsselwort `value` eingeführt und müssen eine einzige Property enthalten, die im primären Konstruktor initialisiert werden muss. Das Ziel dieser Klassen ist es, das Allokieren eines separaten Heap-Objekts zu vermeiden und die Property direkt zu »inlinen«. Wenn der Typ der Property ein Basisdatentyp ist, kann das Heap-Objekt durch eine einfache Variable ersetzt werden. Beispiele aus der Standardbibliothek sind die vorzeichenlosen Zahlen wie `UInt`, `ULong`, `UShort` und `UByte`, die mit Inline-Klassen implementiert werden.

Listing 14.10 zeigt ein Beispiel einer Inline-Werteklasse `Temperature`, die einen `Double`-Wert kapselt. Sie bietet spezifische Methoden für Berechnungen mit Temperaturwerten. Die Annotation `@JvmInline` gibt an, dass diese Klasse für die Java Virtual Machine optimiert werden soll.

```
@JvmInline
value class Temperature(val degreesCelsius: Double) {

  fun toFahrenheit(): Double = degreesCelsius * 9 / 5 + 32

  inline operator fun plus(other: Temperature): Temperature {
    return Temperature(this.degreesCelsius + other.degreesCelsius)
  }

  override fun toString(): String {
    return "$degreesCelsius°C"
  }
}
```

Listing 14.10 *Inline-Werteklassen Temperature*

14.6 Das Typsystem von Kotlin

Das Typsystem in Kotlin ist deutlich durchdachter und moderner als das von Java. Im Folgenden wird das Typsystem von Kotlin beschrieben. Es bildet eine wichtige Grundlage für die Generics, die wiederum essenziell für Lambda-Ausdrücke und die funktionalen Programmierkonzepte im Allgemeinen sind.

14.6.1 Verband der Typen und Typinferenz

In Kotlin bilden die Typen mit der Subtyp-Relation, wie in der Typtheorie beschrieben [76], einen beschränkten Verband (siehe folgende Anmerkungen zum Begriff »Verband«). Abbildung 14.1 skizziert die Typhierarchie von Kotlin – vorerst nur für die Non-Nullable-Typen (vgl. Abschnitt 14.6.2).

Das Top-Element des Typsystems ist der Typ `Any`. Er repräsentiert den allgemeinsten Typ, das heißt, alle Typen sind Subtypen des Typs `Any`. Das Bottom-Element ist der Typ `Nothing`. Dieser Typ ist spezieller als alle anderen Typen, das heißt, der Typ `Nothing` ist Subtyp aller Typen. Vom Typ `Nothing` gibt es keinen Wert.

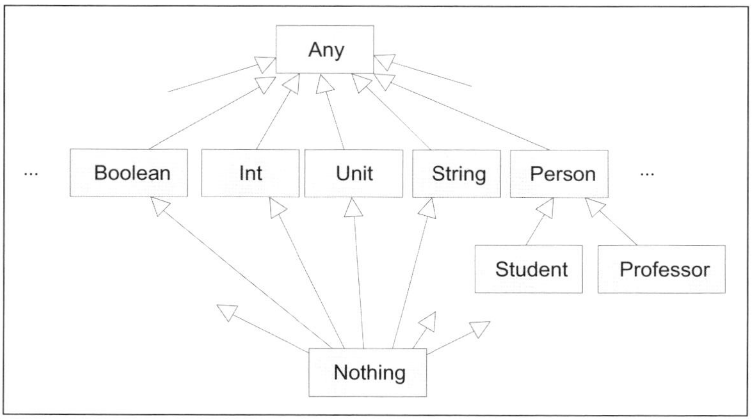

Abb. 14.1 *Verband der Non-Nullabe-Typen in Kotlin*

Verband

Ein Verband [28] ist eine algebraische Struktur über eine Menge von Elementen V mit einer partiellen Ordnung $\leq$. Die partielle Ordnung erfüllt folgende Eigenschaften:

- Reflexivität: Für jedes Element a gilt $a \leq a$.
- Antisymmetrie: Wenn $a \leq b$ und $b \leq a$, dann gilt $a = b$.
- Transitivität: Wenn $a \leq b$ und $b \leq c$, dann ist $a \leq c$.

Mit der partiellen Ordnung sind zwei Operationen definiert: *Supremum* $\vee$ (auch als *Join* bezeichnet) und *Infimum* $\wedge$ (auch als *Meet* bezeichnet):

- Das Supremum $a \vee b$ ist das kleinste Element x, für das a kleiner als x und b kleiner als x ist, das heißt, $a \leq x$ und $b \leq x$ und für alle y mit $a \leq y$ und $b \leq y$ gilt $x \leq y$.
- Das Infimum $a \wedge b$ ist das größte Element x, das kleiner als a und kleiner als b ist, das heißt, $x \leq a$ und $x \leq b$ und für alle y mit $y \leq a$ und $y \leq b$ gilt $y \leq x$.

Ein beschränkter Verband hat ein größtes Element *Top* und kleinstes Element *Bottom*. Für alle $a \in V$ gilt $a \leq Top$ und $Bottom \leq a$.

In der Typtheorie bilden die Typen mit der Ist-Subtyp- oder Ist-gleich-Beziehung einen beschränkten Verband. Das Element *Top* ist der allgemeinste Typ und die Wurzel in der Typhierarchie. Jeder Typ ist Subtyp des Typs *Top*. Das Element *Bottom* ist der speziellste Typ und ein Subtyp jedes anderen Typs.

Supremum und Infimum entsprechen in der Typtheorie der Typ-Vereinigung und dem Typ-Durchschnitt. Die beiden Operationen bilden die Basis für die Typinferenz.

Ganz entscheidend ist, dass auch die Basisdatentypen wie `Int`, `Double`, `Boolean` etc. in diese Typhierarchie eingebettet sind. Wie in Abbildung 14.1 zu sehen ist, sind die Typen `Int`, `Double`, `Boolean` etc. Subtypen von `Any`. Dadurch kann einer Variablen vom Typ `Any` sowohl ein Objekt, z. B. ein String, als auch ein Wert eines Basisdatentyps zugewiesen werden:

```
var x : Any
x = "Hallo"
x = 3.14
```

Ein besonderer Typ in Kotlin ist der Typ `Unit`. Wie bereits in Abschnitt 14.2 erläutert, wird dieser anstelle von `void` für Rückgabewerte verwendet.

Doch wofür benötigt man einen Typ `Nothing`, der keinen Wert hat? Wie das Typsystem insgesamt ist auch der Typ `Nothing` wichtig für die Typinferenz, also die Ableitung der Typen durch den Compiler. Die Typinferenz basiert auf der Verbandsstruktur der Typen. Dies wird im Folgenden anhand einiger Beispiele veranschaulicht.

In Kotlin können wir beispielsweise einer Variablen einen bedingten Wert zuweisen, etwa ein Objekt vom Typ `Student` oder `Professor`:

```
val p =  if (readln() == "student") Student("Franz")
         else Professor("Wirth")
```

Die Typinferenz ermittelt für die Variable `p` im Verband den speziellsten Typ, der sowohl ein Supertyp von `Student` als auch von `Professor` ist. Das ist offensichtlich der Typ `Person`.

Betrachten wir ein weiteres Beispiel, bei dem eine Liste mit unterschiedlichen Werten erzeugt wird:

```
val lst = listOf("Hallo", Student("Franz"), 1, 'a')
```

Die Typinferenz ermittelt auch hier den allgemeinsten Typ für die Elemente der Liste, der in diesem Fall `Any` ist.

Das folgende Beispiel zeigt die Verwendung des Typs `Nothing`. Eine Funktion `error` wirft eine Exception und wird bei einer bedingten Zuweisung im Else-Zweig verwendet:

```
val r = if (x != 0.0) 1.0 / x else error("/ by 0")
```

Hier soll für eine Double-Variable `x` der Kehrwert `1/x` berechnet und der Variablen `r` zugewiesen werden. Es wird jedoch überprüft, ob der Wert von `x` nicht `0` ist. Falls `x` gleich `0` ist, wird mit `error` eine Exception geworfen.

Im Else-Zweig wird der Wert durch die Funktion `error` bestimmt, die keinen Rückgabewert hat, sondern nur eine Exception wirft. Der Rückgabewert der Funktion `error` ist korrekt mit dem Typ `Nothing` angegeben, wie die folgende Definition zeigt:

```
fun error(msg: String) : Nothing {
  throw Exception(msg)
}
```

Durch die Verwendung des Typs `Nothing` funktioniert die Typinferenz auch bei der Zuweisung an die Variable `r`. Im Then-Zweig ist der Typ des Werts `Double`, im Else-Zweig `Nothing`. Da `Nothing` Subtyp aller Typen ist, ist er auch mit dem Typ `Double` kompatibel.

Die Verbandsstruktur macht die Typinferenz vollständig, das heißt, der Compiler kann in allen Fällen den korrekten Typ ableiten. Dies ist besonders wichtig für generische Typen, die wir in Abschnitt 14.7 detailliert behandeln werden.

14.6.2 Nullable- und Non-Nullable-Typen

Ein zentrales Merkmal des Kotlin-Typsystems ist die Unterscheidung zwischen Typen, die `null` erlauben, und solchen, die `null` nicht erlauben. Dadurch kann Kotlin Zugriffe auf `null`-Werte bereits zur Compilezeit erkennen und das Auftreten von `NullPointerException` zur Laufzeit vermeiden.

Diese Sicherheit wird erreicht, indem Kotlin zwischen Nullable- und Non-Nullable-Typen unterscheidet. Die im vorigen Abschnitt beschriebenen Typen sind Non-Nullable-Typen, das heißt, einer Variablen dieser Typen kann `null` nicht zugewiesen werden. Zum Beispiel erlaubt der Typ `String` alle String-Werte, jedoch nicht den Wert `null`.

Zu jedem Non-Nullable-Typ gibt es nun einen Nullable-Typ. Der Typname wird einfach durch das Anhängen eines Fragezeichens an den Typnamen gebildet, z. B. bezeichnet `String?` den Nullable-Typ zum Non-Nullable-Typ `String`. Die Werte des Typs `String?` umfassen somit alle Strings plus `null`. Wird eine Variable mit `String?` deklariert, kann man sowohl Strings als auch `null` zuweisen:

```
var s: String?
s = "Kotlin"
s = null
```

Hingegen meldet der Compiler bei einer Zuweisung von `null` an eine Variable des Typs `String` einen Typfehler:

```
var s: String
s = null            // Typfehler bei Zuweisung von null
```

Tatsächlich existiert zu jedem Non-Nullable-Typ `T` ein Nullable-Typ `T?`, , wobei `T` ein Subtyp von `T?` ist. Damit sind Variablen vom Typ `T` mit Variablen mit Typ `T?` zuweisungskompatibel:

```
var s1 : String = ...
var s2 : String?
s2 = s1
```

Hat eine Variable einen Nullable-Typ, kann nicht ohne Weiteres auf Funktionen oder Properties zugegriffen werden. Kotlin bietet jedoch mehrere Mechanismen, um `null`-Werte auszuschließen und somit einen sicheren Zugriff zu ermöglichen.

Die einfachste ist eine Prüfung mit einer Bedingung `!= null` in einer If-Anweisung:

```
if (s != null) {
  println(s.length)
}
```

Durch die Prüfung, dass `s` nicht `null` ist, erkennt der Compiler im Then-Zweig, dass der Zugriff auf `length` sicher ist.

Mit dem sicheren Aufrufoperator ?. (engl. *safe call operator*) wird ein Zugriff nur ausgeführt, wenn der Wert nicht `null` ist. Andernfalls wird `null` zurückgegeben:

```
println(s?.length)
```

Dieser Mechanismus ermöglicht auch sichere Aufrufketten, bei denen jeder Zugriff ebenfalls `null` ergeben könnte:

```
println(stdt?.study?.name?.length)
```

Der sogenannte Elvis-Operator erlaubt, bei `null` einen alternativen Wert zu verwenden. Zum Beispiel kann eine Variable `stdt` gleich `null` sein. Mit `?:` wird ein alternatives `Student`-Objekt erzeugt:

```
val name = (stdt ?: Student("NN")).name
```

Der Operator `!!` ermöglicht es dem Entwickler, sicherzustellen, dass der Wert nicht `null` ist. Damit sind dann die Zugriffe erlaubt. Sollte der Wert aber dann doch `null` sein, wird eine `NullPointerException` geworfen:

```
val name: String = stdt!!.name
```

Nullable-Typen und Javas Optional-Typ

Nullable-Typen in Kotlin sind vergleichbar mit dem Umgang von `Optional` in Java. Man kann Nullable-Typen sogar als Ersatz für `Optional`-Werte betrachten. Ein `null`-Wert bei einem Nullable-Typ entspricht dem Wert `Optional.empty()` in Java.

Auch der Zugriff auf Werte ist ähnlich gestaltet. Zum Beispiel entspricht der Elvis-Operator `?:` der Methode `orElse()` bei `Optional`.

Der wesentliche Unterschied liegt jedoch darin, dass Nullable-Typen in Kotlin als Sprachelemente integriert sind. Der Compiler nutzt die Typprüfung, um sicherzustellen, dass der Umgang mit Nullable-Typen korrekt ist. Dadurch kann Kotlin, bei diszipliniertem Programmierstil, `NullPointerException`-Fehler vollständig ausschließen.

14.6.3 Typtest und Typecasts

Für Typprüfungen zur Laufzeit bietet Kotlin die beiden Operatoren `is` und `!is`, wobei `!is` die Negation von `is` darstellt:

```
if (person is Student) ...
if (person !is Student) ...
```

Das Besondere bei diesen Typprüfungen ist, dass der Typ nach einer erfolgreichen Prüfung garantiert ist – ein Konzept, das als *Smart Casts* bezeichnet wird. Das bedeutet: Wenn eine Typprüfung erfolgreich ist, wird der Typ der Variablen im nachfolgenden Code automatisch angepasst. Beispielsweise ist bei der oben genannten Prüfung mit `is` im Then-Zweig garantiert, dass der Wert der Variablen `person` vom Typ `Student` ist. Dadurch können die Elemente von `Student`, wie etwa die Property `study`, direkt verwendet werden:

```
if (person is Student) {
  println(person.study)
}
```

Das funktioniert nicht nur für Typprüfungen mit `is`, sondern auch für komplexere Prüfungen, z. B. mit Boole'schen Operatoren. Das kann man besonders gut bei Verzweigungen mit `when` einsetzen, bei denen Fälle anhand von Typprüfungen unterschieden werden. Im folgenden Beispiel wird der Typ einer Variablen `x` geprüft, und je nach Typ werden unterschiedliche Berechnungen durchgeführt. Nach der Typprüfung passt der Compiler den Typ der Variablen `x` automatisch an, sodass für den jeweiligen Typ passende Operationen möglich sind, z. B. `length` bei `String`:

```
var x: Any = ...
val r =
    when (x) {
      is Int -> x + 1
      is String -> x.length + 1
      else -> 1
    }
```

Der Smart Cast mit `is` ist sicher, da der Compiler nach der Typprüfung den Typ garantiert. Es gibt jedoch auch einen unsicheren Typecast mit `as`, der eine Exception wirft, wenn der Typecast nicht möglich ist – ähnlich wie in Java.

```
val s: String = x as String
```

Kotlin bietet zudem eine sichere Variante mit `as?`, die bei einem fehlgeschlagenen Cast keine Exception wirft, sondern `null` zurückgibt:

```
val s: String? = x as? String
```

Man beachte den Unterschied im Typ der Variablen `s` in den beiden Varianten. Bei Letzterer ist der Typ von `s` der Nullable-Typ `String?`. Mit diesem Nullable-Wert kann man dann mit den oben beschriebenen Mechanismen sicher weiterarbeiten, beispielsweise mit dem sicheren Aufrufoperator `?.`:

```
println(s?.length)
```

14.7 Generics

Wie in Java bilden Generics auch in Kotlin eine zentrale Grundlage für die funktionale Programmierung. Die Generics in Kotlin sind ähnlich zu den Generics in Java, es gibt aber auch einige Unterschiede und Erweiterungen. Diese Besonderheiten werden in diesem Abschnitt näher erläutert.

14.7.1 Typparameter

Wie in Java können in Kotlin Klassen und Interfaces mit generischen Typparametern definiert werden. Listing 14.11 zeigt eine Implementierung einer generischen Liste in Kotlin. Der Typparameter steht, wie in Java, nach dem Klassennamen in spitzen Klammern. Der Typparameter `E` repräsentiert einen beliebigen Typ, einschließlich Nullable-Typen. Dieser Typparameter wird in der Implementierung für Parameter und Rückgabewerte verwendet.

Intern verwendet die Liste ein Array zur Speicherung der Elemente. Das Array wird mit dem Elementtyp `Any?` erzeugt, da Arrays nicht direkt mit einem generischen Typ erstellt werden können – ähnlich wie in Java. Ein Typecast auf den generischen Typ ist wie auch in Java zulässig.

```
class List<E> {

    constructor(vararg es: E) {
        for (e in es) add(e)
    }

    var elems : Array<E> = arrayOfNulls<Any?>(16) as Array<E>
    var size: Int = 0

    fun add(elem: E) {
        if (size == elems.size)  resize()
        elems[size] = elem
        size++
    }

    fun get(i: Int): E {
        if (i < 0 || i >= size) throw ArrayIndexOutOfBoundsException(i)
        return elems[i]!!
    }

    private fun resize() {...}
}
```

Listing 14.11 *Implementierung der generischen Klasse List in Kotlin*

Ein erster Unterschied zu Java ergibt sich in der Verwendung der Typparameter. In Kotlin können Typparameter nicht nur Referenztypen, sondern auch Basisdatentypen sein. Das bedeutet, dass z. B. eine Liste sowohl für `String`- als auch für `Int`-Werte erzeugt werden kann:

```
val stringList: List<String> = List()
val intList: List<Int> = List()
```

Auch Funktionen können in Kotlin Typparameter haben. Eine Funktion `find`, ähnlich wie in Abschnitt 2.1.1 für Java beschrieben, kann in Kotlin wie folgt definiert werden:

```
fun <T> find(list: List<T>, item: T): T? {
    for (i in 0 .. list.size) {
        if (list.get(i) == item) {
            return item!!
        }
    }
    return null
}
```

Diese Funktion iteriert über die Indices der Liste `list`, greift mit `get` auf die Elemente zu und prüft, ob ein Element gleich dem gesuchten Objekt `item` ist. Man beachte, dass der Vergleich mit `==` einem Inhaltsvergleich entspricht, der mit der Methode `equals` umgesetzt wird. Der Rückgabewert ist ein Nullable-Wert mit `null`, wenn der Wert nicht gefunden wurde.

Da der Typparameter `T` für jeden beliebigen Typ steht, kann in obiger Definition `item` auch `null` sein und mit dem Operator `!!` werden hier `null-Werte` ausgeschlossen. Will man `null`-Werte bereits beim Aufruf von `find` ausschließen, bietet Kotlin die besondere Notation `T & Any`:

```
fun <T> findAny(list: kotlin.collections.List<T>, item: T & Any): T? {
    ...
      return item
    ...
}
```

Die Notation `T & Any` bedeutet, dass der Typ `T` beliebig ist, jedoch nicht `null` sein darf, da `Any` ein Non-Nullable-Typ ist. Dadurch ist der Operator `!!` in der Funktion nicht mehr erforderlich.

14.7.2 Typconstraints

Wie in Java steht ein Typparameter auch in Kotlin für einen beliebigen Typ. Mit sogenannten Typconstraints kann man jedoch die erlaubten Typen einschränken.

In Kotlin verwendet man für Typconstraints nicht das Schlüsselwort `extends`, sondern wie bei der Vererbung einen Doppelpunkt. Zum Beispiel definiert den Typconstraint `T: Comparable<T>` in der Klasse `SortedList`, dass nur Typen erlaubt sind, die `Comparable<T>` implementieren. Dies ist nützlich, um beispielsweise eine sortierte Liste zu erstellen (vgl. Abschnitt 2.1.2).

In der Implementierung der sortierten Liste in Listing 14.12 wird der Typparameter `E` durch den Constraint `E: Comparable<E>` eingeschränkt. Das Array `elems` speichert die Elemente der Liste. Da Arrays in Kotlin mit generischen Typen nicht direkt erstellt werden können, wird hier ein `Array<Comparable<E>?>` verwendet und anschließend gecastet. Die Methode `add` fügt ein Element in die sortierte Liste ein. Die Einfügeposition wird durch Vergleiche mit der Methode `compareTo` ermittelt.

```
class SortedList<E: Comparable<E>> {
    var elems : Array<E?> = arrayOfNulls<Comparable<E>?>(CAP) as Array<E?>
    var size: Int = 0

    fun add(elem: E) {
        ...
        var i = 0;
        while (i < size && elem.compareTo(elems[i]!!) > 0) i++
        ...
    }
}
```

Listing 14.12 *Auszug aus der Klasse SortedList mit Typconstraint für Parameter T*

Wie kann man sicherstellen, dass bei einer generischen Klasse wie `List` keine speziellen Typen benötigt werden, jedoch `null`-Werte ausgeschlossen sind? Das ist mit einem Typconstraint `T: Any` möglich. Da `Any` ein Non-Nullable-Typ ist, sind Nullable-Typen damit nicht mehr erlaubt.

Wenden wir diesen Typconstraint bei unserer Klasse `List` an, so können wir garantieren, dass nur Non-Nullable-Typen verwendet werden und keine `null`-Werte übergeben werden können. Nachfolgend ist eine angepasste Definition gegeben. Beachten Sie, dass wie bei `SortedList` das Array mit `Array<E?>` definiert werden muss, da `E` ein Non-Nullable-Typ ist, das Array jedoch `null`-Werte für unbesetzte Stellen enthält:

```
class List<E: Any> : Iterable<E> {
    var elems : Array<E?> = arrayOfNulls<Any?>(CAP) as Array<E?>
    ...
}
```

Das gleiche Prinzip gilt auch für generische Funktionen. Beispielsweise kann die Funktion `find` wie folgt angepasst werden:

```
fun <T : Any> findNonNull(list: List<T>, item: T): T? {
  for (i in 0..list.size) {
    if (list.get(i) == item) {
      return item
    }
  }
  return null
}
```

Kotlin bietet mit dem Schlüsselwort `where` eine alternative Form, Typconstraints zu definieren. So kann der Typconstraint bei `SortedList` auch mit `where` angegeben werden:

```
class SortedList<E>  where E : Comparable<E> { ... }
```

Die Definition mit `where` wird besonders bei komplexeren Typconstraints eingesetzt. Mit `where` können auch mehrere Typconstraints für denselben Parameter definiert werden, z. B.:

```
class SortedList<E>
   where E : Comparable<E>,  E : Serializable { ... }
```

14.7.3 Ko- und Kontravarianz

Das Problem von kovarianten und kontravarianten Zuweisungen besteht in Kotlin in ähnlicher Weise wie in Java. Betrachten wir eine generische Liste mit den Funktionen `add` und `get`, wie sie in Listing 14.11 eingeführt wurde. In solchen Fällen sind kovariante Zuweisungen wie z. B.

```
val students: List<Student> = List<Student>()
val persons: List<Person> = students        // Syntaxfehler
```

und ebenso kontravariante Zuweisungen wie z. B.

```
val persons: List<Person> = List<Person>()
val student: List<Student> = persons        // Syntaxfehler
```

nicht erlaubt.

Verwendungsvarianz

Als Lösung für das Problem von Kovarianz und Kontravarianz gibt es in Kotlin, wie in Java, die Möglichkeit zu bestimmen, ob der Zugriff lesend oder schreibend erfolgen soll. Damit werden entweder kovariante oder kontravariante Zuweisungen möglich. Anders als in Java verwendet Kotlin jedoch nicht Wildcards mit `? extends` und `? super`, sondern die Schlüsselwörter `out` und `in`:

- `out` steht für kovariante Zuweisungen und lesende Zugriffe.
- `in` steht für kontravariante Zuweisungen und schreibende Zugriffe.

Kotlin verwendet in diesem Zusammenhang den Begriff der »Projektion«.

In der Diskussion von Ko- und Kontravarianz in Abschnitt 2.1.3 wurde als Beispiel eine Methode `copy` betrachtet, die Elemente aus einer Liste `from` in eine generische Liste `to` kopiert. Dabei wurde entweder der Typparameter der Liste `from` (von der gelesen wird) kovariant oder der Typparameter der Liste `to` (in die geschrieben wird) kontravariant definiert. Das lässt sich in Kotlin mit `out` und `in` in gleicher Weise umsetzen.

Die folgende Funktion `copy` verwendet bei `from` einen mit `out` deklarierten kovarianten Typparameter. Dadurch kann typsicher mit `get` auf die Werte von `from` zugegriffen werden:

```
fun <T> copy(from: List<out T>, to: List<T>) {
    for (i in 0 .. from.size) {
        to.add(from.get(i))
    }
}
```

In der zweiten Variante von `copy` wird bei `to` ein mit `in` deklarierter kontravarianter Typparameter verwendet. Dadurch ist es möglich, Elemente mit `add` typsicher in `to` einzufügen:

```
fun <T> copy(from: List<T>, to: List<in T>) {
    for (i in 0 .. from.size) {
        to.add(from.get(i))
    }
}
```

Es können somit Elemente aus einer Liste mit `Student`-Objekten in eine Liste mit `Person`-Objekten kopiert werden:

```
val students: List<Student> = List<Student>()
val persons: List<Person> = List<Person>()
copy(students, persons)
```

Diese Art der Deklaration von Varianz wird als »use-site variance« bezeichnet. Auf Deutsch könnte man dies als »Verwendungsstellenspezifische Varianz« übersetzen. Damit ist gemeint, dass die Varianz bei der Verwendung des Typs, z. B. bei der Deklaration eines Parameters wie in der Funktion `copy`, festgelegt wird. Im Folgenden wollen wir diese Art der Varianz kurz als »Verwendungsvarianz« bezeichnen.

Deklarationsvarianz

Kotlin unterstützt jedoch auch eine zweite Art, Ko- und Kontravarianz von Typparametern zu definieren, die sogenannte »declaration-site variance«. Diese könnte man im Deutschen als »Deklarationsstellenspezifische Varianz« bezeichnen. Damit wird ausgedrückt, dass die Varianz bereits bei der Deklaration der Klasse oder des Interface festgelegt wird. Wir wollen diese Art der Deklaration im Folgenden kurz als »Deklarationsvarianz« bezeichnen.

Bei der Deklarationsvarianz wird die Varianz eines Typparameters direkt in der Klassendefinition festgelegt. Der Typparameter kann anschließend nur in der deklarierten Weise verwendet werden:

- Bei einer kovarianten Deklaration (`out`) kann der Typparameter nur für Rückgabewerte verwendet werden.
- Bei einer kontravarianten Deklaration (`in`) kann der Typparameter nur für Eingabeparameter verwendet werden.

Aus diesem Grund ist bei der Klasse `List` eine Deklarationsvarianz für den Typparameter `E` nicht möglich. Der Typparameter `E` wird sowohl bei `add` als Eingabeparameter als auch bei `get` als Rückgabewert verwendet.

Ein prominentes Beispiel, bei dem Deklarationsvarianz verwendet wird, ist das Interface `Function1`. Dieses Interface repräsentiert den Typ für Lambda-Ausdrücke mit einem Parameter und entspricht dem funktionalen Interface `Function` in Java (vgl. Abschnitte 2.1.3 und 2.3.1). Das Interface `Function1` hat nur eine abstrakte Methode `invoke`, die einen Parameter vom Typ `P1` und einen Rückgabewert vom Typ `R` besitzt. Die Varianz der beiden Typparameter wird bereits in der Definition des Interface deklariert:

- `P1` wird beim Eingabeparameter verwendet und wird daher mit `in` kontravariant definiert.
- `R` wird für den Rückgabewert verwendet und wird daher mit `out` kovariant definiert.

```
interface Function1<in P1, out R> : Function<R> {
    operator fun invoke(p1: P1): R
}
```

Mit diesen Deklarationen entfällt die Notwendigkeit, Varianz bei der Verwendung anzugeben. Erinnern wir uns an die Methode `applyFunction` in Java aus Abschnitt 2.1.3? In Java musste bei der Methode `applyFunction` die Varianz für die beiden Typparameter mit Wildcards (`? extends`, `? super`) angegeben werden. In Kotlin kann die Varianz bei der Parameterdeklaration entfallen, da sie in `Function1` bereits festgelegt ist:

```
fun <A, B> applyFunction(fn: Function1<A, B>, obj: A): B {
    return fn.invoke(obj)
}
```

Die folgende Anwendung entspricht der Java-Version. Die Variable `toStringFn` speichert eine Funktion vom Typ `Function1<Any, String>`. Die Funktion `applyFunction` wird mit `toStringFn` und einem `Student`-Objekt aufgerufen, und es wird ein Rückgabewert vom Typ `Any` erwartet:

```
val toStringFn: Function1<Any, String> = { obj: Any -> obj.toString() }
val someInfo: Any = applyFunction(toStringFn, Student("Hans", "CS"))
```

Damit werden die Typparameter wie folgt aufgelöst:

- `A` ist vom Typ `Student`.
- `B` ist vom Typ `Any`.

Ko- und Kontravarianz bei `toStringFn` wird automatisch eingehalten:

- Der Inputparameter von `toStringFn` ist `Any` und damit kontravariant zu `Student`.
- Der Rückgabewert ist `String` und somit kovariant zu `Any`.

In Java mussten bei höheren Funktionen stets Wildcards verwendet werden, um Varianz zu spezifizieren. In Kotlin entfällt diese Notwendigkeit bei Funktionstypen, da die Deklarationsvarianz in den Typen wie `Function1` bereits integriert ist. Besonders bei den höheren Funktionen für Collections (Kap. 17) wird dieser Vorteil deutlich.

14.7.4 Star-Projektion

In Java gibt es für generische Typen immer den nicht-generischen Rohtyp. Erinnern wir uns an die Diskussion in Abschnitt 2.1.5: Bei der Kompilation wird der generische Typ durch `Object` ersetzt, sodass zur Laufzeit nur noch der Rohtyp existiert. Leider kann man in Java den Rohtyp direkt verwenden, wodurch unsichere kovariante Zuweisungen erlaubt sind – mit all den Problemen, die eigentlich durch die Wildcards vermieden werden sollen.

In Kotlin hingegen kann der Rohtyp nicht verwendet werden. Stattdessen wurde mit der sogenannten Star-Projektion eine typsichere Alternative eingeführt. Die Star-Projektion wird durch einen Stern (*) für den Typparameter ausgedrückt, z. B. `List<*>`. Damit wird angegeben, dass keine spezifischen Informationen über den generischen Typ bekannt sind.

Wie beim Rohtyp in Java sind mit der Star-Projektion kovariante Zuweisungen möglich. Allerdings wird die Typsicherheit garantiert. Beispielsweise kann einer Variablen vom Typ `List<*>` ein `List`-Objekt mit beliebigem Elementtyp zugewiesen werden:

```
val stringList: List<String> = List("A", "B")
val intList: List<Int> = List(1, 2)
var someList : List<*>
someList = stringList
someList = intList
```

Zugriffe auf solche Variablen sind jedoch eingeschränkt. Aufgrund der Kovarianz sind nur lesende Zugriffe erlaubt. Mit der obigen Variablen `someList` kann man also mit `get` lesend zugreifen, wobei nur der Typ `Any?` garantiert wird:

```
val fst: Any? = someList.get(0)
```

Die Methode `add` aber ist gesperrt. Damit entspricht das Verhalten von `List<*>` dem Typ `List<out Any?>`.

Die Star-Projektion bietet eine einfache Möglichkeit, Kovarianz sicherzustellen. Sind bei den Typparametern Typconstraints oder Deklarationsvarianz im Spiel, ist die korrekte Spezifikation nicht immer offensichtlich. Zum Beispiel haben wir in `SortedList` beim Typparameter `E` den Typconstraint `E: Comparable<E>` definiert (vgl. Abschnitt 14.7.2).

Eine Star-Projektion wie SortedList<*> bedeutet jedoch nicht SortedList<out Any?>, sondern SortedList<out Comparable<*>>. Die Star-Projektion bei Comparable ist entsprechend zu interpretieren.

```
val someSortedList: SortedList<*>
```

Tatsächlich ist der Typparameter bei Comparable in Kotlin kontravariant definiert, da er nur bei Eingabeparametern verwendet wird:

```
public interface Comparable<in T> {
    public operator fun compareTo(other: T): Int
}
```

Eine Star-Projektion bei einem kontravarianten Typparameter ergibt Nothing, das heißt, für Comparable<*> wird der Typ als Comparable<in Nothing> interpretiert. Da Nothing keinen Wert besitzt, kann die Methode compareTo bei einem Typ Comparable<*> nicht aufgerufen werden.

Zusammenfassend garantiert die Star-Projektion, dass der richtige Typ für den Typparameter abgeleitet wird und unsichere Zugriffe ausgeschlossen sind. Daher wird die Star-Projektion immer verwendet, wenn keine spezifischen Informationen über den generischen Typ bekannt sind.

Star-Projektion wird damit auch gerne bei Typtests zur Laufzeit verwendet. Mit einer Prüfung wie

```
if (obj is List<*>) ...
```

kann festgestellt werden, ob ein Objekt eine List ist, ohne den Elementtyp zu kennen. Ebenso kann die Star-Projektion bei Typecasts verwendet werden, z. B.:

```
val list : List<*> = obj as List<*>
```

Dieser Typecast funktioniert für List-Objekte mit beliebigen Elementtypen.

Kotlin erlaubt, wie auch Java, Typecasts mit spezifischen Elementtypen, z. B.:

```
val stringList : List<String> = obj as List<String>
```

Der Elementtyp ist jedoch nicht garantiert. Wenn die Elemente nicht den erwarteten Typ haben, tritt beim Zugriff eine ClassCastException auf:

```
val s: String = stringList.get(0)    // mögliche ClassCastExcption
```

14.7.5 Reifizierte Typparameter

Ein ganz besonderes Feature von Kotlin sind die reifizierten Typparameter (engl. *reified type parameters*). Reifiziert bedeutet, dass der Typparameter noch vor der Kompilation konkretisiert wird. Damit kann in bestimmten Fällen das Type erasure von Java umgangen werden. Erinnern wir uns: In Java werden die generischen Typen bei der Kompilation gelöscht und sind zur Laufzeit nicht mehr vorhanden (vgl. Abschnitt 2.1.5).

Reifizierte Typparameter können nur bei Inline-Funktionen verwendet werden. Bei Inline-Funktionen wird jeder Funktionsaufruf durch den Rumpf der Funktion ersetzt. Wenn eine Inline-Funktion einen Typparameter verwendet, kann dieser beim Aufruf durch den konkreten Typ ersetzt werden. Allerdings muss der Typparameter explizit mit dem Schlüsselwort reified gekennzeichnet werden.

Die Funktion filterTs in Listing 14.13 demonstriert die Verwendung eines reifizierten Typparameters. Die Funktion filtert aus einer Liste jene Elemente heraus, die vom gegebenen Typ T sind:

- Die Funktion ist mit inline gekennzeichnet.
- Sie definiert einen reifizierten Typparameter T.
- Sie nimmt eine Liste mit beliebigen Elementen als Eingabe (List<out Any>) und gibt eine Liste mit Elementen vom Typ T zurück.

Im Rumpf der Funktion wird jedes Element geprüft, ob es vom Typ T ist. Wenn die Prüfung erfolgreich ist, wird das Element in die Ergebnisliste aufgenommen. Man beachte, dass die Typprüfung e is T ohne reifizierten Typparameter nicht möglich wäre.

```
inline fun <reified T: Any> filterTs(list: List<out Any>) : List<T> {
    val filtered : MutableList<T> = mutableListOf<T>()
    for (e in list) {
        if (e is T) filtered.add(e)
    }
    return filtered
}
```

Listing 14.13 *Inline-Funktion filterTs*

Durch die Inline-Funktion und den reifizierten Typparameter wird der Aufruf bereits vor der Kompilation ersetzt. Im folgenden Beispiel werden aus einer Liste mit beliebigen Werten nur die Elemente vom Typ String herausgefiltert:

```
val list : List<Any> = List()
list.add("A"); list.add(2); list.add(true); list.add("B")
val strings = filterTs<String>(list)
```

Bei der Kompilation wird der Aufruf von filterTs durch den Funktionsrumpf ersetzt und dabei auch Typparameter T durch String konkretisiert:

```
val filtered : MutableList<String> = mutableListOf<String>()
for (e in list) {
  if (e is String) filtered.add(e)
}
val strings = filtered
```

14.8 Erweiterungsfunktionen und Erweiterungsproperties

Ein wesentliches Sprachelement von Kotlin, das es in Java nicht gibt, sind Erweiterungsfunktionen und Erweiterungsproperties (engl. *extensions*). Damit können für bestehende Klassen neue Funktionen und Properties definiert werden, ohne die Klassendefinition zu ändern.

Erweiterungsfunktionen werden wie normale Funktionen definiert, wobei dem Funktionsnamen die erweiterte Klasse oder das erweiterte Interface vorangestellt wird. Im Rumpf der Funktion kann, wie bei einer normalen Member-Funktion, mit `this` auf das aufgerufene Objekt und dessen Members zugegriffen werden.

Beispielsweise definiert die folgende Funktion `print` eine Erweiterung der Klasse `Person`. Im Rumpf der Funktion wird auf die Properties `name` und `profession` des `Person`-Objekts zugegriffen:

```
fun Person.print() {
  println("I am a person. My name is $name and I am a $profession")
}
```

Diese Funktion kann nun für ein `Person`-Objekt in gleicher Weise wie eine Member-Funktion aufgerufen werden:

```
val person: Person = ...
person.print()
```

Erweiterungsfunktionen werden auch an Unterklassen vererbt. Beispielsweise kann die Erweiterungsfunktion `print` auch mit einem `Student`-Objekt aufgerufen werden:

```
val stdt = Student.create("Harald", "Berger", Study.Law)
stdt.print()
```

Ein wesentlicher Unterschied zu Member-Funktionen ist jedoch, dass Erweiterungsfunktionen statisch und nicht dynamisch gebunden werden. Angenommen, es wird für die Unterklasse `Student` eine eigene Erweiterungsfunktion `print` definiert:

```
fun Student.print() {
  println("I am a student. My name is $name and I am studying $study")
}
```

Die Auflösung der Funktion erfolgt nun statisch zur Compilezeit.

- Wenn die Funktion `print` mit der Variablen `stdt` vom Typ `Student` aufgerufen wird, wird die für `Student` definierte Erweiterungsfunktion verwendet:

  ```
  stdt.print()  // ruft Student.print auf
  ```

- Wird jedoch die Funktion `print` mit einer Variablen vom Typ `Person` aufgerufen, die ein `Student`-Objekt speichert, wird die Erweiterungsfunktion für `Person` aufgerufen:

  ```
  val person: Person = stdt
  person.print()  // ruft Person.print auf
  ```

Trotz dieser Einschränkung sind Erweiterungsfunktionen und -properties sehr nützlich und werden in Kotlin intensiv genutzt. So bietet Kotlin bei wichtigen Java-Typen zahlreiche nützliche Erweiterungen, z. B. für den Typ `String`. Besonders bemerkenswert sind jedoch die Erweiterungen für die Basisdatentypen `Int`, `Double` etc. Nachstehend sind einige Beispiele angegeben:

```
val d : Double = -3.34
val i : Int = d.toInt()
val ir : Int = d.roundToInt()
val sign = i.sign
val i1 = i.inc()
val a1 = i1.absoluteValue
println(a1.toString())
```

Mit `toInt` kann der `Int`-Wert einer `Double`-Zahl ermittelt werden. Mit `roundToInt` erfolgt ein Runden. Die Erweiterungsproperty `sign` liefert das Vorzeichen einer Int-Zahl, `absoluteValue` den Absolutbetrag, `inc` die um eins erhöhte Zahl und `toString` gibt es auch für alle Basisdatentypen.

Erweiterungsfunktionen werden auch verwendet, um für Java-Collections höhere Funktionen zu implementieren. Diese werden im Detail in Kapitel 17 beschrieben.

14.9 Delegates

Delegates sind ein Sprachmerkmal von Kotlin, das Zugriffe und Funktionsaufrufe an ein anderes Objekt weiterleiten kann. Es gibt zwei Arten von Delegates: Property-Delegates für Zugriffe auf einzelne Properties und Klassen-Delegates für Zugriffe und Aufrufe bei Objekten.

14.9.1 Property-Delegates

Wir haben in Abschnitt 14.5.1 gelesen, dass man in Kotlin keine Felder definiert, sondern immer nur Properties mit Getter- und Setter-Funktionen. Property-Delegates erlauben nun, den Zugriff auf Properties an ein sogenanntes Delegate-Objekt auszulagern. Im Delegate-Objekt kann man dann spezielles Verhalten implementieren und vielfach einsetzen. Die Verwendung eines Delegates für eine Property wird mit dem Schlüsselwort `by` angegeben:

```
var delegatedProperty by delegateObject
```

Damit wird der Zugriff auf die Property `delegatedProperty` an das Objekt `delegateObject` weitergeleitet. Ein Delegate-Objekt muss die Operator-Funktionen `getValue` und `setValue` mit folgenden Schnittstellen zur Verfügung stellen:

```
operator fun getValue(thisRef: TypeOfOwner?,
                      property: KProperty<*>): TypeOfProperty
operator fun setValue(thisRef: TypeOfOwner?,
                      property: KProperty<*>, value: TypeOfProperty)
```

Dabei steht TypeOfOwner für den Typ der Klasse, die die Property enthält, und TypeOfProperty für den Typ der Property. Der Parameter property vom Typ KProperty<*> repräsentiert das Reflection-Objekt für Properties, über das man z. B. auf den Namen der Property zugreifen kann.

Typische Probleme, die man mit Property-Delegates lösen kann, sind: Validierung des Werts beim Schreiben, eine verzögerte Initialisierung beim ersten Lesen, Lesen und Schreiben in eine Datenbank, Beobachten von Änderungen bei Properties usw. Einige dieser Möglichkeiten werden direkt von Kotlin zur Verfügung gestellt.

Zur Veranschaulichung entwickeln wir im Folgenden ein Property-Delegate, das bei jedem Zugriff eine Log-Ausgabe macht. In Listing 14.14 ist die Klasse LogDelegate angegeben. Sie hat einen generischen Typparameter für den Typ des Werts und ein privates, veränderliches Feld. Die Funktion getValue liest von und die Funktion setValue setzt diese Variable. Vorher werden jeweils entsprechende Konsolen-Ausgaben gemacht.

```
class LogDelegate<T>(private var value: T) {

  operator fun getValue(thisRef: Any?, property: KProperty<*>): T {
    println("Property '${property.name}' accessed. Current value: $value")
    return value
  }

  operator fun setValue(thisRef: Any?, property: KProperty<*>, newVal: T) {
    println("Property '${property.name}' changed from $value to $newVal")
    value = newVal
  }
}
```

Listing 14.14 *LogDelegate*

Nachfolgend wird die Anwendung gezeigt. Eine Klasse Car deklariert zwei Properties owner und miles mit den Typen String und Int und delegiert die Zugriffe jeweils auf ein LogDelegate-Objekt:

```
class Car(initalOwner: String, initialMiles: Int) {
  var owner: String by LogDelegate(initalOwner)
  var miles: Int by LogDelegate(initialMiles)

  override fun toString(): String {
    return "Car(owner = $owner, miles $miles)"
  }
}
```

Bei lesenden und schreibenden Zugriffen werden damit jeweils entsprechende Ausgaben auf die Konsole gemacht:

```
val car = Car("NN", 0)
car.owner = "John" // Property 'owner' changed from NN to John
car.miles = 10_000 // Property 'miles' changed from 0 to 10000
println(car.owner) // Property 'owner' accessed. Current value: John
println(car.miles) // Property 'miles' accessed. Current value: 10000
```

14.9.2 Klassen-Delegates

Im Unterschied zu Property-Delegates werden bei Klassen-Delegates nicht die Zugriffe auf einzelne Properties delegiert, sondern es können alle Aufrufe an ein Delegate-Objekt weitergeleitet werden. Das Vorgehen entspricht dem Decorator-Pattern [27]: Es wird eine abstrakte Schnittstelle definiert und durch eine konkrete Klasse implementiert. Dann kann man Klassen mit Zusätzen ableiten, wobei standardmäßig die Aufrufe an das Delegate-Objekt weitergeleitet werden. Die Angabe des Delegate-Objekts erfolgt bei der Definition der Superklasse mit `by`:

```
class ClassWithDelegate(val delegateObject : Interface)
      : Interface by delegateObject
```

Bekannte Beispiele für das Decorator-Pattern sind Reader- und Writer-Komponenten zum Lesen und Schreiben. Listing 14.15 zeigt nun, wie man Writer-Komponenten mit Klassen-Delegates lösen würde. Das Interface `Writer` definiert die beiden Funktionen `write` zum Schreiben eines Zeichens und `close`, um den Writer zu schließen. `FileWriter` implementiert das Interface `Writer` und realisiert das Schreiben auf eine Datei. `EncryptionWriter` soll zusätzlich eine Verschlüsselung bereitstellen. Es implementiert ebenso das Interface `Writer` und definiert als Delegate die `Writer`-Komponente, die als Parameter übergeben wird. Zusätzlich wird ein Verschlüsselungs-Key übergeben. Die Klasse überschreibt nun die Funktion `write`, indem das Zeichen verschlüsselt und dann über das Delegate geschrieben wird. Die Funktion `close` wird nicht überschrieben, sodass ein Aufruf automatisch an das Delegate weitergeleitet wird.

```
interface Writer {
  fun write(c: Char)
  fun close()
}

class FileWriter(val fileName: String) : Writer {...}

class EncryptionWriter(val delegate: Writer, val key: Int)
    : Writer by delegate {
  override fun write(c: Char) {
    delegate.write(encrypt(c, key))
  }
  private fun encrypt(c: Char, key: Int) : Char {...}
}
```

Listing 14.15 *Writer für Verschlüsselung*

Einen Writer mit Verschlüsselung kann man dann folgendermaßen erzeugen und verwenden:

```
val writer = EncryptionWriter(FileWriter("encrypted.txt"), 812361)
writer.write('A')
writer.write('B')
writer.close()
```

14.10 Zusammenfassung

Dieses Kapitel hat eine kompakte Einführung in die wichtigsten Elemente der Sprache Kotlin gegeben, wobei aber die funktionalen Elemente und Eigenschaften bewusst ausgelassen wurden. Diese folgen in den nächsten Kapiteln. Wichtige Sprachelemente und Eigenschaften von Kotlin sind ein flexibles Typsystem mit Generizität, sicherer Umgang mit `null`-Werten, die Möglichkeit, Erweiterungen für bestehende Klassen zu definieren, und Property-Delegates.

15 Funktionale Datenstrukturen in Kotlin

In Kapitel 4 dieses Buches haben wir uns mit der Implementierung von funktionalen Datenstrukturen in Java beschäftigt. In diesem Kapitel betrachten wir, wie funktionale Datenstrukturen in Kotlin implementiert werden. Im Vergleich zu Java gibt es viele Gemeinsamkeiten, aber auch einige Unterschiede. So stellen die Datenklassen in Kotlin ein Äquivalent zu den Record-Klassen in Java dar. Mit Datenklassen können algebraische Datentypen in Kotlin ähnlich wie in Java modelliert werden. Auch Pattern Matching wird in Kotlin in einer einfachen Form unterstützt. Die Standardbibliothek von Kotlin stellt zwar keine persistenten Collections zur Verfügung, bietet aber eigene Schnittstellen für die Java-Collections, die eine klare Trennung zwischen rein lesendem und schreibendem Zugriff unterscheiden. Dadurch besitzen sie Eigenschaften, die funktionalen Collections nahekommen.

15.1 Datenklassen

Die Datenklassen (engl. *data classes*) in Kotlin entsprechen weitgehend den Record-Klassen in Java. Diese werden durch das zusätzliche Schlüsselwort `data` eingeführt. Im Folgenden wird eine Datenklasse `Person` definiert (vgl. Record-Klasse `Person` in Listing 2.4):

```
data class Person(val firstName: String, val lastName: String)
```

Wie bei den Record-Klassen gibt es auch bei den Datenklassen einige Einschränkungen:

- Der primäre Konstruktor muss mindestens einen Parameter haben. Die Parameter müssen mit `val` oder `var` gekennzeichnet und somit `public` sein.
- Datenklassen können weder `abstract` noch `open` sein. Aus Datenklassen können also keine Unterklassen abgeleitet werden.

Aus den Parametern werden – wie bei den Record-Klassen – die Funktionen `equals`, `hashCode` und `toString` automatisch generiert. Zusätzlich wird eine Funktion `copy` zur Verfügung gestellt. Diese erstellt nicht nur eine einfache Kopie, sondern ermöglicht auch die gezielte Änderung einzelner Werte. Die Funktion hat die gleichen Parameter wie der primäre Konstruktor, wobei die aktuellen Werte des kopierten Objekts als Default-Werte verwendet werden. Dadurch ist es möglich, mit benannten Parametern eine Kopie des Objekts zu erzeugen, bei der gezielt bestimmte Eigenschaften geändert werden. Der folgende Aufruf erzeugt beispielsweise eine Kopie des `Person`-Objekts `franzMaier`, wobei die Eigenschaft `lastName` einen neuen Wert erhält:

```
val franzMaier = Person("Franz", "Maier")
val franzBerger = franzMaier.copy(lastName = "Berger")
```

Bei Datenklassen werden auch sogenannte *Zerlegungsdeklarationen* (engl. *destructuring declarations*) unterstützt. Damit ist gemeint, dass ein Objekt wieder in seine Bestandteile zerlegt werden kann. Die Bestandteile einer Datenklasse sind dabei die Properties aus den Konstruktorparametern. Man kann also in einer Zuweisung mehrere Variablen angeben, die den Properties entsprechen, z. B.:

```
val (fn, ln) = franzBerger
```

Dies wird dadurch erreicht, dass für die Konstruktorparameter automatisch die Funktionen `component1`, `component2` usw. erzeugt werden, die den Zugriff auf die entsprechenden Properties ermöglichen. Die oben gezeigte Zerlegung entspricht daher den beiden Zuweisungen mit den Funktionen `component1` und `component2`:

```
val fn = franzBerger.component1()
val ln = franzBerger.component2()
```

Zerlegungsdeklarationen können nicht nur in Zuweisungen, sondern auch in For-Schleifen und in Lambda-Ausdrücken verwendet werden. Darauf wird später noch näher eingegangen.

Im Vergleich zu Record-Klassen sind Datenklassen weniger eingeschränkt: So können die Eigenschaften von Datenklassen auch veränderlich (`var`) sein, es können zusätzliche Eigenschaften definiert werden und sie können von anderen Klassen erben. Datenklassen sind also flexibler. Will man jedoch die gleichen Einschränkungen wie bei Record-Klassen erzwingen, kann eine Datenklasse mit der Annotation `@JvmRecord` versehen werden:

```
@JvmRecord
data class Person(val firstName: String, val lastName: String)
```

15.2 Paare und Tripel

Die Kotlin-Bibliothek stellt im Package `kotlin` – das immer automatisch importiert wird – mit den Datenklassen `Pair` und `Triple` Paare und Tripel zur Verfügung. Als Beispiel soll die Implementierung von `Pair` demonstriert werden.

Listing 15.1 zeigt die Klasse `Pair` aus der Standardbibliothek. Sie besitzt zwei Konstruktorparameter `first` und `second` mit den generischen Typen `A` und `B`, implementiert das Interface `Serializable` und überschreibt die Methode `toString`.

Da die Properties nur lesbar sind, können beide Typparameter kovariant definiert werden.

```
data class Pair<out A, out B>(
    val first: A,
    val second: B
) : Serializable {
    override fun toString(): String = "($first, $second)"
}
```

Listing 15.1 *Datenklasse Pair (gekürzt) mit Erweiterungsmethoden to und toList*

Im Folgenden wird ein Objekt vom Typ `Pair<Int, Char>` erzeugt:

```
val p1 = Pair(1, 'a')
```

Da `Pair` eine Datenklasse ist, kann auch die Zerlegungsdeklaration verwendet werden:

```
val (fst, snd) = p1
```

Von Interesse ist in diesem Zusammenhang außerdem die Erweiterungsfunktion `to`:

```
infix fun <A, B> A.to(that: B): Pair<A, B> = Pair(this, that)
```

Sie ist auf einen beliebigen Typ `A` anwendbar, hat einen Parameter vom generischen Typ `B` und erzeugt ein `Pair`-Objekt mit den beiden Werten. Zudem ist sie als `infix` deklariert und kann somit in Infix-Notation für einen beliebigen Wert und dessen Parameter aufgerufen werden:

```
val p1 = 1 to 'a'
```

Die Erweiterungsfunktion `toList` erzeugt aus einem `Pair`-Objekt eine Liste mit den beiden Elementen:

```
fun <T> Pair<T, T>.toList(): List<T> = listOf(first, second)
```

Die Typisierung dieser Funktion ist bemerkenswert und soll hier als Beispiel für die Typinferenz analysiert werden. Es scheint, als ob die beiden Werte eines `Pair`-Objekts denselben Typ `T` haben müssten. Tatsächlich ist dies nicht der Fall – sie können unterschiedliche Typen haben. Durch die Typinferenz wird jedoch der gemeinsame Supertyp der beiden Werte abgeleitet, und durch die Kovarianz der beiden Typparameter ist die Typkompatibilität garantiert. Beispielsweise wird bei einem Aufruf von `toList` für das `Pair`-Objekt `p1`, das Typ vom `Pair<Int, Char>` ist,

```
val list = p1.toList()
```

als Supertyp von `Int` und `Char` der Typ `Comparable<*>` abgeleitet (beide implementieren das Interface `Comparable`). Der abgeleitete Typ für `T` in der Funktion `toList` ist also `Comparable<*>`, und das `List`-Objekt hat den Typ `List<Comparable<*>>`.

Die Klasse `Triple` besitzt die Properties `first`, `second` und `third` und ist analog zu `Pair` gestaltet – nur die Erweiterungsfunktion `to` fehlt.

15.3 Algebraische Datentypen mit Datenklassen

Mit Datenklassen können algebraische Datentypen auf die gleiche Weise wie in Java implementiert werden. In Kotlin existiert ebenfalls das Schlüsselwort `sealed`, das die gleiche Bedeutung wie in Java hat. Der einzige Unterschied besteht darin, dass die Varianten nicht als innere Klassen implementiert werden müssen, um öffentlich zu sein, sondern in derselben Datei definiert werden können. Außerdem gibt es in Kotlin keine Deklaration mit `permits`. Alle Implementierungen eines als `sealed` deklarierten Interface müssen sich in derselben Datei befinden.

Listing 15.2 zeigt die Implementierung des algebraischen Datentyps `Expr` in Kotlin, die der Java-Implementierung in Listing 4.2 entspricht. Das Interface `Expr` ist `sealed`, sodass alle Erweiterungen und Implementierungen auf die Datei beschränkt sind. Zusätzlich werden hier zwei Interfaces `BinExpr` und `UnyExpr` für binäre und unäre Ausdrücke eingeführt. Das Interface `BinExpr` erweitert `Expr` und definiert zwei abstrakte Eigenschaften `left` und `right` für den Zugriff auf den linken und rechten Unterausdruck. Das Interface `UnyExpr` definiert entsprechend die abstrakte Eigenschaft `sub` für den Zugriff auf den einen Unterausdruck.

Die Datenklassen `Add` und `Mult` implementieren `BinExpr`. Die beiden abstrakten Eigenschaften `left` und `right` von `BinExpr` werden durch die Konstruktorparameter implementiert und müssen daher mit `override` gekennzeichnet werden. Analog werden `Minus` und `Recip` vom Interface `UnyExpr` abgeleitet.

```
sealed interface Expr
data class Val(val value: Double) : Expr
data class Vbl(val name: String) : Expr
sealed interface BinExpr: Expr {
  val left: Expr
  val right: Expr
}
data class Add(override val left: Expr, override val right: Expr)
        : BinExpr
data class Mult(override val left: Expr, override val right: Expr)
        : BinExpr
sealed interface UnyExpr : Expr {
  val sub: Expr
}
data class Minus(override val sub: Expr) : UnyExpr
data class Recip(override val sub: Expr) : UnyExpr
```

Listing 15.2 *Algebraischer Datentyp Expr in Kotlin*

Mit der Implementierung des algebraischen Datentyps `Expr` kann z. B. ein `Expr`-Baum für einen Ausdruck `((x * 2.0) + y)` folgendermaßen aufgebaut werden:

```
val expr = Add(Mult(Vbl("x"), Val(2.0)), Vbl("y"))
```

15.4 Pattern Matching

In Abschnitt 4.2 haben wir Pattern Matching in Java beschrieben und gezeigt, dass Pattern Matching mit dem neuen `instanceof` und mit `switch` unterstützt wird. In ähnlicher Weise wird es in Kotlin mit `if` und `when` ermöglicht. Im Folgenden zeigen wir Pattern Matching in Kotlin anhand der gleichen Beispiele wie in Java aus Abschnitt 4.2.

Pattern Matching mit Smart Casts

In Kotlin ist ein Test mit `is` immer mit einem sogenannten Smart Cast verbunden (siehe Abschnitt 14.6.3). Das bedeutet, dass nach einem erfolgreichen Test mit `is` der Typ der Variablen garantiert ist. Wird z. B. geprüft, ob eine Variable `expr` vom Typ `Val` ist, so wird im Erfolgsfall der Typ `Val` garantiert, sodass direkt auf die Property `value` von `Val` zugegriffen werden kann:

```
if (expr is Val) expr.value
```

Eine Funktion `eval` kann in Kotlin wie in Listing 15.3 implementiert werden. Nach jeder Prüfung mit `is` erhält die Variable `expr` den entsprechenden Typ, sodass auf die spezifischen Eigenschaften der Variante zugegriffen werden kann. Besonders zu beachten ist der erste Fall für den Typ `Vbl`: Hier wird in der linken Klausel der Und-Verknüpfung geprüft, ob der Typ `Vbl` vorliegt; in der rechten Klausel ist dieser dann bereits garantiert, sodass direkt auf den Namen zugegriffen werden kann.

```
fun eval(expr: Expr, bds: Map<String, Double>) : Double =
  if (expr is Val) expr.value
  else if (expr is Vbl && bds.containsKey(expr.name)) bds[expr.name]!!
  else if (expr is Vbl) throw NoSuchElementException(expr.name)
  else if (expr is Add) eval(expr.left, bds) + eval(expr.right, bds)
  else if (expr is Mult) eval(expr.left, bds) * eval(expr.right, bds)
  else if (expr is Minus) -eval(expr.sub, bds)
  else if (expr is Recip) {
    val sResult : Double = eval(expr.sub, bds)
    if (sResult == 0.0) throw ArithmeticException("/ by zero")
    1.0 / sResult
  } else throw UnsupportedOperationException("no valid expr")
```

Listing 15.3 *Funktion eval mit if und is-Tests*

Pattern Matching mit when

Anstelle der If-Kaskade kann in Kotlin auch die Mehrfachverzweigung mit `when` verwendet werden. Listing 15.4 zeigt die entsprechende Implementierung. Wie man sieht, wird der Typ der Variablen `expr` nach jeder Prüfung auf den speziellen Typ eingeschränkt. Der Compiler erkennt auch, dass die Prüfungen alle Fälle abdecken, und verlangt daher keine Standardverzweigung mit `else`. Dies kann er gewährleisten, da das Interface `Expr` als `sealed` deklariert wurde und somit dem Compiler alle Varianten bekannt sind.

```
fun evalWhen(expr: Expr, bds: Map<String, Double>) : Double =
  when (expr) {
    is Val -> expr.value
    is Vbl -> if (bds.containsKey(expr.name)) bds[expr.name]!!
              else throw NoSuchElementException(expr.name)
    is Add -> evalWhen(expr.left, bds) + evalWhen(expr.right, bds)
    is Mult -> evalWhen(expr.left, bds) * evalWhen(expr.right, bds)
    is Minus -> -evalWhen(expr.sub, bds)
    is Recip -> {
      val sResult: Double = evalWhen(expr.sub, bds)
      if (sResult == 0.0) throw ArithmeticException("/ by zero")
      1.0 / sResult
    }
  }
```

Listing 15.4 *Funktion eval mit when*

Pattern Matching mit when und Zerlegungsdeklaration

In Kotlin gibt es keine direkte Entsprechung zu Record Patterns (vgl. Abschnitt 4.2). Dennoch kann durch die Kombination von Typtests und Zerlegungsdeklarationen Ähnliches erreicht werden. Dies wird in der Version in Listing 15.5 für die beiden Varianten `Add` und `Mult` gezeigt: Mithilfe von Zerlegungsdeklarationen werden die Werte der Properties `left` und `right` extrahiert und anschließend den Variablen `l` und `r` zugewiesen. Obwohl dies in diesem einfachen Beispiel nicht zwingend notwendig ist, kann ein solches Vorgehen in komplexeren Codeabschnitten, in denen die Werte mehrfach verwendet werden, zu einer übersichtlicheren Implementierung führen.

```
fun evalWhen(expr: Expr, bds: Map<String, Double>) : Double =
  when (expr) {
    ...
    is Add -> {
      val (l, r) = expr
      evalWhen(l, bds) + evalWhen(r, bds)
    }
    is Mult -> {
      val (l, r) = expr
      evalWhen(l, bds) * evalWhen(r, bds)
    }
    ...
  }
```

Listing 15.5 *Funktion eval mit when und Zerlegungsdeklarationen*

15.5 Funktionale Liste in Kotlin

In Abschnitt 4.4 haben wir funktionale Listen in Java implementiert. Dabei wurden keine Record-Klassen verwendet, sondern normale Klassen, da Record-Klassen in ihrer Funktionalität stark eingeschränkt sind.

Datenklassen in Kotlin sind deutlich flexibler, sodass eine funktionale Liste analog zum algebraischen Datentyp in Haskell definiert werden kann (vgl. Abschnitt 1.1). Dabei ist es hilfreich, dass Datenklassen in Kotlin von anderen Klassen erben und Typparameter kovariant definiert werden können. Außerdem können hier Objektdeklarationen und Erweiterungsfunktionen vorteilhaft eingesetzt werden.

Listing 15.6 zeigt die Implementierung eines algebraischen Datentyps `FList` mit den Varianten `Nil` und `Cons`. `FList` ist als abstrakte generische Klasse definiert und besitzt einen Typparameter `E` für den Typ der Elemente. Dieser Typparameter ist mit `out` gekennzeichnet, wodurch `FList` kovariant in Bezug auf `E` ist. Die Klasse definiert eine abstrakte Property `size` für die Länge der Liste sowie eine konkrete Property `isEmpty` mit dem Wert `true`, wenn `size` den Wert 0 hat.

`Cons` ist die Variante mit Wert und Restliste und ist als Datenklasse definiert. Sie ist von `FList` abgeleitet und ihr Typparameter ist ebenfalls kovariant. Der Klassenparameter `head` steht für den Wert und `tail` für die Restliste. Die unveränderliche Eigenschaft `size` ist gleich `1 + tail.size`.

Die leere Liste wird mit der Objektdeklaration `Nil` implementiert. Sie ist von `FList<Nothing>` abgeleitet. Zur Erinnerung: `Nothing` ist im Kotlin-Typsystem der Subtyp jedes anderen Typs. Durch die Kovarianz ist `Nil` also ein Subtyp jeder `FList<X>` und somit mit jedem Listentyp kompatibel. Die Eigenschaft `size` einer leeren Liste hat immer den Wert `0`.

```
sealed abstract class FList<out E> {
  abstract val size: Int
  val isEmpty = size == 0
}
data class Cons<out E>(val head: E, val tail: FList<E>) : FList<E>() {
  override val size = 1 + tail.size
}
object Nil : FList<Nothing>() {
  override val size: Int = 0
}
```

Listing 15.6 *Algebraischer Datentyp FList*

Weitere Funktionen für `FList` werden als Erweiterungsfunktionen implementiert. Zunächst werden die Funktionen `cons` zum Anhängen und `rem` zum Löschen von Elementen geschrieben. Listing 15.7 zeigt die Implementierung der beiden Funktionen. Beide Funktionen sind Infix-Funktionen:

- Die Funktion cons ist als Erweiterung für ein beliebiges Element E definiert und akzeptiert eine Liste als Parameter. Sie erzeugt ein Cons-Objekt mit this als Wert und dem Wert des Parameters als Restliste.
- Die Funktion rem ist als Erweiterung einer Liste FList<E> definiert und akzeptiert einen Parameter vom Typ E. Sie verwendet Pattern Matching, um zwischen einer leeren und einer nicht-leeren Liste zu unterscheiden. Wird ein passendes Element gefunden, wird es entfernt und die Liste ohne dieses Element zurückgegeben.

```
infix fun <E : Any> E.cons(lst: FList<E>) : FList<E> = Cons(this, lst)

infix fun <E> FList<E>.rem(x: E) : FList<E> =
  when (this) {
    is Nil -> Nil
    is Cons<E> ->
      if (this.head == x) this.tail
      else Cons<E>(this.head, this.tail rem x)
  }
operator fun <E : Any> FList<E>.plus(x: E) : FList<E> = x cons this
operator fun <E: Any> FList<E>.minus(x: E) : FList<E> = this rem x
```

Listing 15.7 *Erweiterungsfunktionen cons und rem und Operatoren + und -*

Die Funktion cons ermöglicht den Aufbau einer Liste ausgehend von der leeren Liste:

```
var lst : FList<String> = "A" cons ("B" cons ("C" cons Nil))
```

Die Funktion rem ermöglicht das Löschen von Elementen:

```
lst = lst rem "B"
```

In Listing 15.7 werden auch die binären Operatoren plus und minus als alternative Schreibweisen von cons und rem definiert. Damit können das Anfügen und Löschen von Elementen mit den Operatoren erfolgen:

```
var lst : FList<String> = Nil + "C" + "B" + "A"
lst = lst - "B"
```

Weitere Funktionen sind ebenfalls als Erweiterungen implementiert und setzen Pattern Matching ein. Listing 15.8 zeigt als Beispiel die Funktion contains:

```
fun <E> FList<E>.contains(x: Any?) : Boolean =
  when (this) {
    is Nil -> false
    is Cons ->
      if (head == x) true
      else tail.contains(x)
  }
```

Listing 15.8 *Erweiterungsfunktion contains für FList*

Wie in der Java-Version von `FList` soll auch hier eine Funktion `of` bereitgestellt werden, der eine Menge von Werten übergeben wird, um daraus eine Liste zu erzeugen. In Java haben wir dazu eine statische Methode verwendet. In Kotlin ist diese Funktion im Companion-Objekt implementiert (siehe Listing 15.9). Die Funktion hat einen Vararg-Parameter für die Elemente und verwendet die Reduktionsoperation `fold` (siehe Abschnitt 17.3), um die Liste aufzubauen. Die Elemente werden in umgekehrter Reihenfolge durchlaufen und jedes Element mit + hinzugefügt.

```
sealed abstract class FList<out E> {
  ...
  companion object {
    fun <E: Any> of(vararg es: E): FList<E> =
      es.reversed().fold(Nil as FList<E>) {
          l, e -> l + e
      }
  }
}
```

Listing 15.9 *Funktion of zum Erzeugen von Listen im Companion-Objekt von FList*

Die Funktion `of` ermöglicht das Erzeugen einer Liste mit gegebenen Elementen, z. B. einer Liste mit drei Strings:

```
val l = FList.of("A", "B", "C")
```

Oder eine Liste mit Elementen unterschiedlichen Typs:

```
val l = FList.of("A", 1, true)
```

Weitere Funktionen für `FList` werden wir im nächsten Kapitel über höhere Funktionen sehen.

15.6 Collections in Kotlin

Kotlin verwendet die Collections-Bibliothek von Java. Dies hat den Vorteil, dass Java- und Kotlin-Code weitgehend kompatibel sind. Der Umstieg von Java auf Kotlin ist in der Praxis meist unkompliziert und auch innerhalb eines laufenden Projekts möglich.

In der Standard-Klassenbibliothek von Kotlin gibt es wie in Java keine funktionalen persistenten Collections. Dennoch bietet Kotlin einen entscheidenden Vorteil gegenüber Java: Kotlin führt eigene Interfaces für Collections ein, die klar zwischen *read-only* Interfaces, die nur lesenden Zugriff erlauben, und *mutable* Interfaces, die auch Operationen zum Hinzufügen und Löschen bereitstellen, unterscheiden. Hinter diesen Interfaces verbergen sich die Implementierungen aus der Java-Bibliothek. Die read-only Collections besitzen einige Eigenschaften, die aus den funktionalen Collections bekannt sind, wie z. B. Kovarianz. Aus diesem Grund werden wir uns in diesem Kapitel eingehend mit diesen Interfaces beschäftigen.

Abbildung 15.1 zeigt die Kotlin-Interfaces sowie die Java-Klassen, die diese implementieren. Wie man sieht, gibt es auf der einen Seite die Interfaces `Iterable`, `Collection`, `List` und `Set`, die nur lesende Zugriffe erlauben. Auf der anderen Seite gibt es die entsprechenden Interfaces mit dem Präfix `Mutable`, bei denen auch das Hinzufügen und Löschen von Elementen möglich ist. Diese sind von den lesenden Interfaces abgeleitet und daher mit diesen zuweisungskompatibel. Die konkreten Implementierungen der Java-Klassen implementieren jeweils die Mutable-Interfaces. Ein entsprechendes Schema gilt für `Map`.

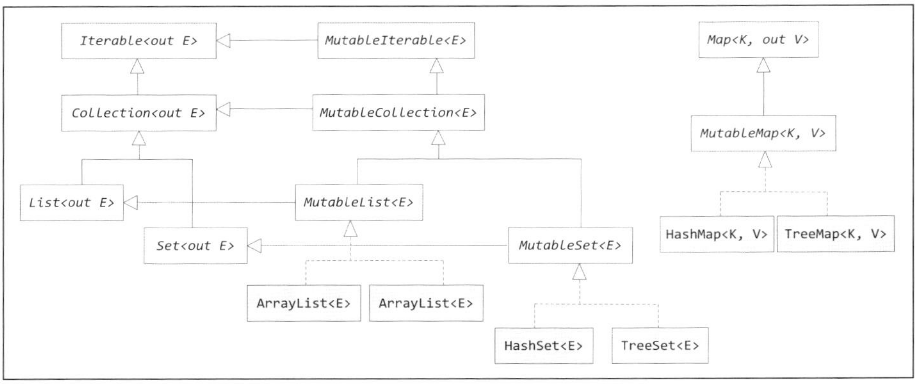

Abb. 15.1 *Collection-Interfaces und implementierende Java-Klassen*

Ein wichtiger Aspekt der read-only Interfaces ist, dass der Typparameter mit `out` kovariant deklariert wird. Dies ist möglich, da bei diesen der Typparameter nur bei Rückgabewerten auftritt. Somit können diese Schnittstellen immer kovariant verwendet werden. Die folgende Funktion `copy`, die wir bereits in Abschnitt 14.7.3 gesehen haben, zeigt dies:

```
fun <T> copy(from: List<T>, to: MutableList<T>) {
    for (i in 0 .. from.size) {
        to.add(from.get(i))
    }
}
```

Die Liste `from`, aus der gelesen wird, ist als read-only Liste vom Typ `List` deklariert. Die Liste `to`, in die geschrieben wird, ist vom Typ `MutableList`. Beim Aufruf von `copy`, um die Elemente einer Liste von `Student`-Objekten in eine Liste von `Person`-Objekten zu kopieren, ist der Parameter `T` gleich `Person`. Dieser Aufruf ist nur aufgrund der Kovarianz von `List` möglich:

```
val students = listOf<Student>(Student("Hans", 23), ...)
val persons = mutableListOf<Person>()
copy(students, persons)
```

UnsafeVariance

Es gibt tatsächlich einige Funktionen bei den read-only Interfaces, die den Typparameter auch als Input-Parameter verwenden. Eine solche Funktion ist zum Beispiel `contains`:

```
fun contains(element: @UnsafeVariance E): Boolean
```

Diese Funktionen akzeptieren zwar einen Eingabeparameter vom Typ E, verändern jedoch die Collection nicht und sind daher typsicher. Sie sind mit der Annotation `@UnsafeVariance` gekennzeichnet, sodass der Compiler keinen Fehler meldet.

Wie im obigen Beispiel zu sehen ist, bietet Kotlin Funktionen zum Erzeugen der entsprechenden Collections. Diese Funktionen erzeugen schließlich die entsprechenden Java-Collections. Der statische Typ des Rückgabewerts ist jedoch ein read-only oder ein mutable Interface. Tabelle 15.1 fasst die Funktionen, den Typ des Rückgabewerts und das jeweils erzeugte Objekt zusammen.

Funktion	Typ Rückgabewert	Erzeugtes Objekt
`listOf`	`List`	`ArrayList`
`mutableListOf`	`MutableList`	`ArrayList`
`setOf`	`Set`	`HashSet`
`mutableSetOf`	`MutableSet`	`HashSet`
`mapOf`	`Map`	`HashMap`
`mutableMapOf`	`MutableMap`	`HashMap`
`sortedSetOf`	TreeSet	TreeSet
`sortedMapOf`	TreeMap	TreeMap

Tab. 15.1 *Erzeugerfunktionen für Collections mit Typ des Rückgabewerts und dem erzeugten Objekt*

Die Schnittstellen dieser Interfaces entsprechen dem, was Sie von Java kennen. Bei `List` und `Map` erfolgt der Zugriff auf die Elemente über einen Index, bei `Set` sind Elemente nur einmal enthalten. Für den Zugriff auf die Elemente einer Liste wird der Index-Operator verwendet:

```
val hans = students[0]
```

Bei `MutableList` kann ein Element auch über den Index ersetzt werden:

```
persons[0] = Student("Fritz", 22)
```

Die read-only Collections bieten einige Funktionen und Operatoren, mit denen wie bei den funktionalen Collections gearbeitet werden kann. Diese Funktionen verändern die ursprüngliche Collection nicht, sondern geben eine neue Collection zurück. Dazu gehören die beiden Operatoren `+` und `-`. Mit `+` kann eine Liste erstellt werden, die ein zusätzliches Element enthält, während die ursprüngliche Liste erhalten bleibt:

```
val ab = listOf("A", "B")
val abc = ab + "C"
```

In gleicher Weise kann mit - eine Liste erzeugt werden, bei der ein Element gelöscht wurde:

```
val ac = abc - "C"
```

Die Operatoren + und - können auch für die Vereinigung und Differenz zweier Listen oder Mengen verwendet werden. Das folgende Beispiel zeigt die Vereinigung zweier Mengen. Das Ergebnis ist die Menge `[A, B, C]`:

```
val sAbc = setOf("A", "B") + setOf("B", "C")
```

Die Operatoren funktionieren somit wie bei funktionalen Listen. Sie haben jedoch den Nachteil, dass die gesamte Liste jedes Mal kopiert werden muss, da die ursprüngliche Liste ein `ArrayList`-Objekt und somit veränderbar ist. Durch einen Typecast auf `MutableList` kann ein Objekt mit `add` z. B. in die Liste `abc` eingefügt werden:

```
val mAbc = abc as MutableList<String>
mAbc.add("D")
```

Diese Operation ändert auch die Liste `abc`, nicht jedoch die Liste `ab`.

Es gibt viele weitere Funktionen, die neue Listen erzeugen, ohne die ursprüngliche zu verändern. Dazu gehören z. B. `slice`, `take` und `drop`, die jeweils Teilmengen von Elementen liefern, sowie die Funktion `sorted`, die eine sortierte Liste zurückgibt. All diese Funktionen sind als Erweiterungsfunktionen implementiert. Darüber hinaus gibt es Erweiterungsfunktionen für die höheren Funktionen, wie wir sie von den Java-Streams kennen. Diese werden wir in Kapitel 17 detailliert besprechen.

Die Arbeit mit Maps erfolgt analog zu Java, jedoch bietet Kotlin auch hier eine Vielzahl an Erweiterungen. Das folgende Beispiel demonstriert einige spezielle Funktionen:

```
val personAge = mutableMapOf<String, Int>()
personAge["Hans"] = 23
personAge["Fritz"] = 22
personAge.putAll(listOf("Josef" to 32, "Alois" to 31))
for ((name, age) in personAge) {
  println("$name is age $age")
}
```

Zuerst wird eine `MutableMap` angelegt, die Namen von Personen ihren Altersangaben zuordnet. Mit dem Index-Operator können Einträge hinzugefügt werden. Die Funktion `putAll` erlaubt das Hinzufügen mehrerer Einträge, wobei eine Liste von Paaren übergeben wird. Mit der For-Schleife wird anschließend über die Einträge iteriert. Dabei wird eine Zerlegungsdeklaration mit den Variablen `name` und `age` verwendet.

15.7 Zusammenfassung

In diesem Kapitel wurde gezeigt, wie funktionale Datenstrukturen in Kotlin implementiert werden. Mithilfe von Datenklassen und Vererbung können algebraische Datentypen ähnlich wie in Java abgebildet werden. Pattern Matching wird durch die Verzweigung mit `when` und der Typprüfung mit `is` ermöglicht. Die funktionale Liste `FList` wurde als algebraischer Datentyp mit den Varianten `Cons` und `Nil` realisiert, was der Implementierung in rein-funktionalen Sprachen wie Haskell entspricht. Funktionen für Listen wurden mithilfe von Erweiterungsfunktionen implementiert.

Obwohl Kotlin die Collections-Bibliothek von Java verwendet, führt es eigene Schnittstellen ein, die klar zwischen read-only und veränderlichen Collections unterscheiden. Dadurch wird das funktionale Programmierparadigma unterstützt.

16 Lambda-Ausdrücke und höhere Funktionen

Lambda-Ausdrücke wurden bereits in der ersten Version von Kotlin eingeführt, also vor den Lambda-Ausdrücken in Java. Daraus ergeben sich einige Unterschiede, insbesondere bei den Typen von Lambda-Ausdrücken. In neueren Versionen von Kotlin wurde jedoch die Kompatibilität zu Java verbessert, sodass Lambda-Ausdrücke in Kotlin wie in Java verwendet werden können.

In diesem Kapitel werden daher vor allem die Unterschiede und erweiterten Möglichkeiten von Lambda-Ausdrücken und Funktionsobjekten im Vergleich zu Java erläutert.

Funktionstypen

Anders als Java verwendet Kotlin echte Funktionstypen. Es gibt generische Typen für Funktionen mit 0, 1, 2 bis maximal 22 Parametern. Funktionstypen werden in Programmen durch die Typen der Parameter, getrennt durch Komma und eingeschlossen in runde Klammern, gefolgt vom Abbildungspfeil und dem Typ des Rückgabewerts notiert. Im Folgenden sind die generischen Typen für 0, 1 und 2 Parameter angegeben:

```
() -> R
(P1) -> R
(P1, P2) -> R
```

Diese Typen werden zur Typisierung von Funktionsparametern, Rückgabewerten oder Variablen, die Funktionsobjekte enthalten, verwendet. Beispielsweise kann eine höhere Erweiterungsfunktion `map` zur Abbildung der Elemente einer Liste wie folgt definiert werden:[1]

```
fun <T, R> List<T>.map(mapper: (T) -> R): List<R>
```

1. In den folgenden Ausführungen verwenden wir Erweiterungsfunktionen für `List`. In der Klassenbibliothek gibt es Erweiterungsfunktionen für beliebige `Iterables`, die wir in Kapitel 17 beschreiben werden.

Hierbei ist die Abbildungsfunktion `mapper` mit dem Funktionstyp `(T) -> R` deklariert. Hinter diesen Funktionstypen stehen die Interfaces `Function0`, `Function1`, `Function2` usw. Listing 16.1 zeigt beispielhaft das Interface `Function1` für den Typ `(P1) -> R`, das eine Funktion mit einem Parameter repräsentiert. `Function1` hat folgende Eigenschaften:

- Das Interface definiert eine einzige Funktion `invoke`. Diese besitzt einen Parameter vom generischen Typ `P1` und einen Rückgabewert vom generischen Typ `R`. Die Funktion ist als Operator deklariert.
- Der Typparameter `P1` für den Parameter ist kontravariant.
- Der Typparameter `R` für den Rückgabewert ist kovariant.

```
public interface Function1<in P1, out R> : Function<R> {
    public operator fun invoke(p1: P1): R
}
```

Listing 16.1 *Interface Function1 für Funktionstyp (P1) -> R*

Das Interface verwendet also Deklarationsvarianz (siehe Abschnitt 14.7.3). Für die Funktion `map` ist daher für den Funktionstyp keine Verwendungsvarianz notwendig. Dies gilt für alle höheren Funktionen in Kotlin.

Die Funktion `invoke` ist der Name für einen Operator. Tatsächlich kann ein Operator `invoke` ohne explizite Angabe des Funktionsnamens aufgerufen werden, das heißt, die konkreten Parameter werden direkt hinter das Funktionsobjekt geschrieben. In der folgenden Implementierung der Funktion `map` entspricht `mapper(e)` dem Aufruf `mapper.invoke(e)`:

```
fun <T, R> List<T>.map(mapper: (T) -> R): List<R> {
  val result = mutableListOf<R>()
  for (e in this) result.add(mapper(e))    // mapper.invoke(e)
  return result
}
```

Lambda-Ausdrücke

Eine höhere Funktion wie `map` wird in der Regel mit einem Lambda-Ausdruck aufgerufen. Zum Beispiel kann `map` für eine Liste von Strings verwendet werden, um deren Längen zu ermitteln:

```
val lengths = strings.map( { s -> s.length } )
```

In Kotlin werden Lambda-Ausdrücke immer in geschweiften Klammern geschrieben. Im obigen Aufruf wird eine Liste von Strings mithilfe des Lambda-Ausdrucks `{ s -> s.length }` auf ihre Längen abgebildet, und die Liste der Längen wird zurückgegeben.

Trailing Lambdas

Ein besonderes Feature von Kotlin sind die sogenannten *Trailing Lambdas*. Ist der letzte Parameter einer Funktion ein Funktionsparameter, kann der Lambda-Ausdruck außerhalb der Parameterliste angegeben werden. Der obige Aufruf von map kann also auch wie folgt geschrieben werden:

```
val lengths = strings.map() { s -> s.length }
```

Wenn der Funktionsparameter der einzige Parameter der Funktion ist, wie bei map, kann die leere Parameterliste in runden Klammern sogar ganz weggelassen werden. Der Lambda-Ausdruck wird dann in geschweiften Klammern direkt hinter den Funktionsnamen geschrieben:

```
val lengths = strings.map { s -> s.length }
```

Diese syntaktische Konvention mag auf den ersten Blick ungewöhnlich und willkürlich erscheinen. Wir werden jedoch sehen, dass sie zu sehr eleganten und lesbaren Programmstrukturen führt, bei denen höhere Funktionen wie Kontrollstrukturen und die Trailing Lambdas wie Anweisungsblöcke erscheinen.

16.1 Formen von Lambda-Ausdrücken

Wir wollen nun die Schreibweise von Lambda-Ausdrücken in Kotlin näher vorstellen und mit den bereits bekannten Lambda-Ausdrücken in Java vergleichen.

Wie bereits erwähnt, werden Lambda-Ausdrücke in Kotlin immer in geschweiften Klammern geschrieben. Die Grundstruktur eines Lambda-Ausdrucks besteht aus den Parametern, gefolgt von einem Abbildungspfeil (->) und dem Rumpf:

```
{ parameter -> body }
```

Ein wesentlicher Unterschied zu Java ist, dass die Parameter nicht in runden Klammern stehen, sondern einfach durch Kommas getrennt werden. Zum Beispiel hat der folgende Lambda-Ausdruck zwei Parameter x und y:

```
{ x: Int, y: Int -> x + y }
```

Im obigen Beispiel werden die Typen der Parameter explizit angegeben. Wie in Java kann darauf verzichtet werden, wenn die Typen aus dem Kontext abgeleitet werden können:

```
{ x, y -> x + y }
```

Es gibt auch einen Unterschied zu Java in Bezug auf den Rumpf eines Lambda-Ausdrucks: In Kotlin wird nicht zwischen Ausdrucks- und Anweisungsrumpf unterschieden. Nach dem Ausdruck können beliebig viele Anweisungen stehen. Die letzte Anweisung definiert den Rückgabewert, ein return ist nicht notwendig. Im folgenden Beispiel wird zunächst eine Ausgabe erzeugt und anschließend das Ergebnis der Addition x + y zurückgegeben:

```
{ x, y ->
      println("Adding $x and $y")
      x + y
    }
```

Lambda-Ausdrücke ohne Parameter

Auch Lambda-Ausdrücke ohne Parameter benötigen keine runden Klammern. Eine Möglichkeit besteht darin, nur den Abbildungspfeil zu verwenden und dann den Rumpf anzugeben:

```
{ -> println("Hello World") }
```

Bei Lambda-Ausdrücken ohne Parameter kann der Abbildungspfeil weggelassen werden. Der obige Lambda-Ausdruck kann also auch ohne Pfeil geschrieben werden:

```
{ println("Hello World") }
```

Besteht der Rumpf aus mehreren Anweisungen, erscheint der Lambda-Ausdruck wie ein normaler Block. Er ist jedoch ein Datenobjekt und kann z. B. einer Variablen zugewiesen und dann ausgeführt werden. Das folgende Code-Stück erzeugt ein Funktionsobjekt ohne Parameter und mit drei Anweisungen und weist es der Variablen `add2` zu. Das Funktionsobjekt `add2` kann dann einfach ausgeführt werden:

```
val add2 : () -> Int =
    {
      val x = parseInt(readln())!!
      val y = parseInt(readln())!!
      x + y
    }
add2()
```

Funktionen wie Kontrollstrukturen

In Abschnitt 5.5 haben wir gezeigt, dass man in Java mit Lambda-Ausdrücken Code in einen Kontext einbetten oder bedingt ausführen kann. Mit der speziellen Syntax für Lambda-Ausdrücke ohne Parameter und den Trailing Lambdas lassen sich solche Funktionen in Kotlin noch eleganter schreiben. Im Folgenden schreiben wir die Funktionen `tryLock` und `runIf`, die den Methoden in Java aus Abschnitt 5.5 entsprechen (siehe Listing 16.2). Beide Funktionen haben als letzten Parameter ein Funktionsobjekt ohne Parameter:

```
fun <A> tryLock(lock: Lock, code: () -> A) : A {
  lock.lock()
  try {
    return code()
  } finally {
    lock.unlock()
  }
}
```

```
fun runIf(condition: Boolean, code: () -> Unit) : Unit {
  if (condition) code()
}
```

Listing 16.2 *Funktionen tryLock und runIf mit Trailing Lambdas*

Die Verwendung von Trailing Lambdas bei den Funktionsaufrufen ermöglicht eine elegante Syntax. Die Aufrufe erscheinen wie eingebaute Kontrollstrukturen:

```
val sharedState : Array<Int> = ...
tryLock(ReentrantLock()) {
    return sharedState[0]
  }

runIf(y != 0) {
    println("x/y = ${ x / y}")
  }
```

Lambda-Ausdrücke mit einem Parameter und die implizite Variable it

Für Lambda-Ausdrücke mit genau einem Parameter bietet Kotlin eine besondere Form: Statt den Parameter explizit zu deklarieren, kann die implizite Variable `it` verwendet werden. Das bedeutet, dass man keinen Parameter deklarieren muss, sondern direkt den Rumpf des Lambda-Ausdrucks angibt. Der Zugriff auf den Parameterwert erfolgt darin über `it`.

Ein Lambda-Ausdruck zur Bestimmung der Länge eines Strings könnte also folgendermaßen geschrieben werden:

```
{ it.length }
```

Dieser Ausdruck entspricht dem Lambda-Ausdruck `{ s -> s.length }`, den wir bereits im Beispiel mit `map` verwendet haben:

```
val lengths = strings.map { it.length }
```

Das Arbeiten mit `it` ist so einfach, dass diese Form fast immer für Lambda-Ausdrücke mit einem Parameter verwendet wird.

Parameter mit Zerlegungsdeklarationen

Eine Zerlegungsdeklaration kann auch bei den Parametern eines Lambda-Ausdrucks verwendet werden (vgl. Abschnitt 15.1), denn wenn bei Parametern von Lambda-Ausdrücken runde Klammern verwendet werden, handelt es sich nicht um mehrere Parameter, sondern um eine Zerlegungsdeklaration. Das folgende Beispiel soll das zeigen.

Wir schreiben eine Erweiterungsfunktion `map` für `Map`. Ähnlich wie die Funktion `map` für Listen iteriert die Funktion über die Elemente, wendet die Abbildungsfunktion an und sammelt die Ergebnisse in einer Ergebnisliste. Im Unterschied zur Funktion `map` für Listen sind die Elemente vom Typ `Map.Entry`:

```
fun <K, V, R> Map<K, V>.map(mapper: (Map.Entry<K, V>) -> R) : List<R> {
  val result = mutableListOf<R>()
  for (entry in this) result.add(mapper(entry))
  return result
}
```

Die innere Klasse `Entry` von `Map` ist eine Datenklasse mit den Properties `key` und `value`. Daher kann eine Zerlegungsdeklaration eingesetzt werden. Im folgenden Beispiel wird `map` mit einem Lambda-Ausdruck aufgerufen, der eine Zerlegungsdeklaration für den Parameter enthält. Die Variablen `k` und `v` erhalten die Werte der Properties `key` und `value` der `Map.Entry`-Objekte:

```
val m : Map<Int, Int> = mapOf(1 to 2, ...)
val added = m.map { (k, v) -> k + v }
```

16.2 Funktionsreferenzen und anonyme Funktionen

In Kotlin gibt es neben den Lambda-Ausdrücken zwei alternative Notationen für Funktionsobjekte: Funktionsreferenzen und anonyme Funktionen.

Funktionsreferenzen sind mit den Methodenreferenzen von Java vergleichbar. Sie erzeugen ebenfalls Funktionsobjekte, die die angegebene Funktion aufrufen. Tabelle 16.1 gibt einen Überblick über die unterschiedlichen Funktionsreferenzen und die entsprechenden Lambda-Ausdrücke:

- Eine Funktionsreferenz für eine Top-Level-Funktion, die direkt in einer Datei definiert ist, wird mit zwei Doppelpunkten `::` und dem Funktionsnamen erstellt.
- Eine Funktionsreferenz für eine Funktion in der Klasse `C` wird durch den Klassennamen, gefolgt von zwei Doppelpunkten und dem Funktionsnamen, erstellt.
- Eine Funktionsreferenz für eine Funktion, die für ein bestimmtes Objekt aufgerufen werden soll, wird mit dem Objekt, gefolgt von zwei Doppelpunkten und dem Funktionsnamen, geschrieben.
- Eine Funktionsreferenz für einen Konstruktor wird mit zwei Doppelpunkten und dem Klassennamen erstellt.

	Funktionsreferenz	**Lambda-Ausdruck**
Top-Level-Funktion	`::fn`	{ a, b, ... -> fn(a, b, ...) }
Funktion in Klasse C	`C::fn`	{ self, a, b, ... -> self.m(a, b, ...) }
Methode für ein Objekt `obj`	`obj::fn`	{ a, b, ... -> obj.m(a, b, ...) }
Konstruktor für Klasse C	`::C`	{ a, b, ... -> C(a, b, ...) }

Tab. 16.1 *Bildung von Lambda-Ausdrücken aus Funktionsreferenzen. Angenommen ist eine Funktion R fn(A a, B b, ...) mit Parametern a, b, ... sowie Konstruktor mit Parametern a, b, ... in einer Klasse C.*

Die folgende Anweisung verwendet die Funktionsreferenz `String::length` als Argument für `map`. Dies entspricht dem obigen Beispiel mit einem Lambda-Ausdruck. Es ist wichtig zu beachten, dass Funktionsreferenzen nicht in geschweiften Klammern geschrieben werden dürfen:

```
val lengths = strings.map( String::length )
```

Eine weitere Möglichkeit, Funktionsobjekte zu definieren, bieten anonyme Funktionen. Wie der Name andeutet, handelt es sich dabei um Funktionsdefinitionen ohne Namen. Das folgende Beispiel zeigt eine anonyme Funktion:

```
fun (x: Int, y: Int): Int = x + y
```

Es werden nur die Parameterliste und der Rumpf definiert; ein Funktionsname fehlt.

Wie bei den Lambda-Ausdrücken sind die Typen der anonymen Funktionen die entsprechenden Funktionstypen. Daher können anonyme Funktionen genauso wie Lambda-Ausdrücke verwendet werden. Im folgenden Beispiel wird eine anonyme Funktion einer Variablen zugewiesen und anschließend ausgeführt:

```
val adder : (Int, Int) -> Int = fun (x: Int, y: Int): Int = x + y
val sum = adder(1, 2)
```

Es gibt jedoch zwei kleine Unterschiede zu Lambda-Ausdrücken:

- Typ des Rückgabewerts: Während bei Lambda-Ausdrücken der Typ des Rückgabewerts nicht explizit angegeben werden kann (er wird vom Compiler abgeleitet), kann er bei anonymen Funktionen explizit definiert werden.
- Verwendung von `return`: Bei anonymen Funktionen kann der Rückgabewert mit `return` bestimmt werden.

In den folgenden Ausführungen werden wir Lambda-Ausdrücken den Vorrang vor anonymen Funktionen geben.

16.3 Closures

Erinnern wir uns an die Erörterung von Closures in Abschnitt 2.3: Closures sind Funktionsobjekte, die auf lokale Variablen ihres Kontextes zugreifen. Die lokalen Variablen befinden sich auf dem Stack. Um den Zugriff auf diese Variablen auch nach Verlassen ihres Gültigkeitsbereichs zu gewährleisten, müssen sie in das Funktionsobjekt eingeschlossen werden. In Java geschieht dies, indem der aktuelle Wert der lokalen Variablen in einer `final`-Variablen im Funktionsobjekt gespeichert wird. Dies führt zu der Einschränkung, dass in Lambda-Ausdrücken nur Variablen verwendet werden dürfen, die entweder final oder effektiv final sind.

Kotlin unterstützt *echte Closures* und damit können in Lambda-Ausdrücken auch veränderliche Variablen verwendet werden. Bei der Summenbildung über die Werte einer Liste mussten wir in Java beispielsweise ein `int`-Array der Länge

1 verwenden, um die Summe in der variablen Position des Arrays zu speichern (vgl. Abschnitt 2.3). In Kotlin hingegen können wir direkt mit einer lokalen Int-Variablen arbeiten:

```
var sum: Int = 0
intList.forEach { x -> sum = sum + x }
```

Wie wird das in Kotlin gelöst? Der Compiler packt die lokale Variable sum automatisch in ein Heap-Objekt. Dies entspricht also in etwa dem, was wir in Java in unserem Programm selbst machen müssen. Diese Lösung ist in vielen Fällen sehr angenehm, da sie den Umgang mit Closures erheblich erleichtert.

16.4 Inlining Lambda-Ausdrücke

Bei der Verwendung eines Lambda-Ausdrucks in höheren Funktionen wird zunächst ein Objekt des funktionalen Interface erzeugt und anschließend die Methode invoke dieses Objekts aufgerufen. Im Vergleich zu einer spezifischen imperativen Implementierung ohne Funktionsparameter stellt dies einen zusätzlichen Aufwand dar. Bei der Funktion mapToLength, die für eine Liste von Strings deren Längen berechnet, müssen im Gegensatz zur Verwendung von map kein Funktionsobjekt erzeugt und keine zusätzliche Methode invoke aufgerufen werden:

```
fun List<String>.mapToLength() : List<Int> {
  val result = mutableListOf<Int>();
  for (e in this) result.add(e.length)
  return result
}
```

In Abschnitt 14.3 haben wir bereits erfahren, dass Kotlin Inline-Funktionen unterstützt, bei denen anstelle des Funktionsaufrufs der Funktionsrumpf direkt eingesetzt wird. Tatsächlich werden bei Inline-Funktionen auch Lambda-Ausdrücke inline eingefügt. Das bedeutet, dass anstelle des Aufrufs des Funktionsobjekts der Rumpf des Lambda-Ausdrucks direkt eingefügt wird. Dadurch entfällt sowohl die Erzeugung des Funktionsobjekts als auch der Aufruf der Methode invoke.

Wenn wir die Funktion map als inline deklarieren

```
inline fun <T, R> List<T>.map (mapper: (T) -> R): List<R> {
  val result = mutableListOf<R>();
  for (e in this) result.add(mapper.invoke(e))
  return result
}
```

und die Funktion mit dem Lambda-Ausdruck

```
val lengths = strings.map { e -> e.length }
```

aufrufen, wird durch das Inlining nahezu der gleiche Code wie in der Funktion mapToLength ausgeführt.

Inlining von Funktionen mit Lambda-Ausdrücken ist in vielen Fällen sehr vorteilhaft, da es die Laufzeit verbessert. Es ist jedoch nicht immer möglich und unterliegt folgenden Einschränkungen:

- Die Funktionen dürfen nicht rekursiv sein.
- Der Lambda-Ausdruck darf nicht in einem Funktionsaufruf verwendet werden, der keine Inline-Funktion ist.
- Das Funktionsobjekt darf nicht gespeichert werden.

Trotz dieser Einschränkungen ist das Inlining von Funktionen mit Lambda-Ausdrücken sehr vorteilhaft und wird wann immer möglich verwendet. Viele der höheren Funktionen für Collections, die wir in Kapitel 17 beschreiben werden, sind als Inline-Funktionen ausgeführt. Auch die Funktionen für unsere funktionale Liste `FList`, die wir in Abschnitt 16.6 zeigen werden, werden wir als Inline-Funktionen implementieren.

16.5 Java-Interoperabilität und SAM-Interfaces

Wie Sie gesehen haben, gibt es einige Unterschiede zwischen Lambda-Ausdrücken in Java und Kotlin. Daraus ergibt sich die Frage, ob es möglich ist, Java-Methoden mit Lambda-Ausdrücken in Kotlin aufzurufen und umgekehrt Kotlin-Funktionen mit Funktionsparametern in Java zu verwenden. Tatsächlich ist beides möglich, wie im Folgenden erläutert wird.

Kotlin-Funktionen von Java aufrufen

Betrachten wir zunächst den Aufruf von Kotlin-Funktionen in Java. Dieser Seite der Interoperabilität ist relativ einfach. Die funktionalen Schnittstellen in Kotlin definieren nur die abstrakte Methode `invoke`, sodass sie mit SAM-Typen und mit Lambda-Ausdrücken in Java kompatibel sind. Daher können wir beispielsweise die oben definierte Funktion `map` auch mit einem Lambda-Ausdruck in Java aufrufen.

Nicht ganz so einfach ist der Aufruf von Top-Level-Funktionen und Erweiterungsfunktionen in Java. Dazu muss man wissen, wie Kotlin diese Funktionen abbildet:

- Top-Level-Funktionen: Für jede Datei mit Top-Level-Deklarationen erzeugt der Kotlin-Compiler eine Klasse mit dem Namen der Datei plus dem Suffix `Kt`. Alle Top-Level-Deklarationen werden als statische Member dieser Klasse implementiert.
- Erweiterungsfunktionen: Eine Erweiterungsfunktion wird als Methode implementiert, deren erster Parameter das erweiterte Objekt ist.

Das folgende Beispiel zeigt den Aufruf der Funktion `map` in Java. Diese ist eine statische Methode der Klasse `FunctionsKt`. Als erster Parameter wird die Liste übergeben und für die Abbildungsfunktion wird ein Lambda-Ausdruck in Java verwendet:

```
List<String> list = List.of("A", "AB");
List<Integer> lengths =  FunctionsKt.map(list, s -> s.length());
```

Eine weitere Besonderheit sind die Rückgabewerte vom Typ `Unit`. Wenn der Rückgabewert einer Funktion `Unit` ist, muss er in Kotlin nicht explizit angegeben werden. In Java hingegen muss der Wert `Unit` explizit zurückgegeben werden. In Java kann auf diesen Wert mit `kotlin.Unit.INSTANCE` zugegriffen werden. Das folgende Beispiel zeigt die Verwendung der Funktion `runIf` in Java. Hier wird das `Unit`-Objekt explizit mit `return` zurückgegeben:

```
FunctionsKt.runIf(y != 0, () -> {
      int r = x / y;
      System.out.println("x/y = $r");
      return kotlin.Unit.INSTANCE;
   });
```

Aufruf von Java-Funktionen in Kotlin

Kotlin unterstützt die sogenannte SAM-Konvertierung (engl. *SAM conversion*), das heißt, ein Lambda-Ausdruck kann in Kotlin für jeden beliebigen SAM-Typ verwendet werden. In der expliziten Form wird dem Lambda-Ausdruck einfach der SAM-Typ vorangestellt, um den Typ des erzeugten Funktionsobjekts festzulegen. Das folgende Beispiel zeigt, wie ein Lambda-Ausdruck ein Funktionsobjekt vom Typ `Runnable` erzeugt. Beim Aufruf muss der Methodennamen verwendet werden, hier die Methode `run`:

```
val runnable = Runnable { println("Hello Kotlin!") }
runnable.run()
```

Im obigen Beispiel ist die explizite Angabe des SAM-Typs erforderlich, da dieser nicht aus dem Kontext abgeleitet werden kann. Wenn der Typ jedoch durch den Kontext bestimmt wird, kann auf die explizite Angabe der SAM-Konvertierung verzichtet werden. Dies ist beispielsweise der Fall, wenn der Lambda-Ausdruck als Parameter einer Methode übergeben wird, die einen SAM-Typ erwartet. Das folgende Beispiel zeigt den Aufruf eines Threads mit einem Lambda-Ausdruck. Da der Typ `Runnable` durch den Parameter des Konstruktors bestimmt wird, kann die SAM-Konvertierung entfallen:

```
val thread = Thread( { println("Hello Kotlin!") } )
```

Da Kotlin vollständig auf die Java-Bibliothek zugreifen kann, können wir zum Beispiel auch die Streaming-API verwenden, die wir in Kapitel 9 ausführlich behandelt haben. Streams können direkt in Kotlin verwendet werden, wobei Lambda-Ausdrücke in der üblichen Kotlin-Syntax geschrieben werden können. Trailing Lambdas und die implizite Variable `it` können ebenfalls verwendet werden. Eine explizite SAM-Konvertierung ist nicht erforderlich. Das folgende Beispiel zeigt eine Streaming-Anweisung zur Verarbeitung einer Liste von Artikeln. Die Lambda-Ausdrücke sind in Kotlin-Syntax mit Trailing Lambdas geschrieben:

```
val articles = listOf(Article("A", 1500.0), ...)

val cheapArticleNames =
    articles
      .stream()
      .filter { it.price < 1000.0 }
      .sorted(Comparator.comparingDouble({ it.price}))
      .map { it.name }
      .toList()
```

16.6 Höhere Funktionen für FList

Zur Demonstration von Funktionen mit Funktionsparametern werden wir einige höhere Funktionen für unsere Funktionsliste `FList` implementieren. Die Funktionen sind als Erweiterungsfunktionen implementiert. Wenn möglich, bauen neue Funktionen auf bestehenden auf. Alle Funktionen sind als `inline` deklariert, sodass kein Overhead durch verkettete Aufrufe entsteht.

Listing 16.3 zeigt die Implementierungen der Funktionen. Die erste Funktion ist `forEach`, bei der mit einer Variablen `l` über alle Teillisten iteriert wird, um für jedes Element das Funktionsobjekt `action` auszuführen. Mit `forEach` wird anschließend die Funktion `reduce` implementiert, wie sie auch bei Streams bekannt ist (vgl. Abschnitt 9.3.3). Die Funktion `reduce` dient wiederum als Grundlage für die Implementierung der Funktion `reversed`.

Die wichtige Funktion `flatMap` kann mithilfe von `reduce` und `reversed` realisiert werden. Zunächst wird mit `reduce` eine flache Liste der abgebildeten Elemente erstellt, die dann mit `reversed` umgedreht wird. Schließlich können `map` und `filter` nach dem Prinzip der Monaden auf Basis von `flatMap` implementiert werden (vgl. Abschnitt 7.3).

```
inline fun <E> FList<E>.forEach(action : (E) -> Any) : Unit {
  var l = this
  while (l is Cons<E>) {
    val (head, tail) = l
    action(head)
    l = tail
  }
}

inline fun <E: Any, R: Any> FList<E>.reduce(idty: R, acc: (R, E) -> R) : R {
  var result = idty
  this.forEach { result = acc(result, it) }
  return result
}

fun <E:Any> FList<E>.reversed(): FList<E> {
  return reduce (FList.of()) { lst, e -> e cons lst }
}
```

```
inline fun <E: Any, R: Any> FList<E>.flatMap(mapper: (E) -> FList<R>)
        : FList<R> {
  val r : FList<R> =
    reduce(FList.of()) {
        lst, e -> mapper(e).reduce(lst) { sl, x -> x cons sl }
      }
  return r.reversed()
}

inline fun <E: Any> FList<E>.filter(predicate: (E) -> Boolean) : FList<E> {
  return flatMap { if (predicate(it)) FList.of(it) else FList.of() }
}

inline fun <E: Any, R: Any> FList<E>.map(mapper: (E) -> R): FList<R> {
  return flatMap { FList.of(mapper(it)) }
}

inline fun <E: Any> FList<E>.find(test: (E) -> Boolean) : E? {
  this.forEach {
    if (test(it)) return it
  }
  return null
}
```

Listing 16.3 *Erweiterungsfunktionen für FList*

Beispiele für Aufrufe der Erweiterungsfunktionen

Im Folgenden sind einige Beispielaufrufe der Erweiterungsfunktionen für eine Liste von Strings zu sehen. Die Ergebnisse der Aufrufe sind in den Kommentaren angegeben:

```
val lst = "A" cons ("BB" cons ("CCC" cons Nil)) // ["A", "BB", "CCC"]
val concatenated = lst.reduce("") {            // "ABBCCC"
    c, s -> c + s
  }
val reversed = lst.reversed()                  // ["CCC", "BB", "A"]
val characters = lst.flatMap {                 // [A, B, B, C, C, C]
     FList.of(it.toCharArray().toList())
  }
val lengths = lst.map { it.length }            // [1, 2, 3]
val filtered = lst.filter { it.length > 1 }    // [BB, CCC]
```

Inlining und Optimierung

Recht aufschlussreich ist die Betrachtung, wie die Inline-Funktionen aufgelöst werden. Nehmen wir dazu den folgenden Aufruf von reversed:

```
val reversed = lst.reversed()
```

Der Aufruf von reversed wird durch den Rumpf der Funktion ersetzt, in dem reduce verwendet wird. Daraus ergibt sich die folgende Anweisung:

```
val reversed = lst.reduce(FList.of<String>()) { l, e -> e cons l }
```

Da reduce ebenfalls als inline deklariert ist, wird auch ihr Rumpf direkt eingesetzt, was zu folgendem Code führt:

```
var reversed = FList.of<String>()
lst.forEach { e -> reversed = e cons reversed }
```

Da nun auch forEach inline ist, ergibt sich folgender imperative Code, der letztlich ausgeführt wird:

```
var reversed = FList.of<String>()
var l = lst
while (l is Cons<String>) {
  val (head, tail) = l
  reversed = head cons reversed
  l = tail
}
```

In diesem Code wurden alle Funktionsobjekte und deren Aufrufe eliminiert, wodurch der Code bereits gut optimiert ist. Wir könnten auch den Operator cons als inline deklarieren, um auch diesen Aufruf einzusparen.

Es ist jedoch zu beachten, dass moderne JIT-Compiler sehr aggressive Optimierungen durchführen und Maschinencode erzeugen, in dem viele Methodenaufrufe automatisch inline sind [78].

16.7 Zusammenfassung

In diesem Kapitel wurden die erweiterten Möglichkeiten von Lambda-Ausdrücken und höheren Funktionen in Kotlin im Vergleich zu Java erläutert. Kotlin bietet echte Funktionstypen. Mithilfe von Trailing Lambdas und der impliziten Variablen it kann der Code lesbarer und ausdrucksstärker gestaltet werden.

Im Gegensatz zu Java unterstützt Kotlin echte Closures, die uneingeschränkten Zugriff auf lokale Variablen erlauben. Außerdem bietet Kotlin Inline-Funktionen, die den Overhead von Funktionsobjekten eliminieren und somit zu einer effizienteren Ausführung führen.

Dank der vollständigen Interoperabilität mit Java können Kotlin-Lambdas in Java verwendet werden. Umgekehrt können SAM-Typen von Java mit Lambda-Ausdrücken in Kotlin implementiert werden.

17 Höhere Funktionen für Collections

Eine große Stärke von Kotlin sind die Erweiterungsfunktionen für Klassen der Standardbibliothek. Mithilfe dieser Funktionen wurden die Typen der Standardbibliothek um viele nützliche Operationen erweitert.

Dies gilt insbesondere für Collections und in diesem Kapitel werden wir uns eingehend mit den höheren Funktionen für Collections beschäftigen. Alle diese Funktionen sind als Erweiterungsfunktionen implementiert und ermöglichen eine funktionale Arbeitsweise ähnlich der, die wir mit den Streams in Java kennengelernt haben (vgl. Kap. 9). Ein wesentlicher Unterschied besteht jedoch darin, dass Operationen auf Collections in Kotlin strikt verarbeitet werden, während Streams in Java eine Bedarfsauswertung verwenden. Dies hat Vor- und Nachteile. Für Anwendungen, die eine Bedarfsauswertung benötigen, bietet Kotlin sogenannte *Sequences*, die in ihrer Funktionsweise den Java-Streams sehr ähnlich sind. Auf Sequences wird im letzten Abschnitt dieses Kapitels kurz eingegangen.

Zu Beginn dieses Kapitels geben wir eine Einführung in die höheren Funktionen für Collections sowie eine Übersicht über die wichtigsten Funktionen. In den folgenden Abschnitten werden die zentralen Funktionen anhand von Beispielen näher gezeigt.

17.1 Einführung

In Abschnitt 16.5 haben wir gesehen, wie Java-Streams in Kotlin verwendet werden können. Dabei haben wir ein einfaches Beispiel angeführt, in dem eine Liste von Artikeln gefiltert, sortiert und transformiert wurde. In ähnlicher Weise kann die gleiche Aufgabe mithilfe der höheren Funktionen für Collections umgesetzt werden:

```
val articles = listOf(Article("A", 1500.0), ...)

val cheapArticleNames =
    articles
      .filter { it.price < 1000.0 }
      .sortedBy { it.price }
      .map { it.name }
```

Es gibt aber zwei wesentliche Unterschiede: Erstens entfällt die explizite Erzeugung eines Stream-Objekts aus der Collection. Zweitens wird keine Terminaloperation wie `toList` benötigt. Stattdessen erzeugt jede Operation eine neue Collection, auf die dann weitere Operationen angewendet werden können. Das Endergebnis, in unserem Beispiel die Liste der gefilterten und sortierten Artikelnamen, wird direkt von der letzten Operation geliefert.

Die höheren Funktionen für Collections arbeiten nach einem strikten Verfahren, wie es bereits in Abschnitt 9.1.3 beschrieben und mit der Bedarfsauswertung für Streams verglichen wurde. Es sei daran erinnert, dass die Bedarfsauswertung den Vorteil hat, dass Elemente nacheinander bearbeitet werden, ohne dass Zwischenergebnisse gespeichert werden müssen. Außerdem werden nur so viele Elemente verarbeitet, wie tatsächlich benötigt werden. Diese Vorteile bieten die höheren Funktionen für Collections hingegen nicht.

Es stellt sich die Frage, ob höhere Funktionen für Collections grundsätzlich schlechter sind als Streams. Die Antwort hängt stark vom konkreten Anwendungsfall ab. Tatsächlich sind die höheren Funktionen mit strikter Auswertung oft sowohl in der Programmierung als auch in der Ausführung einfacher. Zudem sind viele dieser Funktionen als Inline-Funktionen implementiert und daher sehr effizient. Für kleinere Aufgaben mit wenigen Elementen sind sie meist die bessere Wahl. Bei sehr großen Collections empfiehlt sich hingegen der Einsatz von Java-Streams oder -Sequences in Kotlin mit ihrer bedarfsgesteuerten Ausführung.

Wie bereits erwähnt, sind die höheren Funktionen für Collections als Erweiterungsfunktionen implementiert. Viele von ihnen sind sogar als Erweiterungsfunktionen für das Interface `Iterable` definiert und daher auf alle Iterables, einschließlich Collections, anwendbar. Zur Veranschaulichung ist nachfolgend die Signatur der Funktion `map` angegeben:

```
public inline fun <T, R> Iterable<T>.map(transform: (T) -> R): List<R>
```

Die Funktion ist als `inline` markiert, erweitert `Iterable<T>` und hat einen Funktionsparameter `transform`, der Elemente vom Typ `T` auf Werte vom Typ `R` abbildet. Das Ergebnis ist eine Liste mit Elementen vom Typ `R`. Andere Funktionen sind analog implementiert, wobei viele ebenfalls Listen als Ergebnis liefern. Ergänzend dazu gibt es Funktionen wie `toSet`, `toSortedSet` und `toMutableList`, um die Ergebnisliste in eine entsprechende Datenstruktur umzuwandeln. So kann man beispielsweise für eine Liste von Artikeln eine sortierte Menge der Namen erzeugen:

```
val cheapArticleNameSet =
    articles
      .filter { it.price < 1000.0 }
      .map { it.name }
      .toSortedSet()
```

Die verfügbaren höheren Funktionen sind umfangreich und vielfältig. Tabelle 17.1 gibt eine Übersicht über die wichtigsten Funktionen. Von einigen Funktionen existieren zahlreiche Varianten – beispielsweise gibt es sechs Varianten von `map`. Häufig sind die Unterschiede bereits am Funktionsnamen erkennbar. Drei besonders häufig verwendete Namenszusätze sind:

`NotNull`: Funktionen mit diesem Namenszusatz eliminieren `null`-Werte.
`Indexed`: Zusätzlich zum Element wird der Index des Elements an die Abbildungsfunktion übergeben.
`To`: Die Elemente werden in eine veränderliche Collection eingefügt, die der Funktion als Parameter übergeben wird.

Abbildungen	`map, mapNotNull, mapIndexed, mapIndexedNotNull, mapTo, mapToNotNull, flatMap, flatMapIndexed, flatMapTo, flatMapToIndexed`
	`flatten`
	`zip`

Filtern	`filter, filterNot, filterIndexed, filterNotNull, filterIsInstance,` `filterTo, filterNotTo, filterIndexedTo, filterNotNullTo, filterIsInstanceTo`
Sortierung	`sortedBy, sortByDescending, sortedWith`

Teilmengen	`drop, dropLast, dropWhile, dropLastWhile`
	`take, takeLast, takeWhile, takeLastWhile, takeIf, takeUnless`
	`distinct, distinctBy`

Reduktion	`reduce, reduceOrNull, reduceRight, reduceRightOrNull, reduceIndexed, reduceIndexedOrNull, reduceRightIndexed, reduceRightIndexedOrNull` `fold, foldIndexed, foldRight, foldRightIndexed`

Suche und Quantoren	`find, findLast, first, firstOrNull, last, lastOrNull`
	`indexOfFirst, indexOfLast`
	`all, any, none`

Bilden von Maps	`associate, associateBy, associateWith, associateTo, associateByTo, associateWithTo`
Gruppieren und Aufteilen	`groupBy, groupByTo, groupingBy` `partition`
Windowing	`windowed, chunked`
Bilden von Strings	`joinTo, joinToString`

Tab. 17.1 *Höhere Funktionen für Collections*

In der Tabelle sind die Funktionen in Kategorien eingeteilt. Es werden folgende Kategorien unterschieden:

- Abbildungen: Neben map und flatMap in mehreren Varianten gibt es die Funktion flatten, die wie flatMap eine geschachtelte Collection in eine flache überführt. Die Funktion zip führt Elemente zweier Collections paarweise zusammen.
- Filtern: Auch von filter gibt es mehrere Varianten. Eine spezielle Variante ist filterIsInstance, die eine Typprüfung durchführt.
- Sortieren: Zum Sortieren von Elementen stehen sortedBy und sortedByDescending zur Verfügung, wobei das Sortierkriterium durch eine Funktion bestimmt wird. Die Funktion sortedWith verwendet einen Comparator.
- Bilden von Teilmengen: Mit den Funktionen drop können Elemente übersprungen und mit take übernommen werden. Die Funktionen distinct und distinctBy eliminieren Duplikate, wobei bei distinctBy eine Funktion für die Vergleichswerte angegeben wird.
- Reduktion: Für die Reduktion existieren die Funktionen fold und reduce. Die fold-Funktionen entsprechen dabei der funktionalen Reduktion mit einem Startwert und einer monoiden Operation, wie wir sie in Kapitel 6 beschrieben haben. Die reduce-Funktionen beginnen hingegen die Reduktion mit dem ersten Element. Während reduce bei einer leeren Collection eine Exception wirft, gibt reduceOrNull in diesem Fall null zurück.
- Suchen und Quantoren: Für die Suche nach Elementen gibt es find, first, last und deren Varianten mit OrNull, die null zurückgeben, wenn kein Element gefunden wird. Die Quantoren all, any und none sind Suchfunktionen, die nach Elementen mit entsprechenden Bedingungen suchen.
- Bilden von Maps: Die Funktionen associate erzeugen aus einer Collection eine Map. Es gibt mehrere Varianten, um Keys und Werte zu bestimmen.
- Gruppieren und Aufteilen: Zum Gruppieren von Elementen dienen die Funktionen groupBy und groupingBy. Die Funktion partition teilt die Collection anhand eines Prädikats in zwei Teilmengen. Sie arbeiten ähnlich wie die entsprechenden Collectors bei Streams (vgl. Abschnitt 9.4.2).
- Besondere Operationen: In Abschnitt 9.3.2 haben wir die neue Zwischenoperation gather für Streams beschrieben. Die Funktionen windowed und chunked erfüllen ähnliche Aufgaben, das heißt, es werden immer Teillisten von Elementen gemeinsam weiterverarbeitet.
- Bilden von Strings: Mit joinTo und joinToString kann aus den Elementen einer Collection eine String-Repräsentation gebildet werden.

Eine vollständige Behandlung aller Funktionen würde den Rahmen dieses Kapitels sprengen. Daher werden wir uns in den folgenden Abschnitten auf die interessantesten Funktionen konzentrieren und diese anhand von Beispielen erläutern. Dabei verwenden wir durchgängig die Klasse Person und Listen von Personen (men, women und deren Vereinigung persons), wie sie in Listing 17.1 dargestellt sind.

```
data class Person(val firstName: String,
                  val lastName: String,
                  val age: Int) {
    override fun toString(): String {
        return "$firstName $lastName, $age"
    }
}

val men = listOf(Person("Hans", "Maier", 25), ...)
val women = listOf(Person("Anna", "Berger", 26), ...)
val persons = men + women
```

Listing 17.1 *Klasse Person mit Listen men, women und persons*

17.2 Abbilden, Filtern, Sortieren, Teilmengen

Abbilden

Die Funktion map haben wir bereits im einführenden Beispiel gesehen, daher wird sie hier nicht wiederholt. Bei der Funktion mapIndexed hat die Abbildungsfunktion zwei Parameter: den Index und das Element. Im folgenden Beispiel werden die Personen nach ihrem Alter sortiert und dann in eine Liste von Strings umgewandelt, die die Nummer (Index + 1) und den Namen der Person enthalten:

```
val ordered : List<String> =
    persons
        .sortedByDescending { it.age }
        .mapIndexed { i, p -> "${i+1}: ${p.firstName} ${p.lastName}" }
```

Die Funktion flatMap funktioniert in der gleichen Weise, wie wir es bei den Monaden in Abschnitt 7.3 ausführlich diskutiert haben. Im folgenden Beispiel wird mit flatMap eine Liste der Lebensjahre aller Personen erzeugt:

```
val years : List<Int> = persons.flatMap { 1..it.age }
```

Wir wissen, dass flatMap die Elemente auf Collections abbildet, die anschließend zu einer einzigen Collection ausgeflacht werden. In Kotlin gibt es auch die explizite Operation flatten, mit der man in Kombination mit map den gleichen Effekt wie mit flatMap erzielen kann:

```
val years : List<Int> = persons.map { 1..it.age } . flatten()
```

Bei Funktionen mit To im Namen wird die Ziel-Collection explizit angegeben. Diese muss das Interface MutableCollection implementieren und somit das Anfügen von Elementen erlauben. Im folgenden Beispiel wird zunächst eine veränderliche Menge ages erzeugt. Anschließend werden mit mapTo die Altersangaben der Personen aus den Listen women und men in diese Menge eingefügt:

```
val ages = mutableSetOf<Int>()
women.mapTo(ages) {  it.age }
men.mapTo(ages) {  it.age }
```

Das Beispiel zeigt, in welchen Fällen Funktionen mit Zusatz `To` nützlich sind: wenn eine bestimmte Art von Collection als Ergebnis benötigt wird (z. B. ein `Set` wie oben) und wenn die Ergebnisse mehrerer Operationen in einer einzigen Collection gesammelt werden sollen.

Die Funktion `zip` führt die Elemente zweier Collections paarweise zusammen. Während diese Funktion bei Java-Streams nicht vorhanden ist, stellt sie in Kotlin eine praktische Erweiterung dar. Es gibt zwei Varianten von `zip`:

- Die erste Variante nimmt eine weitere Collection als Parameter und liefert eine Liste von `Pair`-Objekten. Im folgenden Beispiel werden Paare aus den Elementen der Listen `men` und `women` gebildet:

```
val pairs : List<Pair<Person, Person>> = men.zip(women)
```

- Die zweite Variante nimmt zusätzlich eine Transformationsfunktion entgegen, die die zwei Elemente eines Paares in ein neues Ergebnis umwandelt. Zum Beispiel können wir die Vornamen zweier Personen zu einem String zusammenfügen:

```
val couples =  men.zip(women) {
    m, w -> "${m.firstName} <-> ${w.firstName}"
}
```

Filtern

Auch von `filter` existieren zahlreiche Varianten. Eine davon ist `filterNot`, die Elemente filtert, die *nicht* einer bestimmten Bedingung entsprechen. Zum Beispiel können wir alle erwachsenen Personen filtern, indem wir eine gegenteilige Bedingung verwenden:

```
val adults =  persons.filterNot { it.age < 18 }
```

Eine weitere interessante Funktion ist `filterIsInstance`, die Elemente nach ihrem Typ filtert. Der zu filternde Typ wird dabei durch den Typparameter bestimmt. Mit dieser Funktion können wir beispielsweise alle `Person`-Objekte aus einer Liste beliebiger Objekte extrahieren:

```
val onlyPersons = objects.filterIsInstance<Person>()
```

Dies ist möglich, weil `filterIsInstance` eine **Inline-Funktion** ist und einen reifizierten Typparameter verwendet (siehe Abschnitt 14.7.5).

Sortieren

Die Funktionen `sortedBy` und `sortedByDescending` erzeugen neue, sortierte Listen basierend auf einem Sortierkriterium, das durch eine Funktion angegeben wird. Die Funktionen verändern dabei die ursprüngliche Liste nicht. Die Funktion `sortedByDescending` haben wir bereits im obigen Beispiel gesehen.

Daneben gibt es noch die Funktionen sort und sortDescending, die veränderliche Listen direkt sortieren. Die Funktion sort entspricht dabei der statischen Java-Methode sort der Klasse Collections. Die Funktion sortWith verwendet einen Comparator für das Sortierkriterium. Im folgenden Beispiel wird sortWith verwendet, um die Liste mPersons nach Alter und anschließend nach Nachname und Vorname zu sortieren. Der Comparator wird dabei mit der Funktion compareBy erzeugt und mit der Funktion thenComparing erweitert:

```
val mPersons = persons.toMutableList()

mPersons.sortWith(
        compareBy<Person> { it.age }
                . thenComparing { p -> p.lastName }
                . thenComparing { p -> p.firstName } )
```

Teilmengen

Mit den Funktionen take, takeWhile, takeLast und takeLastWhile können bestimmte Elemente einer Collection übernommen werden. Dabei übernehmen take und takeWhile Elemente vom Anfang der Collection, während takeLast und takeLastWhile Elemente vom Ende der Collection übernehmen. Entsprechend entfernen die Funktionen drop, dropWhile, dropLast und dropLastWhile Elemente vom Anfang bzw. Ende. Im folgenden Beispiel werden die Personen übernommen, solange sie 18 Jahre oder älter sind:

```
val firstAdults = persons.takeWhile { it.age >= 18 }
```

Zusätzlich gibt es die Funktionen takeIf und takeUnless, die je nachdem, ob eine Bedingung erfüllt ist oder nicht, die gesamte Kollektion übernehmen oder null zurückgeben. Im folgenden Beispiel wird die Liste übernommen, wenn sie nicht leer ist:

```
val notEmpty = persons.takeUnless { it.isEmpty() }
```

Mit distinct können doppelte Elemente entfernt werden. Diese Funktion ist bereits von den Java-Streams bekannt. Die Funktion distinctBy erlaubt zusätzlich, Elemente anhand einer bestimmten Eigenschaft zu vergleichen. Beispielsweise können Personen mit gleichem Nachnamen entfernt werden:

```
val uniqueLastNames = persons.distinctBy { it.lastName }
```

17.3 Reduktion

Die Funktion zur Reduktion heißt in Kotlin fold. Sie funktioniert ähnlich wie reduce bei Java-Streams. Die Signatur der Funktion ist nachfolgend angegeben:

```
public inline fun <T, R> Iterable<T>.fold(initial: R,
                                          operation: (R, T) -> R): R
```

Die Schnittstelle ähnelt der von reduce bei Streams: Der erste Parameter initial ist der Initialwert vom Typ R. Der zweite Parameter operation ist eine Funktion, die zwei Parameter entgegennimmt, nämlich das Teilergebnis vom Typ R und den nächsten Wert der Collection vom Typ T. Sie gibt ein neues Teilergebnis vom Typ R zurück. Im Gegensatz von reduce bei Streams fehlt der dritte Parameter combine, da die Kotlin-Funktionen für Collections keine parallele Ausführung unterstützen.

Das folgende Beispiel verwendet fold, um die Summe der Lebensalter aller Personen zu berechnen:

```
val agesSum =
    persons.fold(0) {
      acc, p -> acc + p.age
    }
```

Man beachte, dass bei der Verwendung von fold der Initialwert in runden Klammern angegeben wird, während der Funktionsparameter in Form eines Trailing Lambdas folgt. Durch diese Syntax wirkt fold fast wie eine Kontrollstruktur.

Die Funktionen reduce und reduceOrNull unterscheiden sich von fold dadurch, dass sie das erste Element der Collection als Initialwert verwenden. Der Unterschied zwischen den beiden Funktionen ergibt sich bei leeren Collections:

- reduce wirft eine Exception, wenn die Collection leer ist.
- reduceOrNull: Gibt null zurück, wenn die Collection leer ist.

Die Funktion reduceOrNull wird häufig bevorzugt, auch weil die Behandlung von null-Werten in Kotlin gut unterstützt wird. Im folgenden Beispiel wird reduceOrNull verwendet, um die älteste Person in der Liste zu ermitteln. Das Trailing Lambda definiert die Vergleichslogik zwischen zwei Personen. Bei der Ausgabe kann man mit dem Elvis-Operator für einen null-Wert einen alternativen Wert angeben:

```
val oldestOrNull: Person? =
   persons.reduceOrNull {
           curr, next -> if (next.age > curr.age)  next else curr
        }
println(oldestOrNull ?: "Leere Liste")
```

17.4 Suche und Quantoren

Um Elemente in einer Collection zu finden, stehen die Funktionen find, first, firstOrNull, last und lastOrNull zur Verfügung. Während first und last eine Exception werfen, wenn kein Element gefunden wird, liefern firstOrNull und lastOrNull den Wert null. Die Funktionen find, findFirst und findLast verhalten sich dabei wie firstOrNull und lastOrNull.

Mit findLast können wir beispielsweise eine Person suchen, die älter als 60 Jahre ist. Die Suche beginnt beim letzten Element der Liste, und das Ergebnis ist null, wenn keine solche Person gefunden wurde:

```
val senior : Person? = persons.findLast() { it.age >= 60 }
println("senior = ${senior ?: "Keine Person ist 60"}")
```

Um die Position (den Index) eines Elements in einer Liste zu ermitteln, verwendet man die Funktionen `indexOf` und `indexOfLast`. Die Funktion `indexOf` sucht von vorne nach hinten und gibt den Index des ersten Elements zurück, das die Bedingung erfüllt. Die Funktion `indexOfLast` sucht von hinten nach vorne und gibt den Index des letzten passenden Elements zurück. Wird kein Element gefunden, geben beide Funktionen -1 als ungültige Position zurück.

Im folgenden Beispiel wird die letzte Position einer Person gesucht, die älter als 60 Jahre ist:

```
val lastSeniorIdx = persons.indexOfLast { it.age >= 60 }
println("lastSeniorIdx = $lastSeniorIdx")
```

Quantoren

In Abschnitt 9.3.3 haben wir bereits beschrieben, dass Quantoren als Suchfunktionen implementiert sind, die prüfen, ob eine gegebene Bedingung für Elemente erfüllt bzw. nicht erfüllt ist. Dies gilt auch für die Funktionen `all`, `any` und `none`.

Im folgenden Beispiel wird mit `all` überprüft, ob alle Personen erwachsen sind:

```
val allAdults = persons.all { it.age >= 18 }
```

Das logisch gleiche Ergebnis kann mit `none` und der gegenteiligen Bedingung berechnet werden:

```
val noMinor = persons.none { it.age < 18 }
```

17.5 Bilden von Maps

Die Funktionen `associate` erzeugen aus einer Collection eine Map, indem sie für jedes Element einen Key und einen Wert erzeugen und als Eintrag in die Map aufnehmen. Sind die Keys für zwei Elemente identisch, wird der alte Eintrag durch den neuen überschrieben. Dieses Verhalten unterscheidet sich damit vom vergleichbaren Collector `toMap` bei Java-Streams, der in diesem Fall eine Exception wirft.

Es gibt verschiedene Varianten von `associate`, die sich in den Funktionsparametern und der Art der Ergebnis-Map unterscheiden. Im Folgenden werden die Schnittstellen der Varianten erläutert und Beispiele dazu gegeben. Besonders wichtig sind dabei die Funktionsparameter und der Typ der Ergebnis-Map:

associate

Die Funktion `associate` verwendet einen Funktionsparameter, der die Elemente vom Typ `T` auf `Pair`-Objekte mit Werten vom Typ `K` und Werten vom Typ `V` abbildet. Die `Pair`-Objekte bilden somit die Einträge in der Map.

```
fun <T, K, V> Iterable<T>.associate(transform: (T) -> Pair<K, V>): Map<K, V>
```

Im folgenden Beispiel wird `associate` mit einem Lambda-Ausdruck aufgerufen, der Personen in Paare mit vollständigem Namen als Key und Alter als Wert abbildet:

```
val name2Age : Map<String, Int> =
  persons.associate { p -> Pair("${p.firstName} ${p.lastName}", p.age) }
```

associateBy

Die erste Variante der Funktion `associateBy` verwendet einen Funktionsparameter, der für die Elemente einen Key vom Typ `K` bestimmt. Es entsteht eine Map mit den erzeugten Keys und den Elementen selbst als Werte.

```
fun <T, K> Iterable<T>.associateBy(keySelector: (T) -> K): Map<K, T>
```

Im folgenden Beispiel wird mit der Lambda-Funktion der Nachname der Personen als Key bestimmt. Die Map ist vom Typ `Map<String, Person>`:

```
val lastName2Person : Map<String, Person> =
        persons.associateBy { it.lastName }
```

Bei der zweiten Variante von `associateBy` wird neben der Funktion für den Key eine zweite Funktion für die Werte verwendet:

```
fun <T, K, V> Iterable<T>.associateBy(keySelector: (T) -> K,
                                       valueTransform: (T) -> V): Map<K, V>
```

Mit der folgenden Anweisung werden durch den ersten Funktionsparameter die Nachnamen als Key und durch den zweiten Funktionsparameter das Alter der Personen als Werte bestimmt:

```
val lastName2Age : Map<String, Int> =
        persons.associateBy({it.lastName}, {it.age})
```

associateWith

Bei der Funktion `associateWith` bilden die Elemente selbst die Keys, und die Werte werden durch den Funktionsparameter bestimmt.

```
fun <K, V> Iterable<K>.associateWith(valueSelector: (K) -> V): Map<K, V>
```

Beim folgenden Beispiel wird eine Map mit den Personen als Keys und den Altersangaben, also Werte erzeugt:

```
val person2Age : Map<Person, Int> = persons.associateWith { it.age }
```

Von diesen Funktionen gibt es auch analoge Varianten mit der Erweiterung `To`, bei denen man eine veränderliche Ergebnis-Map als Parameter übergeben muss. Auf diese Varianten wird hier nicht weiter eingegangen.

17.6 Gruppieren und Aufteilen

Für die Einteilung der Elemente einer Collection in Gruppen stehen die Funktionen `groupBy` und `groupingBy` zur Verfügung. Die Aufteilung einer Collection in zwei Teilmengen wird mit der Funktion `partition` ermöglicht.

groupBy

Mit der Funktion `groupBy` lassen sich Elemente anhand eines bestimmten Kriteriums gruppieren. Dieses wird durch den Funktionsparameter bestimmt. Die Funktion `groupBy` entspricht somit dem Collector `groupingBy` bei den Java-Streams in seiner einfachsten Variante. Im folgenden Beispiel werden die Personen nach ihrem Alter gruppiert:

```
val personsByAge : Map<Int, List<Person>>  =
        persons.groupBy { it.age }
```

Von `groupBy` gibt es eine zweite Variante, bei der zusätzlich eine Funktion für die Werte angegeben wird. Anstelle der Personen selbst kann so zum Beispiel eine Liste der Namen erstellt werden:

```
val namesByAge : Map<Int, List<String>> =
        persons.groupBy ({ it.age }, { "${it.firstName} ${it.lastName}" })
```

In Abschnitt 9.4.3 haben wir bei Streams gesehen, dass Downstream-Collectors verwendet werden können, um andere Werte als Listen für die Einträge einer Map zu berechnen, wie z. B. die Anzahl der Elemente in einer Gruppe. Direkt unterstützt `groupBy` dies nicht, da die Werte immer Listen sind. Für Maps gibt es jedoch analoge Erweiterungsfunktionen wie für Collections, darunter die Funktion `map` mit der folgenden Schnittstelle:

```
inline fun <K, V, R> Map<out K, V>.map(
            transform: (Map.Entry<K, V>) -> R): List<R>
```

Die Funktion `map` bildet also die Einträge auf beliebige Ergebnisse vom Typ `R` ab und gibt eine Liste dieser Ergebnisse zurück. Mithilfe von `map` und `toMap` kann z. B. aus der Map mit Listen eine neue Map erzeugt werden, die für jede Altersgruppe die Anzahl der Personen enthält. Man beachte, dass in der Lambda-Funktion eine Zerlegungsdeklaration für die `Map.Entry`-Objekte verwendet wird:

```
val numberPersonsByAge: Map<Int, Int> =
  personsByAge.map { (k, v) -> Pair(k, v.size) }.toMap()
```

groupingBy

Neben `groupBy` bietet Kotlin die Funktion `groupingBy`, die flexible Möglichkeiten zur Weiterverarbeitung der Gruppen bietet, ähnlich den Downstream Collectors bei Java-Streams. Die Schnittstelle der Funktion `groupingBy` ist wie folgt:

```
inline fun <T, K> Iterable<T>.groupingBy(
            keySelector: (T) -> K): Grouping<T, K>
```

Die Funktion `groupingBy` liefert keine Ergebnis-Collection zurück, sondern ein spezielles Objekt vom Typ `Grouping`. Das `Grouping`-Objekt enthält die Gruppierung und bietet verschiedene Funktionen zur Weiterverarbeitung an, darunter `fold`, `reduce`, `eachCount` und `aggregate`:

- *fold und reduce:* Die Funktionen `fold` und `reduce` erlauben eine funktionale Reduktion, wie wir das in Abschnitt 17.3 beschrieben haben. Im Folgenden wird die Schnittstelle von `fold` gezeigt. Die Funktion berechnet für jede Gruppe beginnend mit dem Anfangswert `initial` und mit der Akkumulatorfunktion ein Ergebnis vom Typ `R`. Das Ergebnis ist eine Map mit Keys vom Typ `K` und den berechneten Werten vom Typ `R`:

```
inline fun <T, K, R> Grouping<T, K>.fold(
    initialValue: R, operation: (accumulator: R, element: T) -> R
): Map<K, R>
```

  Mit `fold` lassen sich wie oben die Gruppen mit Alter und Anzahl der Personen berechnen:

```
val numbersByAge: Map<Int, Int> =
        persons.groupingBy { it.age }. fold (0) {n, p -> n + 1}
```

- *eachCount:* Die Funktion `eachCount` zählt die Elemente in den Gruppen. Sie entspricht damit der oben gezeigten Reduktion:

```
val numbersByAge: Map<Int, Int> =
        persons.groupingBy { it.age }. eachCount()
```

- *aggregate:* Schließlich ermöglicht die Funktion `aggregate` eine flexible Verarbeitung der Gruppen. Die Schnittstelle ist wie folgt definiert:

```
inline fun <T, K, R> Grouping<T, K>.aggregate(
    operation: (key: K, accumulator: R?, element: T, first: Boolean) -> R
): Map<K, R>
```

Die Funktion hat einen Funktionsparameter und dieser hat vier Argumente:

1. `key`: der Key vom Typ `K`
2. `accumulator`: der bisherige Akkumulationswert vom Typ `R?`, der `null` sein kann
3. `element`: das aktuelle Element vom Typ `T`
4. `first`: ein Boole'sches Flag, das anzeigt, ob gerade das erste Element verarbeitet wird

Die Funktion arbeitet ähnlich einer Reduktionsoperation. Eine Besonderheit besteht darin, dass der Akkumulationswert beim ersten Element `null` ist und erst erzeugt werden muss. Mit dem Flag `first` wird dieser Fall angezeigt.

Im folgenden Beispiel wird mit `aggregate` für die Altersgruppen ein String mit den Vornamen der Personen getrennt durch Bindestriche erzeugt. Das Flag `first` wird genutzt, um beim ersten Element einen neuen String nur mit dem Vornamen und ohne Bindestrich zu erzeugen:

```
val ageGroupsNames: Map<Int, String> =
        persons.groupingBy { it.age }
            .aggregate { age, acc, p, first -> if (first) p.firstName
                                                 else "$acc - ${p.firstName}"}
```

partition

Die Funktion partition unterteilt die Elemente einer Collection in zwei Gruppen. Die erste Gruppe enthält alle Elemente, die eine bestimmte Bedingung erfüllen, die zweite Gruppe enthält alle Elemente, die die Bedingung nicht erfüllen. Die Funktion arbeitet also wie der mit partitioningBy erzeugte Collector bei Streams, gibt aber kein Map-Objekt, sondern ein Pair-Objekt mit den beiden Gruppen zurück.

Im folgenden Beispiel wird die Liste der Personen in Minderjährige und Erwachsene unterteilt. Das Ergebnis ist ein Pair-Objekt, das die beiden Listen enthält. Mithilfe einer Zerlegungsdeklaration werden die Listen den Variablen juniors und seniors zugewiesen:

```
val (juniors, seniors) = persons.partition { it.age < 18 }
```

17.7 Weitere Operationen

In diesem Abschnitt beschreiben wir die Funktionen chunked und window und die Funktion joinTo für eine String-Repräsentation.

Windowing

Mit den Funktionen chunked und windowed können mehrere Elemente einer Collection gemeinsam verarbeitet werden. Sie entsprechen der neuen Methode gather bei Streams, die wir in Abschnitt 9.3.2 beschrieben haben:

- chunked entspricht einem mit windowFixed erzeugten Gatherer und verarbeitet damit feste Blöcke von Elementen.
- windowed entspricht einem mit windowSliding erzeugten Gatherer und erzeugt gleitende Fenster über die Collection.

In Abschnitt 9.3.2 haben wir mithilfe eines mit windowSliding erzeugten Gatherers einen gleitenden Durchschnitt für einen Stream von Messwerten berechnet. Dieses Beispiel wollen wir nun in Kotlin implementieren und verwenden dafür windowed. Die Funktion hat drei Parameter:

- size: die Größe des Fensters
- step: die Schrittweite für das Vorrücken des Fensters (Standardwert ist 1)
- partialWindows: ein Boole'sches Flag, das bestimmt, ob am Anfang oder Ende auch Gruppen mit weniger als size Elementen verarbeitet werden sollen

Für die Berechnung des gleitenden Durchschnitts rufen wir `windowed` mit einer Fenstergröße von 5, einer Schrittweite von 1 und `partialWindows` gleich `false` auf:

```
val measurements = listOf(36.0, 36.05, ...)

measurements.windowed(size = 5, step = 1, partialWindows = false).map {
      0.1*it[0] + 0.2*it[1] + 0.4*it[2] + 0.2*it[3] + 0.1*it[4]
} .forEach {
      println(it)
}
```

String-Repräsentation

Mit den Funktionen `joinToString` und `joinTo` können String-Repräsentationen für die Elemente einer Collection erzeugt werden. Bei der Funktion `joinTo` wird dabei ein eigener Container übergeben, der ein beliebiges `Appendable` sein kann.

Im Folgenden zeigen wir die Funktion `joinToString` und erzeugen damit eine String-Repräsentation der Liste `persons`. Beim Aufruf werden benannte Parameter verwendet, um das Ergebnis entsprechend zu formatieren:

- `prefix`: der Anfang des Strings
- `postfix`: das Ende des Strings
- `separator`: das Trennzeichen zwischen den Elementen
- `limit`: die maximale Anzahl der dargestellten Elemente. Die weiteren Elemente werden durch `...` angezeigt.
- `transform`: eine Funktion, die jedes Element in einen String abbildet

```
val personsString =
  persons.joinToString(prefix = "{", postfix = "}",
        separator = "; ", limit = 3,
        transform = { "${it.firstName} ${it.lastName}" })
```

Für die Beispielliste `persons` ergibt sich folgende String-Repräsentation:

```
{Hans Maier; Sepp Mueller; Fritz Mueller; ...}
```

17.8 Sequences

Kotlin unterstützt mit *Sequences* eine Verarbeitung von Collections mit einer Bedarfsauswertung. Sequences sind damit vergleichbar mit den Streams in Java, bieten jedoch keine parallele Verarbeitung. Das folgende Beispiel zeigt die Verwendung von Sequences anhand einer Liste von Artikeln, bei der die Elemente gefiltert, sortiert und dann auf die Namen abgebildet werden:

```
val cheapArticleNames =
    articles
      .asSequence()
      .filter { it.price < 1000.0 }
      .sortedBy { it.price }
      .map { it.name }
      .toList()
```

Wie im obigen Programm zu sehen ist, wird mit asSequence eine Sequence aus der Liste erstellt. Die anschließenden Operationen filter, sortedBy und map werden nach der Bedarfsauswertung ausgeführt, das heißt, die Elemente werden erst dann verarbeitet, wenn die Terminaloperation toList aufgerufen wird.

Wie wir bereits in Abschnitt 16.5 gesehen haben, erlaubt Kotlin auch die Verwendung von Java-Streams. Die obige Anweisung ist fast identisch zur Implementierung mit Streams. Daraus ergibt sich die Frage: Sollen in Kotlin Sequenzen oder Java-Streams verwendet werden? Wenn keine parallele Verarbeitung erforderlich ist, bleibt die Wahl weitgehend offen und hängt oft von persönlichen Vorlieben ab:

- Entwickler, die bereits mit Java-Streams vertraut sind, könnten diese aufgrund ihrer vorhandenen Kenntnisse oder bestimmter Projektanforderungen bevorzugen.
- Sequences bieten eine funktionale Schnittstelle, die den in diesem Kapitel beschriebenen Erweiterungsfunktionen für Collections entspricht. Damit bieten sie viele Varianten von Funktionen, wie z. B. mapIndexed oder mapNotNull, die es bei Java-Streams nicht gibt.

17.9 Zusammenfassung

Dieses Kapitel behandelte die höheren Funktionen für Collections in Kotlin, die als Erweiterungsfunktionen implementiert sind. Im Gegensatz zu den Java-Streams arbeiten diese Funktionen mit der strikten Ausführung und nicht nach der Bedarfsauswertung. Die höheren Funktionen werden direkt auf Collections angewendet, wobei jede Operation eine neue Collection erzeugt. Dies vereinfacht die Programmierung und Ausführung und eignet sich daher besonders für kleinere Aufgaben mit wenigen Elementen. Viele dieser Funktionen sind zudem Inline-Funktionen, was zu einer besonders effizienten Ausführung führt.

Die Funktionen für Collections in Kotlin sind äußerst vielfältig. In diesem Kapitel wurde zunächst eine Übersicht über die verfügbaren Funktionen gegeben, bevor wichtige Funktionen anhand von Beispielen erläutert wurden.

Zum Abschluss des Kapitels wurden Sequences betrachtet, die nach dem Prinzip der Bedarfsauswertung arbeiten und eine Alternative zu Java-Streams darstellen.

18 Lambda-Ausdrücke mit Empfänger

Erweiterungsfunktionen gehören zu den wichtigsten Sprachfeatures von Kotlin. Lambda-Ausdrücke mit Empfänger (engl. *lambda expressions with receiver*) sind ein weiteres besonderes Sprachfeature von Kotlin. Tatsächlich sind die beiden Sprachfeatures, Erweiterungsfunktionen und Lambda-Ausdrücke mit Empfänger, verwandt. Eine Erweiterungsfunktion wird als Erweiterung eines Typs definiert, für ein Objekt dieses Typs aufgerufen und dann im Kontext dieses Objekts ausgeführt. Lambda-Ausdrücke mit Empfänger sind Lambda-Ausdrücke, die mit dem Typ eines Empfängerobjekts definiert, für ein Empfängerobjekt aufgerufen und im Kontext dieses Objekts ausgeführt werden.

Lambda-Ausdrücke mit Empfänger erweitern also das Konzept der Lambda-Ausdrücke, indem sie ein Kontextobjekt verwenden und den direkten Zugriff auf dieses Objekt ermöglichen. Dies führt zu sehr kompakten syntaktischen Konstruktionen und bietet ein mächtiges Mittel zur Realisierung neuer syntaktischer Formen. Mit diesen Möglichkeiten werden wir uns in diesem Kapitel befassen.

18.1 Grundlagen

Wie bereits in der Einleitung erwähnt, werden Lambda-Ausdrücke mit Empfänger mit dem Typ eines Empfängerobjekts definiert. Dies geschieht ähnlich wie bei Erweiterungsfunktionen, indem der Typ des Empfängers vorangestellt wird. Es wird zuerst der Typ des Empfängers angegeben, dann folgt ein Punkt und danach stehen wie üblich die Typen der Argumente und des Rückgabewerts, getrennt durch einen Pfeil:

```
X.(...) -> R
```

Zum Beispiel wird der Typ eines Lambda-Ausdrucks mit einem Empfänger vom Typ `Int`, einem Parameter vom Typ `Int` und einem Rückgabewert vom Typ `Int` folgendermaßen geschrieben:

```
Int.(Int) -> Int
```

Mit diesem Typ können wir eine Variable add deklarieren und ihr einen Lambda-Ausdruck mit Empfänger zuweisen:

```
val add : Int.(Int) -> Int = {
  // this: Int
  b -> this + b
}
```

Der Lambda-Ausdruck hat einen Parameter b sowie ein Empfängerobjekt, auf das man mit this zugreifen kann (siehe Kommentar im Lambda-Ausdruck). Der Rumpf wird nun im Kontext des Empfängerobjekts ausgeführt. Somit können wir die beiden Int-Werte, b und das Empfängerobjekt this, addieren.

Die Anwendung erfolgt beispielsweise durch den Aufruf von add für den Empfängerwert 3 und mit dem Parameterwert 2:

```
val five = 3.add(2)
```

Lambda-Ausdrücke mit Empfänger sind insbesondere für Funktionsparameter wichtig. In Listing 18.1 ist eine Funktion withRcvr definiert, die ein Objekt vom Typ T und einen Lambda-Ausdruck mit Empfänger, block, als Parameter hat, wobei der Empfänger des Lambda-Ausdrucks vom Typ T und das Ergebnis vom Typ R ist. Im Rumpf der Funktion wird der Lambda-Ausdruck mit rcvr als Empfänger aufgerufen. Das Ergebnis des Aufrufs ist auch der Rückgabewert der Funktion.

```
fun <T, R> withRcvr(rcvr: T, block: T.() -> R) : R {
  return receiver.block()
}
```

Listing 18.1 *Funktion withRcvr mit Lambda-Ausdruck mit Empfänger*

Die Funktion kann beispielsweise mit dem Wert 3 für rcvr aufgerufen werden. Der Lambda-Ausdruck wird in der Form eines Trailing Lambdas angegeben und addiert 2 zum Empfängerwert 3:

```
val five = withRcvr(3) {
    this + 2
  }
```

Eine Funktion wie withRcvr ist besonders nützlich, wenn das Empfängerobjekt bearbeitet werden soll. In einem Lambda-Ausdruck können mehrere Operationen durchgeführt und ein Ergebnis berechnet werden. Zum Beispiel kann withRcvr verwendet werden, um mit einem StringBuilder zu arbeiten. Im folgenden Beispiel ist der Empfänger ein StringBuilder-Objekt, an das mehrere Strings angehängt werden und schließlich der Ergebnisstring abgerufen wird:

```
val built = withRcvr(StringBuilder()) {
    append("Hallo")
    append(" Kotlin!")
    toString()
  }
```

Im Lambda-Ausdruck ist das `StringBuilder`-Objekt der Empfänger. Die Funktionen `append` und `toString` werden für dieses Kontextobjekt ausgeführt (`this` kann wie immer weggelassen werden). Durch den Aufruf in Form eines Trailing Lambdas wirkt die Anwendung wie eine eingebaute Kontrollstruktur.

Betrachten wir ein spezifischeres Beispiel. Eine Funktion `withResource` soll eine Ressource verarbeiten, die geschlossen werden muss. Listing 18.2 zeigt die Funktion. Sie ähnelt `withRcvr`, aber der Empfänger muss `Closeable` implementieren. Die Lambda-Funktion wird mit der Ressource als Empfänger eingebettet in einem Try-Finally-Block aufgerufen und die Ressource im Finally-Block geschlossen.

```
fun <T : Closeable> withResource(resource: T, codeBlock: T.() -> Unit) {
  try {
    resource.codeBlock()
  } finally {
    resource.close()
  }
}
```

Listing 18.2 *Funktion withResource: Codeblock wird in Kontext der Ressource ausgeführt und danach geschlossen.*

Damit können wir z. B. einen `FileWriter` für eine Datei öffnen und in `withResource` als Empfängerobjekt verwenden. Im Lambda-Ausdruck werden einige Einträge in die Datei geschrieben, die danach automatisch geschlossen wird:

```
withResource(FileWriter("files/hello.txt")) {
    write("Hallo")
    write(" Kotlin!")
    write("\r\n")
  }
```

Zusammenfassend halten wir zu Lambda-Ausdrücken mit Empfänger fest:

Lambda-Ausdrücke mit Empfänger werden für einen Empfänger aufgerufen,
der Lambda-Ausdruck wird im Kontext dieses Empfängers ausgeführt,
mit `this` kann auf das Empfängerobjekt zugegriffen und
damit können Funktionen des Empfängerobjekts aufgerufen und auf Eigenschaften zugegriffen werden.

Verwandte Sprachelemente in anderen Sprachen

Lambda-Ausdrücke mit Empfänger sind ein Sprachfeature von Kotlin, das in dieser Form einzigartig ist. Von den bekannteren Sprachen existieren nur in den Sprachen Groovy und Ruby ähnliche Sprachfeatures.

In Groovy kann man ein Funktionsobjekt (genannt *closure*) definieren und für dieses einen Empfänger (genannt *delegate*) setzen. Beim Aufruf des Closures kann man dann auf das Delegate-Objekt zugreifen. Folgendes Beispiel zeigt das Vorgehen. Ein Closure setzt eine Eigenschaft `name` auf `'Hans'`. Für dieses wird ein `Person`-Objekt als `delegate` definiert. Mit Aufruf des Closure wird der Name dieser Person gesetzt.

→

```
def closure = { name = 'Hans' }
def person = new Person(name: 'NN')
closure.delegate = person
closure()
```

In der Sprache Ruby gibt es Methoden wie `instance_eval` und `instance_exe`. Man kann damit einen Codeblock für ein Kontextobjekt ausführen tpund mit `self` darauf zugreifen. Im folgenden Beispiel wird eine Klasse `Person` definiert und ein Objekt erzeugt. Für dieses Objekt wird mit `instance_eval` ein Codeblock ausgeführt und der Name gesetzt.

```
class Person
  attr_accessor :name
end
person = Person.new
person.instance_eval do
  self.name = "Hans"
end
```

18.2 Varianten und Kombinationen

Wir haben nun mehrere Sprachelemente von Kotlin kennengelernt, die auf ähnliche Weise eingesetzt werden können: normale Funktionen, Erweiterungsfunktionen, Lambda-Ausdrücke und Lambda-Ausdrücke mit Empfänger. Wie diese Elemente kombiniert werden können, soll im Folgenden anhand von Varianten der Funktionen `withRcvr` bzw. `asRecvr` demonstriert werden.

Funktion und Lambda-Ausdruck mit Empfänger

Die Funktion `withRcvr` aus dem vorigen Abschnitt ist eine normale Funktion und verwendet einen Lambda-Ausdruck mit Empfänger. Sie hat einen Parameter für das Kontextobjekt und ruft den Lambda-Ausdruck mit diesem Kontextobjekt als Empfänger auf. Rückgabewert der Funktion ist das Ergebnis des Aufrufs des Lambda-Ausdrucks.

Funktion und normaler Lambda-Ausdruck

Die Version in Listing 18.3 verwendet einen normalen Lambda-Ausdruck, der einen Parameter für das Kontextobjekt hat. Im Rumpf der Funktion wird der Lambda-Ausdruck mit dem Objekt als Parameter aufgerufen.

```
fun <T, R> withRcvr(rcvr: T, fn: (T) -> R) : R {
  return fn(rcvr)
}
```

Listing 18.3 *Funktion withRcvr mit normalem Lambda-Ausdruck*

Beim Beispiel mit einem StringBuilder ist dieser nun der Parameterwert des Lambda-Ausdrucks. Mit `it` können wir daher auf den StringBuilder zugreifen:

```
val hello = withRcvr(StringBuilder()) {
    it.append("Hello")
    it.append(" Kotlin!")
    it.toString()
  }
```

Erweiterungsfunktion und normaler Lambda-Ausdruck

Die Funktion kann auch als Erweiterung des Empfängerobjekts definiert werden. Die Funktion `asRcvr` in Listing 18.4 ist als Erweiterung des Typs `T` definiert und verwendet einen normalen Lambda-Ausdruck. Die Lambda-Funktion wird mit dem Parameterwert `this` aufgerufen.

```
fun < T, R> T.asRcvr(fn: (T) -> R) : R {
  return fn(this)
}
```

Listing 18.4 *Funktion asRcvr mit normalem Lambda-Ausdruck*

In der Anwendung wird die Funktion für ein `StringBuilder`-Objekt aufgerufen. Im Lambda greifen wir mit `it` auf den StringBuilder zu:

```
val hello = StringBuilder().asRcvr {
    it.append("Hello")
    it.append(" Kotlin!")
    it.toString()
  }
```

Erweiterungsfunktion und Lambda-Ausdruck mit Empfänger

Setzt man eine Erweiterungsfunktion und einen Lambda-Ausdruck mit Empfänger ein, wie in Listing 18.5 gezeigt, wird die Lambda-Funktion für das Erweiterungsobjekt aufgerufen.

```
fun <T, R> T.asRcvr(fn: T.() -> R) : R {
  return this.fn()
}
```

Listing 18.5 *Erweiterungsfunktion asRcvr mit Lambda-Ausdruck mit Empfänger*

In der Anwendung wird die Funktion wie oben für ein `StringBuilder`-Objekt aufgerufen. Im Lambda ist der StringBuilder das Kontextobjekt `this`:

```
val hello = StringBuilder().asRcvr {
    append("Hello")
    append(" Kotlin!")
    toString()
  }
```

18.3 Scope-Funktionen

In der Standardbibliothek von Kotlin gibt es eine Reihe sogenannter *Scope-Funktionen*, die es ermöglichen, einen Codeblock mit einem Kontextobjekt auszuführen. Diese Funktionen helfen dabei, den Code eleganter und präziser zu strukturieren und dadurch die Lesbarkeit zu verbessern.

Scope-Funktionen verwenden Lambda-Ausdrücke auf ähnliche Weise, wie wir das im letzten Abschnitt anhand der Varianten von `withRcvr` und `asRcvr` gezeigt haben. Es gibt insgesamt fünf Scope-Funktionen, die sich in folgenden drei Kriterien unterscheiden:

- Ist die Funktion eine normale oder eine Erweiterungsfunktion?
- Wird ein Lambda-Ausdruck mit einem Parameter oder ein Lambda-Ausdruck mit Empfänger verwendet beziehungsweise wird mit `it` oder `this` auf das Kontextobjekt zugegriffen?
- Ist der Rückgabewert der Funktion das Ergebnis des Lambda-Ausdrucks oder das Kontextobjekt selbst?

Tabelle 18.1 zeigt die Unterschiede der Scope-Funktionen anhand dieser Kriterien.

Scope-Funktion	Funktion (F) / Erweiterungsf. (EF)	Lambda mit Parameter (LP) / mit Empfänger (LE)	Zugriff auf Kontextobjekt	Rückgabewert von Lambda (L) / Konktextobjekt (K)
let	EF	LP	it	L
run	EF	LE	this	L
with	F	LE	this	L
apply	EF	LE	this	K
also	EF	LP	it	K

Tab. 18.1 *Eigenschaften der unterschiedlichen Scope-Funktionen: Funktion (F) oder Erweiterungsfunktion (EF); Lambda mit Parameter (LP) oder Lambda mit Empfänger (LE); Zugriff auf Kontextobjekt mit it oder this; Rückgabewert Ergebnis des Lambda-Ausdrucks (L) oder Kontextobjekt (K)*

In Listing 18.6 sind die Signaturen der fünf Scope-Funktionen angegeben. Die Funktion `with` entspricht der ersten Variante der Funktion `withRcvr`, wie sie in Abschnitt 18.1 eingeführt wurde. Die Funktionen `let` und `run` entsprechen den beiden Varianten von `asRcvr` aus Abschnitt 18.2. Die beiden Funktionen `apply` und `also` unterscheiden sich von `let` und `run` dadurch, dass die Lambda-Ausdrücke den Rückgabewert `Unit` haben und das Kontextobjekt zurückgegeben wird. Man beachte, dass alle Funktionen `inline` sind und dadurch mit einem Aufruf kein zusätzlicher Overhead verbunden ist.

```
inline fun <T, R> with(receiver: T, block: T.() -> R): R
inline fun <T, R> T.let(block: (T) -> R): R
inline fun <T, R> T.run(block: T.() -> R): R
inline fun <T> T.apply(block: T.() -> Unit): T
inline fun <T> T.also(block: (T) -> Unit): T
```

Listing 18.6 *Signaturen der 5 Scope-Funktionen*

Im Folgenden werden Beispiele für die Verwendung einiger Scope-Funktionen gezeigt. Als Kontextobjekt wird eine `MutableList` von Strings verwendet, mit der schließlich ein Text erzeugt wird.

Bei `let` wird auf das Kontextobjekt mit `it` zugegriffen. Mehrere Operationen werden auf das Kontextobjekt ausgeführt, und schließlich wird mit `joinToString` der Ergebnistext erzeugt:

```
val text : String =
        mutableListOf<String>().let {
            it.add("Java")
            it.addAll(listOf("und", "Kotlin"))
            it.reverse()
            it.joinToString(separator = " ")
        }
```

Die Variante mit `run` unterscheidet sich dadurch, dass auf das Kontextobjekt mit `this` zugegriffen wird:

```
val text : String =
        mutableListOf<String>().run {
            add("Kotlin")
            addAll(listOf("und", "Java"))
            reverse()
            joinToString(separator = " ")
        }
```

Die beiden Funktionen `apply` und `also` geben das Kontextobjekt zurück und erlauben so die Verkettung mehrerer Aufrufe. Beispielsweise können wir mit `apply` die Elemente wie oben einfügen und dann mit `also` fortsetzen, um schließlich in einem abschließenden `run` den Ergebnisstring zu erzeugen:

```
val title =
        mutableListOf<String>().apply {
            add("Kotlin")
            addAll(listOf("und", "Java"))
        } .also {
            it.add("in")
            it.add("Programmierung")
        } .also {
            it.reverse()
            it.add(0, "Funktionale")
        } .run {
            joinToString(separator = " ")
        }
```

Kombination mit sicheren Zugriffen

Besonders nützlich sind Scope-Funktionen im Zusammenspiel mit sicheren Zugriffen auf `null`-Werte. Zum Beispiel kann man `find` verwenden, um eine Person in einer Liste von Personen zu suchen. Wird eine Person gefunden, kann man `apply` oder eine andere Scope-Funktion verwenden, um diese Person weiter zu verarbeiten. Die Funktion wird dabei mit dem sicheren Aufrufoperator `?.` aufgerufen:

```
persons.find { it.age >= 60 } ?.apply {
        println("Found senior: $this")
    }
```

Mit dem Elvis-Operator `?:` ist es möglich, im Falle eines `null`-Werts einen Alternativwert zu bestimmen und diesen wiederum mit einer Scope-Funktion zu verarbeiten. Diese Kette lässt sich beliebig fortsetzen:

```
persons.find { it.age >= 60 } ?.apply {
    println("Found senior: $this")
} ?: persons.find { it.age >= 30 }?.apply {
    println("Found adult: $this")
} ?: persons.find { it.age >= 20 }?.apply {
    println("Found youth: $this")
} ?: Person("NN", "MM", 0).run {
    println("Created: $this")
}
```

18.4 Hierarchische Builder

Die Beispiele von Lambda-Ausdrücken mit Empfängern, die wir in diesem Kapitel vorgestellt haben, arbeiteten größtenteils mit Seiteneffekten. Der Einwand, ob ein solches Vorgehen in einem Buch über funktionale Programmierung angemessen ist, scheint berechtigt. Allerdings haben wir bereits zu Beginn des Buches darauf hingewiesen, dass eine vollständige Vermeidung von Seiteneffekten in nicht rein-funktionalen Sprachen wie Java oder Kotlin weder sinnvoll noch notwendig ist. In den Beispielen haben wir zwar mit veränderlichen Objekten gearbeitet, aber letztlich daraus ein unveränderliches Objekt erzeugt. Dieses Vorgehen ist effizient und steht nicht im Widerspruch zu einem funktionalen Ansatz.

In Sprachen wie Java und Kotlin wird oft folgendes Vorgehen gewählt: Zuerst werden veränderliche Objekte verwendet, um Daten effizient zusammenzustellen, um daraus schließlich ein unveränderliches Objekt zu erzeugen. Lambda-Ausdrücke mit Empfängern eignen sich dazu besonders gut, wie bereits in den vorherigen Abschnitten gezeigt wurde. Besonders vorteilhaft ist die Verwendung von Lambda-Ausdrücken mit Empfängern beim Aufbau von hierarchischen Strukturen wie XML, HTML oder UI-Komponenten. In diesem Abschnitt soll daher auf die Verwendung von Lambda-Ausdrücken mit Empfängern beim Aufbau von hierarchischen Strukturen näher eingegangen werden.

18.4.1 Ein Builder für Trees

Zunächst wollen wir das grundsätzliche Vorgehen beim Aufbau hierarchischer Strukturen anhand einer einfachen Baumstruktur erläutern. Listing 18.7 zeigt die Datenklassen `Tree` und `Node` für Baumstrukturen. Ein Baum besteht aus Knoten (`Node`), wobei jeder Knoten einen Wert (`value`) vom generischen Typ `A` und eine Liste von Unterknoten (`subnodes`) enthält. Ein `Tree`-Objekt hat ein Feld `root` für den Wurzelknoten. Sowohl die Klassen `Tree` als auch `Node` sind unveränderlich.

```
data class Tree<A>(val root: Node<A>)
data class Node<A>(val value: A, val subnodes: List<Node<A>>)
```

Listing 18.7 *Datenklassen für Tree*

Nachstehend wird gezeigt, wie wir die hierarchische Struktur aufbauen wollen. Die Funktionen `tree` und `subtree` verwenden beide Lambda-Ausdrücke mit Empfänger. Innerhalb dieser Lambda-Ausdrücke werden die Unterknoten durch Aufrufe von `leaf` und `subtree` definiert:

```
val tree : Tree<String> =
    tree("Tree") {
      subtree("1") {
        leaf("1.A")
        leaf("1.B")
      }
      subtree("2") {
        leaf("2.A")
        subtree("2.B"){
          leaf("2.B.i")
          leaf("2.B.ii")
        }
      }
    }
```

Die Klasse `NodeBuilder` aus Listing 18.8 implementiert den hierarchischen Builder. Die Klasse verwendet eine veränderliche Liste `nodes` und definiert die Funktionen `leaf` und `subtree`. Die Funktion `leaf` nimmt einen Parameter für den Knotenwert an, erstellt einen Knoten mit diesem Wert, fügt ihn der Liste `nodes` hinzu und gibt den Knoten anschließend zurück.

Entscheidend ist die Funktion `subtree`, die einerseits einen Parameter für den Wert und andererseits einen Lambda-Ausdruck mit Empfänger hat, wobei der Empfänger ebenfalls ein `NodeBuilder` ist. Im Funktionsrumpf von `subtree` wird ein neuer `NodeBuilder` erzeugt und auf den Lambda-Ausdruck angewendet. Das bedeutet, innerhalb des Lambda-Ausdrucks können durch Aufrufe von `leaf` und `subtree` die Unterknoten des aktuellen Knotens hinzugefügt werden. Sobald diese Unterknoten in der Liste `nodes` gesammelt sind, wird der Knoten mit dem gegebenen Wert und den gesammelten Unterknoten erstellt, zur Liste `nodes` hinzugefügt und zurückgegeben.

Die Funktion tree erstellt anschließend den Wurzelknoten, indem sie subtree auf einen neu erzeugten NodeBuilder-Empfänger aufruft.

```
class NodeBuilder<A> {
  internal val nodes: MutableList<Node<A>> = mutableListOf()

  fun leaf(value: A): Node<A> {
    val leaf = Node<A>(value, listOf())
    nodes.add(leaf)
    return leaf
  }

  fun subtree(value: A, build: NodeBuilder<A>.() -> Unit): Node<A> {
    val builder = NodeBuilder<A>()
    builder.build()
    val node = Node<A>(value, builder.nodes.toList())
    nodes.add(node)
    return node
  }
}

fun <A> tree(value: A, build: NodeBuilder<A>.() -> Unit): Tree<A> {
  val root = NodeBuilder<A>().subtree(value, build)
  return Tree(root)
}
```

Listing 18.8 *Klasse NodeBuilder und Erzeugerfunktion tree*

18.4.2 Ein Builder für hierarchische Dokumente

Nach dem im vorherigen Abschnitt erläuterten Prinzip lassen sich hierarchische Strukturen elegant aufbauen. Dabei verwenden veränderliche Builder-Objekte Funktionen mit Lambda-Ausdrücken mit Empfänger. Innerhalb dieser Lambda-Ausdrücke fungieren die Builder-Objekte als Empfänger und stellen Funktionen zum Aufbau der Unterstrukturen zur Verfügung.

Varianten dieses Prinzips unterscheiden sich je nach den spezifischen Strukturen, die sie erzeugen sollen. Wenn Objekte bestimmte Unterobjekte enthalten, kommen auch Builder mit spezifischen Funktionen zum Einsatz. Im Folgenden demonstrieren wir dieses Prinzip am Beispiel des Aufbaus von Textdokumenten (siehe Abb. 18.1). Ein Dokument (Klasse Document) besteht aus einem Titel, Autoren und einer Reihe von Abschnitten. Jeder Abschnitt (Klasse Section) hat eine Nummerierung, eine Überschrift und kann beliebig viele Paragraphen sowie Unterabschnitte enthalten. Jeder Paragraph (Klasse Paragraph) wiederum besteht aus mehreren Textzeilen. Abbildung 18.1 zeigt die zugehörige Klassenstruktur. Die drei Datenklassen sind in Listing 18.9 angegeben.

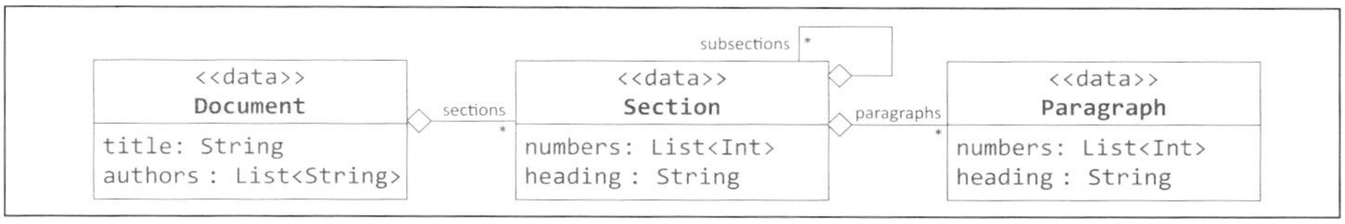

Abb. 18.1 *Klassen für Dokumentstrukturen*

```
abstract class Element

data class Doc  (
  val title: String,
  val authors: List<String>,
  val sections: List<Section>
)

data class Section(
  val numbers: List<Int>,
  val heading: String,
  val elements: List<Element>
) : Element()

data class Paragraph(val lines: List<String>) : Element()
```

Listing 18.9 *Klassen für Repräsentation von Dokumenten*

Für den Aufbau von Dokumenten werden in Listing 18.10 Builder-Klassen definiert, die den Datenklassen entsprechen. Diese Builder-Klassen enthalten Funktionen, um die erlaubten Elemente zu erzeugen. Diese Funktionen nutzen Lambda-Ausdrücke, bei denen die entsprechenden Builder-Objekte als Empfänger agieren. So bieten `DocBuilder` und `SectionBuilder` die Funktion `section` an, um einen neuen Abschnitt bzw. Unterabschnitt zu definieren. Der Empfänger des Lambda-Ausdrucks ist dabei jeweils ein `SectionBuilder`. Der `SectionBuilder` definiert außerdem die Funktion `paragraph`, mit der Paragraphen hinzugefügt werden können. Hier fungiert ein `ParagraphBuilder` als Empfänger des Lambda-Ausdrucks. Der `ParagraphBuilder` stellt wiederum die Funktion `line` bereit, um Textzeilen hinzuzufügen. Die Funktion `document` stellt die Einstiegsmethode dar und verwendet einen Lambda-Ausdruck mit einem `DocBuilder` als Empfänger.

```
fun document(title: String, build: DocBuilder.() -> Unit): Doc {
  val builder = DocBuilder(title)
  builder.build()
  return builder.create()
}

class DocBuilder(private val title : String) {
  private val authors: MutableList<String> = mutableListOf()
  private val sections: MutableList<Section> = mutableListOf()
  private var nextNr : Int = 1

  fun author(name: String) {
    authors.add(name)
  }
```

```
    fun section(heading: String, build: SectionBuilder.() -> Unit): Section {
      val builder = SectionBuilder(listOf(nextNr++), heading)
      builder.build()
      val section = builder.create()
      sections.add(section)
      return section
    }
    internal fun create() = Doc(title, authors.toList(), sections.toList())
  }

  class SectionBuilder(private val numbers: List<Int>,
                       private val heading: String) {
    internal var nextNr: Int = 1
    internal val elements: MutableList<Element> = mutableListOf()

    fun section(heading: String, build: SectionBuilder.() -> Unit): Section {
      val builder = SectionBuilder(numbers + nextNr++, heading)
      builder.build()
      val section = builder.create()
      elements.add(section)
      return section
    }
    fun paragraph(build: ParagraphBuilder.() -> Unit) : Paragraph {
      val builder = ParagraphBuilder()
      builder.build()
      val paragraph = builder.create()
      elements.add(paragraph)
      return paragraph
    }
    internal fun create() : Section =
      Section(numbers, heading, elements.toList())
  }

  class ParagraphBuilder {
    internal val lines : MutableList<String> = mutableListOf()

    fun line(line: String) : String {
      lines.add(line)
      return line
    }
    internal fun create() : Paragraph = Paragraph(lines.toList())
  }
```

Listing 18.10 *Builder-Klassen für Dokumente*

Im Folgenden wird eine Anwendung gezeigt, in der ein Dokument aus mehreren Abschnitten, Unterabschnitten und Paragraphen erstellt wird:

```
val doc = document("Programming in Kotlin") {
    author("Alexander")
    section("Basics") {
```

```
        paragraph {
          line("Classes in Kotlin can be concrete and abstract")
          line( "and also interfaces are supported")
        }
        paragraph {
          ...
        }
      }
      section("Lambdas and Higher-order Functions") {
        section("Lambdas") {
          paragraph {
            line("Lambdas created function objects. ")
            line("Types FunctionN are the types for function objects. ")
          }
        }
        section("Higher-order functions") {
          paragraph {
            ...
    }
```

Wir sehen, dass die Lambda-Ausdrücke mit Empfänger jeweils einen Gültigkeitsbereich für den Empfänger schaffen, innerhalb dessen die Funktionen des jeweiligen Empfängerobjekts verwendet werden können. So kann man nur mit einem `SectionBuilder` die Funktion `paragraph` nutzen. Ebenso lässt sich die Funktion `line` nur innerhalb eines `ParagraphBuilder` aufrufen.

Durch die Schachtelung von Lambda-Ausdrücken, wie das im obigen Beispiel der Fall ist, ist aber nicht nur der Empfänger des inneren Lambda-Ausdrucks aktiv, sondern auch der des äußeren Lambda-Ausdrucks. Das bedeutet, dass man im Lambda-Ausdruck von `paragraph` beispielsweise auch die Funktion `paragraph` des äußeren `SectionBuilder` oder `author` des äußeren `DocBuilder` verwenden kann:

```
document {     // this:DocBuilder
   ...
   section("Subsection 1 1") {     // this:SectionBuilder
       paragraph {     // this:ParagraphBuilder
         ...
         author("Some Author for the document")  // author von DocBuilder
         paragraph {  ... a paragraph for the outer section }
                                 // paragraph von SectionBuilder
       }
   }
```

In diesem Fall wird zwar korrekt dem Dokument ein Autor und dem äußeren Abschnitt ein Paragraph hinzugefügt, es ist aber oft gewünscht, dass in einem inneren Lambda-Ausdruck nicht auf das Empfängerobjekt eines äußeren Lambda-Ausdrucks zugegriffen werden kann. Das bedeutet, der Gültigkeitsbereich eines Empfängers soll nicht auf innere Lambda-Ausdrücke ausgedehnt werden.

Da der Aufbau hierarchischer Strukturen mit Lambda-Ausdrücken mit Empfänger in Kotlin ein zentrales Designkonzept ist, gibt es hierfür eine spezielle Lösung durch Annotationen. Die Meta-Annotation `DslMarker` ermöglicht es, eigene Annotationen zu erstellen, um Elemente einem gemeinsamen Anwendungsbereich zuzuordnen. Für unser Beispiel führen wir die Annotation `DocBuilderMarker` ein und versehen sie mit `DslMarker`:

```
@DslMarker
annotation class DocBuilderMarker
```

Mit unserer Annotation annotieren wir nun die Builder-Klassen für den Aufbau von Dokumenten:

```
@DocBuilderMarker
class DocBuilder(private val title : String) { ... }

@DocBuilderMarker
class SectionBuilder(private val numbers: List<Int>,
                     private val heading: String) { ... }

@DocBuilderMarker
class ParagraphBuilder { ... }
```

Durch diese Annotation erkennt Kotlin, dass die drei Klassen zusammengehören. Der Gültigkeitsbereich der Empfänger wird somit nicht auf verschachtelte Bereiche ausgeweitet, und eine Verwendung von `author` oder `paragraph` innerhalb eines Aufrufs von `paragraph`, wie im obigen Beispiel, wird vom Compiler verhindert.

18.5 Zusammenfassung

Lambda-Ausdrücke mit Empfänger bieten eine elegante und ausdrucksstarke Möglichkeit, Funktionen in einem bestimmten Kontext auszuführen. Dieser Kontext, der Empfänger genannt wird, erlaubt, den Code enger an die zu lösende Aufgabe anzupassen und damit die Lesbarkeit und Wartbarkeit zu verbessern.

Besonders deutlich wird dieser Vorteil beim Erstellen von hierarchischen Strukturen. Durch verschachtelte Lambda-Ausdrücke können komplexe hierarchische Datenstrukturen schrittweise aufgebaut werden. Jeder Lambda-Ausdruck definiert dabei einen neuen Kontext, in dem auf die spezifischen Eigenschaften des jeweiligen Strukturelements zugegriffen werden kann.

Ein weiteres wichtiges Anwendungsgebiet sind die Scope-Funktionen. Diese vordefinierten Funktionen wie `let`, `run`, `with` oder `apply` nutzen Lambda-Ausdrücke mit Empfänger, um Objekte zu verarbeiten.

Lambda-Ausdrücke mit Empfänger sind ein einzigartiges und leistungsstarkes Sprachelement von Kotlin. Und sie sind ein wichtiger Baustein für die Realisierung domänenspezifischer Sprachen – ein Konzept, das in Kotlin besonders gut unterstützt wird. Im nächsten Kapitel werden wir uns daher den domänenspezifischen Sprachen und ihrer Umsetzung in Kotlin widmen.

19 Domänenspezifische Sprachen

Unter einer domänenspezifischen Sprache [26] (engl. *domain-specific language*, abgek.: *DSL*) versteht man eine Programmiersprache, die spezifisch für einen bestimmten Anwendungs- oder Problembereich gestaltet wurde. Durch speziell auf die Anwendungsdomäne zugeschnittene Programmelemente soll die Programmierung in dieser Domäne effizienter und zuverlässiger werden, sodass besser lesbare und wartbare Programme entstehen.

Grundsätzlich wird zwischen externen und internen DSLs unterschieden. Eine externe DSL (siehe [104]) hat eine eigene Syntax und Semantik und benötigt daher einen eigenen Compiler sowie eine spezifische Werkzeugumgebung. Interne DSLs hingegen werden mit den Mitteln einer Wirtsprache realisiert, in der Regel einer universellen Sprache wie Java oder Kotlin. Die Gestaltungsmöglichkeiten der DSLs hängen somit direkt von den Möglichkeiten der Wirtsprache ab, wobei unterschiedliche Sprachen eine mehr oder weniger gute Unterstützung bieten können. Tatsächlich war die Unterstützung von DSLs ein zentrales Designziel bei der Definition der Sprache Kotlin, und ihre Sprachelemente und syntaktischen Konventionen sind dafür besonders geeignet. In diesem Kapitel soll daher anhand von Fallbeispielen gezeigt werden, wie die Sprachelemente von Kotlin die Implementierung von DSLs unterstützen.

DSLs und funktionale Programmierung

DSLs sind eigentlich ein von der funktionalen Programmierung unabhängiges Konzept, da sie nicht zwingend nach funktionalen Prinzipien gestaltet sein müssen. Allerdings sind Lambda-Ausdrücke, Funktionsparameter und Funktionskomposition – zentrale Konzepte der funktionalen Programmierung – auch grundlegende Mittel zur Gestaltung von DSLs.

Die folgenden Sprachelemente von Kotlin sind für die Realisierung von DSLs besonders wichtig:

- Infix-Funktionen und Operator-Overloading
- Erweiterungsfunktionen
- Lambda-Ausdrücke und Trailing Lambdas
- Lambda-Ausdrücke mit Empfänger

In den Abschnitten dieses Kapitels werden wir daher anhand von drei Fallbeispielen die Möglichkeiten von Kotlin zur Realisierung von DSLs aufzeigen. Die DSLs der Fallbeispiele sind unterschiedlicher Natur und zeigen die Verwendung verschiedener Sprachelemente:

- Im ersten Fallbeispiel wird ein System zum typsicheren Rechnen mit physikalischen Einheiten implementiert. Hier kommen insbesondere Erweiterungsfunktionen und Operator-Overloading zum Einsatz.
- Im zweiten Fallbeispiel wird eine DSL für Kombinator-Parser (siehe Abschnitt 8.3) realisiert. Das Beispiel zeigt, wie man eine Sprache gestalten kann, die sich wie eine natürliche Sprache liest. Hierbei werden insbesondere die Infix-Notation und Erweiterungsfunktionen wichtig sein.
- Im dritten Beispiel wird eine DSL für Zustandsautomaten implementiert. Das zentrale Gestaltungselement sind Lambda-Ausdrücke mit Empfänger.

19.1 Fallbeispiel physikalische Einheiten

In einem Programm mit physikalischen Berechnungen wird häufig der primitive Datentyp `Double` zur Darstellung physikalischer Größen verwendet. Dabei gibt es jedoch keine Garantie, dass Größen korrekt verknüpft oder Umwandlungen richtig durchgeführt werden. So können z. B. Längen- und Geschwindigkeitswerte addiert oder eine Kraft fälschlicherweise in einen Gewichtswert umgewandelt werden. Das bedeutet, dass Programme, die ausschließlich `Double`-Werte verwenden, keine Typsicherheit bieten.

Kotlin bietet ausgezeichnete Möglichkeiten, ein typsicheres Wertesystem für physikalische Einheiten zu implementieren. Nachfolgend wird ein solches Wertesystem für die physikalischen Größen Länge, Zeit und Geschwindigkeit entwickelt. Dabei wird darauf geachtet, dass der Overhead in Bezug auf Speicherverbrauch und Laufzeit minimal bleibt.

Zuerst müssen die physikalischen Einheiten modelliert werden. Listing 19.1 zeigt einen Auszug der Klassen und Objekte für die physikalischen Einheiten. Von einer Basisklasse `Unit`, die einen Namen und einen Umrechnungsfaktor zu einer Basiseinheit definiert, sind die Klassen `LengthUnit`, `TimeUnit` und `VelUnit` für Längen-, Zeit- und Geschwindigkeitseinheiten abgeleitet. Die konkreten Einheiten werden durch Objekte implementiert. Zum Beispiel repräsentiert das Objekt `M` die Einheit Meter und das Objekt `Km` die Einheit Kilometer. Jede Einheit verwendet einen Umrechnungsfaktor zur Umrechnung zur Basiseinheit, z. B. Kilometer den Faktor `1000.0` zur Umrechnung auf Meter.

```
open class Unit(val name: String, val factor: Double)

sealed class LengthUnit(n: String, f: Double) : Unit(n, f) { ... }
object M : LengthUnit("m", 1.0)
object Cm : LengthUnit("cm", 0.01)
object Mm : LengthUnit("mm", 0.001)
object Km : LengthUnit("km", 1000.0)

sealed class TimeUnit(n: String, f: Double) : Unit(n, f) { ... }
object Sec : TimeUnit("sec", 1.0)
object Min : TimeUnit("min", 60.0)
object H : TimeUnit("h", 3600.0)

sealed class VelUnit(n: String, f: Double) : Unit(n, f) { ... }
object M_Sec : VelUnit("m/sec", 1.0)
object Km_H : VelUnit("km/h", 1.0/3.6)
```

Listing 19.1 *Klassen für physikalische Einheiten*

Eine physikalische Größe besteht aus einem Wert und einer Einheit. Das Interface `Quantity`, das in Listing 19.2 gezeigt wird, bildet den Basistyp für physikalische Größen und definiert die beiden Variablen `value` vom Typ `Double` für den numerischen Wert und `unit` für die zugehörige Einheit.

```
interface Quantity {
    val value: Double
    val unit : Unit
}
```

Listing 19.2 *Interface Quantity*

Listing 19.3 zeigt die Implementierung für Werte der physikalischen Größe Länge. Das Interface `Length` leitet vom `Quantity` ab. Der Typ von `unit` wird dabei kovariant auf `LengthUnit` spezialisiert. In dieser Klasse werden wir später dann die Operatoren implementieren.

Die Klassen `Meter`, `CentiMeter`, `MilliMeter` und `KiloMeter` implementieren das Interface `Length` und repräsentieren physikalische Größen mit den entsprechenden Einheiten. Diese Klassen sind als sogenannte *Value*-Klassen ausgeführt, die mit dem Modifier `value` gekennzeichnet werden. Die Besonderheit von Value-Klassen besteht darin, dass sie genau eine einzige Property besitzen dürfen und bei der Kompilierung auf diesen Wert reduziert werden. Dadurch kann der Speicher- und Laufzeit-Overhead minimiert werden. Für die Klassen der physikalischen Größen bedeutet dies, dass zur Laufzeit ausschließlich mit `Double`-Werten gerechnet wird.

```
sealed interface Length : Quantity {
    override val unit: LengthUnit
    ...
}
```

```
@JvmInline value class Meter(override val value : Double) : Length {
    override val unit : LengthUnit
        get() = m
}
@JvmInline value class CentiMeter(override val value : Double) : Length
{ ... }
@JvmInline value class MilliMeter(override val value : Double) : Length
{ ... }
@JvmInline value class KiloMeter(override val value : Double) : Length
{ ... }
```

Listing 19.3 *Klassen für Längen*

In gleicher Weise werden die physikalischen Größen für Zeit und Geschwindigkeit umgesetzt (Listing 19.4).

```
sealed interface Time : Quantity {
    override val unit: TimeUnit
    ...
}
@JvmInline value class Seconds(override val value : Double) : Time { ... }
@JvmInline value class Minutes(override val value : Double) : Time { ... }
@JvmInline value class Hours(override val value : Double) : Time { ... }

sealed interface Velocity : Quantity {
    override val unit: VelUnit
    ...
}
@JvmInline value class MeterPerSec(override val value : Double) : Velocity
{ ... }
@JvmInline value class KmPerHour(override val value : Double) : Velocity
{ ... }
```

Listing 19.4 *Klassen für physikalische Größen Zeit und Geschwindigkeit*

Die Rechenoperationen mit physikalischen Größen werden in den Interfaces `Length`, `Time` und `Velocity` implementiert. Dabei müssen zwei Anforderungen erfüllt werden: Erstens sollen nur Rechenoperationen verfügbar sein, die sinnvoll und logisch korrekt sind. Zweitens müssen Umrechnungen zwischen den Einheiten durchgeführt werden.

Dies wird am Beispiel von Größen des Typs `Length` veranschaulicht. In Listing 19.5 sind die Operationen `plus`, `times` und `div` gezeigt. Betrachten wir die Operation `plus` im Detail:

- Der zweite Operand muss ebenfalls vom Typ `Length` sein.
- Für das Ergebnis wird die kleinere der beiden Einheiten ermittelt.
- Beide Operanden werden mithilfe der Funktion `inUnit` in diese Einheit umgerechnet und die Addition erfolgt dann in dieser Einheit.
- Das Ergebnis ist eine neue Längengröße.

Die Operation `times` besitzt einen skalaren Operanden und berechnet das Vielfache der Größe. Bei der Operation `div` ist der zweite Operand ein Zeitwert und das Ergebnis ist eine Geschwindigkeit, die entweder in km/h oder in m/sec angegeben wird.

Im Companion-Objekt sind folgende Funktionen implementiert:

- `convertValue`: Führt die Umrechnung zwischen verschiedenen Längeneinheiten durch.
- `createLength`: Erzeugt eine Längengröße mit der angegebenen Einheit.

```
sealed interface Length : Quantity {
    fun inUnit(target: LengthUnit) : Length =
        if (unit == target) this
        else createLength(convertValue(value, unit, target), target)

    operator fun plus(other : Length) : Length {
        val rUnit = LengthUnit.smaller(this.unit, other.unit)
        val rValue = this.inUnit(rUnit).value + other.inUnit(rUnit).value
        return createLength(rValue, rUnit)
    }
    operator fun times(times : Double) : Length =
        createLength(value * times, unit)
    operator fun div(dur: Time) : Velocity =
        when(unit) {
            Km -> Velocity.createVelocity(
                               inUnit(Km).value / dur.inUnit(H).value, km_H)
            else ->  Velocity.createVelocity(
                               inUnit(M).value / dur.inUnit(Sec).value, M_Sec)
        }
    ...
    companion object {
        internal inline fun convertValue(value: Double,
                                from: LengthUnit, to: LengthUnit) : Double =
            ...
        internal inline fun createLength(value: Double,
                                         unit: LengthUnit): Length =
            when (unit) {
                is M -> Meter(value)
                is Cm -> CentiMeter(value)
                is Mm -> MilliMeter(value)
                is Km -> KiloMeter(value)
            }
    }
}
```

Listing 19.5 *Rechenoperationen für Length*

Die Operationen bei den Größen `Time` und `Velocity` sind analog gestaltet.

Für das Erzeugen von physikalischen Werten werden in Listing 19.6 Erweiterungs-Properties für die Klasse `Number` implementiert. Sie erlauben, aus beliebigen `Number`-Werten die entsprechenden physikalischen Größen zu erzeugen.

```
val Number.m : Meter
    get() = Meter(this.toDouble())
val Number.cm : CentiMeter
    get() = CentiMeter(this.toDouble())
val Number.mm : MilliMeter
    get() = MilliMeter(this.toDouble())
val Number.km : KiloMeter
    get() = KiloMeter(this.toDouble())

val Number.ms : MilliSeconds
    get() = MilliSeconds(this.toDouble())
val Number.sec : Seconds
    get() = Seconds(this.toDouble())
val Number.min : Minutes
    get() = Minutes(this.toDouble())
val Number.h : Hours
    get() = Hours(this.toDouble())

val Number.kmPerH : KmPerHour
    get() = KmPerHour(this.toDouble())
val Number.mPerSec : MeterPerSec
    get() = MeterPerSec(this.toDouble())
```

Listing 19.6 *Erweiterungen von Number fürs Erzeugen von physikalischen Werten*

Mit diesen Erweiterungen kann nun unsere DSL verwendet werden. Das folgende Beispiel zeigt, wie Längen und Zeiten erzeugt und damit Berechnungen durchgeführt werden können.

Zunächst wird die Distanz eines Marathonlaufs berechnet, indem 42 km und 195 m addiert werden. Die Distanz für einen Halbmarathon ergibt sich anschließend durch Multiplikation mit 0,5. Die Addition von 1 h und 34 min ergibt die gelaufene Zeit für den Halbmarathon.

Durch die Division von Distanz und Zeit wird die Durchschnittsgeschwindigkeit in m/sec berechnet, und mit einer Umrechnung wird daraus die Geschwindigkeit in km/h ermittelt.

```
val marathon = 42.km + 195.m
val halfMarathon = marathon * 0.5
val halfMTime = 1.h + 34.min
val velHalfM = halfMarathon / halfMTime
println("Vel for a half = ${velHalfM.inUnit(Km_h)}")
```

19.2 Fallbeispiel Parser-DSL

In Abschnitt 8.3 haben wir eine einfache Parser-Bibliothek in Java implementiert. In diesem Abschnitt zeigen wir eine vergleichbare Implementierung in Kotlin. Zunächst illustrieren wir anhand des Beispiels die Unterschiede im Programmierstil zwischen Kotlin und Java. Anschließend gestalten wir eine DSL, die zeigt, wie sich in Kotlin eine nahezu natürlichsprachliche Syntax gestalten lässt.

19.2.1 Parser und Result

Wir beginnen mit der Implementierung eines Parsers in Kotlin analog zur Implementierung in Java in Abschnitt 8.3.1. In Kapitel 19.7 ist die Implementierung der `Result`-Objekte gezeigt. Die Varianten `Success` und `Failure`, für die wir in Java Record-Klassen verwendet haben, werden in Kotlin mit Datenklassen implementiert. Man beachte, dass bei `Failure` für die Property `value` ein Getter implementiert ist, der eine Exception wirft.

```
interface Result<out T> {
  val value: T
  val rest: FList<String>
}

data class Success<T>(
          override val value: T,
          override val rest: FList<String>
       ) : Result<T> {
 }

data class Failure(
          val msg: String,
          override val rest: FList<String>
       ) : Result<Nothing> {
  val excpt: ParseException = ParseException(msg)
  override val value: Nothing
    get() = throw NoSuchElementException("no value for Failure")
}
```

Listing 19.7 *Implementierung des ADT Result mit Varianten Success und Failure (vgl. Listing 8.7)*

Anstelle eines eigenen funktionalen Interface für Parser definieren wir einen Typealias `Parser<E>` für den Funktionstyp `(FList<String>) -> Result<E>`:

```
typealias Parser<E> = (FList<String>) -> Result<E>
```

In Kotlin wird mit `typealias` ein neuer Name für einen bestehenden Typ eingeführt, sodass `Parser<E>` lediglich ein anderer Name für den Funktionstyp `(FList<String>) -> Result<E>` ist. Nur durch diesen Typealias ist es möglich, Parser mithilfe von Lambda-Ausdrücken zu definieren. Die Methoden, die wir in der Java-Version direkt im Interface `Parser<E>` implementiert haben, werden in Kotlin als Erweiterungsfunktionen für den Typ `Parser<E>` umgesetzt.

19.2.2 Funktionen und Kombinationsoperatoren

In Listing 19.8 sind die Erweiterungsfunktionen `flatMap`, `map` und `filter` für `Parser<E>` implementiert. Zudem existieren die Funktionen `success` und `failure`, die Parser-Funktionen für Erfolg und Misserfolg zurückgeben.

Die Erweiterungsfunktionen `flatMap`, `map` und `filter` entsprechen weitgehend den Implementierungen in Java. Wichtig ist, dass sie als Infix-Funktionen ausgeführt sind, was die Lesbarkeit der DSL verbessern wird.

```
fun <E> success(e: E) : Parser<E> = { input -> Success(e, input) }

fun failure(msg: String) : Parser<Nothing> = { input -> Failure(msg, input) }

infix fun <E, R> Parser<E>.flatMap(fn: (E) -> Parser<R>): Parser<R> =
    { input ->
        val thisRslt = this(input)
        if (thisRslt is Success<E>) fn(thisRslt.value)(thisRslt.rest)
        else thisRslt as Result<R>
    }

infix fun <E, R> Parser<E>.map(fn: (E) -> R) : Parser<R> =
  this flatMap { e -> success(fn(e)) }

infix fun <E> Parser<E>.filter(pred: (E) -> Boolean) =
  this flatMap { e -> if (pred(e)) success(e)
                      else failure("predicate failed") }
```

Listing 19.8 *Erweiterungsfunktionen flatMap, map und filter für Parser<E>*

Listing 19.9 zeigt die Erweiterungsfunktionen für die Kombinationsoperatoren `then`, `left`, `right`, `opt`, `mult` und `or`. Auch diese entsprechen weitgehend den Implementierungen in Java (vgl. Abschnitt 8.3.3), nutzen jedoch die besonderen Sprachfeatures von Kotlin. Die Funktion `opt`, die ein optionales Element darstellt, gibt einen Nullable-Typ zurück, wobei `null` bedeutet, dass die Option nicht vorhanden ist. Für Alternativen wird anstelle einer Funktion mit alternativen Parsern eine Erweiterungsfunktion `or` verwendet, bei der ein alternativer Parser als Parameter übergeben wird. Durch die Infix-Notation lässt sich mit `or` eine Kette von Alternativen bilden. Wie in der Java-Version benötigen wir auch hier eine Variante mit Funktionsobjekten vom Typ `()->Parser<E>` für eine verzögerte Auswertung, um rekursive Abhängigkeiten aufzulösen. Das haben wir bereits in Abschnitt 8.3.3 eingehend erörtert.

```
infix fun <A, B> Parser<A>.then(sndParser : Parser<B>) : Parser<Pair<A, B>> =
  this flatMap { a -> sndParser.map { b -> Pair(a, b) } }

infix fun <A, B> Parser<A>.left(sndParser : Parser<B>) : Parser<A> =
  (this then sndParser) map { (a, _) -> a }

infix fun <A, B> Parser<A>.right(sndParser : Parser<B>) : Parser<B> =
  (this then sndParser) map { (_, b) -> b }
```

```
fun <E> Parser<E>.opt() : Parser<E?> =
  { input ->
    val result = this(input)
    if (result is Success<E>) Success(result.value, result.rest)
    else Success(null, input)}

fun <E> Parser<E>.mult() : Parser<FList<E>> =
  { input ->
      val result = this(input)
      if (result is Success<E>) {
        val resultRest = this.mult()(result.rest) as Success<FList<E>>
        Success<FList<E>>(Cons(result.value, resultRest.value),
                          resultRest.rest)
      } else {
        Success<FList<E>>(FList.of(), input)
      }
  }

infix fun <E> Parser<E>.or(alternative : Parser<E>) : Parser<E> =
  { input ->
    val fstResult = this(input)
    if (fstResult is Success<E>) fstResult
    else alternative(input) }

infix fun <E> (()->Parser<E>).or(alternative : () -> Parser<E>) :
      () -> Parser<E> =
  { { input ->
        val fstResult = this()(input)
        if (fstResult is Success<E>) fstResult
        else alternative()(input) } }
```

Listing 19.9 *Kombinationsoperatoren then, or, mult und opt*

Mit diesen Kombinationsoperatoren lässt sich ein Parser in Kotlin ähnlich wie in Java definieren, beispielsweise für arithmetische Ausdrücke (vgl. Abschnitt 8.3.4):

```
val open = token("(")
val close = token(")")
val value : Parser<Val> = double map { Val(it) }
val variable : Parser<Vbl> = identifier map {Vbl(it)}
val add : Parser<Add> =
  open
    .right(expr())
      .left(token("+"))
        .then(expr())
          .left(close)
            .map { (l, r) -> Add(l, r) }
val mult : Parser<Mult> = ...
...
```

```
fun expr() : Parser<Expr> {
  val parserGenerator: () -> Parser<Expr> =
    { value } or { variable } or { minus } or { recip } or { add } or { mult }
  return parserGenerator()
}
```

Besonders hervorzuheben ist dabei die Funktion `expr`, die Parser für die unterschiedlichen Varianten von `Expr` mithilfe von `or` verknüpft. Da `or` nicht direkt die Parser selbst, sondern Funktionen, die Parser zurückgeben, verknüpft, bleibt auch das Ergebnis ein Funktionsobjekt vom Typ `() -> Parser<Expr>`. Dieses Funktionsobjekt wird in der Variablen `parserGenerator` zwischengespeichert und dann mit `parserGenerator()` aufgerufen, um den resultierenden Parser zu erzeugen.

19.2.3 DSL für Parser-Spezifikationen

Die oben beschriebene Implementierung ist in ihrer Anwendung direkt mit der Java-Implementierung vergleichbar. Lediglich bei der Funktion `expr` haben wir anstelle der Methode `alt` die Funktion `or` verwendet, die in Infix-Notation geschrieben werden kann. Im Folgenden entwickeln wir eine DSL, mit der Parser auf eine Weise definiert werden können, die möglichst natürlichem Text ähnelt. Dazu nutzen wir Erweiterungsfunktionen, die Infix-Notation von Funktionen sowie Objekte als Parameter. Damit können konkrete Parser definiert werden, indem Sprachelemente zu Sätzen aneinandergereiht werden.

Dazu werden im Folgenden nacheinander Sprachelemente der DSL für Filtern, für Folgen, für Abbildungen, für Wiederholungen und Optionen eingeführt.

Filtern mit must

Für ein Filtern nach einem Prädikat wollen wir das DSL-Wort `must` verwenden. Zum Beispiel muss ein Parser `digits` die Bedingung erfüllen, dass alle Zeichen Ziffern sind:

```
val digits = token must { s -> s.all { c -> c.isDigit() } }
```

Es wird dazu eine Infix-Funktion `must` definiert, die ein Prädikat als Parameter hat. Die Funktion wendet dann einfach die bestehende Funktion `filter` an:

```
infix fun <E> Parser<E>.must(pred: (E) -> Boolean) = filter(pred)
```

Oft will man vielleicht einen Parser definieren, der nur einen bestimmten Wert akzeptiert, z. B. den String `"true"`. Das kann mit einer Sprachwendung `must be equal` ausgedrückt werden:

```
token must be equal "true"
```

Es sollen also drei Wörter `must`, `be` und `equal` nacheinander gereiht werden und dann der String für den Vergleich folgen. Das kann man mit einer überladenen

Funktion `must` erreichen, die das »Wort« `be` als Parameter hat. Das Wort implementieren wir mit einem Objekt `be`:

```
object be
```

Die überladene Funktion `must` verwendet nun dieses Singleton-Objekt als Parameter (für ein Singleton-Objekt wird ein Typ mit gleichem Namen erzeugt, womit `be` auch ein Typ ist):

```
infix fun <E> Parser<E>.must(b: be) : EqualityComparator <E> =
       EqualityComparator(this)
```

Entscheidend ist der Rückgabewert der Funktion, der hier ein `EqualityComparator` ist. Dieser definiert nämlich die Funktionen, mit denen fortgesetzt werden kann, z. B. mit der Funktion `equal`. Listing 19.10 zeigt die Klasse `EqualityComparator`. Die Klasse hat einen Parser als Parameter und definiert die Funktionen `equal` und `notEqual`, wiederum als Infix-Funktionen. Diese beiden verwenden dann wieder `filter`, um den resultierenden Parser für das Parsen des entsprechenden Tokens zu erzeugen. Obige Anwendung ergibt sich also aus der Verkettung der Infix-Funktion `must` mit Parameter `be` und Infix-Funktion `equal` mit Parameter `"true"`.

```
data class EqualityComparator<E>(val parser: Parser<E>) {
  infix fun equal(value: E) = parser.filter { tkn -> tkn == value }
  infix fun notEqual(value: E) = parser.filter { tkn -> tkn != value }
}
```

Listing 19.10 *Klasse EqualityComparator*

Folgen mit then

Die Funktion `then`, wie oben verwendet, ist bereits eine Infix-Funktion und man kann damit das Hintereinanderschalten von Parsern in Infix-Notation schreiben, z. B. die Definition des Parsers für einen `Minus`-Ausdruck:

```
open then op("-") then expr() then close
```

Statt der Funktionen `left` und `right`, die jeweils das linke bzw. rechte Ergebnis übernehmen, soll aber eine Wendung `take left` und `take right` verwendet werden. Zum Beispiel soll der Parser für einen `Minus`-Ausdruck folgendermaßen geschrieben werden können:

```
open then op("-") then expr() take right then close take left
```

Die Implementierung der beiden überladenen Erweiterungsfunktionen ist in Listing 19.11 zu sehen. Beide sind als Erweiterungsfunktionen für Parser von Paaren (`Parser<Pair<A, B>>`) definiert, also nur für Parser mit einem Parse-Ergebnis `Pair<A,B>` anwendbar. Die beiden Funktionen verwenden die beiden Objekte `left` und `right` als Parameter. Mit einer Abbildung auf das linke bzw. rechte Ergebnis erreichen wir den gewünschten Effekt, dass nur eines der beiden Ergebnisse weiterverwendet wird.

```
object left
object right
infix fun <A, B> Parser<Pair<A, B>>.take(left: left) : Parser<A> =
  this.map { (a, _) -> a }

infix fun <A, B> Parser<Pair<A, B>>.take(right: right) : Parser<B> =
  this.map { (_, b) -> b }
```

Listing 19.11 *Erweiterungsfunktionen take left und take right*

Abbilden mit map to

Auch für das Abbilden der Parse-Ergebnisse wollen wir ein besonderes DSL-Konstrukt einführen. Ein Abbilden soll mit der Wendung `then map to` erfolgen. Zum Beispiel soll die Abbildung auf einen Parser für einen `Minus`-Ausdruck folgendermaßen geschrieben werden können:

```
open then
    op("-") then
      expr() take right then
        close take left then
           map to { Minus(it) }
```

Dazu wird eine überladene Erweiterungsfunktion `then` mit dem Objekt `map` als Parameter eingeführt (Listing 19.12). Ergebnis ist ein Objekt vom Typ `ParserMapping`. `ParserMapping` speichert den Parser und stellt eine Funktion `to` bereit, die dann die ursprüngliche Funktion `map` für den gespeicherten Parser mit dem gegebenen Funktionsparameter aufruft. Eine überladene Funktion `to` verwendet dann keinen Funktionsparameter, sondern bildet auf einen gegebenen Wert ab.

```
object map
infix fun <E> Parser<E>.then(map: map) : ParserMapping<E> =
ParserMapping(this)

data class ParserMapping<E>(val parser: Parser<E>) {
  infix fun <R> to(fn: (E) -> R) = parser.map { fn(it) }
  infix fun <V> to(v: V) = parser.map { v }
}
```

Listing 19.12 *Überladene Erweiterungsfunktion then mit map-Parameter*

Parser für einen Wert mit to parser

Einen Parser für einen bestimmten Wert zu erzeugen, soll mit der Wendung `to parser` erfolgen. Diese kann man z. B. verwenden, um den Parser für die öffnende Klammer zu definieren:

```
val open = "(" to parser
```

Listing 19.13 zeigt die Implementierung. Die Funktion `to` ist als Erweiterung jedes beliebigen Typs `X` definiert und hat das Objekt `parser` als Parameter. Die

Funktion verwendet `token()`, um ein beliebiges Token zu parsen, prüft dann, ob das Token (`it`) gleich der String-Repräsentation des Objekts ist, und bildet in diesem Fall das Token auf den Wert `this` ab.

```
object parser
infix fun <X> X.to(parser: parser) : Parser<X> =
  token() must {it == this.toString()} then map to this
```

Listing 19.13 *Funktion to für einen Parser eines bestimmten Werts*

Wiederholungen mit multiple times und Optionen mit being optional

Listing 19.14 zeigt die DSL-Elemente für Wiederholungen und Optionen. Wiederholungen werden mit `multiple times` ausgedrückt, Optionen mit `being optional`. Die Funktionen `multiple` und `being` sind wiederum als Erweiterungsfunktionen von `Parser<E>` implementiert und haben die Objekte `times` bzw. `optional` als Parameter.

```
object optional
infix fun <E> Parser<E>.being(optional: optional) : Parser<E?> =
  this.opt()

object times
infix fun <E> Parser<E>.multiple(times: times) : Parser<FList<E>> =
  this.mult()
```

Listing 19.14 *DSL-Funktionen für Wiederholungen und Optionen*

Ein Beispiel ist nachfolgend gegeben. Zuerst werden Parser für binäre Ziffern und Vorzeichen definiert. Der Parser `bdigit` wird mit einem optionalen Vorzeichen und gefolgt von beliebig vielen binären Ziffern gebildet:

```
val zero = "0" to parser then map to 0
val one = "1" to parser then map to 1
val bdigit = zero or one
val sign = ("-" to parser) or ("+" to parser)
val bdigits = sign being optional then bdigit multiple times
```

Anwendung der DSL für Parser von Expr

Zum Abschluss setzen wir nun unsere DSL ein, um den Parser für `Expr` zu definieren. Nachstehend ist ein Auszug der Definition des Parsers mit unserer DSL gezeigt. Die Definition ist analog zur Definition in Abschnitt 19.2.2, verwendet aber die Elemente der DSL:

```
val open = "(" to parser
val close = ")" to parser
fun op(operator: String) = operator to parser
val value : Parser<Val> = double then map to { Val(it) }
val variable : Parser<Vbl> = identifier then map to { Vbl(it) }
```

```
val minus : Parser<Minus> =
  open then
    op("-") then
      expr() take right then
        close take left then
          map to { Minus(it) }
val add : Parser<Add> =
  open then
    expr() take right then
      op("+") take left then
        expr() then
          close take left then
            map to { (l, r) -> Add(l, r) }
...
fun expr() : Parser<Expr>  =
   ({ value } or { variable } or
     { minus } or { recip } or
     { add } or { mult })()
```

Listing 19.15 *Parser für Expr mit DSL*

Zusammenfassend können wir festhalten, dass DSLs für Parser nach folgenden Prinzipien gebaut werden: Die Wörter der DSL bilden einerseits Infix-Funktionen und andererseits Objekte als Parameter. Um mit einem bestimmten Kontext fortzufahren, liefern Funktionen spezifische Objekte, die die im entsprechenden Kontext erlaubten Funktionen anbieten. Des Weiteren sind die Funktionen als Erweiterungen bestimmter Typen definiert und können damit gezielt angewendet werden.

Die Beispiel-DSL zeigt, wie man bei der Definition einer DSL vorgehen kann. Ob eine DSL für den vorliegenden Anwendungsfall wirklich sinnvoll ist oder ob die API wie in Abschnitt 19.2.2 verwendet geeigneter ist, sei dahingestellt. Derartige DSLs werden jedoch gerne in einem Gebiet eingesetzt, das sich *Behavior-Driven Design* (BDD) [15] nennt. BDD versteht sich als eine Methode zur Softwareentwicklung, die darauf abzielt, die Kommunikation zwischen Entwicklern, Testern und Fachanwendern zu verbessern. Hier wird oft eine DSL für die Spezifikation von Tests verwendet. Es gibt in Kotlin mehrere Systeme, z. B. *Kotest* [55] oder *Spek* [93], die DSLs für Testspezifikationen anbieten, bei denen die oben beschriebenen Prinzipien eingesetzt werden.

19.3 Fallbeispiel Zustandsmaschinen

In diesem Fallbeispiel werden wir eine DSL für Steuerungsanwendungen entwickeln. Bei Automatisierungslösungen ist eine Steuerungskomponente in eine reale Systemumgebung, wie in Abbildung 19.1 gezeigt, eingebettet. Sensorwerte werden vom zu steuernden System an die Steuerungskomponente übermittelt. Diese wird mit den Sensorwerten periodisch aufgerufen, und damit werden die Stellgrößen an das System berechnet. Auf dieser Basis wird die Ansteuerung des Systems durchgeführt.

Java bei Automatisierungslösungen

Steuerungen werden üblicherweise nicht in Java, sondern als Speicherprogrammierbare Steuerungen (SPS) [107] oder in C/C++ implementiert. Dass sich Java (noch) nicht in diesem Bereich durchgesetzt hat, ist in den Anforderungen an die Echtzeitfähigkeit und Sicherheit begründet. Trotzdem soll hier ein Fallbeispiel aus diesem Anwendungsbereich verwendet werden, da das Ziel die Gestaltung einer DSL ist.

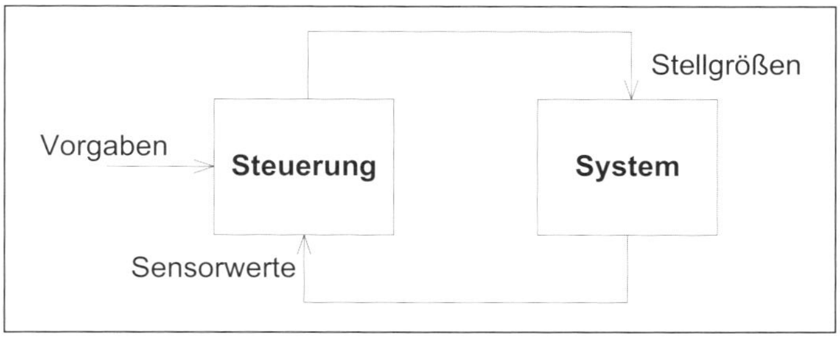

Abb. 19.1 *Einbettung einer Steuerungskomponente in eine reale Systemumgebung*

Unsere DSL soll die Programmierung von Schrittfolgensteuerungen in der Form von Zustandsmaschinen ermöglichen. Als Beispiel soll eine Komponente für die Steuerung des Füllstands eines Tanks dienen. Abbildung 19.2 zeigt das Zustandsdiagramm der Steuerungskomponente. Abhängig vom aktuellen Füllstand `level` wird eine Pumpe `pump` ein- und ausgeschaltet. Damit durchläuft die Komponente folgende Zustände: Fällt der Füllstand unter eine gegebene Grenze `EMPTY_LEVEL`, schaltet das System in den Zustand `EMPTY`, woraufhin es unmittelbar die Pumpe einschaltet und in den Zustand `FILLING` übergeht. Ist der Tank dann wieder voll, wird die Pumpe ausgeschaltet und das System geht in den Zustand `FILLED`. In der Phase `FILLING` kann der Füllvorgang vorübergehend durch das Stoppsignal `stop` gestoppt werden.

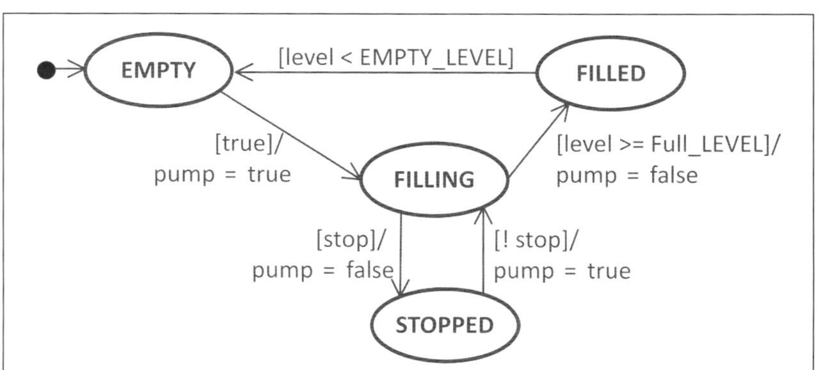

Abb. 19.2 *Schrittfolgensteuerung für einen Füllstand eines Tanks*

Im Folgenden wird die Implementierung einer DSL für Schrittfolgensteuerungen schrittweise eingeführt und anhand des Beispiels der Tanksteuerung aus Abbildung 19.2 demonstriert.

DSL für Zustandsmaschinen

Steuerungskomponenten werden als Erweiterung einer generischen Basisklasse `Model` realisiert (Listing 19.16). Für die Zustände einer Steuerungskomponente wollen wir Enumerationen verwenden. Die Klasse `Model` verwendet dafür den Typparameter `S` mit dem Typconstraint `Enum<S>`. Des Weiteren hat `Model` einen Parameter `initial` für den Anfangszustand und ein veränderliches Feld `current` für den aktuellen Zustand. Die Ausführung der Schritte erfolgt mit der Funktion `step`, die periodisch mit der Zeitspanne `dt` aufgerufen wird. Der Einstiegspunkt für die DSL ist die Funktion `exec`, die einen Lambda-Ausdruck mit Empfänger verwendet. Der Lambda-Ausdruck wird mit dem in der Variablen `modelScope` gespeicherten `ModelScope`-Objekt aufgerufen. Die Klasse `ModelScope` ist eine innere Klasse und, wie der Name ausdrückt, soll sie einen Kontext für Modellierungsfunktionen darstellen. So bietet sie eine Funktion `inState` für den Test des aktuellen Zustands. Ebenso gibt es die inneren Klassen `StateScope` und `TransScope`, die wiederum als Empfängerobjekte von Lambda-Ausdrücken verwendet werden. Sie stellen weitere Funktionen der DSL bereit.

```
abstract class Model<S : Enum<S>>(initial: S) {
  protected var current = initial
  abstract fun step(dt: Double) : Unit

  private val modelScope = this.ModelScope()
  fun exec(fn: ModelScope.() -> Unit) {
    modelScope.fn()
  }

  inner class ModelScope {
    fun inState(state: S, body: StateScope.() -> Unit) : Unit {
      if (current == state) {
        val stateScope = stateMap.putIfAbsent(state, StateScope(state))
        stateScope?.body()
      }
    }
 }
 private val stateMap: MutableMap<S, StateScope> =
               mutableMapOf(Pair(initial, StateScope(initial)))

  inner class StateScope(val state : S) { ... }
  inner class TransScope(val state: S, val cond: Boolean) { ... }
}
```

Listing 19.16 *Klasse Model*

Bevor wir weiter auf die Funktionen der Klasse `Model` eingehen, zeigen wir die Ableitung der Klasse `LevelControl` in Listing 19.17. Für die Zustände wird zuerst die Enumeration `States` definiert. Die Klasse `LevelControl` leitet nun von `Model<States>` ab und definiert `EMPTY` als Anfangszustand. Sie führt dann die veränderlichen Variablen `level`, `pump` und `stop` für den Füllstand, Pumpe und Stoppsignal ein (wie diese an Sensoren und Aktoren angeschlossen werden, wird weiter unten beschrieben).

Im Aufruf der Funktion `exec` in `step` wird das Verhalten implementiert. Der Parameter ist ein Lambda-Ausdruck mit einem `ModelScope`-Objekt als Empfänger (siehe Programmkommentar). Damit kann man die Funktion `inState` von `ModelScope` verwenden, um die Zustände zu unterscheiden.

```
enum class States {  EMPTY, FILLING, FILLED, STOPPED }

class LevelControl(...) : Model<States>(initial = EMPTY) {
  var level: Double ...
  var pump: Boolean ...
  var stop: Boolean ...

  override fun step(dt: Double) {
    exec {    // this: ModelScope
      inState(EMPTY) { ... }
      inState(FILLING) {... }
      inState(FILLED) { ... }
      inState(STOPPED) { ... }
    }
  }
```

Listing 19.17 *Klasse LevelControl mit Zustandsmaschine für Zustandsdiagramm aus Abbildung 19.2*

Betrachten wir nun die Funktion `inState` bei `ModelScope` in Listing 19.16. Wir sehen, die Funktion hat zwei Parameter, den Zustand und wieder einen Lambda-Ausdruck mit Empfänger, wobei hier der Empfänger vom Typ `StateScope` ist. Die Funktion testet, ob der gegebene Zustand gleich dem aktuellen Zustand ist, und ruft dann den Lambda-Ausdruck mit einem `StateScope`-Empfänger auf. Dabei werden die `StateScope`-Objekte für die Zustände beim initialen Zugriff erzeugt und dann in einer Map `stateMap` verwaltet. Die Klasse `StateScope` bietet nun Funktionen, um Zustandsübergänge zu definieren. Sie stellt also einen Gültigkeitsbereich für Zustandsübergänge dar (was mit der Bezeichnung »Scope« ausgedrückt wird).

In Listing 19.18 ist nun das gesamte Zustandsverhalten von `LevelControl` gezeigt. `StateScope` bietet zwei Funktionen für Zustandsübergänge, `immediately` für einen unmittelbaren Übergang und `on` für einen bedingten Übergang. Beide verwenden wiederum Lambda-Ausdrücke mit Empfänger, wobei der Empfänger nun ein `TransScope`-Objekt ist. Diese Klasse `TransScope` stellt die Funktion `goto` bereit, mit dem der nächste Zustand bestimmt wird.

```
    exec {
      inState(EMPTY) {   // this: StateScope
        immediately {      // this: TransScope
          pump = true
          goto(FILLING)
        }
      }
      inState(FILLING) {
        on(level >= FULL_LEVEL) {
          pump = false
          goto(FILLED)
        }
        on(stop) {
          pump = false
          goto(STOPPED)
        }
      }
      inState(FILLED) {
        on(level <= EMPTY_LEVEL) {
          pump = true
          goto(EMPTY)
        }
      }
      inState(STOPPED) {
        on(!stop) {
          pump = true
          goto(FILLING)
        }
      }
    }
  }
```

Listing 19.18 *Zustandsverhalten von LevelControl*

Listing 19.19 zeigt die inneren Klassen `StateScope` und `TransScope` mit den Funktionen `on` und `immediately` bzw. `goto`. In der Funktion `on` wird die Bedingung geprüft und, wenn diese erfüllt ist, wird der Lambda-Ausdruck mit einem `TransScope`-Objekt als Empfänger aufgerufen. Die Funktion `immediately` verwendet `on` mit der Bedingung `true`. Schließlich setzt `goto` von `TransScope` den aktuellen Zustand des `Model`-Objekts auf den Zustand `next`.

```
abstract class Model<S : Enum<S>>(initial: S) {
  protected var current = initial

  inner class StateScope(val state : S) {
    fun on(cond: Boolean, trans: TransScope.() -> Unit) : Unit {
      if (cond) {
        val transScope = TransScope(state, cond)
        transScope.trans()
      }
    }
```

```
    fun immediately(trans: TransScope.() -> Unit) : Unit {
      on(true, trans)
    }
  }

  inner class TransScope(val state: S, val cond: Boolean) {
    infix fun goto(next: S) : S {
      current = next
      return current
    }
  }
  ...
}
```

Listing 19.19 *Klassen StateScope und TransScope mit den DSL-Funktionen on und immediately bzw. goto*

Wir halten fest: Die DSL, die wir gestaltet haben, verwendet Lambda-Ausdrücke mit Empfängern in einer hierarchischen Anordnung und zeigt damit Ähnlichkeiten zum Builder-Muster aus Abschnitt 18.4. Die Empfängerobjekte repräsentieren Gültigkeitsbereiche für die anwendbaren DSL-Funktionen. Im Gegensatz zum Builder-Muster wird mit der DSL aber keine Struktur aufgebaut, sondern ausführbares Verhalten definiert.

Kopplung der Variablen an Sensoren und Aktoren

Was noch fehlt, ist der Anschluss der Variablen an die externe Umgebung, d. h. an Sensoren und Aktoren. Das kann man in Kotlin mit Property-Delegates realisieren. Wir führen zuerst eine Klasse `Var` für Ein- und Ausgabevariablen ein, mit denen wir die Komponente koppeln können. Die Klasse `Var` verwendet eine veränderliche Variable `value` und definiert Funktionen `getValue` und `setValue`, wie dies für Property-Delegates vorgesehen ist (vgl. Abschnitt 14.8).

```
class Var<T>(private var value: T) {
  operator fun getValue(thisRef : Any?, property: KProperty<*>) : T = value
  operator fun setValue(thisRef : Any?, property: KProperty<*>, value: T) {
    this.value = value
  }
}
```

Listing 19.20 *Klasse Var für Kopplungsvariablen*

Beim Erzeugen eines `LevelControl`-Objekts werden nun die `Var`-Objekte `levelInput`, `stopInput` und `pumpOutput` übergeben und damit die Kopplung an die Umgebung erreicht. Für die Variablen `level`, `stop` und `pump` werden diese `Var`-Objekte als Property-Delegates verwendet. Damit führt jede Lese- und Schreiboperation bei den Variablen zu einer Weiterleitung an die entsprechenden `Var`-Objekte.

```
class LevelControl(levelInput: Var<Double>,
                   stopInput: Var<Boolean>,
                   pumpOutput: Var<Boolean>
                 ) : Model<States>(initial = EMPTY) {
  var level: Double by levelInput
  var pump: Boolean by pumpOutput
  var stop: Boolean by stopInput
  ...
}
```

Im Folgenden ist noch die Kopplung der Steuerungskomponente `LevelControl` und einer Komponente `Tank` gezeigt (die Komponente `Tank` simuliert die Änderung des Füllstands). Es werden `Var`-Objekte für Füllstand, Pumpe und Stoppsignal instanziiert und beide Komponenten `Tank` und `LevelControl` mit diesen Objekten angelegt.

```
object TankSystem {
  val levelVar = Var<Double>(0.0)
  val pumpVar = Var<Boolean>(false)
  val stopVar = Var<Boolean>(false)
  val tank = Tank(levelVar, pumpVar, stopVar)
  val control = LevelControl(levelVar, stopVar, pumpVar)
}
```

19.4 Zusammenfassung

In diesem Kapitel haben wir untersucht, wie die Sprachelemente von Kotlin zur Realisierung domänenspezifischer Sprachen (DSLs) genutzt werden können. Mit drei unterschiedlichen Fallbeispielen wurde gezeigt, wie Infix-Funktionen, Operatoren, Erweiterungsfunktionen, Lambda-Ausdrücke sowie Lambda-Ausdrücke mit Empfänger effektiv für die Gestaltung von DSLs eingesetzt werden können.

Im ersten Beispiel wurden Infix-Funktionen, Operator-Overloading und Erweiterungsfunktionen kombiniert, um ein typsicheres System für physikalische Einheiten zu realisieren. Im zweiten Beispiel haben wir zunächst die Parser-Implementierung aus Abschnitt 8.3 in Kotlin implementiert und darauf aufbauend eine Parser-DSL entwickelt, die eine intuitive und nahezu natürlichsprachliche Syntax bietet. Schließlich wurde im dritten Beispiel eine DSL für Zustandsmaschinen vorgestellt, mit der Zustandsverhalten auf natürliche Weise modelliert werden kann. Dabei waren Lambda-Ausdrücke mit Empfängern das wesentliche Sprachelement.

20 Gestaltung von Systemen und Frameworks

Zum Abschluss der Abhandlung über Kotlin wollen wir in diesem Kapitel einen Blick in die Gestaltung einiger Kotlin-Systeme und -Frameworks werfen. Dabei kann und soll es nicht das Ziel sein, eine umfassende Einführung in diese Systeme zu geben. Vielmehr soll gezeigt werden, wie mit den Sprachfeatures von Kotlin intuitive und elegante Programmierschnittstellen ermöglicht werden. Für weiterführende Informationen wird der interessierte Leser auf die einschlägige Literatur und die Dokumentation zu diesen Systemen verwiesen. Das Kapitel gibt somit kurze Einblicke zu Kotlin-Koroutinen, Flows, dem UI-Framework Jetpack Compose und dem Web-Framework Ktor.

20.1 Koroutinen

In den Kapiteln 11 und 12 haben wir uns bereits mit Modellen für die Programmierung von asynchronen, nebenläufigen Prozessen auseinandergesetzt. Die in Kapitel 11 behandelten CompletableFutures verwenden Funktionskomposition, um asynchrone Operationen zu verketten. In Kapitel 12 haben wir uns intensiv mit reaktiven Streams befasst, die eine asynchrone Verarbeitung von Ereignisströmen ermöglichen. Beide Modelle implementieren eine asynchrone Verarbeitung von Ereignissen und vermeiden ein blockierendes Warten.

Koroutinen sind ein weiteres Modell für eine asynchrone, nebenläufige Programmierung. Koroutinen realisieren ein kooperatives Multitasking, indem ein Scheduler ein effizientes Wechseln zwischen asynchronen Tasks durchführt. Dabei wird sowohl das Blockieren von Threads vermieden als auch teure Kontextwechsel (*task switches*) zwischen Threads reduziert.

Kotlin-Koroutinen sind eine Implementierung dieses Modells und bieten eine elegante Möglichkeit für asynchrone und nicht blockierende Programmierung [54]. Man folgt dabei einem imperativen Programmierstil. Trotzdem sind sie im Kontext der funktionalen Programmierung von Interesse, weil sie intensiv Lambda-Ausdrücke mit Empfänger verwenden und die Basis für weitere wichtige Systeme bilden.

20.1.1 Suspend-Funktionen und Koroutinen

Die Grundlage der Kotlin-Koroutinen bilden *Suspend*-Funktionen und Koroutinen.

Suspend-Funktionen

Eine Suspend-Funktion ist eine Funktion, die unterbrochen (*suspendiert*) und später fortgesetzt werden kann. Dazu werden bei einer Unterbrechung die aktuelle Programmstelle und der aktuelle Zustand mit den Werten der Variablen gesichert und bei der Fortsetzung wiederhergestellt.

Betrachten wir das Beispiel einer Suspend-Funktion in Listing 20.1. Die Funktion deklariert eine veränderliche Variable `x`, erhöht deren Wert um 1 und wird dann mit dem Aufruf von `delay(1000)` suspendiert. Damit wird die Funktion vorerst beendet, aber vom Scheduler eine Fortsetzung nach 1000 ms eingeplant. Wird die Funktion anschließend wieder aufgenommen, wird der Wert von `x` wiederhergestellt und die Ausführung nach dem Aufruf von `delay` fortgesetzt.

```
suspend fun exampleSuspendFn() {
    var x : Int = 0
    println("Coroutine started with x = $x")
    x += 1
    println("Coroutine suspended with x = $x")
    delay(1000)
    println("Coroutine resumed with x = $x")
}
```

Listing 20.1 *Beispiel einer Suspend-Funktion*

Mithilfe der Print-Ausgaben lässt sich sowohl der Ablauf als auch der Wert von `x` auf der Konsole verfolgen:

```
Coroutine started with x = 0
Coroutine suspended with x = 1
Coroutine resumed with x = 1
```

Eine Suspend-Funktion kann nicht in einer normalen Funktion aufgerufen werden, sondern nur innerhalb einer Koroutine oder einer anderen Suspend-Funktion. Um die Funktion in der Main-Funktion auszuführen, muss diese daher ebenfalls mit `suspend` gekennzeichnet werden:

```
suspend fun main() {
  exampleSuspendFn()
}
```

Übersetzung von Suspend-Funktionen

Suspend-Funktionen werden vom Kotlin-Compiler in normale Funktionen übersetzt, die vom Scheduler entsprechend aufgerufen werden. Die übersetzte Funktion erhält dabei ein Continuation-Objekt als zusätzlichen Parameter. Dieses Continuation-Objekt speichert sowohl die aktuelle Programmposition als auch den zugehörigen Kontext. Die verschiedenen Programmzustände werden in einem Zustandsmodell abgebildet.

Das folgende Schema skizziert (stark vereinfacht), wie die Suspend-Funktion aus Listing 20.1 übersetzt wird. Eine spezifische Continuation-Klasse besitzt Variablen für die aktuelle Position und die lokalen Variablen (`state` und x). Die übersetzte Funktion verwendet einen Parameter dieses Typs. Mit einer Verzweigung wird die Programmposition unterschieden: Zu Beginn ist `state` gleich 0, und der Teil vor dem Aufruf von `delay` wird ausgeführt. Anschließend wird `state` auf 1 gesetzt. Der Scheduler ruft die Funktion mit demselben Continuation-Objekt erneut auf. Dadurch wird der Programmteil für `state` gleich 1 ausgeführt, was dem Programmteil nach dem `delay` entspricht.

```
class ExampleContinuation(...) : Continuation<Any> {
    var state: Int = 0
    var x: Int = 0
    ...
}

fun exampleSuspendFn(continuation: ExampleContinuation) {
    when (continuation.state) {
        0 -> { // Initial state
            println("Coroutine started with $continuation.x")
            continuation.x += 1 // Save local variable
            continuation.state = 1 // Update state for resumption point
            delay(1000, continuation) //schedule reexecute after 1000 ms
        }
        1 -> { // Resumed execution
            println("Coroutine resumed with $continuation.x")
        }
    }
}
```

Mit dieser Übersetzungsstrategie sind Koroutinen in Kotlin unabhängig von der Ausführungsumgebung. So werden sie beispielsweise in der Java VM als auch in einer JavaScript-Umgebung in gleicher Weise realisiert.

Koroutinen

Um nebenläufige Koroutinen zu erzeugen, stehen Funktionen, sogenannte Coroutine-Builder, zur Verfügung. Eine erste Funktion ist `runBlocking`, die einen Übergang von normalem Code zu nebenläufigem Code ermöglicht. Betrachten wir die Schnittstelle dieser Funktion:

```
fun <T> runBlocking(..., block: suspend CoroutineScope.() -> T): T
```

Die Funktion hat einen Lambda-Ausdruck mit Empfänger als letzten Parameter (mit den anderen Parametern können spezifische Einstellungen getroffen werden; wir werden diese jedoch nicht weiter betrachten). Der Empfänger des Lambda-Ausdrucks ist vom Typ `CoroutineScope`. Der Lambda-Ausdruck ist mit `suspend` gekennzeichnet, damit darin **Suspend-Funktionen** aufgerufen werden können.

Im folgenden Beispiel wird in der Main-Funktion mit `runBlocking` eine Koroutine gestartet. Innerhalb des Lambda-Ausdrucks erfolgen Ausgaben vor und nach dem Aufruf von `delay`, wobei auch immer die vergangenen Millisekunden seit dem Start ausgegeben werden. Zusätzlich erfolgen Ausgaben vor und nach dem Aufruf von `runBlocking`:

```
fun main() {
    val start = currentTimeMillis()
    println("Before runBlocking: ${currentTimeMillis() - start}")
    runBlocking {  // this: CoroutineScope
        println("Before delay: ${currentTimeMillis() - start}")
        delay(1000)
        println("After delay: ${currentTimeMillis() - start}")
    }
    println("After runBlocking: ${currentTimeMillis() - start}")
}
```

Beim Aufruf sehen wir folgende Ausgabe:

```
Before runBlocking: 0
Before delay: 54
After delay: 1069
After runBlocking: 1070
```

Die Ausgabe zeigt die Verzögerung und dass die Main-Funktion auf das Ende von `runBlocking` wartet.

CoroutineScopes mit Funktionen launch und async

Der Empfänger im Lambda-Ausdruck von `runBlocking` ist ein `CoroutineScope`-Objekt (siehe Kommentare beim obigen Aufruf von `runBlocking`). `CoroutineScope` bietet nun weitere Funktionen, um Koroutinen zu erzeugen und zu starten. Die wichtigsten Funktionen sind `launch` und `async`:

- `launch` erzeugt eine Koroutine, die nebenläufig ausgeführt wird.
- `async` erzeugt eine Koroutine, die nebenläufig ausgeführt wird und ein Ergebnis berechnet, auf das später zugegriffen werden kann.

Betrachten Sie die Schnittstelle von `launch`:

```
public fun CoroutineScope.launch( ...,
             block: suspend CoroutineScope.() -> Unit): Job
```

Wir sehen, dass `launch` eine Erweiterungsfunktion für `CoroutineScope` ist und wieder einen Lambda-Ausdruck mit `CoroutineScope` als Empfänger hat. Damit besitzt jede Koroutine ihr eigenes `CoroutineScope`-Objekt und ihr Code wird im Kontext dieses `CoroutineScope`-Objekts ausgeführt. Folglich kann innerhalb jeder Koroutine eine weitere Koroutine gestartet werden, wodurch eine Hierarchie von Koroutinen entsteht.

Im folgenden Beispiel werden in `runBlocking` mit `launch` zwei Koroutinen `A` und `B` gestartet. Sie enthalten jeweils eine Unterbrechung von 1000 ms. Die entsprechenden Ausgaben sollen zeigen, wann welche Operationen gestartet und beendet werden:

```
fun main() {
    val start = currentTimeMillis()
    println("Before runBlocking: ${currentTimeMillis() - start}")
    runBlocking { // this: CoroutineScope
        println("Before starting A: ${currentTimeMillis() - start}")
        launch { // this: CoroutineScope
            println("A - Before delay: ${currentTimeMillis() - start}")
            delay(1000)
            println("A - After delay: ${currentTimeMillis() - start}")
        }
        println("After starting A: ${currentTimeMillis() - start}")
        println("Before starting B: ${currentTimeMillis() - start}")
        launch { // this: CoroutineScope
            println("B - Before delay: ${currentTimeMillis() - start}")
            delay(1000)
            println("B - After delay: ${currentTimeMillis() - start}")
        }
        println("After starting B: ${currentTimeMillis() - start}")
    }
    println("After runBlocking: ${currentTimeMillis() - start}")

}
```

Folgende Ausgabe zeigt die Ausführung:

```
Before runBlocking: 0
Before starting A: 42
After starting A: 45
Before starting B: 45
After starting B: 47
A - Before delay: 49
B - Before delay: 54
A - After delay: 1064
B - After delay: 1065
After runBlocking: 1066
```

Beide Koroutinen werden direkt zu Beginn gestartet, während die Ausführung innerhalb von `runBlocking` fortgesetzt wird. Nach der Verzögerung werden die beiden Koroutinen und damit auch `runBlocking` beendet.

Koroutinen, die mit `async` erzeugt wurden, werden in gleicher Weise ausgeführt, berechnen jedoch einen Wert. Für den Zugriff auf den Wert gibt `async` ein `Deferred`-Objekt zurück. Mit `await` kann man beim `Deferred`-Objekt auf das Ergebnis zugreifen, sobald es berechnet wurde. Die Funktion `await` ist eine Suspend-Funktion. Sie wird beim Aufruf suspendiert und vom Scheduler fortgesetzt, sobald das Ergebnis vorliegt.

Das folgende Beispiel zeigt eine typische Anwendung von `async`. Mit der Suspend-Funktion `getResult` wird ein Ergebnis ermittelt. Angenommen `getResult` muss dazu auf das Internet zugreifen. Damit wird die Funktion suspendiert, bis das Ergebnis des Remote-Zugriffs vorliegt. In `runBlocking` werden mithilfe von `async` zwei Koroutinen gestartet, in denen die Zugriffe mit `getResult` nebenläufig ausgeführt werden. Mit `await` wird auf die Ergebnisse gewartet, und sobald beide vorliegen, wird die Summe berechnet und ausgegeben:

```
suspend fun getResult(x: Int): Int { ... }

runBlocking { // this: CoroutineScope
    println("Starting async coroutines")
    val deferredResult1 = async {  // this: CoroutineScope
        getResult(1)
    }
    val deferredResult2 = async {  // this: CoroutineScope
        getResult(2)
    }
    println("Waiting for results of 1 and 2")
    val result1 = deferredResult1.await()
    val result2 = deferredResult2.await()
    println("Sum = ${result1 + result2}")
}
```

20.1.2 Strukturierte Nebenläufigkeit

Unter strukturierter Nebenläufigkeit (engl. *structured concurrency*) versteht man ein Konzept, mit dem nebenläufige Tasks gemeinsam verwaltet werden können, beispielsweise, um sie gemeinsam zu starten, zu beenden oder Fehler zu behandeln. Bei Kotlin-Koroutinen wird strukturierte Nebenläufigkeit durch die Hierarchie der Koroutinen umgesetzt.

Beispielsweise werden beim Beenden einer Koroutine auch alle von ihr gestarteten Koroutinen automatisch beendet. Ein weiteres Beispiel ist `runBlocking`: Eine durch `runBlocking` erzeugte Koroutine wartet, bis alle innerhalb ihrer Hierarchie gestarteten Koroutinen abgeschlossen sind.

Die Möglichkeiten, die Kotlin mit strukturierter Nebenläufigkeit bietet, sind vielfältig und leistungsstark. Wir wollen daher hier nur ein Beispiel zeigen und dabei auf die Flugsuche aus Kapitel 11 zurückgreifen. Die Funktion zur Flugsuche ist nun als Suspend-Funktion umgesetzt, die sich beim Remote-Zugriff suspendiert:

```
suspend fun findFlight(from: String, to: String, date: LocalDate): Flight
{...}
```

Die Flugsuche soll nebenläufig bei mehreren Airlines erfolgen. Zudem soll die Suche abgebrochen werden, sobald der erste Flug gefunden wird. Das folgende Programm zeigt eine mögliche Umsetzung: Für jede Airline wird mit `async` eine Koroutine gestartet, die die Flugsuche ausführt. Auf den zurückgegebenen `Deferred`-Objekten wird mit `invokeOnCompletion` ein Callback registriert, der beim Abschluss der jeweiligen Koroutine aufgerufen wird. Der Callback erhält ein `Throwable`-Objekt als Parameter. Bei erfolgreichem Abschluss ist dieses `null` und wir können auf das Ergebnis zugreifen und es ausgeben. Zusätzlich wird das `cancel`-Kommando auf dem `CoroutineScope`-Objekt der obersten Koroutine ausgeführt (auf dieses `CoroutineScope`-Objekt wird mit `this@runBlocking` zugegriffen). Dadurch werden alle noch laufenden Koroutinen in der Hierarchie beendet.

```
fun main() {
  val nextWeek = LocalDate.now().plusDays(7)
  runBlocking {
    Airline.AIRLINES.forEach { airline ->
      val deferred: Deferred<Flight> = async {
        airline.findFlight("VIE", "JFK", nextWeek)
      }
      deferred.invokeOnCompletion { excpt ->
        if (excpt == null) {
        println("Completed successfully with: ${deferred.getCompleted()}")
          this@runBlocking.cancel()
        } else {
          println("Completed with error: ${excpt.message}")
        }
      }
    }
  }
}
```

20.2 Flows

Flows ist eine Implementierung von reaktiven Streams auf der Basis von Kotlin-Koroutinen. Damit sind Flows vergleichbar mit den reaktiven Streams von RxJava, wie wir sie in Kapitel 12 ausführlich beschrieben haben.[1] Auch bei Flows wird zwischen Hot- und Cold-Flows unterschieden (vgl. Abschnitt 12.3). Man unterscheidet zwischen Zwischenoperationen und Terminaloperationen, die den Abruf von Er-

1. Es gibt auch mit RxKotlin eine Implementierung von Reactive Extensions in Kotlin, die auf RxJava aufbaut. Siehe dazu [83].

eignissen bewirken (vgl. Abschnitt 12.1). Auf die grundlegende Funktionsweise der reaktiven Ströme wird an dieser Stelle daher nicht weiter eingegangen und für eine detaillierte Darstellung auf Kapitel 12 verwiesen.

Allerdings unterscheiden sich die Flows in Kotlin deutlich von RxJava hinsichtlich der Implementierung, der Schnittstelle und der angebotenen Operationen. So erfolgt die Ereignisbehandlung nicht wie bei RxJava durch Threads (aus einem Thread-Pool), sondern durch Koroutinen mit den damit verbundenen Vorteilen. Ebenso nutzt Flows die besonderen Sprachfeatures von Kotlin, insbesondere die Lambda-Ausdrücke mit Empfänger.

In diesem Abschnitt wollen wir die Flows anhand einiger Beispiele veranschaulichen und greifen dabei auf Beispiele zurück, die wir auch in Kapitel 12 verwendet haben. Im Beispiel in Listing 20.2 wird die Funktion `flow` verwendet, um einen Ablauf mit einer Reihe von `Article`-Objekten zu erzeugen. Die Funktion `flow` verwendet einen Lambda-Ausdruck mit einem Empfänger vom Typ `FlowCollector`. Dieser stellt die Funktion `emit` zur Verfügung, mit der ein Objekt in den Flow emittiert wird. Zwischen der Erzeugung der `Article`-Ereignisse wird mit `delay` jeweils eine Verzögerung von 1000 ms eingefügt.

Die Funktion `delay` ist eine Suspend-Funktion und muss als solche eigentlich in einer Koroutine oder einer anderen Suspend-Funktion aufgerufen werden. Dies ist hier jedoch noch nicht der Fall. Der Grund ist, dass mit `flow` der Flow zwar erzeugt, aber noch nicht ausgeführt wird. Erst mit einer Terminaloperation werden der passive Flow gestartet, die Ereignisse erzeugt und auch die `delay`-Operationen ausgeführt. Im Beispiel wird die Terminaloperation `toList` auf dem Flow innerhalb der durch `runBlocking` erzeugten Koroutine ausgeführt. Damit laufen auch die `delay`-Operationen innerhalb der Koroutine.

```
fun main() {
  val articleFlow =
    flow {
      emit(Article("A", 1500.0))
      delay(1000)
      emit(Article("B", 700.0))
      delay(1000)
      emit(Article("C", 1200.0))
      delay(1000)
      emit(Article("D", 500.0))
      delay(1000)
      emit(Article("E", 600.0))
    }
  runBlocking {
    val articleList = articleFlow.toList()
  }
}
```

Listing 20.2 *Flow mit Articles*

Operationen

Wie bei RxJava sind die Operationen vielfältig und wir wollen hier nur einige anhand von Beispielen zeigen. In Listing 20.3 werden die folgenden Zwischenoperationen auf den Flow der `Article`-Objekte angewendet: Mit `filter` werden die Artikel gefiltert, deren Preis kleiner als 1000 ist. Anschließend werden diese mit `map` auf die Namen abgebildet. Die folgenden Operationen `onStart`, `onEach` und `onCompletion` erlauben Aktionen jeweils am Anfang, für jedes Element und nach allen Elementen (sie sind also vergleichbar mit den Operationen `doOnSubscribe`, `doOnNext` und `doOnComplete` von `Observable`, vgl. Abschnitt 12.4.8). Die Operationen erzeugen das Flow-Objekt, das mit der Terminaloperation `collect` aktiviert wird.

```
val filteredArticleNames =
      articleFlow
          .filter { it.price < 1000.0 }
          .map { it.name }
          .onStart {  println("Started") }
          .onEach { println(it) }
          .onCompletion {
            println("Completed")
          }

  filteredArticleNames.collect()
```

Listing 20.3 *Operationen*

Beispiel Timer

Das Beispiel in Listing 20.4 zeigt die Implementierung eines Sekundenzählers. Der in der Variablen `timer` gespeicherte Flow gibt jede Sekunde einen fortlaufenden Sekundenwert und am Ende ein `"Completed"` aus. Durch die Endlosschleife in `flow` würde der Flow ewig laufen. Mit der Aktivierung mit `collect` innerhalb der durch `runBlocking` erzeugten Koroutine wird der Flow jedoch mit `take(10)` auf 10 Ereignisse begrenzt und zählt somit nur 10 Sekunden.

```
val timer : Flow<Int> = flow<Int> {
    var t : Int = 0
    while (true) {
      delay(1000)
      t += 1
      emit(t)
    }
  }.onEach {
    println(it)
  }.onCompletion {
    println("Completed")
  }

runBlocking {
  timer.take(10).collect()
}
```

Listing 20.4 *Flow für Timer*

Dies erzeugt somit die folgende Ausgabe:

```
1
2
...
10
Completed
```

Beispiel Flugsuche mit ChannelFlow

Wir wollen nun für das Beispiel zur Flugsuche aus Abschnitt 20.1.2 Flows einsetzen. Es werden wieder die Aufrufe bei den Airlines jeweils in Koroutinen durchgeführt, die gefundenen Flüge aber in einem Flow emittiert.

Listing 20.5 zeigt die Implementierung der Flugsuche. Da die gefundenen Flüge nun von mehreren Koroutinen gesendet werden, können wir `flow` nicht mehr verwenden. Stattdessen wird auf die Funktion `channelFlow` zurückgegriffen. Im Code von `runBlocking` wird mit `channelFlow<Flight>` ein Flow für `Flight`-Objekte erzeugt. Der Empfänger des Lambda-Ausdrucks ist vom Typ `ProducerScope<Flight>`, der die Funktion `send` zur Verfügung stellt. Die Aufrufe von `findFlight` werden jeweils in eigenen Koroutinen ausgeführt. Die `Flight`-Objekte werden, sobald vorhanden, mit `send` an den Flow übergeben. Anschließend werden mit `take` nur die ersten drei gefundenen Flüge ausgewählt. Mit `onCompletion` wird dann die Koroutine von `runBlocking` abgebrochen, wodurch auch alle noch laufenden Koroutinen automatisch abgebrochen werden. Es ist zu beachten, dass der gesamte Prozess erst mit dem Aufruf von `collect` gestartet wird.

```
runBlocking(Dispatchers.IO) {
   channelFlow<Flight> {  // this: ProducerScope<Flight>
     Airline.AIRLINES.forEach { airline ->
       launch {
         println(System.currentTimeMillis())
         val flight = airline.findFlight("VIE", "JFK", nextWeek)
         send(flight)
       }
     }
   }
   .take(3)
   .onCompletion {
     this@runBlocking.cancel()
   }
   .collect { flight -> println(flight) }
```

Listing 20.5 *Flow mit asynchroner Ausführung von findFlight*

20.3 Jetpack Compose

Jetpack Compose [29] ist ein UI-Framework, das ursprünglich von Google für Android-Anwendungen entwickelt wurde. Im Rahmen der Multiplattform-Strategie von Jetbrains [45] wurde es auch für Desktop-Anwendungen portiert [46]. Wir diskutieren Jetpack Compose hier, weil es zeigt, wie die Sprachfeatures von Kotlin genutzt werden, und weil es einen deklarativen Ansatz zur Realisierung von Benutzerschnittstellen verfolgt, der funktionale Eigenschaften zeigt. Für die Beispiele wird Jetpack Compose for Desktop [46] verwendet.

Der deklarative Ansatz von Jetpack Compose basiert auf den folgenden Konzepten:

- Die Benutzeroberfläche ist durch eine hierarchische Baumstruktur der UI-Elemente definiert.
- Die Knoten im Baum werden durch sogenannte *Composable*-Funktionen erzeugt. Eine Composable-Funktion wird mit der Annotation `@Composable` gekennzeichnet.
- Ein automatisches Zustandsmanagement bewirkt, dass bei Änderungen des Modellzustands die entsprechenden Composable-Funktionen aufgerufen werden und damit die Benutzerschnittstelle aktualisiert wird.

Um dies zu erreichen, generiert ein *Composable-Compiler* einen Low-Level-Code, der auf Änderungen des Modellzustands reagiert und die Aufrufe der Composable-Funktionen veranlasst. Der Anwendungsprogrammierer muss dieses Änderungsmanagement also nicht wie bei der klassischen Model-View-Controller-Architektur selbst über ein Beobachter-Muster implementieren, sondern es wird transparent durch das System realisiert.

Jetpack Compose bietet nun die folgenden spezifischen Sprachelemente, um den deklarativen Ansatz umzusetzen:

- Zustandsmanagement mit `mutableStateOf` und `remember`: Mit `mutableStateOf` wird ein Property-Delegate vom Typ `MutableState` erzeugt. Mit den `getValue`- und `setValue`-Funktionen von `MutableState` (vgl. Abschnitt 14.9) wird ein Änderungsmechanismus realisiert, sodass betroffene Composable-Funktionen bei Änderungen automatisch ausgeführt werden. `remember` wird zusätzlich verwendet, damit Werte zwischen Update-Zyklen gespeichert und Composable-Funktion nur bei geänderten Werten aufgerufen werden.
- Hierarchische Builder-Muster für Knoten: Funktionen, die Knoten in der Hierarchie der UI-Elemente erzeugen, verwenden Lambda-Ausdrücke mit Empfänger. Jede Funktion verwendet dabei ein spezifisches Scope-Objekt, das den Aufbau der Unterelemente ermöglicht. Es folgt damit dem Muster eines hierarchischen Builders, wie wir dieses in Abschnitt 18.4 erörtert haben.

Betrachten wir diesen Ansatz anhand eines Beispiels mit einem einfachen Zähler. Ein Zählwert soll mit einem Textfeld angezeigt und mit einem Button erhöht werden können. Listing 20.6 zeigt das Programm mit folgenden Teilen:

- `CounterModel`: Die Klasse `CounterModel` stellt das Datenmodell der Applikation dar und definiert die Variable `count` für den Zählwert. Mit dem durch `mutableStateOf` erzeugtem Property-Delegate wird es ein beobachtbarer Zustand.
- `CounterApp`: Die Composable-Funktion `CounterApp`[2] erzeugt die Applikation. Zuerst wird das Modell `CounterModel` erzeugt. `remember` wird verwendet, damit es über Aufrufe hinweg bestehen bleibt.
- `CounterUI`: Die Composable-Funktion `CounterUI` baut den Baum der UI-Elemente auf. Mit `Column` wird eine vertikale Anordnung der enthaltenen Elemente definiert. Die Funktion verwendet einen Lambda-Ausdruck mit einem `ColumnScope`-Objekt als Empfänger. Mit dem `ColumnScope`-Objekt werden die beiden Unterkomponenten `Text` und `Button` definiert. Mit dem `Button` wird der Wert von `model.count` erhöht. Das `Text`-Element zeigt den Wert `model.count` an. Über den automatischen Update-Mechanismus wird das Textfeld bei jeder Änderung aktualisiert.
- `main`: In der Funktion wird die Applikation mit dem Hauptfenster erzeugt. Sowohl die Funktion `application` als auch `Window` verwenden Lambda-Ausdrücke mit Empfänger vom Typ `ApplicationScope` bzw. `WindowScope`. Der Aufruf von `CounterApp` im Lambda-Ausdruck mit Empfänger von `Window` baut schließlich die Oberfläche auf.

```
class CounterModel {
    var count by mutableStateOf(0)
}

@Composable
fun CounterApp() {
    val model = remember { CounterModel() }
    CounterUI(model)
}

@Composable
fun CounterUI(model: CounterModel) {
    Column {                          // this: ColumnScope
        Text("Count: ${model.count}")
        Button(
            onClick = { model.count++ },
            content = { Text("+") }
        )
    }
}
```

2. Da Composable-Funktionen für Knoten der Oberfläche stehen, ist es bei Jetpack Compose Konvention, diese großzuschreiben.

```
fun main() = application {        // this: ApplicationScope
    Window(                       // this: FrameWindowScope
        onCloseRequest = ::exitApplication,
        title = "Counter",
    ) {
        CounterApp()
    }
}
```

Listing 20.6 *UI-Applikation Counter (Empfängerobjekte sind in Kommentaren angegeben.)*

Abbildung 20.1 zeigt die generierte Oberfläche der Anwendung.

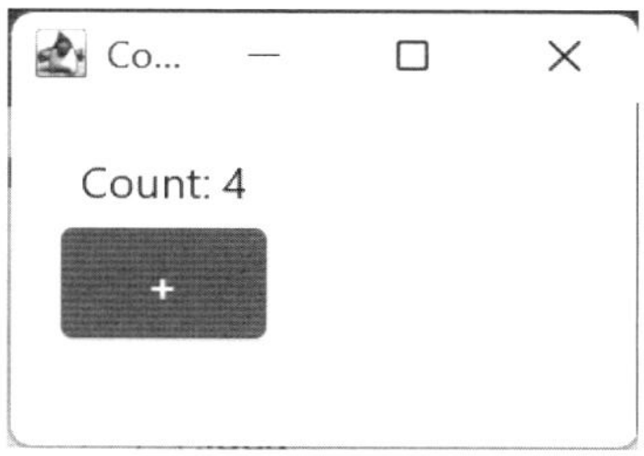

Abb. 20.1 *Fenster der Counter-Applikation*

Konverter zwischen Celsius und Fahrenheit

Jetpack Compose soll noch an einem etwas komplexeren Beispiel demonstriert werden. Die Anwendung erlaubt eine Umrechnung von Temperaturwerten in Celsius und Fahrenheit. Abbildung 20.2 zeigt die Oberfläche der Anwendung. Zwei Textfelder zeigen den Celsius- bzw. Fahrenheit-Wert an und erlauben auch die Eingabe neuer Werte. Mit den Buttons können die Werte erhöht bzw. verringert werden. Jede Änderung des einen Werts führt automatisch zu einem Nachziehen des anderen Werts. Es gibt auch Menüs. Im Menü `Edit` gibt es einen Eintrag `Reset`, mit dem der Celsius-Wert auf 0 gesetzt wird.

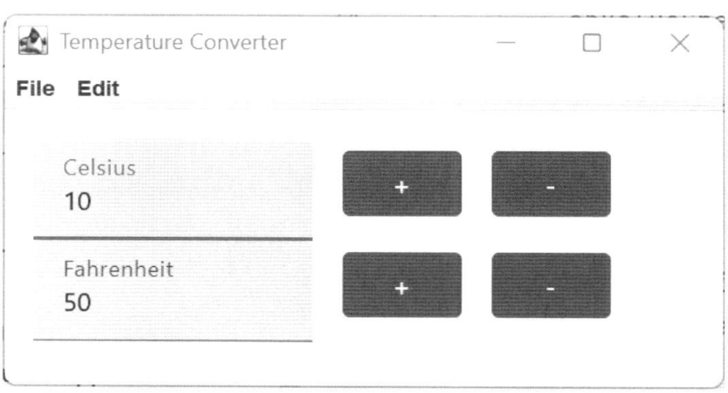

Abb. 20.2 *Konverter zwischen Celsius und Fahrenheit*

In den Codestücken in Listing 20.7 bis Listing 20.9 wird die Anwendung implementiert. Die Klasse `ConverterModel` in Listing 20.7 definiert das Datenmodell mit zwei beobachtbaren Werten für Celsius und Fahrenheit. Die Funktionen `updateCelsius` und `updateFahrenheit` setzen jeweils den Celsius- bzw. den Fahrenheit-Wert und passen den jeweils anderen Wert an.

```
class ConverterModel {
    var celsius : Int by mutableStateOf(0)
        private set
    var fahrenheit :Int by mutableStateOf(32)
        private set
    fun updateCelsius(newValue: Int) {
        this.celsius = newValue
        this.fahrenheit = (celsius * 9 / 5.0 + 32).roundToInt()
    }
    fun updateFahrenheit(newValue: Int) {
        this.fahrenheit = newValue
        this.celsius = ((fahrenheit - 32) * 5.0 / 9).roundToInt()
    }
}
```

Listing 20.7 *Model für eine Converter-Anwendung*

In Listing 20.8 sind die beiden Composable-Funktionen `ValueInput` und `ConverterUI` definiert:

- Die Funktion `ValueInput` erzeugt das Textfeld zur Anzeige und Eingabe eines Temperaturwerts und wird sowohl für den Celsius- als auch für den Fahrenheit-Wert verwendet. Die Funktion verwendet drei Parameter, um das `TextField`-Objekt zu konfigurieren: `label` für die Beschriftung, `value` für den aktuellen Wert und `onValueChange` ist die Funktion, die ausgeführt werden soll, wenn sich ein Wert ändert.
- Die Funktion `ConverterUI` baut nun die Oberfläche auf. Mit `Column` und `Row` wird das Layout konfiguriert. `ValueInput` wird für die beiden Textfelder verwendet. Betrachten wir den Aufruf von `ValueInput` für die Eingabe des Celsius-Werts: Der Wert wird durch Zugriff auf `model.celsius` des Modells ermittelt; im Lambda-Ausdruck wird der neue Wert mit `model.updateCelsius` gesetzt. Schließlich ändern Buttons bei `onClick`-Ereignissen mit Aufrufen von `model.updateCelsius` bzw. `model.updateFahrenheit` die Modellwerte.

```
@Composable
fun ValueInput(label: String, value: String,
               onValueChange: (String) -> Unit) {
    TextField(
        value = value,
        onValueChange = onValueChange,
        label = { Text(label) },
        modifier = Modifier.width(150.dp)
    )
}
```

```
@Composable
fun ConverterUI(model: ConverterModel) {
    Column(
           modifier = Modifier.padding(16.dp)
    ) {                        // this: ColumnScope
        Row(
            horizontalArrangement = Arrangement.spacedBy(16.dp)
        ) {                    // this: RowScope
            ValueInput("Celsius", "${model.celsius}") { newValue ->
                model.updateCelsius(newValue.toIntOrNull() ?: 0)
            }
            Button(
                onClick = {
                    model. updateCelsius(model. celsius celsius + 1)
                },
                content = { Text(text = "+")}
            )
            Button(
                onClick = { model. updateCelsius (model.celsius - 1) },
                content = { Text("-") }
            )
        }
        Spacer(modifier = Modifier.height(16.dp))
        Row(
             horizontalArrangement = Arrangement.spacedBy(16.dp)
          ) {                       // this: RowScope
            ValueInput("Fahrenheit", "${model.fahrenheit}") { newValue ->
                model.updateFahrenheit(newValue.toIntOrNull() ?: 0)
            }
            Button(
                onClick = {
                   model.updateFahrenheit(model.fahrenheit + 1)
                },
                content = { Text(text = "+")}
            )
            Button(
                onClick = {
                   model.updateFahrenheit(model.fahrenheit - 1)
                },
                content = { Text("-") }
            )
        }
    }
}
```

Listing 20.8 *Composable-Funktionen*

In der Main-Funktion in Listing 20.9 wird schließlich die Applikation aufgebaut und gestartet. Es wird auch noch ein hierarchisches Menü mit Aktionen zum Beenden der Applikation und zum Zurücksetzen des Celsius-Werts angefügt. Auch für den Aufbau der Menüs wird das Builder-Muster mit Lambda-Ausdrücken mit Empfänger verwendet.

```
fun main() = application {    // this: ApplicationScope
    val model = remember { ConverterModel() }
    Window(
        onCloseRequest = ::exitApplication,
        title = "Temperature Converter"
    ) {                               // this: FrameWindowScope
        MenuBar {                     // this: MenuBarScope
            Menu("File") {            // this: MenuScope
                Item("Exit", onClick = ::exitApplication)
            }
            Menu("Edit") {            // this: MenuScope
                Item("Reset", onClick = { model.updateCelsius(0) })
            }
        }
        ConverterUI(model)
    }
}
```

Listing 20.9 *Applikation für Konvertierung zwischen Celsius und Fahrenheit*

20.4 Ktor

Ktor [56] ist ein umfassendes Framework für die Entwicklung von Client/Server- und Web-Anwendungen in Kotlin. Es wurde von Jetbrains entwickelt und nutzt stark die Eigenschaften von Kotlin. So verwendet Ktor Koroutinen für die asynchrone, nicht-blockierende Verarbeitung. Ebenso werden Lambda-Ausdrücke mit Empfänger für eine intuitive und einfach zu benutzende Programmierschnittstelle eingesetzt. Ktor basiert im Wesentlichen auf den folgenden Konzepten:

- *Koroutinen:* Die Verarbeitung der Benutzeranfragen erfolgt durch Kotlin-Koroutinen. Dadurch ist es möglich, die Kommunikation zwischen Client und Server effizient zu gestalten, ohne Threads zu blockieren.
- *Lambda-Ausdrücke mit Empfänger:* Die DSL von Ktor setzt auf Lambda-Ausdrücke mit Empfänger, was eine intuitive und deklarative Konfiguration von Routing, Middleware und anderen Komponenten ermöglicht.
- *Plug-ins:* Ktor bietet eine modulare Architektur, die durch Plug-ins erweitert werden kann. Diese Plug-ins erlauben die einfache Integration von Zusatzfunktionen in Anwendungen, wie z. B. Netzwerkverbindungen, Serialisierung, Authentifizierung, Logging etc.

Ktor ist sehr umfangreich und bietet vor allem durch die vielen Plug-ins eine Vielzahl von Möglichkeiten. In diesem Abschnitt soll anhand eines Beispiels ein kurzer Einblick gegeben werden, um den prinzipiellen Aufbau der Programmierschnittstelle zu veranschaulichen.

In Listing 20.10 ist die Implementierung eines einfachen Echo-Servers gezeigt, der Nachrichten von einem Client empfängt und unmittelbar an diesen zurückschickt. Das Programm arbeitet dabei mit WebSockets. Die Server-Applikation wird mit einer Reihe von Ktor-Funktionen konfiguriert, wobei die meisten Lambda-Ausdrücke mit Empfänger verwenden. Diese Empfänger ermöglichen spezifische Funktionen für die weitere Konfiguration.

Mit `embeddedServer` wird ein WebSocket-Server auf Port 8080 gestartet, wobei der Server intern auf Netty [65] für die asynchrone Kommunikation aufbaut. Es folgt ein Lambda-Ausdruck mit einem `Application`-Objekt als Empfänger. Mit der Methode `install` von `Application` werden zwei Plug-ins installiert:

- Das erste Plug-in `ContentNegotiation` dient dem Datenaustausch zwischen Server und Client. Hier wird Gson [31] für die Datenserialisierung gewählt. Im folgenden Lambda-Ausdruck mit einem `ContentNegotiationConfig`-Objekt als Empfänger können Einstellungen vorgenommen werden. Mit der Einstellung `setPrettyPrinting()` wird eine gut lesbare Formatierung aktiviert.
- Das zweite Plug-in installiert das WebSockets-Feature. Wieder lassen sich Einstellungen über einen Lambda-Ausdruck mit Empfänger treffen. In diesem Fall wird die Zeit für ein Timeout konfiguriert.

Mit der Funktion `routing`, die ebenfalls eine Erweiterungsfunktion von `Application` ist, und der folgenden Anweisung `webSocket("/ws")` wird unter der Adresse `ws://` *<serverurl>*`:8080/ws` ein WebSocket-Endpunkt definiert. Hier ist der Empfänger im folgenden Lambda-Ausdruck ein `WebSocketSession`-Objekt, das entscheidende Funktionen für die Kommunikation mit dem Client bereitstellt, z. B. die Funktion `send`, um eine Nachricht an den Client zu senden. Die Kommunikation mit dem Client läuft dann folgendermaßen ab:

- Mit `send("CONNECTED")` wird nach dem Verbindungsaufbau eine erste Nachricht an den Client gesendet.
- Im folgenden `incoming.consumeEach` werden alle eingehenden Nachrichten vom Client verarbeitet. Falls die Nachricht mit `'END'` beginnt, sendet der Server eine Beendigungsnachricht (`Goodbye!`) und schließt die Verbindung. Andernfalls sendet er die empfangene Nachricht mit einem Präfix `"Echo: "` an den Client zurück.

```
import io.ktor.serialization.gson.*
import io.ktor.server.application.*
import io.ktor.server.engine.*
import io.ktor.server.netty.*
import io.ktor.server.plugins.contentnegotiation.*
import io.ktor.server.routing.*
import io.ktor.server.websocket.*
import io.ktor.websocket.*
import kotlinx.coroutines.channels.consumeEach
import kotlin.time.Duration.Companion.seconds
```

```
fun main() {
    embeddedServer(Netty, port = 8080) {  // this: Application
        install(ContentNegotiation) {  // this: ContentNegotiationConfig
            gson { setPrettyPrinting() }
        }
        install(WebSockets) {  // this: WebSocket.WebSocketOptions
            timeout = 30.seconds
        }

        routing {  // this: Routing
            webSocket("/ws") {   // this: DefaultWebSocketServerSession
                send("CONNECTED")
                incoming.consumeEach { frame: Frame ->
                    if (frame is Frame.Text) {
                        val receivedText = frame.readText()
                        println("Received: $receivedText")

                        if (receivedText.startsWith("END")) {
                            send("Goodbye!")
                            close(CloseReason(CloseReason.Codes.NORMAL,
                                              "Client requested to end"))
                        } else {
                            send("Echo: $receivedText")
                        }
                    }
                }
            }
        }
    }.start(wait = true)
}
```

Listing 20.10 *Echo-Server*

Listing 20.11 zeigt das dazugehörige Client-Programm. Der Client wird mit `HttpClient` erzeugt. Mit `install(WebSockets)` wird das WebSocket-Plug-in installiert. Die Einstellung `CIO` steht dabei für *Coroutines-based I/O*, also für eine asynchrone, nicht-blockierende Kommunikation auf Basis von Koroutinen. Um Koroutinen zu ermöglichen, wird der Client-Code innerhalb eines `runBlocking`-Blocks ausgeführt.

Mit `client.webSocket(host = "localhost", port = 8080, path = "/ws")` wird eine WebSocket-Verbindung zum Server hergestellt. Es wird ein Lambda-Ausdruck mit einem `WebSocketSession`-Objekt als Empfänger verwendet, um die Kommunikation abzuwickeln:

- Mit `incoming.receive` wird die erste Nachricht vom Server empfangen.
- Anschließend werden Zeilen von der Konsole eingelesen und mit `send` an den Server geschickt.
- Die Antwort wird mit `incoming.receive` vom Server empfangen und ausgegeben.

- Mit der Eingabe von "END" schließt der Client die Verbindung und beendet das Programm.

```
import io.ktor.client.*
import io.ktor.client.engine.cio.*
import io.ktor.client.plugins.websocket.*
import io.ktor.websocket.*
import kotlinx.coroutines.runBlocking
import java.util.*

fun main() = runBlocking {
    val client = HttpClient(CIO) {
        install(WebSockets)
    }

    client.webSocket(host = "localhost", port = 8080, path = "/ws") {
        val firstMessage = incoming.receive() as? Frame.Text
        println("Server: ${firstMessage?.readText()}")
        val scanner = Scanner(System.`in`)
        while (true) {
            print("Enter message: ")
            val message = scanner.nextLine()
            send(Frame.Text(message))
            val response = incoming.receive() as? Frame.Text
            println("Server: ${response?.readText()}")
            if (message.startsWith("END")) {
                println("Closing connection...")
                break
            }
        }
    }
    client.close()
}
```

Listing 20.11 *Echo-Client*

20.5 Zusammenfassung

Das Kapitel hat die Gestaltung von Systemen und Frameworks mit Kotlin behandelt und gezeigt, wie die besonderen Sprachfeatures von Kotlin genutzt werden. Es stellte die grundlegenden Ideen zur Gestaltung der Systeme Kotlin-Koroutinen, Flows, Jetpack Compose und Ktor vor:

- Koroutinen ermöglichen eine effiziente und nicht-blockierende Programmierung durch kooperatives Multitasking.
- Flows sind eine Implementierung reaktiver Streams, die wir auch in Kapitel 12 anhand des Systems RxJava beschrieben haben. Sie bauen auf Koroutinen auf.

- Jetpack Compose ist ein modernes UI-Framework, das eine deklarative Beschreibung der Benutzeroberfläche nutzt und ein automatisiertes Zustandsmanagement durchführt.
- Ktor ist ein umfangreiches Framework für Client-/Server- und Web-Anwendungen, das auf den Kotlin-Koroutinen aufbaut und stark mit Lambda-Ausdrücken mit Empfänger arbeitet.

Mit diesen Kurzeinführungen in unterschiedliche Systeme und Frameworks wurde zum Abschluss gezeigt, wie die spezifischen Sprachelemente von Kotlin – wie Property-Delegates, Erweiterungsfunktionen, Lambda-Ausdrücke, Trailing Lambdas und insbesondere Lambda-Ausdrücke mit Empfänger – die Gestaltung intuitiver und flexibler Schnittstellen unterstützen.

A Bibliografie

[1] Abelson, Harold, Gerald J. Sussman und Julie Sussman. *Structure and interpretation of computer programs.* MIT Press, Cambridge, Mass., 1985.

[2] *Aigner, Sebastian, Roman Elizarov, Setlana Isakova und Dimitry Jemerov. Kotlin in Action, 2nd Edition, Manning, 2024.*

[3] Allen, Christopher und Julie Moronuki. *Haskell Programming from first principles.* ebook, Early Access, 2015. *https://www.goodreads.com/en/book/show/ 25587599-haskell-programming-from-first-principles.*

[4] Applicative. *Haskell Typklasse Applicative.* Haskell Dokumentation, *http://hackage.haskell.org/package/base-4.12.0.0/docs/Control-Applicative.html.*

[5] Arrow. *Dokumentation der Typklasse Arrow von Haskell. https://hackage.haskell.org/package/base-4.12.0.0/docs/Control-Arrow.html.*

[6] AssertJ. *AssertJ Github Repository. https://joel-costigliola.github.io/assertj.*

[7] Backus, John et al. Revised report on the algorithm language ALGOL 60. *Communications of the ACM,* Vol. 6, No. 1, 1963.

[8] Backus, John et al. The FORTRAN Automatic Coding System. *Western Joint Computer Conference*, February 1957.

[9] Backus, John. Can programming be liberated from the von Neumann style?: A functional style and its algebra of programs. Communications of the ACM, Aug. 1978.

[10] Bevilcqua-Linn, Michael. *Functional Programming Patterns in Scala and Clojure.* The Pragmatic Programmers, LLC., 2013.

[11] Brandenburg, Martin. *Einführung in die Kategorientheorie.* Springer Spektrum, Springer-Verlag, Berlin, Heidelberg, 2017.

[12] Bungartz, Hans-Joachim, Stefan Zimmer, Martin Buchholz und Dirk Pflüger. *Modellbildung und Simulation: Eine anwendungsorientierte Einführung.* Springer Spektrum, Springer Verlag, Berlin, Heidelberg, 2009.

[13] Burstall, Rod M., David B. MacQueen und Donald T. Sannella. Hope: An experimental applicative language. *1980 ACM Conference on LISP and Functional Programming*, 1980.

[14] Cardelli, Luca und Peter Wegner. On understanding types, data abstraction, and polymorphism. *ACM Computing Surveys*, Vol. 17, No. 4, 1985.

[15] Chelimsky, David, Dave Astels, Zach Dennis, Aslak Hellesøy, Bryan Helmkamp, Dan North: The RSpec Book. Behaviour-Driven Development with RSpec, Cucumber, and Friends. Pragmatic, Lewisville TX 2010.

[16] Chiusano, Paul und Rúnar Bjarnason. *Functional Programming in Scala*. Manning Publications, Shelter Island, New York, 2015.

[17] Christensen, Ben und Tomasz Nurkiewicz. *Reactive Programming with RxJava*. O'Reilly Media, Inc., Newton, Massachusetts, 2016.

[18] Christensen, Ben. *Optimizing the Netflix API*. Netflix Technology Blog, 2013, *https://medium.com/netflix-techblog/optimizing-the-netflix-api-5c9ac715cf19*.

[19] Church, Alonzo. An Unsolvable Problem of Elementary Number Theory. American Journal of Mathematics, Vol. 58, No. 2., 1936.

[20] Claessen, Koen und John Hughes. QuickCheck: a lightweight tool for random testing of Haskell programs. *ACM Sigplan Notices*, Vol. 46, No. 4, 2000.

[21] Claessen, Koen und John Hughes. Testing Monadic Code with QuickCheck. *ACM SIGPLAN Notices*, Vol. 37, No. 12, 2002.

[22] Claessen, Koen, Colin Runciman, Olaf Chitil, John Hughes und Malcolm Wallace. Testing and Tracing Lazy Functional Programs Using QuickCheck and Hat. In: Jeuring J., Jones S.L.P. (eds) *Advanced Functional Programming*. AFP 2002. Lecture Notes in Computer Science, vol 2638. Springer-Verlag, Berlin, Heidelberg, 2003. gust 19–24, 2002.

[23] Emir, Burak, Martin Odersky und John Williams. Matching Objects with Patterns. In: Ernst E. (eds) *ECOOP 2007 – Object-Oriented Programming*. ECOOP 2007. Lecture Notes in Computer Science, vol 4609. Springer-Verlag, Berlin, Heidelberg, 2007.

[24] Emir, Burak. *Object-oriented Pattern Matching*. Doctoral thesis, Ecole Polytechnique Federale de Lausanne, Switzerland, 2007.

[25] Foldable. *Haskell Typklasse Foldable*. Haskell Dokumentation, *http://hackage.haskell.org/package/base-4.12.0.0/docs/Data-Foldable.html*.

[26] Fowler, Martin. *Domain-Specific Languages*. Addison-Wesley, Boston, MA, 2010.

[27] Gamma, Erich, Richard Helm, Ralph E. Johnson. *Design Patterns: Elements of Reusable Object-Oriented Software*. Addison-Wesley, Boston, MA, 1995.

[28] *Gericke, H., Theorie der Verbände. 2. Auflage. Mannheim 1967.*

[29] *Google. Jetpack Compose documentation. https://developer.android.com/jetpack/compose.*

[30] Gosling, James, Bill Joy, Guy Steele, Gilad Bracha, Alex Buckley und Daniel Smith. *The Java Language Specification*. Oracle America, Inc., 2017.

[31] Gson. *Gson – Java library for JSON serialization. https://google.github.io/gson.*

[32] Hindley, Richard. *Transactions of the American Mathematical Society*, Vol. 146, Dec. 1969.

[33] Hinojosa, Daniel. *Testing in Scala, Scala Tools for Behavior-Driven Development.* O'Reilly Media, Inc., Newton, Massachusetts, 2013.

[34] Hinze, Ralf und Ross Paterson. Finger Trees: A Simple General-purpose Data Structure. *Journal of Functional Programming*, Vol. 16, No. 2, 2006.

[35] Hudak, Paul et al. *Report on the Programming Language Haskell – Version 1.0.* April 1990.

[36] Hudak, Paul, John Hughes, Simon L. Peyton-Jones und Philip Wadler. A history of Haskell: being lazy with class. *HOPL III: Proceedings of the third ACM SIGPLAN conference on History of programming languages*, June 2007.

[37] Hughes, John. Why Functional Programming Matters. The Computer Journal, Vol. 32, No. 2, 1989.

[38] Hughes, John. Lazy memo-functions. In: Jouannaud JP. (eds) *Functional Programming Languages and Computer Architecture.* FPCA 1985. Lecture Notes in Computer Science, Vol 201. Springer-Verlag, Berlin, Heidelberg, 1985.

[39] Hughes, John. Pretty-printing: An exercise in functional programming. In: Bird R.S., Morgan C.C., Woodcock J.C.P. (eds) *Mathematics of Program Construction.* MPC 1992. Lecture Notes in Computer Science, vol 669. Springer-Verlag, Berlin, Heidelberg, 1993.

[40] Hughes, John. Generalising monads to arrows. *Science of Computer Programming*, Vol. 37, No. 1, 2000.

[41] Hughes, John. QuickCheck Testing for Fun and Profit. In: Hanus M. (eds) *Practical Aspects of Declarative Languages.* PADL 2007. Lecture Notes in Computer Science, vol 4354. Springer-Verlag, Berlin, Heidelberg, 2006.

[42] Hutton, Graham. Higher-order functions for parsing. *Journal of Functional Programming*, Vol. 2, No. 3, 1992.

[43] Igarashi, Atsushi und Mirko Viroli. On Variance-Based Subtyping for Parametric Types. In: B. Magnusson (Ed.): *ECOOP 2002*, Lecture Notes in Computer Science 2374, Springer-Verlag, Berlin, Heidelberg, 2002.

[44] JEP draft. *JEP draft for pattern matching for switch* (Preview). *https://openjdk.java.net/jeps/8213076.*

[45] *JetBrains. Kotlin Multiplatform. https://kotlinlang.org/docs/multiplatform.html.*

[46] *JetBrains. Jetpack Compose for Desktop Documentation. https://www.jetbrains.com/compose.*

[47] JMH. JMH – Java Microbenchmark harness. Oracle Open JDK, *https://openjdk.java.net/projects/code-tools/jmh.*

[48] JParsec. *JParsec Parser Combinator Library.* Github Repository, *https://github.com/jparsec/jparsec.*

[49] JUnit 5. *JUnit 5 Homepage. https://junit.org/junit5.*

[50] Kamphausen, Stefan und Tim-Oliver Kaiser. *Closure.* dpunkt.verlag, Heidelberg, 2010.

[51] Karpfinger, Christian und Kurt Meyberg. *Algebra: Gruppen – Ringe – Körper.* Springer Spektrum, Springer-Verlag, Berlin, Heidelberg, 2017.

[52] Kieburtz, Richard B. The G-machine: A fast, graph-reduction evaluator. *Functional Programming Languages and Computer Architecture.* in: Lecture Notes in Computer Science, Vol. 201. Springer-Verlag, Berlin, Heidelberg 1985.

[53] Kotlin. *Homepage zur Programmiersprache Kotlin. https://kotlinlang.org.*

[54] *Kotlin docs. Kotlin Documentation. https://kotlinlang.org/docs/home.html.*

[55] Kotest. *Kotest test and assertion library. https://kotest.io.*

[56] Ktor. *Ktor 3.1 Documentation. https://ktor.io/docs.*

[57] Landin, Peter J. The Mechanical Evaluation of Expressions. *The Computer Journal*, Vol. 6, No. 4, 1964.

[58] Liskov, Barbara H. und Jeannette M. Wing. Behavioural Subtyping Using Invariants and Constraints. in: *Formal Methods for Distributed Processing.* Cambridge University Press, New York, NY, USA, 2001.

[59] McBride, Conor und Ross Paterson. Applicative Programming with Effects. *Journal of Functional Programming*, Vol. 18, No. 1, 2008.

[60] McCarthy, John, R. Brayton, D. Edwards, P. Fox, L. Hodes, D. Luckham, K. Maling, D. Park, D. und S. Russell, *LISP I Programmers Manual.* Massachusetts Institute of Technology, Boston, Massachusetts, 1960.

[61] Meijer, Erik. *Principles of Reactive Programming.* Coursera Course. *https://www.youtube.com/watch?v=kZpLmcgq82k.*

[62] Milner, Robin. A theory of type polymorphism in programming. *Journal of Computer and System Sciences*, Vol. 17, No. 3, 1978.

[63] Mössenböck, Hanspeter. *Sprechen Sie Java?.* dpunkt.verlag, Heidelberg, 2014.

[64] Naftalin, Maurice: *Mastering Lambdas: Java Programming in a Multicore World.* Oracle Press, 2015.

[65] Netty. Netty – NIO client server framework. *https://netty.io*

[66] Nilsson, Rickard. *ScalaCheck – The Definite Guide.* Artima Press, Walnut Creek, California, 2013.

[67] Odersky, Martin, Lex Spoon und Bill Venners. *Programming in Scala.* Artima Press, 2016.

[68] Odersky, Martin, Philip Wadler, Gilad Bracha und David Stoutamire. Making the Future Safe for the Past: Adding Genericity to the Java Programming Language. *ACM SIGPLAN Notices*, Vol. 33, No. 10, 1998.

[69] Odersky, Martin, Philippe Altherr, Vincent Cremet, Iulian Dragos, Gilles Dubochet, Burak Emir, Sean McDirmid, Stéphane Micheloud, Nikolay Mihaylov, Michel Schinz, Erik Stenman, Lex Spoon und Matthias Zenger. *An Overview of the Scala Programming Language*. Technical Report LAMP-Report-2006-001, EPFL, Lausanne, Switzerland, 2016, *https://www.scala-lang.org/docu/files/ScalaOverview.pdf*.

[70] Okasaki, Chris. *Purely Functional Data Structures*. Cambridge University Press, New York, NY, USA, 1998.

[71] Paraskevopoulou, Zoe, Cătălin Hriţcu, Maxime Dénès, Leonidas Lampropoulos und Benjamin C. Pierce. Foundational Property-Based Testing. In: Urban C., Zhang X. (eds) *Interactive Theorem Proving*. ITP 2015. Lecture Notes in Computer Science, vol 9236. Springer-Verlag, Berlin, Heidelberg, 2015.

[72] Parsec. *Haskell Parsec Parser Combinator Library. http://hackage.haskell.org/package/parsec.*

[73] Pepper, Peter und Petra Hofstedt. *Funktionale Programmierung*. Springer-Verlag, Berlin, Heidelberg, 2006.

[74] Peyton-Jones, Simon L. *The Implementation of Functional Programming Languages*. Prentice-Hall Inc., Englewood Cliffs, New Jersey, 1987.

[75] Pierce, Benjamin C. *Basic Category Theory for Computer Scientists*. The MIT Press, Cambridge, MA, 1991.

[76] Pierce, Benjamin c., *Types and Programming Languages. MIT Press, 2002.*

[77] Plotkin, Gordon D. Call-by-name, call-by-value and the λ-calculus. *Theoretical Computer Science*, Vol. 1, No. 2, 1975.

[78] *Prokopec, A., G. Duboscq, D. Leopoldseder, T. Würthinger. An Optimization-Driven Incremental Inline Substitution Algorithm for Just-In-Time Compilers. Intl. Symp. on Code Generation and Optimization (CGO'19), February 16–20, 2019, Washington DC, USA, pp.164–179.*

[79] QuickCheck Wikipedia. *QuickCheck-Wikipedia-Seite. https://en.wikipedia.org/wiki/QuickCheck.*

[80] QuickCheck. *QuickCheck Haskell Package. http://hackage.haskell.org/package/QuickCheck.*

[81] Reactive Manifesto. *The reactive Manifesto*. 2014. *https://www.reactivemanifesto.org.*

[82] Reactive Streams. *Spezifikation von Reactive Streams. https://www.reactive-streams.org.*

[83] ReactiveX. *ReactiveX Homepage. http://reactivex.io.*

[84] RxAndroid. *RxAndroid Github Repository. https://github.com/ReactiveX/RxAndroid.*

[85] RxJava JDBC. *RxJava JDBC Github Repository. https://github.com/davidmoten/rxjava-jdbc.*

[86] RxJava. *RxJava Github Repository. https://github.com/ReactiveX/RxJava.*

[87] RxJavaFX. *RxJavaFX Github Repository. https://github.com/ReactiveX/RxJavaFX.*

[88] RxNetty. *RxNetty Github Repository. https://github.com/ReactiveX/RxNetty.*

[89] Scala. *Homepage zur Programmiersprache Scala. https://www.scala-lang.org.*

[90] *Scala Collections. https://docs.scala-lang.org/overviews/collections-2.13/introduction.html.*

[91] Scala Parser. *Scala Standard Parser Combinator Library.* Github Repository. *https://github.com/scala/scala-parser-combinators.*

[92] Sedgewick, Robert und Kevin Wayne. *Algorithms, 4th Edition.* Addison-Wesley, 2011.

[93] Spek. *Spek Framework. https://www.spekframework.org.*

[94] Steele, Guy L. *Common Lisp the Language, 2nd Edition.* Digital Press, Woburn, Massachusetts, 1990.

[95] Strachey, Christoper. Fundamental Concepts in Programming Languages. *Higher-Order and Symbolic Computation*, Vol. 13, No. 4, 2000.

[96] Sussman, Gerald J. und Guy L. Steele. *Scheme: A Interpreter for Extended Lambda Calculus.* Massachusetts Institute of Technology, Boston, Massachusetts, 1975.

[97] Thompson, Simon. Haskell: *The Craft of Functional Programming* (3rd Edition). Addison-Wesley Professional, 2012.

[98] Turner, David A. A new implementation technique for applicative languages. *Software Practice and Experience*, Vol. 9, No. 1, 1979.

[99] Turner, David A. The semantic elegance of applicative languages. *1981 conference on functional programming languages and computer architecture*, October 1981.

[100] Turner, David A. An Overview of Miranda. *ACM SIGPLAN Notices*, Vol. 21, No. 12, 1986.

[101] Vavr. Vavr-io *Github Repository. https://github.com/vavr-io.*

[102] Vermeulen, Marco, Runar Bjarnason und Paul Chiusano. *Functional Programming in Kotlin*, Manning, 2020.

[103] Vert.x, *Vert.x API for RxJava2. https://vertx.io/docs/vertx-rx/java2.*

[104] Voelter, Martin. *DSL engineering.* CreateSpace Independent Publishing Platform, Scotts Valley, California, 2013.

[105] Wadler, Philip. Comprehending monads. *1990 ACM conference on LISP and functional programming*, 1990.

[106] Wadler, Philip. The essence of functional programming. 19th *ACM SIGPLAN-SIGACT symposium on Principles of programming languages – POPL* '92, 1992.

[107] Wellenreuther, Günter und Dieter Zastrow. *Automatisieren mit SPS.* Vieweg+Teubner Verlag, Wiesbaden, 2005.

B Laufzeitexperimente Parallele Streams

B.1 Experimentelle Anordnungen

Die Experimente analysieren die Effekte unterschiedlicher Einflussfaktoren auf die Laufzeit bei einer parallelen Ausführung mit parallelen Streams:

- Größe der Datenquelle
- Art der Datenquelle
- Zwischenoperationen
- Terminaloperationen
- Boxing
- Collectors mit Map und ConcurrentMap

Die Experimente wurden auf einem PC mit einem Intel Core i7-13550U 1,7 GHz, 10 Cores und 32 GB Speicher durchgeführt. Zum Aufbau der Experimente wurde das Java Microbenchmark Harness (JHM) [47] eingesetzt, das Teil des Open JDK ist. Die Experimente wurden mit dem Java-System Version 17 durchgeführt. Die Experimente sind so gestaltet, dass sie die wesentlichen Effekte zeigen.

Bei den Laufzeitmessungen mit JMH wurde der Durchsatz als Operationen pro Sekunde ermittelt. Die folgenden Darstellungen vergleichen daher den erzielten mittleren Durchsatz bzw. in Experiment 1 und 5 den durch die Parallelisierung erzielten Speedup gegenüber einer sequenziellen Ausführung. Damit sind immer die größeren Werte besser.

Die Experimente wurden jeweils mit Datenquellen mit 1.000, 10.000 und 100.000 bzw. 1.000.000 Elementen durchgeführt.

B.2 Experimente

Experiment 1: Größe der Datenquelle

Das Experiment zeigt den Einfluss der Größe der Datenquelle. Es wurden aus `int`-Arrays IntStreams erzeugt und über diese die Summe gebildet:

```
Arrays.stream(intArr).reduce((x, y) -> x + y);
```

Abbildung B.1 zeigt den durch die parallele Ausführung erzielbaren Speedup im Vergleich zu einer sequenziellen Ausführung (Wert 1,0). Tatsächlich ergibt sich erst bei einer Größe von 1 Million Elementen eine Laufzeitverbesserung durch die parallele Ausführung. Bei nur 1.000 Elementen ergibt sich eine um den Faktor 50 und bei 10.000 Elementen noch eine um den Faktor 5 schlechtere Laufzeit.

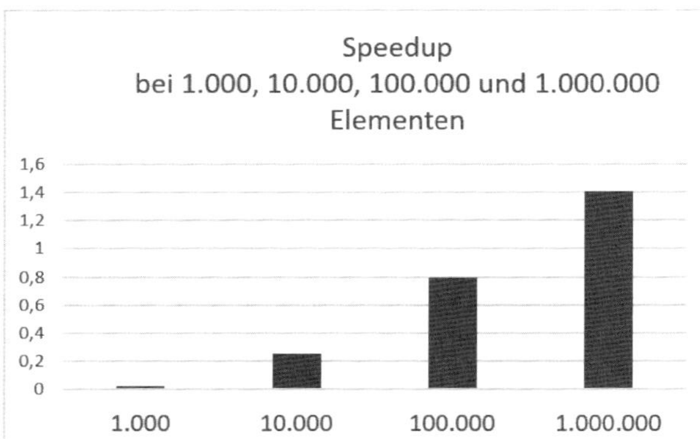

Abb. B.1 *Experiment 1: Vergleich des erzielbaren Speedups durch parallele Ausführung bei Datenquellen mit 1.000, 10.000, 100.000 und 1.000.000 Elementen*

Experiment 2: Art der Datenquelle

Dieses Experiment vergleicht den Einfluss der Art der Datenquelle. Es wurden im Experiment Arrays, ArrayLists und LinkedLists mit Integer-Werten als Datenquellen verglichen. Als Operation wird eine Summenbildung verwendet:

```
integerArr.parallelStream(intArr).reduce((x, y) -> x + y);
integerArrayList.parallelStream(intArr).reduce((x, y) -> x + y);
integerLinkedList.parallelStream(intArr).reduce((x, y) -> x + y);
```

Man sieht, dass Integer-Arrays und ArrayList annähernd gleiche Laufzeit zeigen, LinkedList wesentlich abfällt.

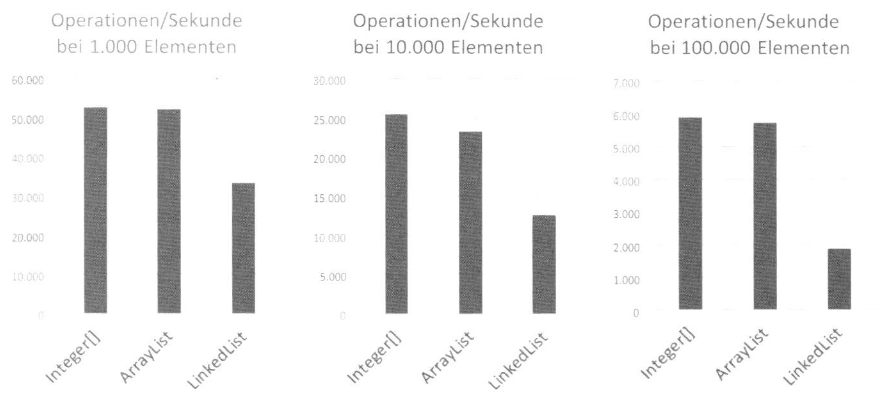

Abb. B.2 *Experiment 2: Vergleich des erzielbaren Durchsatzes (Operationen/Sekunde) mit Integer-Array, ArrayList und LinkedList als Datenquelle bei 1.000, 10.000 und 100.000 Elementen*

Experiment 3: Unterschiedliche Collections

Dieses Experiment vergleicht vier verschiedene Collections als Datenquelle: ArrayList, LinkedList, HashSet und TreeSet.

Die Experimente zeigen, dass ArrayList besser als andere Collections ist. Mit zunehmender Größe der Collection verstärkt sich der Effekt deutlich.

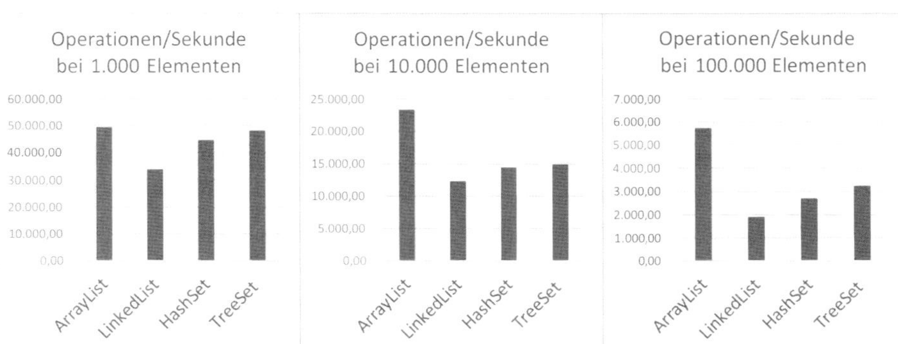

Abb. B.3 *Experiment 3: Vergleich des erzielbaren Durchsatzes (Operationen/Sekunde) mit ArrayList, LinkedList, HashSet und TreeSet als Datenquelle bei 1.000, 10.000 und 100.000 Elementen*

Experiment 4: range versus iterate

Das Experiment zeigt die Unterschiede bei durch `iterate` und durch `range` erzeugten Streams. Des Weiteren wird auch ein Vergleich mit Arrays durchgeführt.

Die Ergebnisse zeigen, dass durch `range` erzeugte Streams praktisch gleiche Laufzeit wie von Arrays erzeugte Streams zeigen. Die durch `iterate` erzeugten Streams fallen extrem ab. Der Grund ist, dass `iterate` eine inhärent sequenzielle Operation ist und daher schwer parallelisiert werden kann.

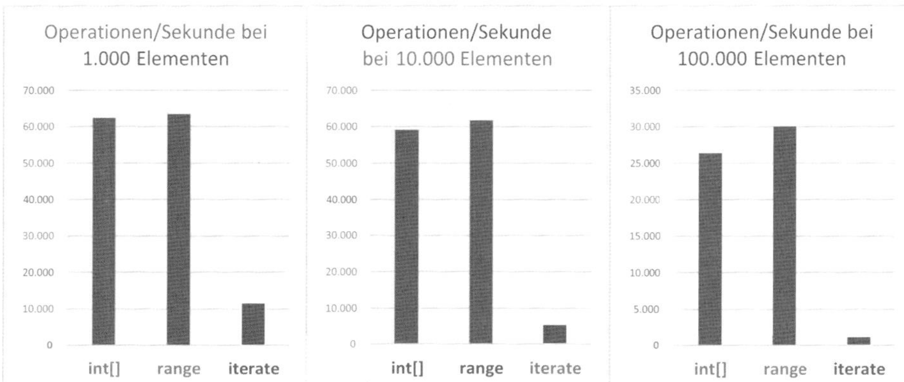

Abb. B.4 *Experiment 4: Vergleich des erzielbaren Durchsatzes (Operationen/Sekunde) mit int[], range und iterate als Datenquelle bei 1.000, 10.000 und 100.000 Elementen*

Experiment 5: Verarbeitung der Elemente

In diesem Experiment wird der Effekt der Verarbeitung einzelner Elemente analysiert. Dazu wird eine Zwischenoperation `map` mit einer Funktion `sum(x, n)` eingefügt, mit der man den Aufwand steuern kann:

```
Arrays.stream(intArr)
      .map(x -> sum(x, n))
      .reduce((x, y) -> x + y);
```

Die Funktion `sum(x, n)` enthält eine For-Schleife, die `n`-mal durchlaufen wird und darin eine Modulo-Operation, Abfrage und Summenbildung und Zuweisung enthält. Mit dem Faktor `n` wird somit der Aufwand gesteuert. Als Datenquelle dienen `int`-Arrays.

```
private static final int sum(int x, int n) {
  for (int i = 0; i < n; i++) {
    if (x % 2 == 0) x = x + i; else x = x - i;
  }
  return x;
}
```

Im Folgenden ist der Speedup im Vergleich zur sequenziellen Ausführung (Wert 1,0) gezeigt. Man sieht, dass bei aufwendigen Operationen der Speedup generell hoch ist und auch bei kleiner Datenmenge eine Laufzeitsteigerung durch die parallele Ausführung erzielt werden kann.

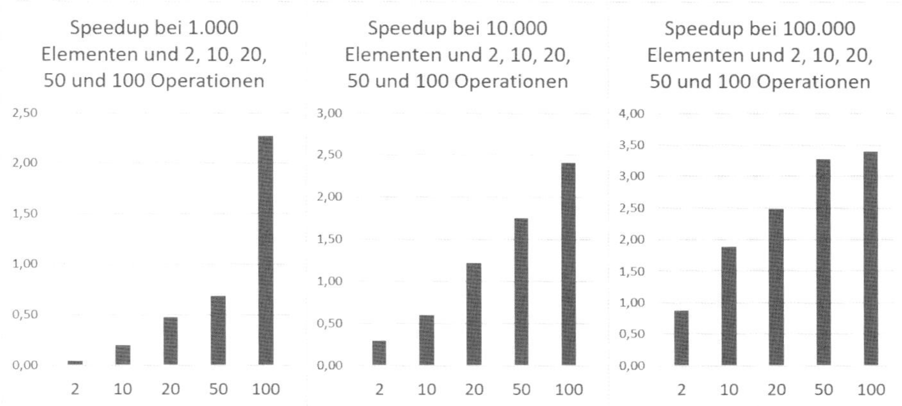

Abb. B.5 *Experiment 5: Vergleich des erzielbaren Speedups bei 2, 10, 20, 50 und 100 Schleifendurchläufen und bei 1.000, 10.000 und 100.000 Elementen*

Experiment 6: Collect-Operationen

Im folgenden Experiment wird der Effekt der Collection bei `collect` analysiert. Es werden Collections vom Typ `ArrayList`, `LinkedList`, `HashSet` und `TreeSet` verwendet:

```
collection.parallelStream()
    .collect(Collectors.toCollection(ArrayList<Integer>::new));
collection.parallelStream()
    .collect(Collectors.toCollection(LinkedList<Integer>::new));
collection.parallelStream()
    .collect(Collectors.toCollection(HashSet<Integer>::new));
collection.parallelStream()
    .collect(Collectors.toCollection(TreeSet<Integer>::new));
```

Der Vergleich zeigt, dass die beste Laufzeit durch `ArrayList` erzielt wird. `LinkedList`, `HashSet` und `TreeSet` folgen und `TreeSet` fällt noch wesentlich stärker ab.

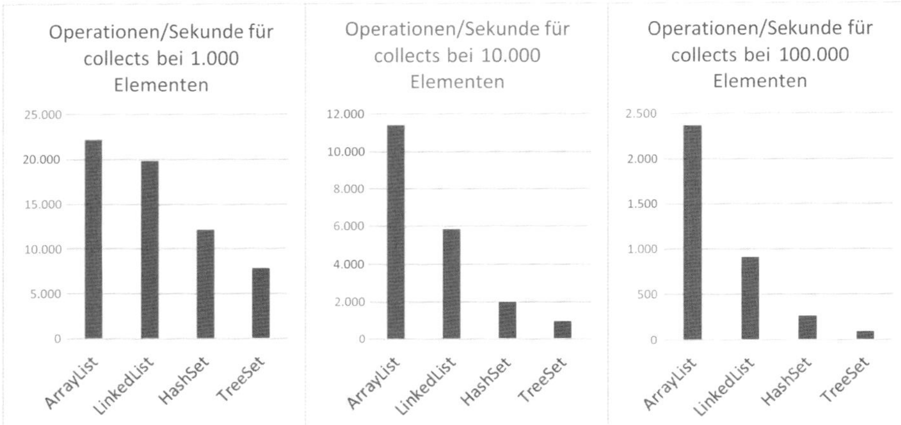

Abb. B.6 *Experiment 6: Vergleich des erzielbaren Durchsatzes (Operationen/Sekunde) bei collect-Operationen mit ArrayList, LinkedList, HashSet und TreeSet bei 1.000, 10.000 und 100.000 Elementen*

Experiment 7: findFirst versus findAny

Bei der Suche nach einem gefilterten Element kann man `findFirst` und `findAny` einsetzen, wobei `findFirst` immer das erste Element liefert, `findAny` irgendeines. `findAny` zeigt im Vergleich zu `findFirst` eine wesentlich bessere Laufzeit bei paralleler Ausführung.

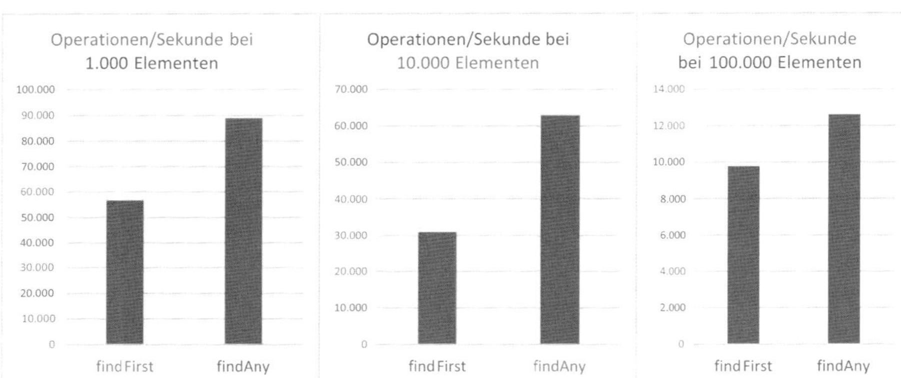

Abb. B.7 *Experiment 7: Vergleich des erzielbaren Durchsatzes (Operationen/Sekunde) bei findFirst und findAny bei 1.000, 10.000 und 100.000 Elementen*

Experiment 8: Effekt von distinct

Das Experiment zeigt den Effekt der zustandsbehafteten Operation `distinct`. Folgende Anweisungen mit und ohne `distinct` wurden verglichen:

```
coll.parallelStream()
    .filter(x -> x < 0)
    .reduce((x, y) -> x + y);
coll.parallelStream()
    .filter(x -> x < 0)
    .distinct()
    .reduce((x, y) -> x + y);
```

Das Experiment zeigt, dass die parallele Verarbeitung mit `distinct` wesentlich langsamer ist.

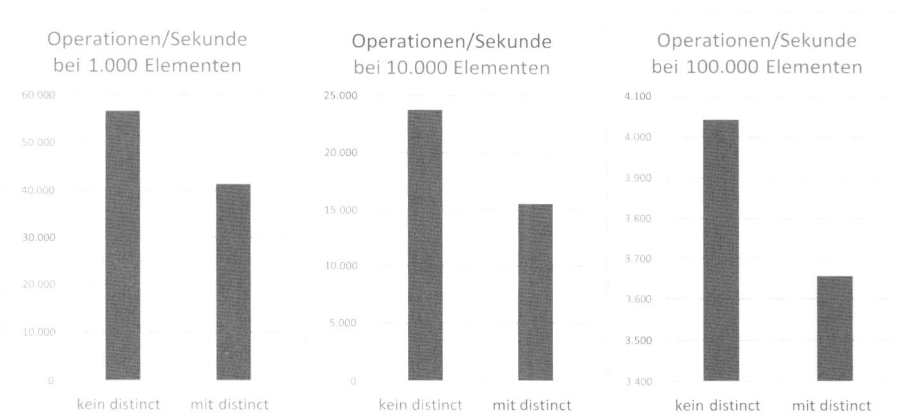

Abb. B.8 *Experiment 8: Vergleich des erzielbaren Durchsatzes (Operationen/Sekunde) bei einer parallelen Ausführung mit und ohne distinct bei 1.000, 10.000 und 100.000 Elementen*

Experiment 9: Effekt von sorted

Das Experiment zeigt den Effekt der zustandsbehafteten Methode `sorted`. Folgende zwei Anweisungen mit und ohne `sorted` wurden verglichen:

```
coll.pallelStream()
    .filter(x -> x < 0)
    .reduce((x, y) -> x + y);
coll.parallelStream()
    .filter(x -> x < 0)
    .sorted()
    .reduce((x, y) -> x + y);
```

Wie beim Experiment mit `distinct` steigt mit Einfügen der Operation `sorted` die Laufzeit signifikant.

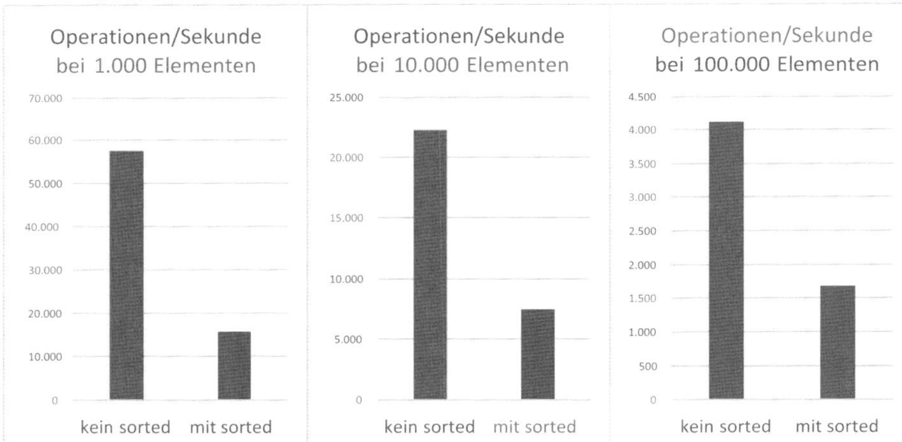

Abb. B.9 *Experiment 9: Vergleich des erzielbaren Durchsatzes (Operationen/Sekunde) bei einer parallelen Ausführung mit und ohne sorted bei 1.000, 10.000 und 100.000 Elementen*

Experiment 10: Effekt von Boxing

Das Experiment vergleicht die Verarbeitung eines Streams mit Basisdatentypen und eines Streams mit geboxten Werten. Es wird eine Operation `reduce` auf ein `IntStream` und ein `Stream<Integer>` ausgeführt:

```
int[] intArray = ...
OptionalInt ox = Arrays.stream(intArray)
                       .parallel()
                       .reduce((x, y) -> x + y);

Integer[] integerArray = ...
Optional<Integer> ox = Arrays.stream(integerArray)
                             .parallel()
                             .reduce((x, y) -> x + y);
```

Das Experiment zeigt, dass die parallele Ausführung bei `IntStream` signifikant schneller als bei `Stream<Integer>` ist.

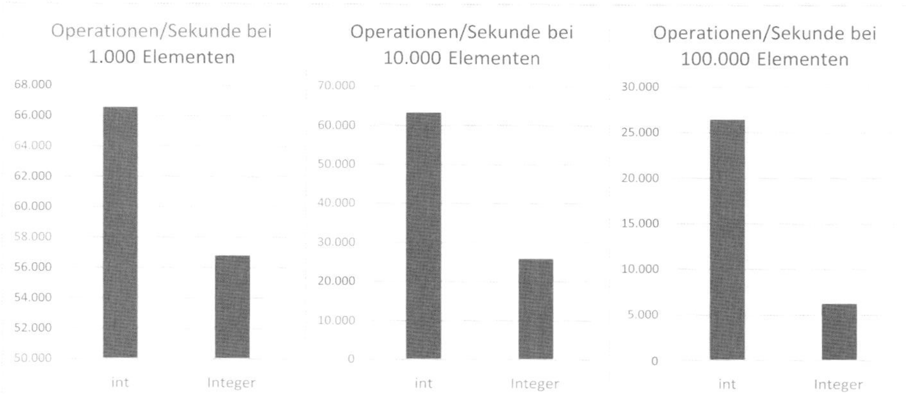

Abb. B.10 *Experiment 10: Vergleich des erzielbaren Durchsatzes (Operationen/Sekunde) bei einer parallelen Ausführung mit IntStreams und Stream<Integer> bei 1.000, 10.000 und 100.000 Elementen*

Experiment 11: toMap vs. toMapConcurrent

Das Experiment zeigt die Laufzeitunterschiede bei durch `toMap` und `toConcurrentMap` erzeugten Collectors. Mit folgenden Anweisungen werden jeweils Maps aufgebaut, wobei die zweite Variante mit einer Thread-sicheren ConcurrentMap arbeitet:

```
Map<Integer, Integer> m =
 integerArrList
  .parallelStream()
  .collect(Collectors.toMap(x -> x % N,
                            x -> 1,
                            (s, ONE) -> s + 1));
Map<Integer, Integer> m =
  integerArrList
    .parallelStream()
    .collect(Collectors.toConcurrentMap(x -> x % N,
                                        x -> 1,
                                        (s, ONE) -> s + 1));
```

Bei dem Experiment wird durch die Modulo-Operation mit `N` die Anzahl der Keys und somit die Größe der Map gesteuert. Es werden für `N` die Werte 10, 100, 1.000 und 10.000 angenommen.

Die Experimente zeigen, dass bei größeren Maps mit vielen Einträgen die Variante mit ConcurrentMaps schneller, bei kleineren Maps aber langsamer ist.

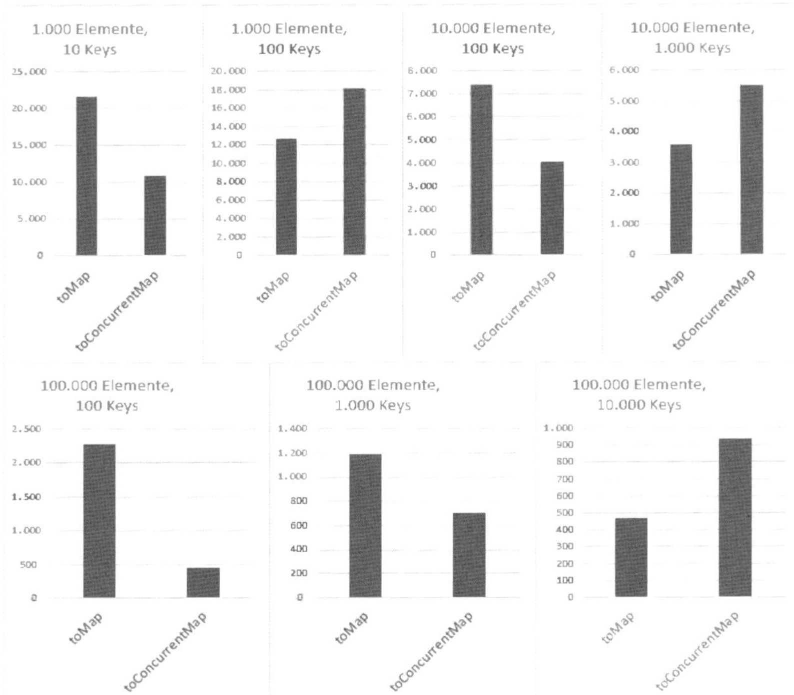

Abb. B.11 *Experiment 11: Vergleich des erzielbaren Durchsatzes (Operationen/Sekunde) bei paralleler Ausführung von toMap und toConcurrentMap bei 1.000, 10.000 und 100.000 Elementen und 10, 100, 1.000 und 10.000 Einträgen*

Experiment 13: groupingBy vs. groupingByConcurrent

Das Experiment zeigt die Laufzeitunterschiede bei einer Gruppenbildung mit durch `groupingBy` und `groupingByConcurrent` erzeugten Collectors. Wie bei `toConcurrentMap` arbeitet der durch `groupingByConcurrent` erzeugte Collector mit einer Thread-sicheren ConcurrentMap. Beim Experiment wurde mit 1.000 und 10.000 Elementen und mit Anzahl der Gruppen (Konstante `N_GROUPS`) von 10, 100 und 1.000 variiert:

```
Map<Integer, List<Integer>> m =
  integerArrList
    .parallelStream()
    .collect(Collectors.groupingBy(x -> x % N_GROUPS));
Map<Integer, List<Integer>> m =
  integerArrList
    .parallelStream()
    .collect(Collectors.groupingByConcurrent(x -> x % N_GROUPS));
```

Das Experiment zeigt, dass die Variante mit den normalen Maps nur bei wenigen Gruppen besser ist und ConcurrentMaps bei 100 Gruppen und mehr durchwegs bessere Performance zeigt.

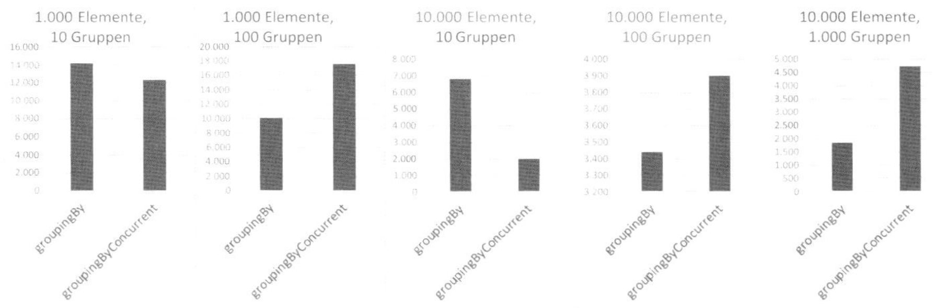

Abb. B.12 *Experiment 12: Vergleich des erzielbaren Durchsatzes (Operationen/Sekunde) bei paralleler Ausführung von groupingBy und groupingByConcurrent bei 1.000 und 10.000 Elementen und 10, 100 und 1.000 Gruppen.*

Index

A

B

C

D

E

F

Q

R

V

W

Y

Z